WARFARE
in the
CLASSICAL WORLD

后浪出版公司

江西人民出版社
Jiangxi People's Publishing House
全国百佳出版社

古典世界的战争

WARFARE
in the
CLASSICAL
WORLD

[英] 约翰·沃利 (John Warry) 著

孟驰 译

江西人民出版社
Jiangxi People's Publishing House
全国百佳出版社

目　录

序

在这里写几句与本书的结构和图片有关的话，可能会对读者有所帮助。本书的14章均以对古代文献的综述及相关时期所涉及的战争的政治背景为开头。这一时期的战争史被划分为多个章节，每个章节的时间跨度各不相同，例如：第12章（三头同盟时代的战争）的时间跨度为13年，而第13章（帝国时代的罗马军务）则囊括了长达3个世纪的帝国时代史。每一章时间间隔的划分依据是本章所涉及的政治事件，因为在战争史的舞台上，战争是由政治环境决定的。或者正如众所周知的克劳塞维茨（Clausewitz）的名言所说："战争无非是政治交流的延续而已，这一延续是将各式各样的手段杂糅在一起而实现的。"然而，本书每一章的大部分段落都在致力于以简短的篇幅来研究军事艺术、兵器、防御工事、海军、攻坚技术、单场战役和将领的指挥能力等话题。

就上述规划而言，第1章是一个例外。我们不必为试图从荷马史诗中摘录真实历史而感到抱歉。我们已经将它设定为可能已流传了5个世纪之久的长篇口述史，把荷马的文学演绎同他的"原始文献"分离开来。诗歌是一种比散文更为古老的艺术形式，在早先尚无文字的时代，它的功用就是记录历史，至于诗意则是副产品。因此，普里阿摩斯（Priam）的特洛伊王国与最初用于纪念这个王国的传说可能在荷马之前就已出现，其相隔年代与亚历山大大帝（Alexander the Great）及托勒密（Ptolemy）——与亚历山大同时代的见证者——的事迹和阿里安（Arrian）之间的间隔一样久远。这些口头资料的存在说明了在荷马史诗中得到鲜明反映的迈锡尼文明的特点，就像它们将在没有文字的数个世纪之间遭到多次篡改和遗忘那样。

在本书的全部篇幅中值得注意的是，画师们绘制的复原图及所附的说明文字大多是根据构成本书14章内容之基础的独立研究而创作的。一致性在本书的每个部分都是被优先考虑的目标，但倘若本书遭到尖锐的批评，或被察觉存在着观点分歧的倾向，则并不会令人感到惊讶，也不会令任何一位明白本书主题本身就存在着争议性质的读者感到沮丧。在某些完全受限于篇幅的章节，我们安排文字作者和画师们进行分工协作。第12章就是一个例子，它将少数我们已知的历史事实同亚克兴战役联系在一起，与此同时，战役示意图和附加的注释为这些历史事件提供了一份有争议的现代解说。

当然，本书显然只是一篇概述。而相应的影响就是，在概述过程中，许多重要的细节和各式各样的论证将不可避免地被略去。此外，尽管本书的主题颇具吸引力，但在详细研究的过程中产生的问题往往比其结论所带来的问题更多。在这样的条件下，想要将这部文风枯燥的作品与读者共享，势必要受到持续不断的限制性因素的干扰。作者和画师们有时可能会显得草率而独断，但即便如此，无论在何处遇到不确定的问题，他们总是会在采用自己的观点之前先考虑一下他人的观点。例如，三列桨战舰的示意图中绘有中央甲板和一个用于嵌入桅杆的开口的做法就得到了普遍认同。这并不意味着我们不了解舷侧甲板及中央天井理论——例如起源于德国，并早在1949年就得到 G. S. 柯克（G. S. Kirk）教授强有力拥护的理论。但显而易见的是，单从文字证据来看，三列桨战舰的结构是随着时间和空间的变化而变化的，而古代世界的人们所掌握的三列桨战舰的型号，可能并不比现代学者推测而得的型号少。

除了画师们绘制的复原图，插图中还包括古代画像、防御工事的废墟和残留至今的兵器的照片，以及地图、示意图和以图表呈现的统计数据及历史事件。横列于每页页底的年表的作用，是将在地中海和西亚发生的事件与远东的文明中心发生的事件相互关联起来。但事实上，本书的大部分历史记录仍属于希腊–罗马史范畴，特定的年代也将有效地增补相关章节的内容。我们小心翼翼地避免将文章弄成编年史形式，以便为一系列单独的、独立的军事研究部分腾出空间。即便如此，我们仍尝试着追溯任何隐藏着某种历史线索的主题的发展进程、起因和结果，并将14章的内容描绘成一幅连续不断的历史画卷。不管怎样，我们不希望本书给人留下这样一种印象——不幸的是，教学大纲有时会给我们带来这种印象：古代史于亚历山大大帝去世之时突然终结了，而后在完全沉寂了一段时期后，在罗慕路斯（Romulus）、雷穆斯（Remus）和狼的神话的指引下，在意大利重新拉开序幕。

伯明翰大学的格拉汉姆·韦伯斯特（Graham Webster）博士对本书贡献甚大，他校对了7至14章，并就某些问题——他在相关领域的权威性得到广泛认可——提出了自己的建议。除此之外，我们还应当向剑桥大学圣约翰学院的爱德华·奥多诺休（Edward O'Donoghue）先生致谢，他校对了1至6章。一些以各种不同方式帮助我们的机构和个人，也应该得到我们的感谢。其中包括希腊学研究促进学会和罗马学学会联合创办的图书馆的全体员工，他们多次

6

为我们效劳，其中包括用通电话的形式为我们提供希腊文引文——甚至在周六早晨也不例外。位于桑德赫斯特皇家军事学院中央图书馆的工作人员、伦敦大学图书馆及其考古研究所和皇家霍洛威学院的工作人员也提供了大量的意见和帮助。此外，作者还以一名大学教师的身份享受着大英博物馆提供的便利，并很高兴地接受了同馆内的希腊、罗马古文物部门及西亚古文物部门的专家们讨论与通信的机会。我们还要向出版社和希腊、意大利和西班牙驻伦敦大使馆的信息服务及文化专员致谢，感谢他们提供的帮助；向维多利亚和阿尔伯特博物馆的工作人员致谢，他们为书中的图拉真纪念柱浮雕的仿真品及复制品提出过相关建议；向伦敦大学亚非学院的研究人员致谢，他们提供了关于幸存至今的早期战车的信息；向剑桥大学考古学与人类学博物馆的工作人员致谢，对于作者咨询的关于西徐亚弓的问题，他们给予了及时的答复；向伦敦科学博物馆运输部的工作人员致谢，他们提供了关于古代战舰结构的丰富材料。我们的感谢还应当致予梵蒂冈伊图里亚美术馆的弗朗西斯科·龙卡利（Francesco Roncalli）教授，他向我们提供了保存在意大利的古代盾牌的相关细节。还有剑桥大学的 A. M. 斯诺德格拉斯（A. M. Snodgrass）教授——他的名字总是与希腊兵甲研究紧密地联系在一起——他在期刊上为书中的照片和注释给予了宝贵的指点。但毫无疑问的是，作者、研究者和画师们享有各自负责部分的全部功劳，对相应的遗漏部分亦负有全部责任。

约翰·沃利
于萨里郡坎伯利镇

古代语言的读音

关于希腊语和拉丁语在古代的读法问题，我们可能已经形成了某些相关的看法。正如我们已经从古代的手稿和铭文、语言学家的评论和由此衍生出的现代语言的读法中找出了古代语言的读法一样，我们也从它们的读法中找到了这些看法的证据。然而，由于本国语言的限制，一名现代的学生往往会在由推测得出的古文字读音和他自己的发音习惯之间取一个折中的读法。

拉丁语的意大利语读法由于得到教会人员的使用而广为传播，可以被视为世界性的读法。然而，字母"c"和"g"在古拉丁语中的发音很重，即使后面接轻元音"e"和"i"时也不例外。此外，同希腊语一样，拉丁语的长元音和短元音之间是有区别的。那些母语保留了类似区别（试比较英语中的"beat"和"bit"）的现代学者试图在阅读古代文字时区分这种读音之间的差别。

在西欧地区开始教授希腊语之前的很长一段时间里，当地语言从希腊语中借鉴的词汇（除了众多专属的希腊人名）是以拉丁语的写法出现的，而且吸收了拉丁语的发音。并不令人惊奇的是，在文艺复兴之后，西方的学校和大学中所教授的希腊语受到了拉丁语传统的影响。这一点在重音方面尤为明显。

如果有人能够分得清长音节和短音节的话，拉丁语重音的读法就非常简单了。双音节词（除了极少数例外）的第一个音节须重读。多音节词发长音时，要么倒数第二个音节须重读，要么倒数第三个音节须重读。不幸的是，不了解拉丁语的人是无法分辨长音节和短音节的。双元音一直属于长音节，但拉丁语中有时会将双元音的希腊语单词改拼为单元音，这些单词必须被视为双元音词汇，并加以重读（例如，"Coronea"即希腊语中"Koroneia"一词的转译）。除了所有这些须考虑的因素，我们所熟悉的现代语言（特别是意大利语）中的派生词往往也带有标准的拉丁语重音。

而希腊语的发音原则就完全不同了。多音节词的重读部分通过最后一个音节而非倒数第二个音节的音量（长度）来判断是最为常见的情况，很多单词的重音位于其最后一个音节——而拉丁语中几乎不存在这样的情况。

考虑到拉丁语和希腊语有着悠久的历史——先是作为日常用语，而后进入学校、大学和教堂，在超过2,000年的时光里，它们的读音理应历经多次变化，更何况不同地区方言的发音也各不相同。因此，要定义"标准"读法是一件不可能的事。但对于那些并未掌握古典语言的西欧人来说，如果他们以意大利语的音调来说拉丁语，用拉丁语的音调来说希腊语，很可能其他西欧人会更容易听懂他们的所言所语。

但是，如果一个人想要让希腊人听懂他所说的，就必须以希腊式发音来朗读希腊语单词。这一目标的难度自公元前3世纪起就大大降低了，因为希腊语音调作为拼法的一部分，被标注在单词上（大写字母除外）。希腊语音调和希腊语写法一样，有3种不同的形式：尖音、长音和低音。它们原本象征着不同音调之间的区别。然而，重读音节和音高重音之间在发音上的不同之处并不总是被清晰地区分开来，因为较高的音调会给人耳带来明显的震颤感。但即便如此，今天人们所使用的希腊语音调对重读音节的发音仍有着相似的要求，不同之处仅体现在它们的写法上。

后古典时代希腊语的另一个重大变化就是"衣"音化（itacism），将3个及以上希腊语元音的发音等同于带意大利语"i"的双元音。很多辅音的读法似乎也经历过变化。然而后古典时代的希腊语读法（所谓的"现代"读法）的历史其实极为悠久，其成形年代或许可追溯到拜占庭时代前期。

在西欧，拉丁语和希腊语姓名的本地化写法是引发混乱的另一种因素。例如，诗人贺拉斯（Horatius Flaccus，但不是那位守卫桥梁的贺拉斯·科勒斯［Horatius Cocles］）在英语和法语中的写法均为"Horace"，读法则遵从各自语言习惯的规定。法语或英语单词末尾的不发音字母"e"往往尤为容易引起混淆，因为希腊语单词末尾的"e"在转译被保留时是发音的。因此"Lade"是一个双音节词，而"Ithome"则是一个三音节词。我们也可以用属于本地化写法的现代双音节词"hoplite"（复数形式为"hoplites"），来与其希腊语版本的三音节词"hoplites"（复数形式为"hoplitai"）进行比较。这个单词的英语和法语写法是个难点，但幸运的是，它的德语复数形式"Hopliten"并不会同希腊语单数形式产生类似的混淆现象。

就这一点而言，我们或许应当注意转译法被应用于不同的欧洲语言时所遵循的几种原则。德国人将希腊语字母"κ"译为"k"，但它在罗曼语中会被写成拉丁化的"c"，它在英语中通常会被拉丁化，但有时也会写成"k"。拉丁语字母"y"转译自希腊语字母"γ"，为此它被特别保留了下来。但意大利人并不使用这个字母，他们每当遇到拉丁语字母"y"时，就用"i"来代替。

▲ 发现于英国马尔帕斯的退伍证明，其年代可追溯至属于图拉真统治时期的公元103年。它被颁发给坦丕乌斯（Tampius）治下的潘诺尼亚第一骑兵队的雷布鲁斯（Reburrus），这名服役期满的辅军士兵将由此获得公民权。

　　一名没有古典学教育背景的读者倘若在阅读任何一个单词时，脑子里最先想到的读法与一种或另一种语言的音调相去不远，那是可以理解的。但是，如果再有一个或更多单词是按照相同规则发音的话，则他显然应认为所有单词均可按照同一发音规则来阅读。

　　在翻译古代专用的人名时，一致性是译者公认的心头之痛。

绝大多数以古典学为主题的作者都会发现，他们往往不得不为了照顾习惯用法和可读性而牺牲一致性，特别是在相关人名内夹杂希腊语字母时。"布狄卡／博阿迪西亚"（Boudica／Boadicea）这个名字的拼法是负责相关章节的格拉汉姆·韦伯斯特确定的，他的理由是为了照顾习惯用法，这种理由在这里完全解释得通。

第1章 荷马时代与迈锡尼时代的战争

在基督纪元拉开序幕的1,000多年前，一支希腊远征军围攻了位于小亚细亚的特洛伊城。荷马史诗中关于这场战争的记述尽管显得支离破碎，却仍为我们展现了一幅轮廓鲜明的早期古典世界战争画卷。

原始资料来源

荷马的《伊利亚特》（*Iliad*）并非正史，而是一部历史虚构作品，描写古希腊战争的著述却往往以它作为引子。荷马史诗虽创作于公元前8或前9世纪，但诗中描述的一系列事件则反映了一个远比此更早的时代。《伊利亚特》在开场白中展现了这部史诗的主题，其中提到了两位希腊领袖在对特洛伊城作战问题上爆发的冲突，并追述了这场冲突在军事方面产生的重大而深远的影响。年轻的希腊军队指挥官阿喀琉斯（Achilles）的态度与行为是《伊利亚特》的主题，他平时是一个彬彬有礼甚至宽厚仁慈的人，但一旦被激怒，他就任由自己沉湎于猛烈而无法平息的暴怒之中。第一个被他的愤怒所害的就是希腊人自己。在与希腊联军的最高指挥官争吵一番后，他便不再向联合作战提供支援。随后，当他最亲密的朋友帕特罗克勒斯（Patroclus）因他的行为而战死时，阿喀琉斯将怒火的矛头转而指向敌方领袖赫克托尔（Hector）——帕特罗克勒斯即命丧此人之手。阿喀琉斯为帕特罗克勒斯报了仇，但他以一贯不饶人的姿态野蛮地凌辱了被他击败的对手的尸体。然而，《伊利亚特》则记录了一个和解的结局：阿喀琉斯平抑了自己的怒气，将赫克托尔的尸体交还给特洛伊人，让他们为他举行了一场体面的火葬。

从军事角度而言，阿喀琉斯的情绪为怒火所左右的故事，反映的是人员不齐的希腊军队在特洛伊战争进入守势（有时甚至拼死一战）的情形。当阿喀琉斯的怨恨不再指向自己的长官，而是再一次汇聚到敌人身上时，希腊军队才开始对特洛伊人展开反攻。因此，《伊利亚特》所提到的只是整个特洛伊战争中的一个阶段而已。

另一部据说"出自荷马之手"的宏大史诗是《奥德赛》（*Odyssey*），讲述了众希腊领袖之一的奥德修斯（Odysseus）返回他位于希腊西北部海岸的家乡伊萨卡岛的故事。我们可以把它看作《伊利亚特》的续集，其中多次提到特洛伊战争中的事件。人们已注意到，《伊利亚特》描述的是一个为战火笼罩的荷马时代的世界，而《奥德赛》呈现的则是沉浸在和平光辉中的同一个世界。尽管在这部史诗中，和平意味着一个充斥着无组织而非有组织暴力的时代，也许在我们这个时代也快要这样了。

其他现已散佚的史诗似乎旨在重现早期希腊世界的完整历史。这些作品被称作英雄诗系，在一些荷马史诗手稿的内容摘要中有相关概述。一首通常被称为《塞浦利亚》（*Cypria*）的叙事诗（或许因为诗人是一名塞浦路斯人），记录了特洛伊战争的起因及其初期的相关事件。

《小伊利亚特》（*Little Iliad*）和《特洛伊的劫难》（*The Sack of Troy*）讲述了特洛伊战争中发生的其他事件。第一首诗讲述了

▼ 刻在上面的名字表明，这幅画反映的是《伊利亚特》中的一段插曲：赫克托尔和墨涅拉俄斯（Menelaus）正在为争夺特洛伊人欧福耳玻斯（Euphorbus）的尸体而厮杀。图中的兵器表明，这只罗德岛的盘子的年代为公元前7世纪末。

┌─────公元前1600年
早期历史的年份自然并不是十分精确的   早期迈锡尼文化（荷马史诗中提及的地点的   （参见《伊利亚特》第10卷）；   ┌─────公元前1570—前1425年
                                    发掘所得）：   迈锡尼兵器、巨石城墙、战车的画像；   尽管遭受灾难侵袭，克诺索斯的克里特官殿
                                    迈锡尼的竖穴墓：嵌有野猪獠牙的帽子实物   带有用线形文字写成的记录的书写板   及其他中心仍处于鼎盛时期

10   古典世界的战争

特洛伊王子帕里斯（Paris）之死，他将海伦（Helen）从希腊诱拐，从而导致战争爆发。第二首诗的内容包括了家喻户晓的木马计与希腊人围城10年后终于攻陷特洛伊的故事。在这首诗中，特洛伊英雄埃涅阿斯（Aeneas）及其追随者听到警告预言后大吃一惊，就在那个城池沦陷并遭到洗劫的灾难之夜降临前，从城中偷偷出逃。但早期的希腊艺术中有表现埃涅阿斯将其年迈的父亲带往安全之地的情节，后世的维吉尔（Virgil）也曾描述此事。

另一部英雄诗系史诗名为《厄提俄皮斯》（Aethiopis），又名《亚马逊尼亚》（Amazonia），讲述了传说中的亚马逊女战士的女王彭忒西勒亚（Penthesilea）帮助特洛伊人作战的故事。但彭忒西勒亚在战场上为阿喀琉斯所杀。同样的命运即将降临到同样率军支援特洛伊的埃塞俄比亚国王门农（Memnon）的身上。《厄提俄皮斯》接着描述了日后的阿喀琉斯之死，他在猛攻一座特洛伊城门时丧生，成了受到神灵启示的射手的箭下亡魂。

在整个古典时代，诗人、剧作家、画家和雕刻家都在加工和拓展着这组史诗的主题，但这种加工方式势必会将后世的道德标准与习惯融入过去的时代背景之中。荷马的《伊利亚特》无疑仍是我们的主题的主要文献证据。当然，考古证据是另一个议题，我们将在嗣后的篇章中加以讨论。

政治背景

与阿喀琉斯发生口角的最高指挥官是阿伽门农（Agamemnon）。考虑到他在《伊利亚特》中所扮演的角色，我们可以知道，他在名义上是最高军事及政治首脑，这个地位既是法理上的，也是荣誉性的。他有权从任何战利品中抽取一份特别奖励。在《伊利亚特》的起始篇章中，他曾有过渎神之举——自行将一位祭司的女儿据为己有，但当天神阿波罗（Apollo）将自己的不满化为一场瘟疫并降临到希腊人头上时（由于围攻一方所处的环境对健康极为不利，这种疾病自然会频频造访），阿伽门农被迫在未收取分文赎金的情况

▲ 根据传说，当特洛伊遭到洗劫时，国王普里阿摩斯逃往神殿，但在宙斯祭坛处被涅俄普托勒摩斯（Neoptolemus）杀死。后世的艺术家将自己那个时代的兵器和甲胄代入这一场景中。

下将自己心爱的小妾还给她的父亲。此时我们应当注意到，为讨论瘟疫情而举行的希腊联军会议的召集者是阿喀琉斯，而非阿伽门农。阿伽门农对此感到不满，于是没收了阿喀琉斯的一名小妾作为报复。

当时，联军内部存在着一种民主制度。但其立足之本既非人权，也非公民权，以奴隶制度为文明依托的古代世界对"人权"观念一无所知，而"公民权"在荷马时代的世界里无疑毫无市场。但我们可以看到，希腊首领之间的权力分立有一种微妙的平衡。阿

伽门农无法承担蔑视联军会议意见的后果，特别是在阿喀琉斯利用自己的军事资源支持这一决议时。另一方面，当阿伽门农派使者前来要求带走已成阿喀琉斯小妾的女俘时，阿喀琉斯觉得自己无法将其留在身边。阿伽门农毕竟是名义上的统帅，有权处置战利品。

此外，即便阿喀琉斯是一个完全不愿受约束的人，现在也要轮到他来服从大家的意见了。阿伽门农起初在集会上要求得到补偿，由于没有任何公共金库，因而全军上下必须缴纳一笔相当于财产税的钱。阿喀琉斯针锋相对地提出了一个得到更多人赞同的议案：联军对阿伽门农的补偿必须等到有更多的战利品可供分配之后再兑现。这一修正案是不容反驳的，但怒气冲冲的阿伽门农出于报复心理，提出了自己的修正案：他不再要求普通士兵缴税，而是要求某位领袖出钱来补偿他，这位领袖最好就是阿喀琉斯。因此，尽管荷马时代的领袖们身上都带有一种高贵的贵族气质，却仍不免用阴险的煽动手段来达到自己的目的。

与荷马史诗中的其他英雄一样，阿伽门农也受到各式各样的传统的约束。根据一个

▼ 这幅地图列出了已发现的具有迈锡尼文化特征的重要考古遗址，迈锡尼文化在公元前二千纪下半叶进入鼎盛时期。

前往特洛伊的希腊远征军可能的进军路线

迈锡尼特色文化的主要所在地

公元前 1500 年
克里特财富、文化和制海权的鼎盛时期
埃及女王哈特谢普苏特统治时期（第十八王朝）
克里特岛遭到毁灭的证据

迈锡尼文化传播至塞浦路斯

公元前 1480 年
哈特谢普苏特之子图特摩斯三世继承王位

埃及最大规模的扩张时期（从尼罗河第四瀑布至幼发拉底河）

第 1 章　荷马时代与迈锡尼时代的战争　11

传说的记载，他的职务只是临时任命的。由于他和他的弟弟，蒙受夺妻之耻的墨涅拉俄斯，负责在全希腊征募一支军队，以夺回海伦并就其遭诱拐一事而复仇，因而得以被一致推选为最高指挥官。在这种情况下，对于其他希腊统治者而言，为了复仇事业而战这一号召所赢得的普遍支持无疑与他们对利益和荣誉的希冀有关。然而，按照另一个传说的描述，海伦的父亲（从神话角度而言，确切地说，是她名义上的父亲。译注：海伦神话中的父亲是宙斯）曾迫使求婚者们集体立下一个誓言：一旦海伦选中的求婚者的婚内权力遭到挑战，他们将给予支持。这一誓言的存在表明其他希腊统治者负有向阿伽门农家族效忠的义务。这种可能性得到了另一个传说的证实：奥德修斯为了免于参加特洛伊远征而装疯卖傻。倘若没有这一义务的束缚，他本是不需要去尝试某些事的。

与希腊的领袖阶层形成鲜明对比的是，特洛伊王室家族享有绝对的权威。家族成员往往勠力同心，团结如一。国王普里阿摩斯及其诸子所统治的不仅是特罗德地区的周边社群，还包括一个横跨赫勒斯滂（即达达尼尔海峡）的庞大帝国，其领土延伸至欧洲东南部及小亚细亚。毫无疑问，像阿伽门农的最高指挥官这种纯粹为战争而设的职务，是毫无必要的。

普里阿摩斯的长子赫克托尔为现任王后赫卡柏（Hecuba）所出，是特洛伊的最高指挥官和第一勇士。就这一方面而言，特洛伊与希腊再度形成了鲜明的对比：后者的情况是阿伽门农和阿喀琉斯为了彼此在军中的威望而相互较劲。特洛伊政府（它或许可以与今日中东的一些王国政府相类比）对帕里斯诱拐海伦的行为报以支持和赞许的态度。特洛伊因控制了黑海的贸易航路而大发其财，从而成为其他国家掠夺的目标。但我们不应因帕里斯与海伦的传说没有任何历史依据就将其弃如敝屣。按照荷马时代的惯例（类似的传统是很容易发现的），一名男子若是娶了一位女王，那么他不仅可以得到以黄金、白银和动产等形式兑现的嫁妆，还有权得到女王的国土及其统治权。帕里斯携海伦私奔后，与她结了婚。海伦并不是以帕里斯情妇的身份与他共同在特洛伊生活的。即便是在现代世界，由于各国间婚姻法各异，一名妇女也有可能在不同国家有着不同的丈夫。当帕里斯殒命沙场后，他的哥哥得伊福玻斯（Deiphobus）娶了海伦。看来特洛伊王室家族下定了决心，绝不放弃他们在希腊大陆拥有一个王国的权利。

在特洛伊王室家族一团和睦的氛围中，或许也存在着某种不和谐的因素，倘若特洛伊在战争中得以幸存，这一因素可能引发一场宫廷政变。身为特洛伊王室家族幼支后裔的埃涅阿斯，在《伊利亚特》第2卷的末尾似乎在职位上仅次于赫克托尔。在第13卷中，他显然因自己在普里阿摩斯手下得不到多少荣誉而感到不满。在随后的章节中，阿喀琉斯奚落他企图染指特洛伊王位的继承权。事实上我们知道，根据一条神圣预言的说法，埃涅阿斯注定有一天要成为特洛伊人的统治者。如前文所述，《特洛伊的劫难》中记录了他预先从这座在劫难逃的城市中秘密出逃的事，后世的某些作者甚至指责他将特洛伊出卖给了希腊人。然而，他在罗马诗人维吉尔的《埃涅阿斯纪》（Aeneid）中被塑造成一个可敬的形象，一心一意地履行着自己对家人和神明应尽的义务。长期以来，这一形象在我们的脑海中根深蒂固，无论在何种情况下都不会被抹去，即使它与维吉尔所承担的政治义务并不能完美地契合。

在阅读《伊利亚特》时，我们很容易形成一种印象：特洛伊人是希腊人的后裔。他们大多拥有一个希腊名字。他们能轻而易举地和他们的希腊敌人进行交流，有时是商谈一份协议，有时是相互吹牛或威胁。这种虚构的语言相通的状况无疑给诗人的创作带来了一定的便利，但按照荷马的说法，特洛伊人在与其盟友来往时就不再享有这一便利了。在第2卷的末尾，神使伊丽丝（Iris）假扮成一名特洛伊哨兵，向赫克托尔提议：放权给盟军各族的首领们，以克服语言造成的障碍。

早期希腊兵器

登德拉铠甲（约公元前 1400 年）

这套不寻常的铠甲发现于迈锡尼附近的登德拉。它拥有众多高级特征，如铰接式的肩甲片和甲裙。头盔是由皮索维系的野猪獠牙牙片制成的。这幅图展示了这种铠甲的穿戴方法。一个人一旦拥有了这样一套铠甲，就不需要盾牌护身了。对于一名步兵而言，它看上去相当沉重。它可能是战车士兵的铠甲，由于他们身处车身内，因而无法使用巨型盾牌。在登德拉还发现了一些护臂和护胫的残片，但是否为铠甲的一部分则不得而知。

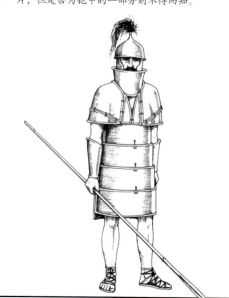

公元前 1450 年
赫梯人在安纳托利亚建立了自己的帝国（属于印欧语系）

公元前 1425 年
迈锡尼人开始使用青铜板甲（1960 年 5 月发现于登德拉）

公元前 1400 年
克里特人开始使用青铜头盔（发现于克诺索斯）

公元前 1390 年
在美索不达米亚，亚述人以一支独立力量的面目出现在历史舞台上

12　古典世界的战争

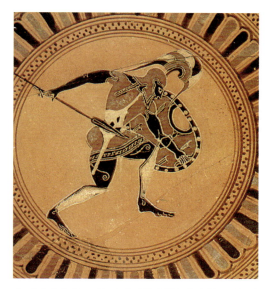

▲ 这名公元前6世纪中叶的战士堪与公元前5世纪的重装步兵相比，但也存在一些重要的不同之处。他的盾牌的设计风格为"波奥提亚式"，他的武器是一支标枪。

谈到这一点，我们应该想起这样一件事：荷马没有一个适用于形容全体希腊语系民族的词汇。他通常把阿伽门农的部下称为"亚该亚人"，间或称之为"阿尔戈斯人"

或"达奈人"。（有人认为，"亚该亚人"以"Achehijawa"一词的形式出现在公元前14世纪晚期至公元前13世纪末的赫梯石板铭文上，还有，大约公元前1225年的一段埃及铭文宣称，"Akawash"袭击了尼罗河三角洲。用赫梯人和埃及人的记录来填补我们的希腊历史知识空白，已经有了很多有趣的尝试。）然而，尽管这些带有地方化色彩的称呼有着比"亚该亚居民"或"阿尔戈斯市民"（达那俄斯［Danaus］曾是他们的王）广泛得多的含义，但它们并不必然指代全体希腊语系民族或希腊文化。除了其他支持普里阿摩斯的亚洲民族，吕西亚人也是特洛伊人的盟友，吕西亚统治者萨尔珀冬（Sarpedon）王子据说来自克里特——尽管他的生平事迹在时间顺序上有些混乱。他的副将格劳库斯（Glaucus）也是一个吕西亚人。荷马描述了格劳库斯在战役间歇向希腊英雄狄俄墨得斯（Diomedes）说了些友善的话一事。吕西亚人解释说，他的家族原为阿尔戈斯人，狄俄

墨得斯立刻意识到，他们被祖传的友谊联系在一起。昔日，他们的祖辈在阿尔戈斯曾分别以主客的身份交换过礼物。于是，这两个如今为不同阵营而战的人起誓：他们不在战场上相见。此外，他们还互相交换了各自的铠甲，作为友谊的标志。令人遗憾的是，这件事意味着狄俄墨得斯别有用心，因为格劳库斯的铠甲是金制的，其价值是狄俄墨得斯的青铜铠甲的十倍有余。

兵器与铠甲

荷马在别处提到过金甲，但他似乎对它不屑一顾。最为常见的兵器材料为青铜。铁在荷马时代为大众所熟知，却被用来制作工具而非打造兵器——尽管出现了铁制的箭头。冶铁工艺可能依旧十分原始，此外，当时铁似乎被当作青铜的替代品，而非改良品。

《伊利亚特》中的最典型的进攻兵器是长矛。它以白蜡木制成，用于投掷而非刺

全身盾

迈锡尼盾牌最为常见的样式显然是8字形。此盾曾出现在壁画中，荷马对其也有详细描述。该复原图即根据这些资料绘成。它的框架由2片系成交叉状的弓形木片组成。水平线上装有一根作为握把使用的很短的加固梁。此盾的制作方法是将数层坚韧的牛皮与柳条编成的中心部分胶合与缝结在一起。按照荷马的描述，盾牌的边缘部分为皮制。

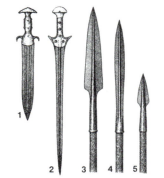

迈锡尼兵器（公元前1500—前1200年）

图1是一种青铜短剑，在约公元前1400年流行开来，到了迈锡尼文明行将终结的约公元前1100年仍在使用。复原图根据一柄据说是在奥德修斯故乡伊萨卡发现的样品剑绘成。图2是一柄更为古老的长剑，应用年代为约公元前1500年。但到了约公元前1300年，其流行程度便有所降低。相关复原图根据在奥林匹亚山发现的样品绘成。图3、图4、图5的3支矛头来自罗德岛的伊阿利苏斯，大抵属于同一时期。这几支矛头是在施里曼发现特洛伊城遗址的几年之前出土的。它们的尺寸大得惊人，长达2英尺（0.65米）。这种矛头只可能装在刺矛上，而无法与投矛相连。它们可能是搭乘战车的战士所使用的双手兵刃。

阿尔戈斯铠甲（约公元前750年）

于公元前12至前11世纪毁灭迈锡尼文明的印欧语系民族的兵器和甲胄的样式极为新颖。如图所示，青铜头盔上附带面颊片（或为整体式，或为铰接式）几乎已是普遍现象。图中的甲胄则是著名的"钟型"甲的早期样式，这种铠甲后来进化为"肌肉型"胸甲。它是由皮带相连的前后2片甲片构成的，可打开的右侧有2个管状插口，将一根插销穿过其间即可固定。

早期重装步兵（约公元前600年）

公元前8世纪左右的古典式圆盾，带有经过进化的、具备自身特点的握把（见35页）。图中展示的是一名装备格外精良的战士，大多数人的装备均不及他。此时的"钟型"甲已演变成了古典样式，原本裸露的右臂、腿和腹股沟部位如今均有铠甲保护。他的头盔被命名为"伊利里亚盔"，羽饰沿着盔顶的下凹处排列，对头盔的两个分瓣的接合线起到了加固作用。

击——虽然阿喀琉斯是用自己的矛刺杀赫克托尔的。据记载，赫克托尔的长矛长11腕尺（约5.5米）。

书中提到的剑尺寸很大，有时是双面开刃的。在不使用时，人们将它放在剑鞘里，用一根肩带挂在身上。这些剑的用法似乎是劈斩而非直刺。

盾牌的长度与人的身高相仿。士兵们用一根带子将它挂在脖子上，在行走时盾牌就不断地撞击着脚踝。它们由牛皮制成，表面覆有青铜。埃阿斯（Ajax）的盾牌覆有7层牛皮，在与赫克托尔交手时，后者的长矛刺穿了其中的6层，但为第7层所阻。埃阿斯的盾牌还被形容为状若塔楼，他的身材高大魁梧，需要并且能够使用这样的盾。但我们可以推断出，当时的人们也使用尺寸较小的圆盾，从他们装备了护胫这点便可看出。阿喀琉斯那具被帕特罗克勒斯借去的护胫是用银扣来固定的。护胫或许与绑腿更为相像，它们并不一定是用金属制成的，但有一处提到亚该亚人装备了青铜护胫。

荷马时代的英雄所使用的头盔一般以青铜制成，然而皮制的帽子也得到使用，而且在普通士兵群体中无疑更受欢迎。青铜头盔的顶上装有一根马尾毛，当它在风中左右摇摆时，能够起到令人敬畏的效果。这种头盔的抗击打能力极强，在遭到剑劈时，有时会使剑崩断。

金属护甲似乎大多为将领的专利，因此将领之间的战场对决便不可避免了。否则，步兵便会陷入与"坦克"对抗的境地。铠甲是极为稀有的，一名英雄一旦战死，在他倒下的地方往往会爆发一场旨在争夺其兵器和铠甲的激烈战斗。然而，受到种种条件限制的普通士兵的装备并不一定很差。史诗中经常提到，他们擅长使用长矛。阿喀琉斯的米尔弥冬人（似乎是一支以地域为纽带结合起来的精锐军团）身着某种类型的胸甲或身甲，可能非金属质地。史诗中提到，狄俄墨得斯的随从们装备了盾牌，在晚上，他们将它作为枕头，同时将长矛矛头刺入地面，使其直立。狄俄墨得斯本人则用一条毯子而非盾牌来当枕头。

在特洛伊，盾牌也是弓术家潘达罗斯

战车

现存的高度程式化的古代战车画像寥寥无几，要利用这几幅图像来还原希腊青铜时代的战车，并不是一件容易的事。发现于公元前15世纪的埃及陵墓中的青铜时代战车提供了相似的参照物，由这一时期的希腊艺术家描绘的配有2匹驭马的赛车，与这些战车并无实质上的不同。

瓶饰画

来自塞浦路斯的大水罐，青铜时代的陶匠和艺术家的作品。这件绘有战车图像的黑彩花瓶现藏于马德里的考古博物馆。

青铜时代的战车

（Pandarus）的部下的标准装备。当双方许下神圣的停战宣誓时，潘达罗斯射出了那支背信弃义的箭，此时这些盾牌就被用于翼护他。

毫无疑问，荷马时代的兵器与铠甲是人们的研究对象与众多争论的主题。在今天，我们对这个话题只能泛泛而谈。但即便如此，公开的质疑仍是难以避免的。

战　车

除了兵器与铠甲，无论是希腊还是特洛伊的首领都足够富有，可以养得起战马与战车。这些对于双方的战法而言是不可或缺的。战车的正常用途是装载全副武装的战士进入战场，之后战士就跳下车来步行作战，与此同时，他的驭手就带着马匹与车辆在一个安全的距离之外等候。倘若这名战士活了下来，那他终将退出战斗，重新跳上自己的战车，乘着它回到己方队列中。

在实际情况下，战车往往越来越深地参与到战斗之中。它们经常处于敌军的弓箭、投矛甚至石块的打击范围之内。荷马描述了这样一件事：一支射向身在战车上的赫克托尔的飞箭偏离了目标，夺去了他的驭手的性命。另一名驭手则被帕特罗克勒斯掷出的石块杀死。在战斗最为激烈的时刻，战马和战车在敌方战车的残骸中奋力前进，践踏和碾压着战死者的尸体，同时车身也被溅得满是鲜血。帕特罗克勒斯用他的长矛刺进了一名敌方士兵的身体，将他那被穿透的身体从自己乘坐的战车边缘拖出来，就像一名钓鱼者将一条鱼拖上岸来一样。战车须在平地上方能发挥作用，一旦遇到崎岖不平的地形，与车辕相连的一端便极易被震坏，驾车的马匹就会脱缰而逃。许多特洛伊战车驭手在徒劳地试图越过环绕希腊军营的壕堑时，就遇到了这种情况。

荷马时代的战车是由2匹马来拖曳的，车上载有2人：士兵与驭手。史诗中详细描述了女神赫拉（Hera）乘坐的战车。这段描

公元前1250年
狮子门在迈锡尼落成（可与赫梯建筑媲美）

希萨利克的第7座城市（特洛伊的第7个版本）被夷为平地，现在一般认为该城就是荷马笔下的特洛伊

公元前1200年
多利安希腊人的迁徙与扩张时代

属于迈锡尼文明的皮洛斯城被摧毁

非金属铠甲在迈锡尼得到应用（在战士瓶饰画中有所体现）

在亚洲，赫梯帝国崩溃

14　古典世界的战争

文学作品中的证据

《伊利亚特》中提到的战车为二马型战车。反常的是，荷马为赫克托尔的战车配备了4匹驭马，还提到了它们的名字。古代学者根据文中的语法认为，荷马史诗中的这段描写来自错误的版本。但即便如此，古典时代的艺术家将四马战车引入反映历史上英雄事迹的画作中，则是犯了时代错误。

在《伊利亚特》第16卷中，乘着战车的特洛伊人在被迫撤离时越过了希腊军营外的壕堑。在这一过程中，许多战车的车辕损坏了，脱离了束缚的驭马猛冲着跑开，把不幸的主人丢在了困境之中。战车与车辕之间的连接点很脆弱，极易被震坏。在埃及，车辕的一端向后延伸至车轴处，以确保车辕能与车身最为紧密地连接在一起。但公元前14世纪的克里特书写板上的表意文字显示，青铜时代的战车有时会依靠从战车边缘伸出并与车辕上端相连的一根水平支杆来加固。这种设计在这幅复原图中有所体现。

写是有着实际意义的，尽管女神所拥有的战车无疑比凡人使用的战车更为奢华。赫拉的战车车轴为铁制，拉车的马的额饰为金制。

车轮的轮周是黄金制成的，装有青铜轮箍，中轴则是银制的。轮子上有8个轮辐，但在早期艺术品中出现的战车车轮通常为4个轮辐。与之形成鲜明对比的是，狄俄墨得斯的战车车轴由橡木而非金属制成。

赫拉战车的华丽装饰可能太过于空想，正如诸神的铁匠赫菲斯托斯（Hephaestus）为阿喀琉斯打造的盾牌过于华丽，完全不能被视为当时的典型。然而我们或许可以认为，这段记载可靠地反映了仪式用战车的情况，这些装饰与在图坦卡蒙（Tutankhamun）陵墓中发现的有着奢华的黄金镶嵌物的战车有某些相似之处。它们都是这个铁器刚刚出现的时代的产物。

战　法

正如我们所观察到的，在正常情况下，荷马时代的将领是从战车上跳下，而后徒步走向敌人的。他将随身携带的一两支长矛掷向敌人，如果敌人仍未受伤，那他便用盾牌来保护自己，使自己免受敌人回掷的兵器的伤害。如果双方的长矛都未命中对手，那么两名战士将立刻拔出各自的剑，或者在拔剑之前将或大或小的石块掷向对方。在特洛伊平原上，这种随手取用的投掷型兵器似乎俯拾皆是。

这种战斗带有很浓的机会主义色彩。当墨涅拉俄斯与帕里斯试图以单打独斗来决定这场战争的胜负时，帕里斯头盔上的羽饰被墨涅拉俄斯的剑劈中，剑当场断成了三四截。尽管墨涅拉俄斯大失所望，但他还是抓住了帕里斯的羽饰，并将他朝希腊军队的阵地拖去。帕里斯因而差点被自己的盔带勒死——若不是慈母般的女神施以关怀，设法将他的盔带弄断的话，这一切无疑将成为事实。在帕里斯成功逃脱后，墨涅拉俄斯仍然抓着那顶头盔。

大多数对战斗场面的描写都将笔墨集中在全副武装的将领们身上，但我们的注意力却为人数众多的希腊军队与得到一支又一支忠心耿耿的盟军支援的特洛伊军队所吸引。在欣赏激烈的战斗场面时，我们不但注意到

◀绘有战士图像的花瓶（约公元前1200年）。尽管相较于迈锡尼黄金时代，这只花瓶的所处年代更接近荷马时代，但这些身穿皮甲并被编组的士兵的画像，与这部传奇史诗中的情景的差距反而更大。

公元前1197—前1165年
埃及的拉美西斯三世击退了北方入侵者（"海上民族"）的进攻

公元前1112—前1074年
萎靡不振的亚述帝国在提革拉－帕拉萨一世统治时期得以复兴

公元前1050年
迈锡尼文明最晚近的直接证据形成

公元前1006年
大卫王在耶路撒冷登上王位

那些无名的伤亡人员，也注意到那些投掷和施放着密密麻麻的长矛与飞箭的无名之手。根据史诗的描述，士兵们是排成编队（方阵）作战的。双方军队在各自将领的统率之下，均显得井然有序。但战斗爆发之后，场面就变得混乱而血腥了。一旦一名敌方将领被击杀，他们的队列就更容易崩坏，进而可能导致全面溃败。此时，战车就能在追击中大展拳脚。然而，"方阵"一词（荷马仅以单数形式使用过一次）似乎并非指那种与后世的战争息息相关的、将队伍密集排列在一起的战术。毫无疑问，荷马时代的方阵并不像古典时代的方阵那样，倚仗作为刺击类兵器的长矛。

整体而言，希腊军队的纪律可称良好。与没完没了的吵吵嚷嚷的特洛伊人不同——可能是因为他们语言众多而沟通不畅，希腊人行军时是鸦雀无声的。然而，史诗中提到过希腊军队中一个特别不服从管教的人物。特尔西特斯（Thersites）被联军将领们视为眼中钉，荷马对他极为鄙视。此人哗众取宠的手段并不像阿伽门农或阿喀琉斯所使用并为我们注意到的手段那样微妙，而是通过辱骂其他将领来引起哄笑——在这种情况下，这样做并不困难。最后，奥德修斯把他打得痛哭流涕。在《厄提俄皮斯》中，阿喀琉斯因在战场上击杀了亚马逊女王而日益感伤，特尔西特斯指责他爱上了她。但阿喀琉斯并不

觉得这种指控有趣，于是杀死了特尔西特斯。

《伊利亚特》中经常间接提到弓箭，但作为兵器，它的地位似乎低于长矛。双方的一些将领都射得一手好箭，特洛伊人中的知名人物有帕里斯和潘达罗斯。希腊一方最出色的箭手是透克洛斯（Teucer），他在《伊利亚特》中射倒过9名敌人。但与其他贵族出身的弓箭手一样，透克洛斯也会使用矛和盾进行白刃战。一旦他的弓弦损坏了，他就立刻用别的武器来武装自己。根据《奥德赛》的记述，奥德修斯箭术出众，但只有在执行极为特殊的突击任务时——这一段我们会简单描述一下——他才使用弓箭。事实上，奥德修斯在踏上前往特洛伊的征程时，将自己的弓留在了家里。

▲ 来自塞浦路斯的腓尼基银碗（公元前7世纪）。由于这幅攻城场景图可能是与《伊利亚特》首个文字版本属于同一时代的作品，因而对我们而言有着尤为重要的意义。图中表现的是一座正在遭到进攻的腓尼基城市。

一般而言，在荷马史诗中，"一名优秀的长矛手"就等同于"一名优秀的战士"。然而，弓箭在特洛伊战争中扮演了重要的角色。阿喀琉斯和帕里斯均死于敌方的箭下。曾有预言宣称，如果菲罗克忒忒斯（Philoctetes）不拿起他的弓箭，特洛伊就无法被攻陷。这位不幸的希腊将领在利姆诺

▼ 这幅瓶饰画（约公元前520年）描绘的是希腊帆船。商船与桨帆船的不同之处在于，前者依赖的是风帆。它们不需要机动动作，而船上若配备桨手，势必会占用货物的空间。

公元前966年	公元前900年（起）	公元前883—前859年
大卫之子所罗门（是他修建了耶路撒冷圣殿）继承其父之位 提尔国王海勒姆与所罗门保持着友好的外交关系	伊特鲁里亚人迁入意大利，他们可能来自小亚细亚	在美索不达米亚，冷酷无情的征服者亚述国王纳西巴拓展其势力范围

斯岛受苦已久，他丧失了战斗力，忍受着不断恶化的被蛇咬伤的伤口的折磨。只有在他重新成为希腊军队的一员时，帕里斯才被射杀，而特洛伊也随之陷落。

按照记载，菲罗克忒忒斯不仅自己精通箭术，他手下全体士兵亦是如此，而特洛伊一方则有来自马其顿的潘奥尼亚人组成的弓手队。除此之外，在史诗中频频出现的飞箭并非全部由贵族手中的弓所发出，因此我们可以得出弓箭手为数众多的结论。或许我们应当注意到，荷马笔下的弓并非最具威力的类型，射手们使用的也并非最具威力的射法。弓本身为复合弓，由两只弯曲的角对接而成。开弓时，弓弦只拉到射手的胸膛，而不像中世纪的英格兰长弓那样，一直拉到耳部。箭支的有效射程可能并不比一支精良的投矛远太多。

希腊人的战略与攻城战

英雄诗系史诗的内容摘要告诉我们，在特洛伊人的盟友尤里波鲁斯（Eurypolus）死后，希腊人"围攻了特洛伊"。无论这意味着什么，在这场战争的最初9年间，并无关于用断粮手段迫使特洛伊投降的记录。可以肯定的是，援军源源不断抵达的事实表明，这类手段成功的可能性是微乎其微的。特洛伊城外并无用来围城的墙或壕堑。相反，倒是希腊人不得不挖掘壕堑，并在海岸上建起一座壁垒，来保卫己方的军营和停靠在岸边的船只。在阿喀琉斯及其部下退出战斗之后，赫克托尔朝希腊军营发起猛攻，差点就攻破了壁垒，并将船只烧毁。这一局面最终为统领着阿喀琉斯部下、身穿阿喀琉斯铠甲的帕特罗克勒斯所拯救。

在阿喀琉斯回到战场之后，希腊人得以再一次发动攻势。据说，阿喀琉斯与奥德修斯之间就特洛伊城应力取为上还是智取为上这个问题而展开舌战，这两位英雄所提出的建议与其各自的性格和能力是相对应的。阿喀琉斯坚持己见，挥师猛攻特洛伊城的悉安门（即该城的西门），并战死在那里。当特洛伊最终因木马计而陷落时，奥德修斯的提议被证明是正确的。

希腊人不仅并未尝试利用饥饿来迫使特洛伊人投降，也没有对城墙发动进攻。应当着重指出的是，阿喀琉斯发动的最后攻势的目标是该城的一座城门。这一事实也令我们想到，特洛伊人早先攻打希腊军营时，是从军营大门突入营内的。赫克托尔用一块巨石猛击营门，砸坏了上面的枢纽和连接枢纽的长木条。与此同时，他命令将战车留在壕堑边缘，乘员们步行进攻壁垒。一名指挥官无视赫克托尔的命令，试图冲进位于停靠在岸边的舰队左翼的一道敞开的营门，追击逃敌。但这道营门固若金汤，进攻以失利告终。与此同时，壁垒处也杀得难解难分，但吕西亚国王萨尔珀冬成功地摧毁了几道工事。当进攻者最终被逐出军营时，他们越过壕堑，撤回城内。在这一过程中，许多在之前的战斗中冲进壁垒内的战车翻倒在壕堑里。

通过这些事实，我们可以得出结论：荷马时代的希腊人对攻城战其实一无所知。与之相反，那些《旧约》中提到的东方民族既懂得利用饥饿战术来降伏城市，又了解攻城拔寨的手段。我们或许可以进一步得出结论：特洛伊人比希腊人更熟悉对付设有工事的目标的办法，有些办法可能是他们在与东方各国打交道时学来的，尽管将一座军营的壁垒与一座城池的永久城墙相比是不合适的。

荷马时代的舰船

在《伊利亚特》中，被赫克托尔当作进攻目标的舰队无论是在建造、起航、停靠抑或再度起航时都是极为便捷的。为了使这些船只避开特洛伊人的兵锋，阿伽门农倾向于立刻将它们划到海里去。奥德修斯劝阻了他，但这一紧急对策的可行性是毫无疑问的。

荷马时代的舰船携带的是一面单帆，用吊索挂在桅杆上。舰首与舰尾铺有甲板，但舰腹中空，用于安放桨手所坐的板凳。奥德修斯在出海时乘坐的是一艘费阿刻斯人的船，他的床位位于船尾甲板的表面，而不是甲板下方。船上并没有下层甲板。

在荷马时代，商船的结构与战舰已有不同之处。与商船有关的文献表明，它们的构造较为宽大，在正常情况下，一艘满员的商船载有20名桨手。兼用作运兵船的战舰装载的人员要多得多。在大多数情况下，桨手均由战士来充当，通常来说，桨手和海军士兵之间似乎没有任何区别（例如古典时代的希腊海军就是这样）。我们知道，菲罗克忒忒斯手下的7艘战舰上的船员全是出色的弓箭

▼ 腓尼基战舰图，为一幅刻在一块雕带上的画像的组成部分，展示了塞纳克里布于公元前702年到访腓尼基的一幕。亚述帝国与波斯帝国曾先后从腓尼基各城市招募过海军。

▲ 约公元前 1500 年，锡拉岛在一场地震中毁灭。这些在废墟中被发掘出的绘有古代舰船的壁画，让人联想到尼罗河上的船只。

手——与他们的首领一样。另一方面，来自阿卡狄亚（一个内陆地区）的军队乘坐的船只是由阿伽门农提供的，原因在于阿卡狄亚人并不是一个海上民族，也没有自己的舰队。这一事实表明，阿卡狄亚人并不需要兼任桨手。

阿喀琉斯是与 50 艘船一同前往特洛伊的，每艘船上载有 50 人。荷马史诗中并未明确说明这 50 人都是桨手。波奥提亚人的船每

艘载有 120 人，我们不能想当然地认为他们都是桨手。倘若确实如此，那么他们无疑是互相轮替着划船的。无论如何，桨手的人数与全体船员的人数不可能总是相同的。奥德修斯在与西科涅斯人（特洛伊人在色雷斯地区的老盟友）作战时，付出了每艘船损失 6 人的代价，更别说在后续航程中的其他伤亡了。倘若桨手都由战士来充当，伤亡将是不可避免的。因此，同一艘船不可能一直由同一批桨手来驱动。

战舰似乎主要用于进攻和袭击沿海的城市与地区。严格来说，并不存在任何关于希

腊与特洛伊之间海战的记录。然而，荷马时代无疑是爆发过海战的，希腊海军已经做好了相应的备战工作。当特洛伊人向停靠在海滩上的舰队发动进攻时，希腊人用多节型的反登船长矛（一种应用于海战中的长矛）与他们交战。埃阿斯使用的反登船长矛长达 22 腕尺（约 11 米）。

特洛伊人似乎并没有维持一支像样的常备海军。当帕里斯前往希腊寻找世界上最美丽的新娘时，特洛伊人特地着手打造一支舰队。至少，英雄诗系的作者是如此记录的。特洛伊人位于沿海地区的盟友拥有的海军实

早期希腊舰船

五十桨战舰

长度：约 65 英尺（约 20 米）
宽度：约 3.5 英尺（约 1 米）
吃水深度：约 2.5 英尺（约 0.8 米）
人员：船长、乐手（keulestes）、50 名桨手、舵手、4～5 名甲板人员

荷马提到的"五十桨战舰"（penteconter）不一定是特洛伊陷落时代的产物，但可能起源于荷马生活的时代，即约公元前 800 年。它们的原型是大型作战用独木舟和青铜时代的皮艇，但这些船只的制造工艺十分先进。它们的内部结构为松木制框架配上几个纵向构件，构件表面紧密地平铺着一层（平滑的）船板，日后将在其中嵌入肋材。安装在舷缘上方的两根肋骨对

船桨起到支撑作用，同时也令杠杆作用得到更充分的发挥。当船只进行长距离航行时，会装上一根桅杆和一面帆，但它一旦参战，桅杆和帆就会被留在岸上，因为船身重量一旦增加，速度就会变慢，稳定性和机动性也会下降，从而更容易遭到敌舰的撞击。在船尾处急速摆动

的两支巨大的桨（橹）起到的是船舵的作用。后来它们的形状变成了不对称的，这样船只掉头就变得更加方便（见 30、31 页的三列桨战舰）。由于它们搭载的桨手数量与那些敞舱船差不多，船上几乎没有留下多少储备食物和水的空间，因而往往每夜都会靠岸停泊，从不敢

冒险远离海滨地区。在作战时，一艘战舰对另一艘战舰施加的致命伤害以撞击或登舷接敌的方式来实现。在这种情况下，大型船只自然占上风，因而桨帆战舰上配备的桨手数量从 20 人、30 人迅速增加至 50 人。这样一来，单列桨战舰的配置规模已达到实际极限。

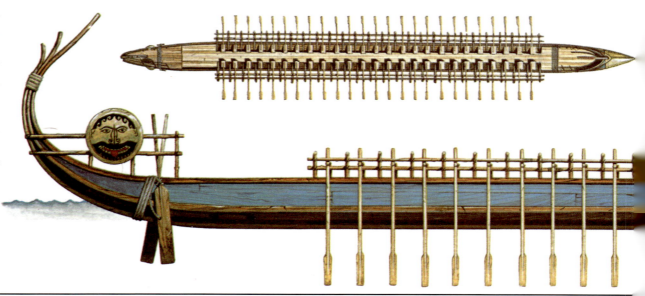

力，可能与希腊人旗鼓相当。至少可以肯定，只有依靠他们，来自色雷斯的盟军才得以渡过赫勒斯滂。

情报与突袭

正如我们刚才提到过的，负责守卫特洛伊城的色雷斯远征军实在极为不幸。统领这支部队的国王瑞索斯（Rhesus）没能看到来到特洛伊平原后的第一次日出。《伊利亚特》第10卷为我们讲述了下面的故事。

在那件事发生的当夜，特洛伊人被部署在己方城市前方的平原上，做出姿态准备进攻希腊军营。他们没有什么撤入城内的压力，在目之所及的一切地方点起营火。希腊人显得紧张而焦虑。如果可能的话，他们必须抓几个能与他们交流的俘虏，从其口中探知敌方的下一步行动计划。为了获得这方面的情报，奥德修斯和狄俄墨得斯自告奋勇，前去执行一次极为危险的夜间侦察任务。

幸运的是，赫克托尔也派出了一位名叫多伦（Dolon）的特洛伊间谍，前去带回关于希腊军营现状的情报。奥德修斯、狄俄墨得斯与多隆在黑暗中迎头相遇。经过一段短暂的追逐，他们抓住了多隆，并在套出口供后将其杀死。除了其他有用的信息，他们还得知了瑞索斯与新近抵达的色雷斯盟军的位置。这些人成了他们的目标。根据多隆提供的情报，特洛伊人在自己的盟军呼呼大睡时仍在守望。事实证明，他的情报是正确的。奥德修斯和狄俄墨得斯杀死了12个侍立于瑞索斯身旁的色雷斯人，最终要了这位国王的命，并将他带来的色雷斯良马驱散。在回军营的路上，他们停下来取走多隆那沾血的兵器和装备，之前他们将其挂在一丛红柳上，作为路标。

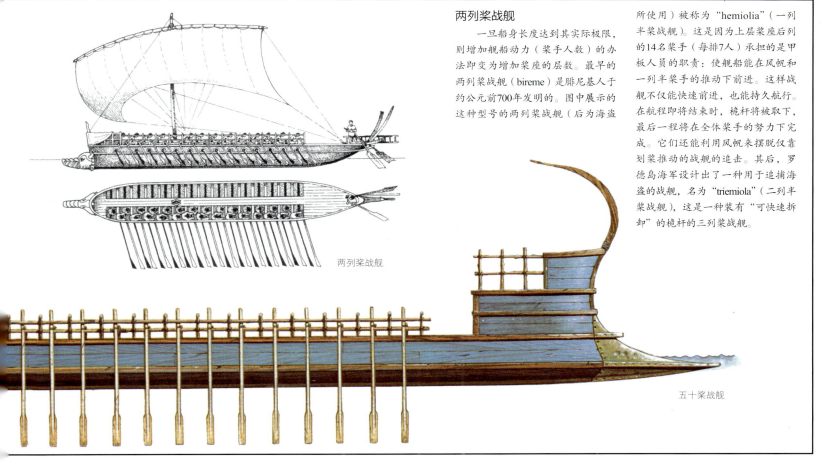

两列桨战舰

一旦船身长度达到其实际极限，则增加舰船动力（桨手人数）的办法即为增加桨座的层数。最早的两列桨战舰（bireme）是腓尼基人于约公元前700年发明的。图中展示的这种型号的两列桨战舰（后为海盗所使用）被称为"hemiolia"（一列半桨战舰）。这是因为上层桨座后列的14名桨手（每排7人）承担的是甲板人员的职责：使舰船能在风帆和一列半桨手的推动下前进。这样战舰不仅能快速前进，也能持久航行。在航程即将结束时，桅杆将被取下，最后一程将在全体桨手的努力下完成。它们还能利用风帆来摆脱仅靠划桨推动的战舰的追击。其后，罗德岛海军设计出了一种用于追捕海盗的战舰，名为"triemiola"（二列半桨战舰），这是一种装有"可快速拆卸"的桅杆的三列桨战舰。

两列桨战舰

五十桨战舰

《伊利亚特》第10卷描述的兵器与装备的特色与其他章节的描述有所不同，从而使得一些学者认为多隆与瑞索斯事件是后人添加进去的。出于夜袭的需要，狄俄墨得斯戴了一顶无羽饰的皮盔，而奥德修斯借来了一张弓和一袋箭，头上戴的则是一顶用皮和毡制成的表面嵌有野猪獠牙的帽子。然而不容忽视的是，此乃特殊时期的特别之举。由于他们执行的是夜袭任务，自然要避免使用黄铜铠甲——它在特洛伊人的营火映照下将产生反光。

关于战车及其使用方法的信息也可以从这一事件中看出。瑞索斯及其随从均拥有自己的战车。狄俄墨得斯一度打算徒手将瑞索斯的战车拖走，甚至将战车连同车内的宝铠一道扛走。这一事实表明，色雷斯战车的构造是极为轻便的——即便考虑到狄俄墨得斯的神力。多隆提供的情报不仅涉及色雷斯人，还提到了特洛伊人的其他盟军，他用来描述弗里吉亚人和米奥尼亚人的那些话，可以很自然地被理解为"他们是一些战车武士，拥有自己的战车"的意思。就特洛伊人的盟友而言，乘坐战车作战似乎并非永远是贵族的特权。我们可以得到这样的印象：一辆战车和两匹战马是某些盟军部队的标配。

▼ 这把迈锡尼匕首上的图案展现了装备巨型盾牌的猎狮者的形象。《伊利亚特》中对这种盾牌的描述，似乎察是口耳相传的荷马史诗与迈锡尼的历史联系在了一起。

在史诗第2卷末尾涉及特洛伊盟军的篇幅中，并无与这一印象有关的提示，但这一想法与战车部队日后在攻打希腊军营的战斗中所起到的重要作用高度一致。

考古证据

关于用皮与毡制成的表面嵌有野猪獠牙的帽子（如前文提到的，奥德修斯在夜袭行动中佩戴的那顶）的存在，考古发现提供了引人注目的证据。当然，皮与毡是容易腐烂的材料，但野猪獠牙作为已腐烂的帽子的残片则留存了下来。

现在，我们必须彻底考虑为考古发现所证实的问题了。在19世纪下半叶，先是施里曼（Schliemann），然后又是其他人发掘出了许多在荷马史诗中闻名的地点。其结果是，一些与《伊利亚特》和《奥德赛》中的描述高度一致的古代文明遗址被发现了。除了价值连城的黄金与财宝，施里曼还找到了埋藏在迈锡尼武士墓中的青铜兵器。这些迈锡尼兵器的特点是有着与细剑类似的修长剑身。用其他材质制成的剑柄内嵌有柄脚，但作为武器而言，这种柄脚太脆弱了，遇到撞击极易损坏。事实上，某些此类柄脚在出土时已经损坏。但剑柄这么断裂，可以防止剑身本身碎裂成片（就像《伊利亚特》中墨涅拉俄斯所做的那样）。然而，在同一时期的墓地中还发现了另一种较短的剑。这种剑的柄脚

已发展成了带有坚固凸缘的样式，表明在设计上有所改进。考古学者们认为，这些兵器是横跨公元前17至前15世纪的某个时代的产物，它们所处的年代比那座坐落于小亚细亚的希萨利克的古城（一般认为它就是荷马史诗中特洛伊城的原型）的毁灭时期至少要早300年。

在迈锡尼时代早期的墓葬群中，矛头的出现频率要低于剑。可能它们对于生者来说过于珍贵，以至于他们不愿留给死者。现存的矛头有几个不同的种类。大型矛头十分厚重，无疑属于刺击类兵器，但较小的那种则可以很好地与标枪的柄组合在一起。

施里曼在迈锡尼墓葬群中发现了带野猪獠牙的头盔，但并未发现金属头盔。迈锡尼金甲尽管造型精美，质地却极为脆弱，显然是作为装饰品。迈锡尼的出土物品中夹杂着大量用燧石和黑曜石制成的箭头。这几种材料在希腊大陆并不常见，这表明它们可能是进口的。盾牌的图案也被找到了，尤其是在一柄迈锡尼匕首上。这种盾牌似乎是用牛皮制成的，有着两种显著的造型：形如塔楼的长方形盾和中部收紧的8字形盾。两种盾牌均大而长，可将使用者从下巴至脚踝全部翼护起来。前者轻而易举地以实物形式展示了《伊利亚特》中埃阿斯使用的盾牌的样式。就连"圆圈"或"圆环"这些在荷马史诗中经常被用于形容盾牌的词汇，用来指代8字形盾或许也是恰当的。毕竟，它的形状是两

公元前663—前610年
埃及国王普萨美提克（第二十六王朝）驱逐了亚述人

公元前657—前585年
科林斯的独裁者库普塞鲁斯与其子佩里安德扩大贸易、文化与殖民方面的活动

公元前650年
第二次美塞尼亚战争大约于该年爆发

传说中的美塞尼亚英雄阿里斯托梅尼在司铁尼克列洛斯战役中战胜了斯巴达人，但他最终被打败

斯巴达人受到其战士诗人提尔泰奥斯的激励

20　古典世界的战争

▲ 一面装饰性的小型盾牌。迈锡尼8字形盾成为各种类型的设计与装饰品的主题。

个中凸的圆圈彼此相连。

迈锡尼与克里特

阿瑟·埃文斯爵士（Sir Arthur Evans）在克里特岛的发掘所得，体现了迈锡尼文明在后来的发展。这一阶段一般被称为"宫廷时代"，当时的兵器往往在结构上进行了初步的改良，修正了原始设计上的缺陷。贮藏这些兵器的坟墓似乎属于那些出身贵族的武士，这些人很容易令人联想到《伊利亚特》中的英雄。然而，这一时期出现的一个著名变化就是青铜铠甲和青铜头盔的改进。用燧石、黑曜石和青铜制成的箭头仍是常见之物。一整套青铜铠甲及其他青铜铠甲残片等证据（如与克里特宫廷文化有关的证据），也在希腊大陆被发现。它们的特色在于拥有青铜制的肩甲及颈甲，预见了中世纪骑士的板甲。这种沉甸甸的铠甲无疑会在很大程度上限制穿戴者的移动。《伊利亚特》中的英雄展示出的敏捷身手与其笨重的装备极不相称，它们或许是公元前1450年至前1350年间的产物。

考古学者们也辨认出迈锡尼文明的一个晚期阶段，其中有大量的不那么华丽、尺寸较小的兵器。人们形成了这样一种印象：英雄时代已经过去，兵器制造者如今是为广大平民而非少数贵族打造武器。与此同时，迈锡尼文明似乎传播得更为广泛，其特色文化在西至西西里岛和利帕里群岛，东至塞浦路斯和叙利亚沿海等地区都有所发现。关于这种节约原材料和削减成本、生产多而次的产品的倾向，我们或许可以将其与今日的工业发展进行类比。但生产的兵器可能更有效率，虽然并不华丽。完整的迈锡尼时代大抵涵盖了整个公元前二千纪下半段。

图像与文献

当考古学者们发现并破译了一段古代文字记录时，一个原本被划为史前史的阶段被纳入了历史。与迈锡尼文明有关的历史研究就遇到过这样的情况。这一时期的文字记录在多个与迈锡尼文化相关的地方被发现。这些记录是用希腊文写成的，但并没有使用希腊字母表中的字母。这种古老的文字被考古学者们归入"线形文字B"的条目下。

追随施里曼的工作，阿瑟·埃文斯爵士在克里特岛的克诺索斯发现了大批经过烘烤并刻有线形文字B的泥板，但这批手迹日后并未被破译，也未被归为希腊文。除了手迹，这些泥板上往往还有一些图画文字，这些图画文字与那些以图解的形式为高速公路停车区的便利设施做宣传的图片差不多。这些图画文字对手写文字起到了补充和说明的作用，也有助于我们破译纷繁复杂的古代手迹。

不幸的是，我们尚未发现任何历史记录。泥板上记载的大多为账目和存货清单。但目前令人感兴趣的是众多与克诺索斯的王室军械制造所和军械库相关的内容。贮存起来供战时使用的战车达数百辆之多。战车在迈锡尼的浅浮雕作品上同样有所体现，而这些浮雕展现的显然是战争场面。并无证据表明，迈锡尼人曾拥有过骑兵。这一事实也将他们与荷马笔下的人物联系在一起。人们发现了同样令人感兴趣的证据，表明战车似乎是迈锡尼军队的标准配备，而非贵族将领的私有财产。战车的贮存技术无疑是很有条理的。泥板记录可以理解为，通常的做法是将战车卸掉轮子后堆叠起来，甚至将车身拆解成更小的组件。人们无疑会形成这样一种印象：克诺索斯政权的战车部队的组织度要远高于荷马史诗中所展现的。与此同时，在正常情况下，和平时期的战车部队展现出的组织度要高于他们经受激战的考验时。

除了战车，泥板记录还提供了各式各样的兵器与甲胄的信息。某些图画文字比另一些更写实；但即便如此，破译工作仍遇到了一些困难。例如，我们难以将剑和匕首区分开来。就连在荷马史诗中往往意指"剑"的希腊语词汇，在迈锡尼语境中也被疑为指代

▼ 特洛伊城墙和一座塔楼的基座。在希萨利克（传统观点认为荷马笔下的特洛伊城就位于这里），新城在旧城的废墟上拔地而起。

公元前630年
来自锡拉岛的殖民者修建了昔兰尼城

公元前625年
亚述帝国崩溃

巴比伦人和米底人率先独立，而后统治了美索不达米亚

公元前600年
抒情女诗人莎孚和诗人阿尔凯奥斯在莱斯博斯成为家喻户晓的人物

来自小亚细亚的福西亚的希腊人在马赛及西班牙的塔尔特苏斯建立了殖民地

第1章 荷马时代与迈锡尼时代的战争 21

▲ 与青铜时代末期其他的爱琴海设防据点一样，迈锡尼被一道建于岩石丛生的山丘顶部的巨石城墙保护着。在荷马笔下，迈锡尼是阿伽门农的城市。

包括匕首在内的专用于刺击的兵器。那些较难描绘的物体（例如覆盖全身的护甲），则给考古学者们造成了更大的困惑。

防御工事

在施里曼的努力下，那座位于小亚细亚西北部的希萨利克的山丘（传统观点认为这里是古代特洛伊城的旧址），如今被认为是普里阿摩斯统治的特洛伊城的废墟，第一次得以重见天日。这座向世人袒露着火焰和暴力留下的累累伤痕的废城，屹立在一批年代更为久远的城市废墟（其中一座似乎在一场大地震中化为了齑粉）上方。希腊神话中还记载过早期特洛伊城被赫拉克勒斯（Heracles）摧毁的事。按照这个传说的说法，地震与海洋之神波塞冬（Poseidon）制造了这场灾难。考古发掘证实，这座城市曾拥有高大厚重的城墙——这进一步证实了古代传统的可靠性。

而且，根据考古证据，这座被焚毁的特洛伊城一定与希腊大陆的迈锡尼城处在同一时期。迈锡尼城邦的其他城市与迈锡尼城一样，都以高大厚重的城墙为特色。这种建筑风格被称为"巨石式"（Cyclopean），这是因为后世的古希腊人相信，这些城墙是传说中的巨人库克罗普斯（Cyclopes）的杰作。巨石式城墙由巨大的粗凿岩石层叠而成，由于巨石的外形并不整齐，不可避免地产生空隙，因此在堆叠巨石的过程中需掺入较小的石块，以填补这些空隙。而用于构筑城门附近城墙的石块往往被制成长方形，然后沿着水平方向层叠起来。

城门区的特殊样式表明，迈锡尼的建城者们可能一心只着眼于城市的外观。但他们或许也提供了更强大的防御。在古代的传说中，攻打城市就是攻打城门。在迈锡尼，主城门附近有一座堡垒，从那里可以利用投射型兵器，从斜对面方向打击攻击城门的敌军。按照英雄诗系的说法，阿喀琉斯就是在攻打特洛伊城的悉安门时丧命的。后世的传说宣称，他被射中了脚后跟。在那些描述这一传说的人们看来，这支夺命之箭显然是从侧面或后方射来的。

在迈锡尼城防工事的其他地段，可以找到堡垒的侧门。这与文学作品中提供的关于早期攻城战术的证据完全一致。在底比斯战争期间——这场战争据说比特洛伊战争早

▼ 梯林斯城防工事中的高大门楼。青铜时代爱琴海城防工事的门楼部分是进攻方的主要目标，荷马史诗为这一事实提供了进一步的证据。

公元前 598 年
巴比伦的尼布甲尼撒二世摧毁了耶路撒冷，并驱逐了犹太人（他们与埃及结盟）

公元前 574 年
尼布甲尼撒围攻并摧毁提尔

公元前 569—前 525 年
埃及的雅赫摩斯与吕底亚、昔兰尼以及萨摩斯的希腊僭主波利克拉特斯结盟

雅赫摩斯将希腊定居商人集中安置在瑙克拉提斯（位于尼罗河三角洲）

22　古典世界的战争

结 论

当我们把考古发现与荷马时代的文学作品及口耳相传的记述进行比较时就会发现，几份材料中值得探讨的事项彼此间既有相似之处，又有不同之处。因此，看来我们将荷马史诗归入历史虚构作品之列是合乎情理的。没有人可以把这些史诗定义为正史。一部杰出的史诗对于历史学家而言，本身就是一个障碍。因为诗人会尝试着将自己所属的年代融入记忆或历史记录的枯骨中，令其重焕生机。在他力求将过去与当下融为一体的过程中，时代错误无疑是难以避免的。

在我们可用的文学作品中，亚瑟王与圆桌骑士的传奇故事是一个可供比较的实例。据说，这些传说的蓝本是一位罗马-不列颠时代的国王（其传奇事迹可追溯至欧洲的"黑暗时代"）的壮举，但亚瑟王与众骑士所使用的铠甲及其言行举止均为中世纪骑士时代的法国骑士的风格。除了以上种种，我们很容易发现，亚瑟王传奇故事的相关元素源自前罗马时代的凯尔特人的历史及宗教信仰。这种多种文化的融合，往往是传统史诗作品中不可或缺的部分。

在历史戏剧中，类似的手法或许也是屡见不鲜的。我们并未因莎士比亚的《尤里乌斯·恺撒》（*Julius Caesar*）中出现过一件紧身上衣、一只表和一本册页书而对其大加挞伐。而在我们这个时代，T. S. 艾略特（T. S. Eliot）仿佛要在这方面为诗歌的随心所欲手法辩护一般，故意在自己的一篇历史题材作品中掺入不合时代的成分。

寄望于荷马或其他史诗作者能够为我们展现正史的风貌，是对文学艺术本质的误解。然而，这一错误想法仍具吸引力。史诗作品中可能经常包含历史元素，因为诗人既没有时间也没有耐心去创造一段属于自己的历史。然而，如果没有外部证据的帮助，要把历史与虚构区分开来是不可能的，尽管我们可以肯定它们是共存的。如果史诗作品流传下来，而其来源资料没有，我们就会遇到困难。尽管从某种程度上说，考古资料是无可替代的鲜活证据，但它只有在以碑铭或某些经久耐用的材料上的手迹形式出现时，方可作为传统历史文献的替代品。

将希腊和爱琴海地区的考古发现与荷马史诗联系起来，学者们对此一直有着浓厚的兴趣，这是因为文学与考古证据在很多情况下都是高度吻合的。然而在其他时候，它们之间也有着明显的矛盾。

除了考古证据方面的问题，对荷马史诗创作日期的讨论也遇到了语义学方面的困难。文学创作的用意何在？从诗歌的角度来看，莎士比亚笔下安东尼在西德奴斯河遇到克里奥佩特拉（Cleopatra）的场景是莎士比亚的原创，而普鲁塔克（Plutarch）对同一件事的描写则是莎士比亚所使用的原材料。但倘若我们将注意力完全放在历史角度上，就可以得出这样的结论：普鲁塔克（或者所处时代更早，其作品成为普鲁塔克资料来源的作者中的某一位）是这件事的创作者，而莎士比亚仅仅是对这一记录进行了改编而已。这种说法同样正确。

我们对荷马史诗的敬意理所当然地源于它的诗学价值，而以文学批评的语言来讨论它是一件很自然的事。然而，如果我们试图从荷马史诗中提取历史真相，那么这套术语也许是误导性的。至少，"创作"（composition）一词的意义必须改变，而当我们讨论一部作品（composition）的日期时，我们的含义也随之改变。荷马的参考来源不是一位诗人，但他比荷马更接近当时的记录，而历史正是基于这些记录的。

了一代人的时间（引自作为希腊剧作家写作素材的传说）——7名攻打底比斯城的指挥官每人都要挑选一座城门作为自己的攻击目标。这7个人的进攻都未成功，其中6人战死。

▼ 著名的迈锡尼狮子门。狮子门周边的城墙以长方形石块砌成，从而与普遍采用粗糙的多边形石块修建的城防工事的其他部分形成了鲜明的对比。

公元前 561 年
吕底亚国王克罗伊斯与希腊各城市保持着良好关系

乔达摩·悉达多（释迦牟尼）在印度诞生

公元前 560 年
在雅典，庇西斯特拉图攫取了独裁权力

庇西斯特拉图将荷马史诗汇编成书

公元前 551 年
孔子在中国诞生

第 2 章　波斯战争

在公元前 5 世纪，强大的波斯帝国的历任统治者均致力于向西扩张。在一系列对波斯以西文明的未来有着至关重要意义的战役中，希腊联盟经受住了考验，并击退了侵略者。

原始资料来源

波斯入侵希腊的历史在希罗多德（Herodotus）笔下以连续不断、首尾相连的形式得以展现，希罗多德于约公元前484年出生在小亚细亚西南沿海的希腊城市哈利卡纳苏斯。身为一个爱奥尼亚裔希腊人，希罗多德以自己家乡的方言写作，但他游历甚广，且在定居意大利南部的希腊殖民地图里之前曾在雅典居住过一段时间，并于约公元前424年在图里去世。因此，波斯的第一次入侵发生在他出生前不久，第二次入侵则发生在他的童年时代。

雅典人修昔底德（Thucydides）选择了此后一场战争作为其著作的主题，他生活在公元前5世纪下半叶，写作日期也是在那个时候，他提及波斯战争的地方有时补充了希罗多德作品的叙述。但我们已拥有了埃斯库罗斯（Aeschylus）在其戏剧《波斯人》

▲ 哈利卡纳苏斯的希罗多德，我们对波斯侵略希腊历史的了解主要来源于他的作品。

（Persae）中关于第二次波斯入侵与萨拉米斯战役的记载，这份记载出自一个可能亲身参加过战役的人——正如他于10年前参加过马拉松战役一样。事实上，他的兄弟便在马拉

松战死。身为一名诗人和戏剧家的埃斯库罗斯，创作这部戏剧自然不是为了记录历史，但没有任何一位现代历史学家会忽视他的戏剧在文献资料层面的重要意义。

除此之外，一些残缺不全的希腊抒情诗也成了留存至今的历史证据。这些诗歌的作者生活在波斯战争爆发的一个世纪之前，他们的作品中提到了爱琴海东部地区在波斯人的势力波及之前的政治局势。他们在漫不经心间留下的历史记录，或许对希罗多德著作中关于这一时期的部分是一种很好的补充。我们也不应轻视普鲁塔克撰写的相关传记，尽管这是在我们所关注的历史事件过去6个世纪之后创作的。普鲁塔克是一位严肃的学者型作家，他能够参考许多被毁已久的书籍、纪念碑和铭文。当然，许多纪念碑和铭文已经通过考古学家的工作得以复原（特别是在过去的一个半世纪中），而我们的资料库得到了被破译的出土于埃及的希腊文纸草手抄本残卷的进一步补充。即便如此，对于我们而言，古典时代晚期的作家和评论家仍具有压倒性的优势。

波斯战争大事记

居鲁士大帝（Cyrus the Great）凭借赫赫

◀ 分别由大流士一世和薛西斯率领的两支波斯大军的行动路线。

▼ 疆域最大时期的波斯帝国。大流士的征服与爱奥尼亚人的起义很快引发了波斯帝国与希腊的对抗。

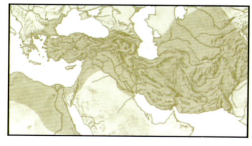

波斯大军行动路线地图：
- 色雷斯
- 腓立比
- 马其顿
- 多里斯卡斯
- 博斯普鲁斯海峡
- 普罗庞提斯（马尔马拉海）
- 阿索斯半岛
- 赫勒斯滂
- 切尔尼斯
- 伊庇鲁斯
- 爱琴海
- 梅西亚
- 色萨利
- 阿提密西安
- 塞洛斯岛
- 温泉关
- 埃雷特里亚
- 萨迪斯
- 普拉提亚
- 马拉松
- 爱奥尼亚
- 吕底亚
- 萨拉米斯
- 雅典
- 萨摩斯
- 米卡列
- 伯罗奔尼撒
- 莱德岛
- 米利都
- 卡里亚
- 斯巴达
- 纳克索斯岛
- 哈利卡纳苏斯
- 罗德岛
- 克里特岛

图例：
- ── 公元前 480 年的波斯陆军
- ─ ─ 公元前 480 年的波斯舰队
- ⋯⋯ 公元前 490 年的波斯舰队

公元前 549 年
居鲁士大帝占领米底首都埃克巴塔纳，建立波斯帝国

公元前 546 年
居鲁士在哈利斯河击败吕底亚国王克罗伊斯，占领萨迪斯

波斯人很快征服了爱奥尼亚海岸的希腊城邦

公元前 539 年
居鲁士攻占巴比伦，将流亡至该城的犹太人重新安置在巴勒斯坦

马拉松战役（公元前490年）

	波斯	希腊
步兵	20,000	雅典9,000（重装步兵） 普拉提亚600（重装步兵）
骑兵	5,000	无
	三列桨战舰200	无
舰队	运输舰400	
	水手40,000	

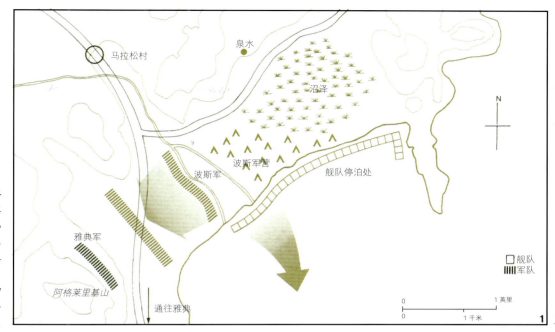

战役概况

　　波斯远征军在马拉松湾登陆。而雅典人和普拉提亚人占领了可将通往雅典的海岸之路的情况尽收眼底的制高点。数量上处于劣势的希腊人希望斯巴达人能施以援手，后者的行程因宗教节日而延误。双方都在静观其变，当满月即将出现时，斯巴达人承诺的援军也即将抵达。

　　1 波斯方面采取行动，派出一支由全部骑兵和部分步兵组成的突击部队，经海路向雅典进军。其余的步兵则向前推进，以阻止雅典军回城。这时，击败波斯人并在波斯海军到来之前抵达雅典便成了希腊人的唯一选择。为了与波斯军战线的宽度相匹敌，雅典人也需要拉长自己的正面战线。他们在两翼集结了雄厚的兵力，中央阵列却较为单薄。普拉提亚人占据左翼，卡利马科斯（雅典的军事执政官）则指挥右翼。

　　2 希腊人迅速推进，越过了平原，当他们进入弓箭射程内时，便奔跑着发动了冲锋。波斯人被这种蛮勇的做法惊得目瞪口呆。希腊军的两翼击败了波斯部落服役兵和毫无作战热情的爱奥尼亚希腊人征召兵，但他们薄弱的中央阵列被击退而崩溃了。在这一战役的关键时刻，雅典人的纪律发挥了效果。两翼的部队按捺住自己的欲望，没有去追击当面之敌，而是向波斯中军发起了一波经典的钳形攻势。波斯人的中央阵列崩溃了，但许多人平安地登

上了己方舰船。其他人遭到追击，并在沼泽附近被杀死。希腊人试图夺取波斯人的舰船，最后俘获了7艘。

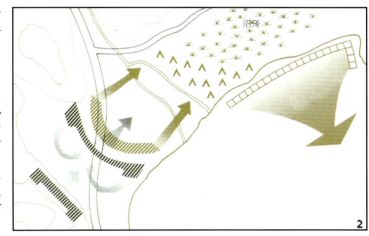

战后情况

　　雅典人留下一支队伍镇守战场，而后通过一次强行军回到了雅典。他们抵达该城的时间比波斯舰队早了约一个小时，后者只得两手空空地返回亚洲。波斯军的战死人数约为6,400人，其中很多人是在试图逃生时淹死的。令人难以置信的是，雅典一方的损失只有192人，但其中包括他们的执政官卡利马科斯。

战功令波斯帝国迅速崛起，而200余年后亚历山大大帝的赫赫战功则使它以几乎同样的速度灭亡。公元前6世纪初，波斯人占领了苏萨（位于时至今日仍被我们习惯性地称为"波斯湾"的海湾正东）的周边地区。居鲁士击败了王国北部的米底人，而后在反对他的强大联盟尚未得以组建之时将注意力转向西面，对准了小亚细亚的吕底亚。他战胜了吕底亚国王克罗伊斯（Croesus），攻占了吕底亚的首都萨迪斯。克罗伊斯可能被描写成了一个"亲希腊派"，他不仅与其控制下的爱琴海东面的希腊城市建立了友好共存的关系，还与希腊大陆的众城市也建立了这样的关系。因此，人们往往认为大部分希腊人对克罗伊斯的失败感到惊恐。另一方面，在希腊人理想的自由模式中，小而独立的城邦是应当得到保护的，这就意味着一旦某个帝国

的势力遍及整个小亚细亚，它在未来的某个阶段将必然与希腊人发生冲突。

　　居鲁士将自己的帝国划分为一个个行省，由地方官员或"总督"（satraps，这个波斯词语是在融入希腊语后沿用下来的）管辖。对爱琴海沿岸的征服是由他的将军哈尔帕格（Harpagus）完成的，同时居鲁士回师东方，攻占了巴比伦（《旧约》记录过这件事），其后他在一场针对北方部落的细节模糊不清的战役中死去。他的儿子冈比西斯（Cambyses，某些证据表明他的精神有些不稳定）将埃及并入了帝国版图，然后在经历了一段篡权的插曲之后，帝位被皇室（阿契美尼德）家族的另一位后裔大流士（Darius）夺取。

　　大流士将帝国划分为20个行省，并试图将统治范围扩展到东南欧。他率军渡过博斯普鲁斯海峡，甚至越过了多瑙河。在最后一

场针对西徐亚人的战役中，他遇到了困境。如果不是大流士麾下守卫着多瑙河桥头堡的爱奥尼亚希腊人部队忠于国王的话，波斯军队或许就被围歼了。从这场战役中发生的事来看，大流士和爱奥尼亚希腊人都得出了错误的结论。大流士认为，从今以后他可以倚这些忠贞不贰的人为股肱，而爱奥尼亚希腊人则发觉波斯人败于西徐亚人之手，认为发动一场不受惩罚且十拿九稳的针对波斯宗主的叛乱的时机已然接近。

　　一个使团（大使为当时统治米利都的希腊僭主阿里斯塔格拉斯，他臣服于波斯国王的权威）从爱奥尼亚第一大城市米利都出发，前往希腊大陆，劝说其同胞城邦提供武装支援。斯巴达人的外交政策依旧谨慎，先是犹豫不决，最终拒绝给予帮助。而雅典人则本着一如既往的冲动作风，为希腊人在东

方的独立事业贡献了20艘船。优卑亚岛的埃雷特里亚城也提供了5艘船。

爱奥尼亚人的起义起初获得了成功。希腊人向内陆挺进，焚毁了克罗伊斯王国的旧都萨迪斯（当时由一位波斯总督统治）。然而，报复也随之而来。希腊舰队在公元前494年的莱德岛战役中被摧毁。米利都也被波斯人夷为平地，该城居民不是被杀就是沦为奴隶。这个消息对于雅典人来说犹如晴天霹雳，他们担心接下来的情况会变得更糟。果不其然，大流士发现希腊大陆曾向爱奥尼亚海军提供帮助，准备发动一场惩罚性的远征。他的舰队在其女婿的指挥下于公元前492年起航，沿着爱琴海北部海岸行进。（在条件允许的情况下，古代地中海世界的船只更愿意一直在看得见陆地的海域中航行。）在阿索斯山的海角附近，一场风暴重创了波斯舰队，因而大流士不得不从头再来。

又一支舰队出发了，在其他指挥官的指挥下，取道纳克索斯岛，穿过了爱琴海中部。埃雷特里亚（负有罪责的两个城邦中实力较弱的一个）很快陷落并被焚毁。波斯人在位于马拉松平原的阿提卡地区的西北部海岸登陆，并从那里绕开南部的彭忒利科斯山，直取雅典。但一支反登陆的雅典军队在爆发于马拉松平原的战役中光荣地击溃了波斯军队。波斯残军及未参与此战的人马随后登上位于苏尼昂海角附近的本国舰队，从塞隆尼克湾出发，经海路前往雅典。但大获全胜的雅典军队马不停蹄地从马拉松平原返回，在波斯舰队抵达时再一次堵住了他们的去路。波斯人没有再次尝试登陆。

大流士死于公元前486年，他在埃雷特里亚人身上报了仇，但未能报复雅典。事实上，在波斯人看来，雅典人已经犯下了新的过错。惩罚雅典人的未竟使命落到了大流士的儿子薛西斯（Xerxes）身上。公元前480年，在其父最后一次远征结束10年后，薛西斯率领一支规模巨大的军队开始横渡赫勒斯滂，穿过色雷斯地区，进入希腊北部。与陆军一道进发的波斯舰队沿着爱琴海北部海岸（大流士的舰队之前曾在这一地区失事）航行。但在出发之前，薛西斯已经花了3年时间，在阿索斯半岛的狭长地带开凿了一条运河。因此，

▲ 波斯国王大流士一世之墓，他于公元前486年去世。在35年的统治生涯中，他一手创建了波斯帝国，将其疆域从埃及拓展至印度河流域。

▲ 大流士之子薛西斯发行的货币。他将其父对雅典的惩罚性战争继续进行下去，但他的舰队在萨拉米斯被歼灭，陆军则在普拉提亚遭遇败绩。

他的舰队得以不必再冒险环绕阿索斯海角了。

这一次，斯巴达人被说服，参与到了希腊人的民族事业中。斯巴达国王之一率领一支相当于敢死队的队伍，与他所能招募到的类似的盟军一道，在温泉关完成了一次光荣的坚守。与此同时，一支希腊舰队在优卑亚岛北部的阿提密西安海角附近阻击了波斯舰队。但这次抵抗失败了，波斯人很快控制了希腊北部。雅典人转移到萨拉米斯岛及其他

邻近的沿海地区。波斯人开进雅典，焚毁了卫城，歼灭了少数守军。在萨拉米斯，波斯舰队与希腊舰队之间爆发了一场决定性的战役。波斯舰队大败，损失惨重，薛西斯可能是担心自己的失败在更为遥远的东方将引发一系列后果，遂极不情愿地率领大部分军队取道赫勒斯滂回师，留下自己的将军马尔多尼斯（Mardonius）与其余陆军一道完成征服希腊的事业。然而就在第二年，马尔多尼斯的军队在普拉提亚战役中被击溃，残部跟随薛西斯的步伐返回了亚洲。

当普拉提亚战役正在进行时，爱琴海东部出现了新情况。薛西斯舰队的残部在亚洲大陆的米卡列将船只拖上岸，在它们周围建造了一圈木栅。与此同时，小心谨慎地自海路追踪而至的希腊人在萨摩斯海岸监视着他们。最终，希腊人鼓起勇气，越过了他们与大陆之间的海峡分界线，摧毁了敌人的军营和舰队。有人可能会认为，这次行动是希腊人受到普拉提亚战役捷报鼓舞的结果。希罗多德宣称，普拉提亚战役与米卡列大捷是同一天发生的，但我们或许并不需要照本宣科地对待他的说法。

米卡列战役告捷后，希腊人在小亚细亚东南部的欧律墨冬河岸又取得了一次胜利。但希腊人并非一直一帆风顺，其后一支被派去支援埃及反波斯起义的远征军遭遇了失败。直到公元前449年，希波双方达成协议的可能性方才出现：波斯人承认了爱琴海东部的希腊诸城邦的独立地位。

波斯军队的最高指挥层

在两次入侵战争中，波斯军队在数量上都占有压倒性优势，因而人们自然倾向于将波斯一方鲜有捷报的责任归咎于波斯军队的指挥层。波斯人之所以两次入侵希腊，除了两位波斯君王的雄心壮志，似乎并没有任何明显的"幕后操纵者"。然而，他们发动两次战争的做法并没有太多可指责之处——除了战争本身。在任何一个帝国的历史上，总会有这么一个阶段：它在扩张的道路上走得足够远，因而内部疆域必须加以稳定和巩固（如果它并不打算采取收缩政策的话）。相较

公元前525年
冈比西斯征服埃及

雅典悲剧诗人埃斯库罗斯出生

公元前521年
在冈比西斯死后，阿契美尼德家族的大流士一世成为波斯国王

公元前518年
波奥提亚诗人品达出生

26 古典世界的战争

于规模如此庞大的陆海两路入侵，区区几艘被派去支援爱奥尼亚起义的雅典和埃雷特里亚战舰，只不过是挑起战争的苍白借口而已。

如果将注意力转向埃斯库罗斯的戏剧，我们就会发现，大流士与薛西斯这两个人物之间存在某些差异。《波斯人》中描写了这样一个故事：薛西斯在萨拉米斯败绩后，垂头丧气地返回波斯。此时，大流士的鬼魂现身，指责薛西斯，认为是他的愚行引发了帝国近来的灾难。大流士的形象坚毅而威严，与之相比，薛西斯显得暴躁而无能。初看之下，希罗多德的描述似乎证实了这一评价。有人回忆起一件事：狂风将薛西斯架设的第一座横跨赫勒斯滂的桥吹垮了，薛西斯因而下令，这片不服管束的水域应为这一罪行而遭受鞭笞之刑。但从薛西斯的角度来看，这或许并不是一件纯粹的幼稚之举。在薛西斯那支多民族的军队中，夹杂着众多无知的部落民，他们对波斯人信奉的文明的琐罗亚斯德教毫不了解。因此，薛西斯若要重振士气，便必须证明，就连风神和海神也只能臣服在波斯大帝的脚下。

▶ 一顶科林斯式青铜盔（约公元前460年）。上面的铭文显示，这是阿尔戈斯人从科林斯人那里得来的，它是献给天神宙斯的。

▼ 这幅瓶饰画出自埃克塞基亚斯之手，展现了荷马史诗中的英雄正在全神贯注地下棋的场景。然而，他们的兵器和甲胄却是公元前6世纪时典型的重装步兵装备。

我们再一次将薛西斯在萨拉米斯惨败后回师遥远的首都苏萨的行为视为懦弱之举。他的将军马尔多尼斯似乎被无情地丢下，等待着自己在希腊的命运的裁决。但事实看上去或许完全不是如此。历代波斯国王的成就在很大程度上是建立在敢于将权力下放的基础上的。居鲁士在征服吕底亚时，将完成征服使命的权力交给了他的将军哈尔帕格，而马尔多尼斯可能也同样被寄予了征服希腊的希望。然而不管怎么说，埃斯库罗斯的戏剧中对人物的刻画不应被轻易忽略。毕竟，埃斯库罗斯的创作年代与其作品的背景年代极为接近，而他不可能完全无视大流士和薛西斯凭借各自的努力在当时人们心中赢得的威望。

现在来谈谈马尔多尼斯。他是大流士的

女婿，那支在阿索斯山海角的群礁之中遭遇大难的波斯舰队就是由他指挥的。大流士对他的不满是显而易见的：在国王随后发动的希腊远征中，马尔多尼斯并未进入指挥层。横渡爱琴海中部前往埃雷特里亚和马拉松的波斯舰队的指挥官是达提斯（Datis）和阿尔塔福涅斯（Artaphernes）。然而，马尔多尼斯是一个很有能力的人，他日后得以官复原职，便证明他获得了薛西斯的信任。在薛西斯返回波斯后，马尔多尼斯试图利用机智的外交手段，来挑起那些希腊城邦之间的争斗而不是与之交战。他的外交工作很有机会获得成功，如果他再多坚持一阵的话，或许就真的达到了自己的目的。然而，由于海上补给线被切断，大军的供应可能难以维持，因而马尔多尼斯被迫做出决定：速战速决。

雅典人的领导阶层

作为波斯国王对手的希腊领袖才华横溢、意志坚定，这可以算得上是前者的不幸。依靠自己的勇气与判断力而赢下马拉松之战的米太亚德（Miltiades）是一个个性鲜明、热爱冒险的人，他的叔叔（与他同名）以令人神往的方式成了色雷斯的切索尼斯（今加利波利半岛）的蛮族国王。小米太亚德通过正当或不正当的手段，成功地继承了叔叔的王位，但爱奥尼亚起义之后，波斯治下的色雷斯已无他的容身之处，因此他避难于雅典。在那里，他被推选为将军，与其他9位将军负责该城的政务。在公元前490年的危机中，他说服军事执政官（或者说是最高指挥官）卡利马科斯（Callimachus），投下关键的一票整军备战。事后，其他将军心甘情愿地屈居于米太亚德之下。

正如我们将要看到的，波斯人的战略目的在于保有灵活的选择余地。当雅典守军在马拉松作战时，他们可以通过海路从南面进攻雅典。或者，他们可能会将希腊军队歼灭，这样陆上就门户大开了。甚至还有这样一种可能性（考虑到入侵者在数量上的优势），即上述两个目标可以同时实现。米太亚德似乎发觉了波斯人的优柔寡断，在关键时刻组织了一次闪电式的突袭。他的军队两翼的实力

阿提密西安战役和温泉关战役
（公元前480年）

	波斯	希腊
步兵	130,000	7,000
骑兵	20,000	无
舰队	三列桨战舰1,200 大批补给舰	三列桨战舰271

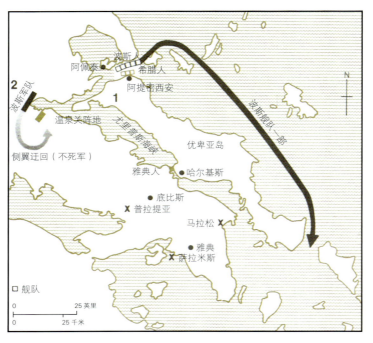

战役概况

公元前481年／前480年，薛西斯准备向希腊发动一次大规模入侵。与此同时，一支迦太基军队入侵西西里，以阻止希腊大陆来援。希腊人计划在雅典北部采取两次军事行动，阻挡波斯人挺进的步伐。

1 希腊舰队由斯巴达人欧利拜德斯和雅典人特米斯托克利指挥，停泊在优卑亚岛和希腊大陆之间的海峡内。一支试图绕过优卑亚岛的波斯舰队被一场风暴摧毁。整支波斯军队都无法起航，因为陆军需要他们提供补给。他们向希腊人发动的一波正面攻势被击退，波斯海军不得不整夜忍受风暴的袭击。两天后发动的第二波攻势再度被顶住。

2 在列奥尼达的统领下，7,000名希腊士兵坚守在一个狭窄的隘口内，这里是位于温泉关的群山和大海之间的中央入口。另有1,000名福基斯人被派去镇守战场上最为薄弱的一环——环绕高山的侧面通道。阿提密西安战役令薛西斯的部队在希腊军后方登陆的计划化为泡影。一连数天，波斯人都竭力从正面发动进攻，但均被击退，并且伤亡惨重。在一名希腊叛徒的指引下，由海达尔尼斯统率的10,000名"不死军"从侧翼迂回进军。当福基斯人从制高点撤走时，波斯人没有去管他们。

列奥尼达得知了这一情况，命令全军（他的2,000名部下除外）在退路被切断之前撤离。留下来的重装步兵部队被包围，列奥尼达在激战中阵亡。斯巴达人退到一座小山上，并在那里全部战死。

战役结局

薛西斯南进占领雅典，该城居民避难于萨拉米斯岛。

得到了加强，无疑是用来提防波斯骑兵的攻击。但后者并未参战，可能是因为当希腊军队发动进攻时，他们还乘船在海上漂着。然而，米太亚德排出的阵形的效果在于，使对面的波斯军队的两翼遭到压制，不得不退向中央，暂时获胜的敌人中军便被包围起来。

此时，在狂热战意的驱使下，希腊人一路攻向波斯舰队。在进攻过程中，他们可能推进得太深了，卡利马科斯不幸阵亡。这样一来，米太亚德就成了当时的英雄。他的战略和战术无疑是在强烈的利己观念的驱使下制定出来的：他想收复切索尼斯的故土。可以肯定的是，当他在马拉松大捷之后成为雅典舰队的指挥官时，他利用权力为自己谋利，进行了一场针对帕罗斯岛（被认为倒向了波斯一方）的战役。因这次滥用职权事件，他在雅典遭到控告。他由于在帕罗斯战役中受伤的伤口感染，于公元前489年死在了牢里。

依靠一位非凡人物的努力，希腊得以在薛西斯于公元前480年发动入侵时再度免于沦为波斯人的臣属。特米斯托克利（Themistocles）年轻时有点像个浪子，但他登上了政治舞台，并运用自己与生俱来的狡诈性格为本国效劳。与之前的米太亚德一样，他也完全相信自己的判断，而且强迫别人也相信。他与米太亚德的另一个相似点

是：在自己一手缔造的伟大胜利中，他并不是名义上的指挥官。

特米斯托克利决意将位于萨拉米斯岛和阿提卡海岸主要部分之间的狭窄海峡作为与波斯海军交战的战场。但被波斯人在陆地上的胜利吓坏了的盟军宁愿解散队伍，去守卫各自的领土。希腊将领之间爆发了激烈的争执，以至于情绪失控，直到斯巴达海军将领举起权杖，做了一个威胁的姿势。"打吧，"特米斯托克利平静地说，"但要听我说完。"斯巴达将军听取了他的意见。

尽管如此，特米斯托克利仍不信任自己的盟友，他秘密安排一名告密者前往波斯人那里，带去了一份情报：希腊舰队打算趁为时未晚，从萨拉米斯逃走。薛西斯立刻派出一支舰队封锁了海峡的所有出口。分散突围的可能性已不复存在，希腊舰队再无其他选择，只得在这片由特米斯托克利选定的御敌之地背水一战。

毫无疑问，米太亚德和特米斯托克利均因在两次波斯侵略战争中拯救了希腊而永远被人们铭记。但波斯人对爱奥尼亚群岛独立地位的认可，实际上是米太亚德之子西门（Cimon）努力的结果。毕竟，爱奥尼亚独立问题是引发战争的根本原因，尽管就日后雅典在东方发动的战役而言，更为明显的诱因是出于对来自埃及和塞浦路斯的谷物供应的

觊觎。

西门是公元前466年在欧律墨冬河河口附近爆发的海战中的得胜之将。之前，他曾进攻过色雷斯的波斯据点，并成功地夷平了位于塞洛斯岛上的一座海盗要塞。在对希腊人有利并给他们带来巨大荣耀的对波斯和平

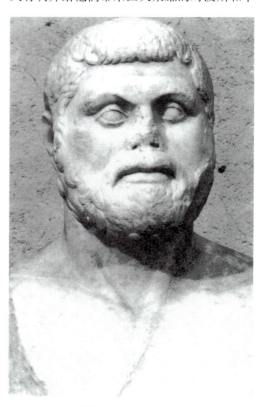

▲ 雅典政治家特米斯托克利。他的造舰计划令雅典人得以在萨拉米斯海战中击败波斯人，并一举成为希腊城邦中的霸主，但他也因此与斯巴达人形成敌对关系。

公元前499年

米利都的僭主希斯提亚埃乌斯被大流士扣押于苏萨

其婿阿里斯塔格拉斯鼓动爱奥尼亚希腊人起来造反

这场起义没有得到斯巴达人的支持，但雅典人捐助了20艘战舰，埃雷特里亚也提供了5艘战舰

公元前498年

爱奥尼亚希腊人揭竿而起，焚毁萨迪斯

前的夏天波斯大军势不可挡的境况形成了鲜明的对比。然而令人遗憾的是，保萨尼亚斯这个人与全无私心的列奥尼达同样形成了鲜明的对比。在普拉提亚大捷之后，保萨尼亚斯意欲将整个希腊置于自己的统治之下。为此，他不惜与自己之前的敌人波斯人勾结在一起，当这一阴谋为斯巴达人所侦知时，保萨尼亚斯便落得了悲惨而可耻的下场。

波斯舰队

没有任何一个希罗多德的读者会低估海军在两次波斯侵略战争中的重要性。波斯是一个内陆政权，没有属于自己的舰队。在这种情况下，波斯君王们（特别是薛西斯）还能集结一支如此庞大的舰队，这更证明了他们拥有强大的动员能力。这件事还表明，波斯人相当了解希腊人的航海技术和作战能力，说明他们丝毫没有轻视这个与之必有一战的对手。

波斯舰队中最为庞大的一部分由腓尼基战舰组成，由腓尼基水手操纵。令人颇为惊讶的是，在波斯人依赖的海上力量中，还包括来自被征服的希腊爱奥尼亚诸城的舰船和水手。他们对由希腊人组成的分队的忠诚度不可避免地多少有些怀疑。有那么几次，爱奥尼亚人表现得并不积极，例如在米卡列战役中，爱奥尼亚希腊人最终背弃了波斯宗主，转而支援他们的同胞。

哈利卡纳苏斯的希腊女王阿尔特梅西亚（Artemisia，她因波斯人的友善态度而臣服于后者）在萨拉米斯海战中站在波斯人一方，并亲自登船参战。然而，她似乎在任何特殊时刻都能根据具体情况来决定加入哪一方。因此，当她遭到一艘雅典战舰的追击时，便不慌不忙地击沉了自己所在分舰队的另一艘桨帆船。雅典人认为她已倒戈，便停止了追击。阿尔特梅西亚再未遇到麻烦，最终成功脱逃。

事实上，薛西斯可能发现，将爱奥尼亚舰队带在自己身边的风险可能比将他们留在

协定达成的几年之前，他战死在塞浦路斯。与其父不同的是，他似乎两袖清风。事实上，他的政敌指控他收受了马其顿国王的贿赂，但他却被宣判无罪。他怀有创建一个全希腊联盟的梦想，因而以友善的态度对待斯巴达。但斯巴达人并不信任一个雅典人，而西门的亲斯巴达立场令他在雅典不得人心，并成了政治攻讦的对象。

斯巴达的英雄们

希罗多德在其作品的一段中，用热情洋溢的笔调称赞雅典人，认为他们是胜利者与希腊自由的保卫者。事实上，斯巴达在紧要关头的犹豫不决几乎导致了灾难性的后果。然而，我们绝不能低估斯巴达人在战争中做出的贡献和他们的领导能力。对于希腊人和这个世界而言，列奥尼达（Leonidas）在温泉关的壮举仍是英雄事迹的典范。此外，列奥尼达不仅是一位英雄，也是一位思维缜密的战略家。对战场的侦察很快表明，在色萨利北部的开阔地带与薛西斯交战对希腊人毫无益处，因此列奥尼达选择了温泉关作为战略据点，在这里，希腊人的牺牲可以换来最大限度的战果。在近2,500年的岁月流逝中，海岸线已然改变。在公元前490年，悬崖与大海之间的峡谷是极为狭窄的，温泉关的山路则贯穿整个峡谷。薛西斯奋勇推进，在这

条狭窄的战线上与7,000名希腊重装步兵作战，他在此处投入了自己的精锐部队"不死军"——这支部队之所以获得这一称呼，是因为拥有随时等候着填补伤亡人员空缺的预备队。最后，波斯人被指引着走上了一条可以迂回到希腊人侧翼的山路。列奥尼达知道，他要么必须撤往南面一个毫无希望的作战地点，要么在温泉关战死，别无第三种选择。于是他决定将盟邦的军队遣回，与此同时，他与其他为数不多的伯罗奔尼撒人和1,100名波奥提亚人为了继续阻击波斯人而发动了一次反击。最终，被数量上占绝对优势的敌人击垮了的列奥尼达及其部下全部战死，从而用实际行动淋漓尽致地诠释了斯巴达人的军事理念。

列奥尼达在向北进军时，就没有想过活着回来，他只挑选了那些拥有子嗣的斯巴达人与自己同行。这些青年战士的孩子们的年龄自然还很小，而列奥尼达本人则留下了一个名叫普列斯塔尔科斯（Pleistarchus）的幼子。斯巴达法律承认一种古怪的双王制，但在现实中，两位国王中的一位往往处于支配地位。列奥尼达的侄子保萨尼亚斯（Pausanias）被指定担任普列斯塔尔科斯未成年时期的摄政王。保萨尼亚斯凭借这种职权，在温泉关战役结束一年后，率领希腊联军在普拉提亚战役中高奏凯歌。继萨拉米斯大捷之后，保萨尼亚斯再度克捷，这与一年

公元前494年
爱奥尼亚舰队在莱德岛被击败

米利都被波斯人攻陷，此事在雅典引发恐慌，起义失败

大流士计划向参与此事的希腊大陆城邦发动惩罚性远征

斯巴达击败阿尔戈斯，成为伯罗奔尼撒半岛的霸主

公元前493年
特米斯托克利于执政期间下令，在比雷埃夫斯海港修建防御工事

第2章　波斯战争　29

后方要小一些。每艘船上都驻有一队士兵，由波斯人、米底人或其他忠心耿耿、值得信赖的民族组成。出身于当地的舰长往往为波斯指挥官所取代，薛西斯可能一刻不停地将仆从民族的领袖们置于自己的亲自监视之下。他们的处境与那些被交给波斯人的人质极为相似。

除了腓尼基和希腊籍海军部队，薛西斯的舰队中还有一支由埃及人组成的分舰队，并在战斗中表现突出。我们还知道，波斯海军中有来自塞浦路斯和奇里乞亚的部队。塞浦路斯既有希腊人，也有腓尼基人建立的城市，而奇里乞亚人大多为希腊血统。奇里乞亚人是否会同情希腊大陆的同胞，则是另外

一回事，但能将他们的命运与波斯人连接在一起的只有帝国这个纽带。陆海军总兵力之比是有记录的：按照希罗多德的记载，当薛西斯在色雷斯的多里斯卡斯点兵时，陆军的人数多达170万；而他所提供的海军兵力同样相当精确——1,207艘舰船（不包括运输舰）。

古代舰船的构造

现在我们必须谈谈古代舰船，特别是古代战舰的大体结构。商船与运输舰的横梁较宽，因而体积也相对较大。在船上空间被货物占用的情况下，它们不得不靠风帆而不是船桨来前进。希腊人有时将它们称为"圆

船"。相反，我们应该记住，拉丁语里的战船一词是"navis longa"，意为长船。在我们所考虑的古代时期，战舰始终采用相对较长的流线型结构。这是为了确保速度而设计的，其推进动力来自桨而非帆。在两次入侵希腊的战争中，运输舰和战舰对于波斯人而言自然都是不可或缺的。

典型的战舰是在波斯战争前后出现的，在我们关注的战役中登场的是三列桨战舰（trireme）。"trireme"一词来源于拉丁语，其希腊语形式是"trieres"，字面含义为"三列船桨"或"三重配置"，但这里指的很明确：船上配备3排桨座，各排桨手的座位相互层叠。在更早的时候，人们建造的是配备2排桨

海军战术

海战的战术主要有两种，这两种战术对战舰设计提出了相反的要求。第一种是撞击战术，要求战舰在尽可能容纳更多桨手的前提下，设计得尽可能小巧些。只拥有规模很小的水兵队伍的雅典海军遵循的就是这一原则。另一种是登舷接敌战术，需要以较大型的战舰（以搭载尽可能多的登舷作战人员）来实施。登舷战术最终得到了更为广泛的应用，因为若要达到撞击效果，战舰必须与敌舰相互接触，而这一条件恰恰是登舷战术所必需的。全甲板式大型战舰由此应运而生（见第6章）。机动（撞击）战术思想主要植根于两种战术：突破战术（diekplus）和环绕战术（periplus）。环绕战术纯粹是将战线加以延伸以包抄敌舰，并撞击其薄弱一侧的办法。突破战术则较为复杂，对桨手技术和时机选择的要求都比较高，很受机动（撞击）战术思想提倡者的青睐。为反制上述战术，组建多道战列线的办法很快得到了应

用。防御圈战术（kyklos）便是这类防御战术中的一种。为了让登舷部能更为稳当地登上敌舰，抓钩与登舷跳板得到了应用。随着战舰的大型化，舰载器械的种类也日趋复杂：用于杀伤敌人，在登舷之前扫清甲板之敌的弹射器、"乌鸦"（一种能够水平旋转的吊桥）、用于制造俯射火力的塔楼和"哈尔巴"（harpax，一种弹射而出的抓钩）都被搬上了战舰。随着地中海变成了罗马人的内湖，海军的大型化趋势停止了，一种复古的、更小但性价比更高的战舰"利博尼亚"（liburnian）出现了。我们将在后续章节中追溯这几种战舰的发展史。

防御圈战术

这是一种为在数量或速度上处于劣势的舰队所采用的防御战术：战舰排成一圈，撞角向外。在阿提密西安海战中，希腊人曾用这一战术对付波斯人。图中展示的是伯罗奔尼撒舰队于公元前429年在赖昂姆海岸与雅典人作战时使用该战术的情景。

希腊三列桨战舰（约公元前500年）

长度：125～135英尺（38～41米）
宽度：（船体）10～13英尺（3～4米）
　　　（舷外桨架）18英尺（5.5米）
船桨长度：14～15英尺（4.25～4.5米）
吃水深度：3～4英尺（0.9～1.2米）
船员配置：200人（含170名桨手）
　　　　　62名上层桨手
　　　　　54名中层桨手
　　　　　54名下层桨手

水兵：10名重装步兵和4名弓箭手（雅典人），其他类型的战舰上拥有多达40名水兵
甲板人员：15人外加舰长（trierarch）及1名用于掌控划桨节奏的笛手

桨手并非奴隶，而是募自底层阶级，是受过严格训练的专业人员。重装步兵来自中产阶级，而被雇用的弓箭手则是西徐亚人。

下面的复原图是基于一系列史料绘成的，包括钱币（提供战舰的整体外观）、已出土的用于储藏这类战舰的船库（提供战舰的尺寸）以及幸存的海军记录（提供桨手的数目以及战舰的色调搭配——赭红色颜料得到了大量应用）。文字资料告诉我们，当时每支船桨只配有一名桨手；腓尼基战舰比希腊战舰更为

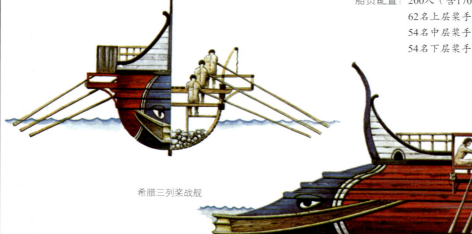

希腊三列桨战舰

公元前492年
波斯舰队在阿索斯山海角附近遭遇风暴，损失惨重

公元前490年
波斯舰队在达提斯和阿尔塔福涅斯的率领下，取道纳克索斯岛穿过爱琴海

埃雷特里亚（位于优卑亚岛）被夷为平地

波斯人在阿提卡登陆，但在马拉松平原被米太亚德率领的雅典军队击退

庇西斯特拉图之子希庇亚斯随波斯军队一道出征

座的两列桨战舰。更为常见的则是五十桨战舰，这种桨帆船只有1排桨座，配有50支船桨和相同数量的桨手。此外，还有配有30名桨手的三十桨战舰（triaconter）。荷马时代的战舰则只有20名桨手。

无论是战舰还是运输舰，古代的舰船通常均使用单面横帆，在顺风条件下才能有效使用。有些运输舰上装有2根或3根桅杆（较为罕见），每根桅杆均配有1根横杆和1面帆。战舰在投入战斗前会放低桅杆和船帆，依靠2支（每侧尾舷各1支）巨大的船桨来转向。战术以撞击敌舰为主，但使用重装步兵登舷接战的情况也是存在的，后一种战术可以获得战利品。此外，还可以用投射型兵器进行远程打击，但波斯人比希腊人更钟爱这一作战方式。

波斯海军的战略

有趣的是，薛西斯重新想到了他的父亲最初制订的计划，决定从北面入侵希腊。他无疑认为，自己已通过开凿一条横跨阿索斯半岛的运河而将这一路线上最大的危险清除了。显然，如果他的陆军能沿着海岸行军，那么他部署在希腊的兵力将会大大增加。与此同时，波斯海军在陆军的侧翼齐步前进，舰队中夹杂着运输舰，这大大缓解了部队的供给问题。携带大量辎重和装备的陆军得到了骆驼和其他驮畜的帮助。但其中并不包括马匹，古代世界并无将马匹用于这类用途的习惯。值得注意的是，薛西斯用专门的舰船通过海路运送马匹。马蹄铁在古代的文明中心是无迹可寻的，如果波斯骑兵的坐骑全程都不得不在陆上奔波，那么等他们抵达希腊时，马匹或许已经残废了。

保护运输舰和陆军的责任自然而然地落在了战舰身上。没有海军的保护，波斯军队可能面临着侧翼和后部同时遭到希腊陆海军攻击的危险。此外，薛西斯希望，无论在任何地方遭遇任何一支希腊海军部队，都能立即将其歼灭。

他第一次遇到敌人是在位于优卑亚岛北

环绕战术（左图）

环绕战术最为简单的形式，就是让实施这一战术的舰队以巨大的数量优势迂回包抄敌舰。左图展现的是一种稍为复杂的环绕战术。蓝方舰队前方的红方舰队一面缓缓后退，一面继续将自己的撞角对准敌人，直到侧面的战舰得以完成环绕战术。这一战术得到了广泛的应用，尤其是在公元前480年的萨拉米斯海战中。当希腊人用这一战术来对付波斯人时，他们将侧翼舰队隐藏在一处海角的后方。"围城者"德米特里厄斯也曾利用环绕战术的简易形式战胜过托勒密一世，在塞浦路斯的萨拉米斯战役（公元前306年）中，他击败了由200艘战舰组成的敌方舰队。

突破战术（右图）

速度更快、更为灵活的红方舰队欲突破蓝方舰队的战列线，这样它就可以在战斗中全面占据上风。步骤一：在旗舰的率领下，红方舰队以纵列形式朝着敌方舰队逼近。步骤二：红方旗舰迅速退到一边，转向一艘敌舰，并借助蓝舰的自身动能撞断它的船桨，令其无法动弹。步骤三：红方旗舰再次加速，并选择自己的下一个攻击对象。丧失了活动能力的蓝舰则被第二艘红舰击毁。倘若哪艘蓝舰打算救援自己的姐妹舰，那么它的薄弱一侧就会暴露在下面的红舰面前。要想进行战术反制，必须排成两排战列线，但这样一来，对方再实施突破战术就无异于自寻死路。当然，这一战术也有

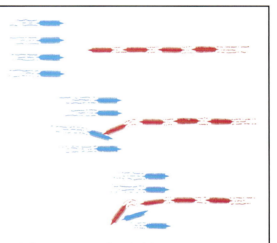

自身的不足之处：战列线将会缩短，使得己方舰队更容易遭到环绕战术的打击。

高大，搭载的海军士兵数量也更多。这意味着，希腊战舰不像腓尼基战舰那样配有升高甲板——尽管一些复原图上体现了这一特征。

这艘战舰的结构类似于现代的八桨船，即外壳船板以平铺法打造，其构造最初为硬壳式，其后嵌有肋材。这类战舰重量极小，重心异常不稳（因为船身较窄），以至于桨手们被要求在投掷标枪和石块时保持坐姿。其后我们得知，海军将领在通过港口浮栅时，会让士兵移动到船尾，这样船头就会抬起并脱离水面。皮制舷墙（parablemata）用于保护桨手免受标枪和其他投射型兵器的伤害。由于搭载人员甚众，因而三列桨战舰必须于夜间靠岸，以补充水和物资。这意味着需要一座可供操作的平台（通常是一片斜坡状的海岸），因而对指挥官的战略规划能力有着极高的要求。

公元前489年
米太亚德遭到雅典政敌的指控

公元前486年
波斯国王大流士一世去世，其子薛西斯继位

公元前484年
历史学家希罗多德约于该年出生

部海角的阿提密西安。这里爆发了几场战斗，结果各不相同。希腊舰队的作战位置是经过精心选择的。在位于优卑亚岛海岸和大陆之间的狭窄水道中，希腊人是不会被占优势的敌人包围的。与此同时，他们也保护着身处温泉关的列奥尼达军的侧翼。如果波斯舰队绕过优卑亚岛去攻击敌人的后部，那么波斯陆军就失去了海上支援。尽管之前的所有情报均显示，情况已经大大超过了希腊人最坏的估计，但波斯军队的庞大规模还是令他们大吃一惊。薛西斯完全可以采取这样一个行动：当一部分舰队在阿提密西安与希腊人交战时，另一部分舰队奉其指令绕过优卑亚岛的南端。这一调遣令两部分波斯舰队都不至于丧失数量上的优势，但聚集到色萨利的夏季风暴帮了希腊人的忙。薛西斯舰队的规模太大，这意味着如果要将所有船只都容纳进来，避风港的数量是根本不够的。很大一部分船只不得不在恶劣的天气下出海，许多船只就这样遇难了。那支被派去绕过优卑亚岛南端的舰队在航行到尤里普斯海峡（这条海峡将狭长的岛屿与大陆隔开）时，也被风暴和激流吞没了，其肩负的任务永远未能完成。

除了希罗多德提供的数据，一系列事件也证实了波斯舰队的规模确实极为庞大。尽管在阿提密西安蒙受了惨重的损失，但在同一季节晚期的萨拉米斯海战中，薛西斯的舰队仍在数量上占有惊人的优势。甚至在萨拉米斯战役结束后，波斯海军残部依然拥有大量船只和人员，以至于米卡列战役中的希腊舰队在犹豫良久后才发动了进攻。

希腊的海军部队与战术

要概括希腊海军的战术和造船技术并不是一件容易的事，因为不同城邦的战术和技术各不相同。例如，伯罗奔尼撒人比其他希腊人更加依赖登舷接敌战术。而海上霸主雅典则格外擅长使用撞角。撞角构成了希腊桨帆战舰龙骨的前端，上面裹有厚实的装甲，连接点位于吃水线正上方。船头与龙骨基部相连，位于撞角的正后方。除此之外，舰首还装有3个与划桨甲板处于同一水平线上，向外凸出并裹有装甲的尖头。倘若撞角深深地刺入敌舰的吃水线下方，这些尖头便会触及敌舰舰体上方，造成进一步的伤害。它们对进攻者的舰首也能起到保护作用。另外，

▲ 这枚钱币上刻着一艘约公元前400年的腓尼基战舰，率先登岸的显然是它那翘起的舰首。

我们很容易便能看出，这些尖头可以用于破坏敌舰的船桨或舵桨。可以这么说，一艘如此建造的桨帆战舰，与其说是装备了撞角的船，不如说是连在撞角上的船。

对敌人船桨和舵桨的攻击，有时是为撞击而做的准备工作。这一步骤被称为"突破战术"，发动攻击的战舰在敌舰尾部附近剧烈地摆动着，一边摆动一边破坏后者的船桨和舵桨。随后，攻击舰折回，并在行驶到敌舰侧面时，向已不能动弹、无力抵抗的敌舰撞去。

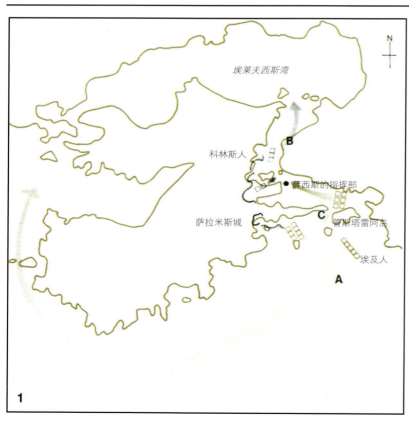

萨拉米斯战役（公元前480年）

希腊舰队		波斯舰队	
雅典	150	腓尼基	100~120
埃伊纳	30	埃及	75~90
墨伽拉	20	爱奥尼亚希腊人	100
科林斯	40	塞浦路斯	50
伯罗奔尼撒	50	吕西亚	20
其他城邦	20	卡里亚	25
		奇里乞亚	30
		其他民族	50

1 希腊军指挥部向薛西斯放出假消息：希腊舰队打算逃往科林斯地峡，与陆军会合。薛西斯相信了这个消息，派出埃及分舰队封锁墨伽拉海峡（图中A处），并将自己的舰队部署在普斯塔雷阿岛的两侧，守候企图逃窜的希腊人。这支舰队空等了整整一夜。

希腊舰队继续用计，于拂晓时分出海，向北驶去（图中B处）。科林斯分舰队与其他一些战舰率先降下了帆（战舰在欲逃跑时会带上帆，但在作战时往往并不会），它们的目的是守住墨伽拉海峡，并保护希腊舰队的后部免受埃及人攻击。薛西斯命令自己的舰队向海峡（图中C处）挺进。

2 埃伊纳舰队和墨伽拉舰队从位于安贝拉基湾的埋伏点（图中A处）冲出，与爱奥尼亚舰队交战。同时，希腊舰队的其余战舰向后退却，引诱波斯人来追，直到他们进入法尔库萨群岛中的狭窄航道，因彼此拥挤而乱成一团。希腊人发动了攻击（图中B处）。

腓尼基籍海军将领率先倒下。群龙无首的腓尼基分舰队试图退到更为开阔的海面上，致使更多正在前进的波斯战舰陷入混乱。此时已是清晨，由于南风风力增强，波斯舰队变得更加混乱。体形较为高大、重心也过高的腓尼基桨帆战舰开始彼此相撞（它们携有一座高举的作战用舰桥，搭载的水兵也比希腊战舰要多）。腓尼基舰队崩溃并逃跑了，紧随其后的敌舰顺着水道下行，雅典人则从后方向爱奥尼亚人发动了一波经典的钳形攻势。波斯舰队被驱赶着退到普斯塔雷阿岛的另一侧，岛上的守军被希腊舰队运载的士兵屠杀。与此同时，科林斯人已经挡住了埃及人的进攻。

波斯人损失了200艘三列桨战舰，而希腊人的损失为40艘。

公元前483年		公元前481年			
雅典人遵循特米斯托克利的建议，开采劳里厄姆的银矿，以建立一支舰队		薛西斯准备入侵希腊	希腊各城邦组建防御同盟	薛西斯通过外交渠道，安抚希腊北部和中部各城邦	叙拉古的格隆治下的西西里希腊人拒绝与希腊大陆合作

为了去撞击，必须攻击敌舰的舷侧，善于预测天气的指挥官是可以利用一切机会做到这一点的。一艘正在水中挣扎、漂浮或在指挥上出现纰漏的敌舰，便成为一个明显的目标。要对风暴或汹涌的波涛加以利用，进攻舰必须擅长自控，以确保自身不受这些自然现象影响。换言之，进攻者必须拥有优秀的航海技术，而进攻舰抵抗风浪的能力也必须强于敌舰。雅典海军在这方面表现得尤为出色，他们的舰船往往同时具备以上两项优点。

我们所描述的战术在萨拉米斯海战中得到了实际应用，尽管当时几乎没有使用突破战术的空间——在任何情况下，只要对方排成密集编队，就可以破坏这一战术。波斯舰队中的腓尼基战舰的舰尾和甲板的高度要大于希腊战舰，配备在这里的弓箭手和掷枪手很乐意充分利用这一作战位置上的优势。另一方面，在阵风天气下，较为高大的船只的坚固性和操控性都较差。希腊人遵循特米斯托克利的建议而按兵不动，一直等到预期中的风刮起后才发动进攻。战役以一艘希腊战舰对一艘腓尼基战舰的撞击为序幕，前者撞碎了后者那高高的舰尾。拥挤不堪的战场增加了侵略军作战的难度，狭窄的水道很快布满了双方舰船的残骸、断裂的船桨、尸体及战场的灰烬。

普拉提亚战役

现在，让我们先将对萨拉米斯海战的研究放在一边，来看看另一场决定性的胜利——公元前479年在普拉提亚打响的陆上战役。与萨拉米斯海战不同，普拉提亚战役的胜利更多地依靠运气，而非判断力。希腊军队的斯巴达籍指挥官保萨尼亚斯是一位公认的足智多谋的战略家和战术家，他非常了解己方军队和敌军的主要优点和弱点。但波斯军队的最高统帅马尔多尼斯可以说与他不相伯仲。有人可能会认为，薛西斯的离去对波斯人更为有利。这位国王尽管是一名优秀的组织者，却并不是一名战士。

在普拉提亚战役中，对阵双方的指挥官都试图引诱敌人进攻经过精心挑选的、固若金汤的己方防御阵地。两人均意识到，向这样的阵地发动进攻是危险之举。但当双方都在等候敌人率先行动时，任何一方都无法忍受无休无止的等待。人数众多的波斯军队如今已失去了来自海上的补给，身处敌国境内的他们终有一天将难以自存。而保萨尼亚斯面临的问题是必须立刻敲定合理的战术。他挑选的阵地位于西塞隆山脚下。当波斯骑兵从马尔多尼斯的营垒中出动，到达阿索波斯河对岸时，他们被击退并付出了惨重的代价，其中包括他们的指挥官。但马尔多尼斯极为精明，并未派出自己的主力部队，因而尽管他的骑兵未能在如今由希腊人控制的山地取得战果，但他仍能袭扰敌军的水源和补给线。

保萨尼亚斯则又占领了一片阵地。他率军下山，进入平原，那里有一小片山地，可以令他免受敌方骑兵的正面冲击。马尔多尼斯仍然没有发动进攻。希腊人的水和粮食供应变得愈发困难。保萨尼亚斯一连十天都按兵不动，但他再也无法等下去了。然而，他仍保持着冷静的头脑，并没有为了迫使波斯人出战而进攻他们的军营。这样的决定将会是致命的，但即便如此，替代方案也没有免于危险。保萨尼亚斯决定连夜后撤至旧阵地附近的一个地点，那里的水源可用，补给线也较为隐蔽。这是一场困难重重、混乱不堪的夜间行军，在他的一些军官看来这与士气尽丧的撤军无异，其中希腊军队的各个部队被孤立，彼此之间失去了联系。

第二天，马尔多尼斯发现希腊军陷入了一片混乱，然而他却大大高估了敌人的困境。他被这样一种想法鼓励着：希腊的各个城邦和联军各部即将爆发内讧并抛弃对方。事实上，他已经费尽心机，通过精明的外交手段和阴谋诡计来促使这一目标变为现实。然而，此时希腊人是在战术层面出了问题，而非陷入政治困境之中。当波斯人如潮水一般蜂拥向前，朝着他们认为唾手可得的胜利果实冲去时，却遇到了顽强的抵抗。斯巴达军队的主力虽与其他希腊军队走散，却仍能利用身处高地的优势发动一波步兵攻势，以阻止波斯骑兵对这片高地加以利用。这正是保萨尼亚斯期待已久并冒着巨大风险等待的机会。在激烈的厮杀中，斯巴达人击败了当面之敌，杀死了马尔多尼斯。尽管他们不具备攻打防御工事的能力，但他们随后还是进攻了波斯人的军营。在那里，他们幸运地与

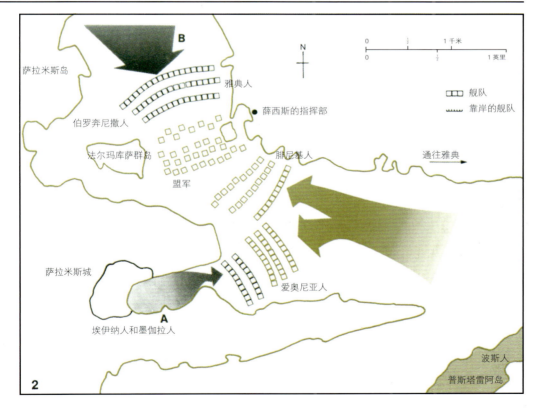

2

萨拉米斯岛

B

雅典人

伯罗奔尼撒人

薛西斯的指挥部

法尔玛库萨群岛

腓尼基人

通往雅典

盟军

N

0 ─── ½ ─── 1千米
0 ─── ½ ─── 1英里

▢▢ 舰队
〰〰 靠岸的舰队

萨拉米斯城

A

爱奥尼亚人

埃伊纳人和墨伽拉人

波斯人

普斯塔雷阿岛

公元前480年
薛西斯率领一支庞大的陆军和海军进入希腊　　希腊人奋起迎敌，在阿提密西安（优卑亚岛北部）阻滞了敌方海军的行动　　在列奥尼达的率领下英勇守卫温泉关的斯巴达战士及其他希腊军队全部战死　　波斯人向南挺进，攻占雅典　　雅典人撤走百姓，并在萨拉米斯海战中大败波斯人　　在西西里，格隆治下的希腊人在希梅拉战役中击败迦太基入侵者

第2章　波斯战争　33

联军的其他部队会合了，后者中的一些人刚刚击败了入侵的波奥提亚盟军。这座军营最终被攻占了，希腊人对守军毫无怜悯，只有少数人得以逃走。另一支庞大的波斯军队因指挥官在战役前夕不愿接受马尔多尼斯的指挥，已动身返回赫勒斯滂。底比斯城（波奥提亚人就是在这座城市的带领下与波斯人结盟的）在遭受短暂的围攻之后陷落了，该城的政治领袖们被处死。不计其数的金银财宝（其中一部分是波斯人计划用于购买军需物资的，以免于分散征粮）落入希腊人之手，成了他们的战利品。

希腊人的兵器与铠甲

在较早的历史时代（公元前8至前7世纪），希腊武士所使用的盾牌有着各式各样的形制和规格。斯巴达诗人提尔泰奥斯（Tyrtaeus）创作的诗篇中包含的证据表明，到公元前7世纪，他的同胞和同时代的人们仍在使用一种又宽又长，用于保护使用者的大腿、胫部、胸部和肩膀的盾牌。但一些现代学者认为，作者提供的是自己臆想的盾牌早期用法。用来支撑这面超长盾牌的是一根绕在脖子上并延伸到肩膀以下的皮带。除此之外，盾牌上还有一个握把，以供使用者左手持握。

在波斯战争爆发之前，希腊战士的旧有装备和战术就因一次渐进但彻底的变革而成为历史。希腊重装步兵（希腊语写作"hoplites"）如今在战争中唱起了主角，而重装步兵极为倚重的装备就是他们的护甲。直径约3英尺（约1米）的呈内凹状的圆盾，已经取代了其他类型的盾牌。这种盾牌为木制，装有青铜加固物或表面以青铜覆盖，上面常常刻有某些纹章图案，如同中世纪的盾牌上刻着盾徽一般。步兵盾那向内凹陷的内表面上往往装有两支托架，使用者可将自己的前臂穿过其中一支，同时用手握住另外一支。

在盾牌平而宽的边缘上方，重装步兵的头部被一顶青铜头盔很好地保护起来。在作战时，可以把这种名为"科林斯式"的头盔向前一拉，这样使用者的脸部就会被护住，同时，头盔上的一条狭长裂缝和一道开口可

方阵（左图）

在大圆盾于公元前7世纪得到应用后，一种新的作战单位逐渐形成，它通常被命名为"方阵"（尽管这一名词自荷马时代起便已开始使用）。在这一作战编队中，重装步兵排成纵列，编队的纵深通常为8列（但并非总是如此）。这些纵列并排成行，每列正面宽6～8英尺（2～2.5米）。这种被称为"开放式队列"（左上图）的编队，是机动编队的标准形式。编队中同样留有一定的空间，作为散兵前往编队后方的通道。在即将与故军接触时，方阵后方的队列成员便靠拢在一起，每个人的正面宽度变为3英尺（1米），所有人一齐用自己左手的盾牌来翼护邻近的战友。重装步兵可以将手中长矛举过盾墙，刺击敌人。当有人倒下时，后队成员就会填补他的位置，或在必要时从他身后挤上去（如左下图所示）。由于每个士兵通常都会向邻近自己的战友的盾牌后面挤，方阵往往呈现出习惯性向右缓缓平移的趋势，这一趋势影响到许多战役的结果。指挥方阵的军官（即使是国王和将军也不例外）被要求与前列的其他装备精良的重装步兵并肩作战，和军中其他成员同甘苦，共患难。

重装步兵甲胄（左图）

这样一套甲胄是异常昂贵的，大抵相当于现代一辆汽车的价格。图中左侧战士身穿的高价甲胄由一顶刻有图案并带有装饰的卡尔基狄刻式头盔、一件类似的"肌肉型"青铜甲和一对护胫组成。他携带的并非标准的重装步兵刀剑，而是科庇斯（kopis），一种重型砍刀。图中右侧战士穿戴的是最简单的重装步兵装备：一件未经加固的铠甲、一顶简单的"钟型"盔和普通的护胫。拥有一套重装步兵装备是中产阶级的标志。

▼ 方阵战术在希腊的瓶饰画和雕塑中得到了生动的展现，图中所示的来自克桑托斯的涅瑞伊得斯纪念碑（公元前4世纪）就是其一例。

希腊重装步兵（约公元前480年）

这幅彩图展示了波斯战争时期重装步兵的典型形象。他那顶略微过时的头盔上饰有天然的马鬃羽冠，其他部分的装饰则为黑色、白色或花色。他身穿一件以金属鳞片加固，以起到防护作用的胸甲。他的盾牌为大圆盾。当时，绘在盾牌的青铜表面上的图案为某种人像、动物或神话人物，例如戈尔贡（希腊神话中的蛇发女妖——编者注）的头像，这是一个格外受欢迎的主题。

此人的腿部戴着一对外形模仿腿部肌肉制成的青铜护胫，并经过装饰和加固。他的主要兵器是长矛，长度为6英尺6英寸至10英尺（2~3米）不等。装在矛柄末端的铜钉对铁制矛头起到了平衡作用，万一矛头折断，持矛者可用这根铜钉来攻击敌人。长矛通常被举到肩头上方使用，因而握柄上连有一根皮带。这名士兵的次要兵器是一柄用肩带挂在肩头的短剑。穿着这样一身装备，再加上身体的一部分被邻近士兵的盾牌掩护着，这名战士从头到脚都得到了保护，凭借着其长矛，他有着可怕的攻击范围。重装步兵正是凭借这身装备守御温泉关，作为海军士兵在萨拉米斯作战，以及取得了普拉提亚战役的胜利。

重装步兵之剑

这柄剑以铁铸就，配有青铜附件和长约2英尺（60厘米）的剑身，可用于劈砍或直刺，盛放在覆有皮革的木制剑鞘内。

重装步兵的防护装备

"重装步兵"（hoplite）一词即源于他们的盾牌——"大圆盾"（hoplon），这种盾牌对重装步兵的作战方式有着决定性的影响，它不仅十分沉重，而且极为巨大（见上图）。它的框架为木制，表面覆盖青铜，背面则覆以皮革。使用者用环绕于前臂的臂箍（通常为铜制）和盾上的握把来持握这面盾牌。盾牌倚靠在使用者手臂上的部分往往加覆一层青铜，以资保护。它的巨大规格意味着它的分量异常可观，达到约18磅（8千克）。盾牌的下部有时会挂着几块皮帘，用于保护重装步兵的腿部，使之免受投射型兵器的伤害。

这名步兵的躯干由一件胸甲保护着。最为昂贵的胸甲是"肌肉型"青铜甲，而最为普通的护具则是将多层亚麻布或帆布胶合在一起制成的坚硬的衬衫状胸甲（linothorax）。这种胸甲通常会用金属长条或鳞片来加固，取代了早期的钟型青铜甲。胸甲由一片身甲甲片构成，这件身甲的袖子被裁去，下摆被割成两排相互层叠的"羽毛"（pteruges）。胸甲包裹着使用者的躯干，左手一侧用带子扎紧，束口被盾牌保护着。覆肩带子从肩膀处垂下来，在胸口处打结，令胸甲紧贴胸膛。得到应用的胸甲的类型有多种，有些胸甲的"羽毛"是可分离的，并带有不同样式的覆肩。

这名步兵的头部被一顶青铜头盔保护着，这种头盔往往（但并非总是）带有马鬃制的羽饰。图中所示的头盔为科林斯式——这似乎是最为常见的头盔，但其使用造型有多种。

步兵的小腿由一对青铜护胫保护着，它们包裹着小腿，并未用皮带扎住。早期的希腊重装步兵的大腿、手臂和足部也有防护，但到了波斯战争时期，这些护具妨碍了使用者的移动，且导致装备过于沉重，因而大多遭到废弃。即便如此，重装步兵依旧能够得到精心的保护。

受到通敌指控的保萨尼亚斯被召回斯巴达，自杀身亡

雅典人组建爱琴海军同盟，继续与波斯人作战

约公元前467年
雅典指挥官西门在小亚细亚南部的欧律墨冬河击败波斯军队

公元前465年
在斯巴达发生地震后，美塞尼亚人揭竿而起（第三次美塞尼亚战争）

薛西斯去世。其子阿尔塔薛西斯一世继位

第2章 波斯战争 35

普拉提亚战役（公元前479年）

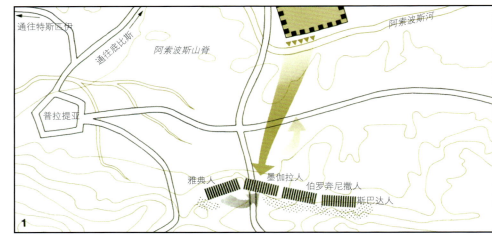

希腊

拉栖代孟（斯巴达及其盟军）10,000

重装步兵		
泰耶阿人 1,500	赫尔迈厄尼人 300	
科林斯人 5,000	埃雷特里亚人 600	
波提狄亚人 300	哈尔基斯人 400	
奥尔霍迈诺斯人 600	安布拉基亚人 500	
西锡安人 3,000	莱夫卡斯人 800	
埃皮达鲁斯人 800	帕莱人 200	
特洛伊西纳人 1,000	埃伊纳人 500	
列普勒昂人 200	墨伽拉人 3,000	
梯林斯人和迈锡尼人 400	普拉提亚人 600	
夫利阿斯人 1,000	雅典人 8,000	
特斯匹伊人 1,800		

轻装部队　斯巴达人 35,000　其他民族 35,000

波斯

波斯	站在波斯一方的希腊人
不死军 10,000	底比斯人 6,000
波斯人 2,000	色萨利人 3,000
米底人 2,000	洛克里斯人 500
巴克特里亚人 2,000	马利斯人 500
萨喀人 2,000	马其顿人 2,000
印度人 2,000	福基斯人 1,000
其他民族 5,000	
禁卫队 1,000	底比斯人、色萨利人、
波斯人 1,000	马其顿人 5,000
骑兵　米底人 1,000	
巴克特里亚人 1,000	
萨喀人 1,000	

1　由保萨尼亚斯统领的希腊军队挺进波奥提亚。马尔多尼斯挑选了底比斯以南的一个地区作为战场，该地区的地形有利于他的骑兵发挥威力。希腊人明智地并未走下山麓。马尔多尼斯的骑兵试图将他们引下山来，但在小规模的战斗中，他们的指挥官战死，波斯骑兵撤退了，墨伽拉人和雅典人损失惨重。

2　保萨尼亚斯绕过普拉提亚，并在拥有大量可供取用的水源的阿索波斯山脊两侧建了一座新的军营。双方都在等待时机。马尔多尼斯军在补给方面的问题因希腊人的游击作战而进一步恶化。他的骑兵于夜间停虏了一支由500辆四轮马车组成的粮草护送队（图中A处），从而切断了希腊人的补给线。在接下来的三天时间里，波斯骑兵不断与希腊人爆发冲突，并在他们的水源中投毒（图中B处）。于是，保萨尼亚斯不得不采取行动。他想靠近山区，并假装撤退，让那些经验不足的部队于夜间退却（图中C处）。这些士兵迷失了方向，并在普拉提亚城城墙下扎营等待，直至拂晓。当第一缕晨光洒向大地时，希腊军的左、右两翼在一支后卫部队的掩护下撤退（图中D处）。

3　马尔多尼斯下令全面进攻。他的骑兵迫使雅典人掉转方向。希腊盟军前去驰援雅典人，却遭到了波奥提亚人的狂暴进攻（图中A处）。马尔多尼斯及其护卫骑兵将斯巴达人逼至困境（图中B处），科林斯人和其他伯罗奔尼撒人前去支援他们（图中C处）。波斯人朝蹲伏于盾牌之后的希腊重装步兵射去一排排飞箭。最终，泰耶阿人发动冲锋，斯巴达人紧随其后。希腊重装步兵很快就击溃了英勇抵抗的波斯人，马尔多尼斯被杀。阿塔巴兹统率的波斯中路军正在攀登阿索波斯山脊（图中D处），恰好看到了波斯人崩溃的一幕。阿塔巴兹撤退了，并遭到斯巴达人的追击。波奥提亚人也停止了作战。伤亡情况是：马尔多尼斯的部队仅有3,000人幸存，加入波斯一方的希腊人有1,000人战死，希腊军的损失则为1,500～3,000人。

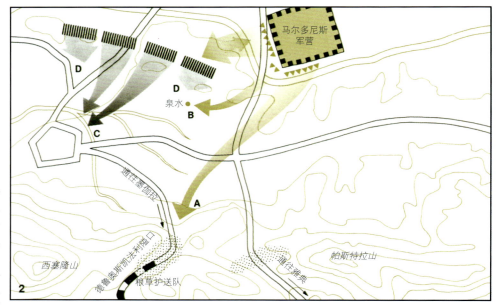

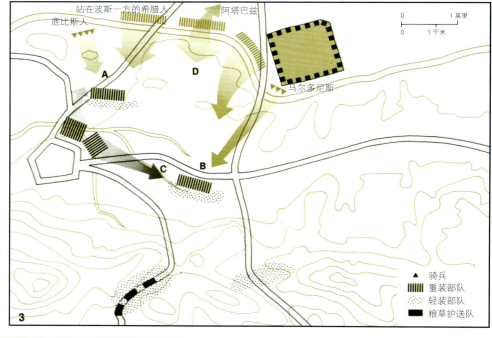

骑兵
重装部队
轻装部队
粮草护送队

以让使用者不受阻碍地使用眼睛和口鼻来观察和呼吸。在平时，使用者可以将它推至脑后，露出面部。这种将头盔推至脑后的形象，在雕塑、瓶饰画和钱币上最为常见。然而，样式更为复杂的、带有活动式面甲和护颊的头盔并不少见。头盔上常常插有由马鬃制成的新月形的羽饰，它们往往是纵向排列的。

由于重装步兵使用的圆盾无法保护膝部以下，因此腿部也需要防护，这一需求是由护胫来满足的。所以，希腊重装步兵从头到脚都处在铠甲的有效保护之下。

希腊重装步兵最重要的进攻型武器是长达9英尺（约3米）的长矛。与荷马时代的长矛不同，这些矛只能用来捅刺，不能用于投掷，矛尖是铁制的。重装步兵还携有一种

▲ 骑射手是薛西斯麾下的希腊远征军重要的组成部分，他们在普拉提亚战役中得到了有效利用。

▼ 一只绘有一名希腊军号手形象的酒杯。这类信号兵在希腊的战争中发挥着重要作用。

既可劈斩也可捅刺的短剑，以供近距离作战之用。

与重装步兵相反，希腊骑兵（其规模很小）既不穿铠甲，也不携带盾牌。他们的兵器是长矛或标枪（有时携带两柄甚至更多）。这些人来自富裕阶层，因为只有富人才买得起马匹。（贵族骑兵有时似乎会全副武装地骑马奔赴战场，但之后却和重装步兵一样步行作战，这是对荷马时代的战车战术的怀旧。）他们通常戴着一顶宽边帽，其作用在于保护自己免受天气的侵害，而非御敌之用。希腊骑兵一般不用马鞍，或者只用一块布作为替代。他们也没有马镫和马蹄铁。

除了重装步兵和为数很少的骑兵，希腊军队中还有轻装部队。他们被称为"轻盾兵"（peltastai），这一称呼源于他们携带的一种轻型盾牌（pelte）。他们装备一束标枪，其主要职责为搜索、侦察和发起突袭——上述所有任务可能都要用到"打了就跑"的战术。他们无法抵御敌人的猛烈攻击。

希腊轻装部队里也有弓箭手，后来，这些人有时也会骑马作战。在雅典有一支用于维护治安的正规弓箭手队伍，但它由用公共资金从希腊北部购得的西徐亚奴隶组成。在希腊的弓箭手中，最有名的是克里特人，但他们并未参加波斯战争。

重装步兵的战术

可能有人会认为，是希腊重装步兵的兵器和甲胄造就了他们的战术，也可能有人会认为，是这一战术决定了兵器和甲胄的形制。"方阵"一词被荷马用来指代众士兵（几乎一直以复数形式出现），在古典时代特指由重装步兵排成的密集队列。方阵一直有加大队列纵深的倾向。但在色诺芬（Xenophon）时代，方阵的纵深为4排，这可能是公元前5世纪的编队标准。在这种阵型中，后排士兵的长矛可以从前排士兵的盾牌上方伸出去，与敌人交锋。当方阵的行数增加时，长矛的长度也会随之增加。

人们通常认为，方阵中的后队主要是为了增加方阵密度，而古希腊时代的战役则通常被认为与现代英式橄榄球赛在并列争球阶

段爆发的混战非常相似：双方互相推搡着，直到其中一方屈服为止。如果以这种方式来作战，那么这么长的长矛几乎是无法使用的。对于后队而言尤其如此，因而他们起到的仅仅是绊脚石的作用而已。然而，古希腊时代的战役很可能经常演变为这种模式。古典时代的矛头与某些古代民族的兵器不同，是用软钢而非软铁打造的。按照现代标准来看，它们回火处理得不够好，因而可能经常无力刺穿由对面敌军的青铜铠甲构成的屏障。在这种情况下，"混战"的爆发就是自然而然的事了。在混战中，方阵中的人是不可能在敌方队列中劈砍或杀出一条血路的，唯一的希望就是用推挤的方式战胜敌人。

在密集阵形中，每一面盾牌所保护的不仅是使用者的左半身，还有其身侧士兵的右半身及持枪的那条手臂。倘若队列溃散，这种优势也就丧失了。一支军队如果在击溃敌军编队的同时，己方编队还能保持完整的话，那它就已经赢下这场战役了。一旦己方队列崩溃，这支军队往往会四散奔逃。重装步兵如果想飞奔而逃，就不得不丢弃自己那面笨重的盾牌，因此，"ripsaspis"一词（其字面含义为"丢掉盾牌的人"）即使在现代希腊语中也仍有"逃兵"的意思。贺拉斯在写于公元前1世纪的作品中承认，当他在腓立比战役中站在布鲁图斯（Brutus）和卡西乌斯（Cassius）一方作战时，曾抛弃过自己的盾牌。他可能是在早先几个在战役中逃生的希腊诗人（他们承认自己犯有同样的过失）的事迹影响下坦白此事的。

在许多古代战役中，战败一方的恐怖伤亡数字与胜利一方微不足道的损失数字简直不成比例。这是因为绝大部分伤亡并非在交战阶段，而是在战斗结束后对逃亡者进行残杀的阶段产生的。斯巴达人严禁逃亡，他们被告诫道：要么带着自己的盾牌回来，要么在上面被人抬回来——因为提尔泰奥斯笔下的斯巴达盾牌可以很方便地用来充当担尸架。当然，全副武装的重装步兵是无法追上将笨重盾牌丢掉的逃敌的。这项任务将由骑兵和轻装部队来完成，这是他们的另一项职责。

凡事总有例外。斯巴达人有时也会逃跑，而追击者和被追击者有时也会一起把盾牌丢

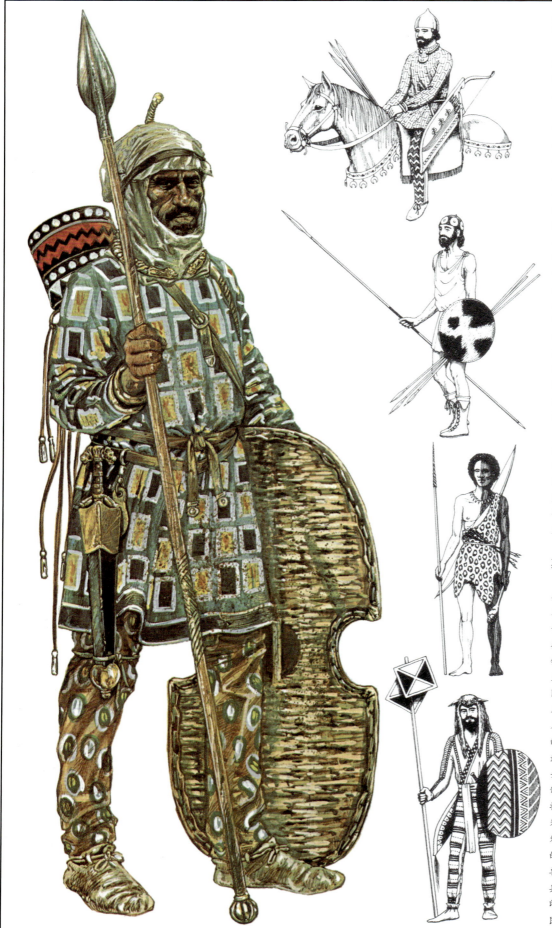

波斯士兵

左侧彩图描绘的是波斯"不死军"的形象，这支军队之所以得到这个名字，是因为无论在何时，只要军中出现伤亡，都会立刻得到补充，使其保持10,000人的完整建制。

图中的战士无疑是一名米底人或波斯人，并且是一名职业军人。不死军在和平时期担任国王的警卫，在战时则成为军中的精锐部队。图中人的装备是战时装备，与波斯波利斯的浮雕和常见的绘画作品中展示的身穿宫廷服装的不死军形象有很大的不同。他的兵器是一张弓（在与希腊重装步兵作战时发挥不了多少作用）和一支短矛，短矛的矛头为铁制，平衡锤则为银制（军官用的矛上的平衡锤为金制）。他的次要兵器是一把大匕首或一柄短剑，匕首柄或剑柄的顶端嵌有一颗装饰用的狮首。为保护自己，他在束腰外衣底下穿着一件金属鳞甲，并携有一面传统样式的盾牌（gerron），由柳条编成，且表面蒙皮。尽管它足以保护使用者免受弓箭及类似兵器的伤害，却无法阻挡一支断然刺来的长矛（这一点与希腊的大圆盾不同）。他的头上戴着一条软布制的波斯式头巾（tiara），他可以将它拉下来覆盖自己的面部，以抵挡灰尘的侵袭。他那件宽大的束腰外衣上带有精美的刺绣，这种长袍可以被染成绯红色、蓝色、黄色甚至白色。

尽管不死军可谓勇猛无畏，但他们在与希腊重装步兵作战时还是蒙受了惨重的损失。这是因为他们的盾牌质量较差，他们的头部和腿部也没有甲胄保护，而他们擅长使用的弓箭的威力被希腊重装步兵的铠甲抵消了一大半。即便如此，他们仍英勇奋战。在普拉提亚战役中，直到马尔多尼斯战死之后，不死军才崩溃。

其他士兵类型

左侧第一幅黑白图展示的是另一类波斯士兵，这是一名米底骑兵。他身穿带刺绣的束腰外衣和裤子，里面穿一件金属鳞甲，头上戴着一顶青铜盔。他的武器是一张弓和几支标枪。与大多数波斯人一样，他的服饰十分华丽，戴着金制或银制的项链和手镯。第二幅图是一名来自小亚细亚的帕弗戈尼亚或弗里吉亚掷矛兵，携有一面小圆盾、几支标枪和一支长矛。他的头上戴着一项用金属条加固过的柳条盔。第三幅图描绘的是一名埃塞俄比亚人，在波斯从帝国全境征召而来的士兵中，他们属于造型较为怪异的一类。他的武器是一张用棕榈木制成的弓、箭身为藤制而箭头为石制的箭、一根大头棒和一支尖头用羚羊角制成的长矛。在作战时，他们会为自己化个战妆：将半边身体涂上白垩，另外半边身体则涂成朱红色。第四幅图是一名身穿带刺绣的紧身束腰外衣的标准西徐亚旗手。他装备了一面表面蒙皮的柳条盾、一张弓和一把匕首。他的头上戴着由兽皮制成的头饰。西徐亚人为波斯人提供了步兵和骑兵。此外，波斯军中还有巴克特里亚人、印度人、阿拉伯人、埃及人以及众多其他臣属民族。

公元前 454 年
在埃及爆发的起义以失败告终　雅典远征军蒙受惨重损失

公元前 451 年
雅典与斯巴达之间签订了为期 5 年的和平协议

公元前 450 年
西门率领希腊舰队与塞浦路斯残存的波斯基地作战，但在战斗中阵亡

38　古典世界的战争

掉。美塞尼亚将领阿里斯托梅尼（Aristomenes）在击败他的斯巴达敌人时，就是这样丢弃了自己的盾牌的。他后来花费了一番功夫，在某种不可思议的情况下将其找回。保萨尼亚斯在《希腊道里志》（*Description of Greece*）中曾提到过这个故事。

波斯人的兵器与装备

关于薛西斯军队的兵器和装备，希罗多德所述颇详。波斯人头戴软毡帽，身穿束腰外衣和表面排列着鱼鳞状铁鳞的盔甲和裤子。他们携有柳条编成的盾。他们的兵器包括巨大的弓、短矛和匕首，都挂在他们的腰带右侧。由于这样装备，他们可能骑马，也可能不骑马。波斯军队倚仗的往往是为数众多的骑兵和弓箭手。

除了波斯人，希罗多德还特别提到过波斯国王所能调遣的由其他民族组成的部队，尽管他基于自己的情报所统计出的数字可能是整个波斯帝国可用之兵的规模，而非薛西斯远征军的实际人数，但这支军队无疑是极为庞大的。希罗多德告诉我们，亚述人和其他一些民族戴着青铜头盔。但在通常情况下，亚洲人的护具只是各种各样的软帽而已，他们似乎并未装备真正意义上的身甲。除了匕首和弓箭，他们的兵器还包括装有铁尖的棍棒、战斧和套索。

骑兵（尤其是骑兵军官）的铠甲的防护性能可能更强。于普拉提亚战役之初被击杀的波斯骑兵指挥官马希提（Masistius），在猩红色外套下穿着一件金制鳞甲。在他的坐骑被一支飞箭射中后，他徒步奋战以自卫，尽管身躯不断遭到打击，却始终屹立不倒。最后，包围他的雅典人发现了他的秘密，刺穿了他的面部。

波斯弓箭手中既有骑马者，也有不骑马者，他们的箭盛放在悬挂于臀部的箭筒中。这一做法有别于希腊弓箭手，他们的箭筒是挂在背上的。我们很容易就能猜到，当弓箭手需要疾速射击时，从挂在臀部的箭筒中取箭会更快一些。

希罗多德提到过印度军队使用的战车，但并没有提到这些战车用于战斗之中。波斯

▲ 一项公元前5世纪的波斯青铜盔，来自奥林匹亚。然而，薛西斯的很多士兵仅以布或毡制的头饰保护头部。

国王往往乘坐战车前往战场，波斯人也使用战车来狩猎。而古典时代的希腊人只有在运动会上才使用战车。一般来说，在波斯战争时期，战车的地位已被骑兵取代。这种变革无疑是马衔得到改进的结果——这样一来，骑手就能更容易地控制自己的战马了。

希腊人的取胜之匙

希罗多德对波斯步兵的英勇和力量赞誉有加。他用清晰的笔调描述了波斯步兵在普拉提亚战役中与希腊重装步兵肉搏，以及最终因兵器和装备处于下风而落败的场景。普拉提亚战役的最后阶段几乎可以说是持械者与徒手者之间的战斗。然而，这并未降低希腊人的胜利的含金量，他们必须精通己方兵器的用法，并在实战中加以熟练运用。而正如希罗多德评论的那样，波斯人并不具备这样的技巧，于是就只能乱打一通了。

需要强调的是，在两次波斯入侵战争中，希腊人很幸运地拥有一批出色的将领，他们极为明智地将那些决定性战役打成了步兵战，从而抵消了波斯人在人数、骑兵和弓箭手方面的优势。

除了兵器训练方面的因素，希腊人的胜利在很大程度上还应归功于他们那强健的体魄，这是他们惯于锻炼的结果。斯巴达公民终生都在接受军事训练，而斯巴达王国就是一台纯粹的战争机器。但每当我们提起"马拉松赛跑"，我们所纪念的都是雅典重装步兵在马拉松战役中展现出的十足耐力。这

支不知疲倦的军队为了发起进攻，在每个人都身披重约70磅（32千克）的铠甲的情况下，快步行进了近1英里（1.6千米）。他们击溃了波斯步兵，并攻击了他们的舰队。这场恶战结束后，他们为了赶回雅典，为下一场反登陆战做准备，又急行军超过20英里（33千米）。战前，雅典传令兵菲迪皮德斯（Pheidippides）为及时争取到支援，花了两天时间，徒劳无功地跑了152英里（245千米）——这是雅典城与斯巴达城之间的距离。我们应当记住，希腊的奥林匹克赛事中，有一项重装步兵披着盔甲的赛跑，或者至少在手臂上挂着一面沉重的步兵盾。

我们绝不能忽略这场战争在心理层面造成的影响。希腊人的反抗精神被激发了起来，然而有人可能会怀疑，这种激励力量是否源自他们的爱国之心。北方的色萨利人在无望得到其他希腊城邦实际支持的情况下，可理解地与薛西斯结盟。波奥提亚人在底比斯人的带领下做了同样的事，他们的动机似乎情有可原：斯巴达统治下的伯罗奔尼撒半岛为了自保，准备建起一座横跨科林斯地峡的城墙，任由希腊北部自生自灭。要不是雅典人威胁说要撤走舰队，他们肯定就这么干了。正如希罗多德以赞叹的语气所评价的那样，是雅典人的号召真正激发了希腊人的爱国精神。

然而，雅典人成了"第五纵队"活动的牺牲品。庇西斯特拉图（Pisistratus）之子希庇亚斯（Hippias）曾是雅典的仁慈僭主，后流亡至波斯宫廷，他是跟着大流士的舰队一起回来的，希望能恢复自己之前的地位。因此我们有理由相信，就在此时，权势隆盛的贵族世家阿尔克迈翁（Alcmaeonidae）家族（他们在希庇亚斯被放逐时曾持纵容态度，但如今他们对民主制度在雅典的发展感到厌恶）正准备与波斯侵略军勾结在一起。

真正激发希腊人抵抗精神的可能是自由精神，而非爱国之心。但自由精神是一个模糊不清的概念。在太多时候，它意味着将一个人的意志强加到另一个人的身上。正如下面的章节所展现的那样，在希腊人心中，这一概念渐渐变成了这样。

第3章 伯罗奔尼撒战争

两大强权在希腊大地上崛起：陆上强权斯巴达奉行军国主义和独裁主义，而海上强权雅典则相当推崇民主主义。政治上的较量导致了战争的爆发，这场战争玷污了雅典的形象，并以其失败而告终。

原始资料来源

我们对爆发于公元前5世纪的雅典与斯巴达之间的漫长战争的认识，主要来自雅典历史学家修昔底德的记载，他绝对有资格写这么一部作品。他所撰写的历史著作完全称得上是一部当代史，而他本人也曾在这场战争中担任过陆军和海军的指挥官。公元前424年，他未能阻止色雷斯城市安菲波利斯落入斯巴达人之手，但这算不上丢人。他的对手斯巴达将军布拉西达斯（Brasidas）是一位世所罕见的将才。然而，修昔底德因救援失败而在雅典备受指责，并在流放中度过了余下的战争时光。有人认为，他在此期间有大把的空闲时光来为他的历史著作收集材料。但我们有理由认为，直到战争末期修昔底德因特赦令而得以重返雅典后，他才真正开始动笔。在其著作的叙事部分中穿插的评论表明，他知道雅典已于公元前404年投降。但他的著作却以公元前411年的事件作为结尾，显然，他在这部著作完成之前便已去世。

另一个应当注意的事实是，修昔底德在政治上也很适合书写当时的历史。他是亲斯巴达派政治家西门的亲戚，也是反斯巴达派政治家伯利克里（Pericles）的狂热仰慕者。因此，他在政治上的中立态度并非出于对政治漠不关心，而是因为他对对立双方都有认同。他一定深受这种双重忠诚的折磨。

色诺芬所著的《希腊史》（Hellenica）是修昔底德历史著作的延续。色诺芬是一名优秀的军事指挥官，但对于他是否真正完整地记录了伯罗奔尼撒战争，也许只是观点的问题，因为他将雅典舰队于公元前405年在伊戈斯波塔米的覆灭视为这场战争的结束。可以肯定的是，这一事件令雅典丧失了必不可少的补给线，并导致该城于第二年投降。然而，

其他历史学家（他们的作品仅有残篇存世）却有着不同的看法，他们认为，雅典于10年后的复兴才意味着这场战争就此终结。

现在来谈谈普鲁塔克，此人活跃于1世纪末及2世纪初，他的著作同样让我们受惠良多。他写的西门和伯利克里的传记，无疑与伯罗奔尼撒战争发生前不久和战争初期的那段历史有关。事实上，就从波斯侵略者被击败到雅典与斯巴达爆发战争的50年（或更长一些）而言，修昔底德只留给我们一段极不完整的记录，因而我们绝不能轻视一位后世的史学家所提供的证据。

除了色诺芬，我们无法将后世的其他历史学家与修昔底德相比。赛奥彭浦斯（Theopompus）、埃福罗斯（Ephorus）和克里提普斯（Cratippus）留给我们的只有零散的残篇和证据。有一份看起来是修昔底德作品续篇的作品，是一份最引人注目的希腊史摘要，它复原自一份埃及纸草手稿，但这份残卷的篇幅只有900行。同一时期的历史学家并非总能在所有方面都占据有利地位，这使我们蒙受了更大的损失。历史研究需要顾及相关事件的前因和后果，这意味着历史学家的寿命要足够长，或生活年代足够晚，才能弄清这些要素。但无论如何，我们能够从一位亲身参与一场古代战争的历史学家手中得到一份关于这场战争的历史记录，无疑是一件可喜的事。

政治背景

关于西门与伯利克里之间的冲突，我们已经提到了一点，这在一定程度上是由两人性格不合引起的。这件事可以很容易地理解为一位性格外向的热心肠军人与一位知识分子型（这并不是说他是个卖弄学识的家伙）演说家之间的冲突。但这一冲突反映了各个

▲ 历史学家修昔底德的著作是我们了解这一时期历史事件的重要渠道。但不幸的是，他在完稿之前就去世了。

▲ 雅典著名政治家伯利克里。在波斯战争结束后不久，他一手促成了雅典在政治和文化层面的统治地位。

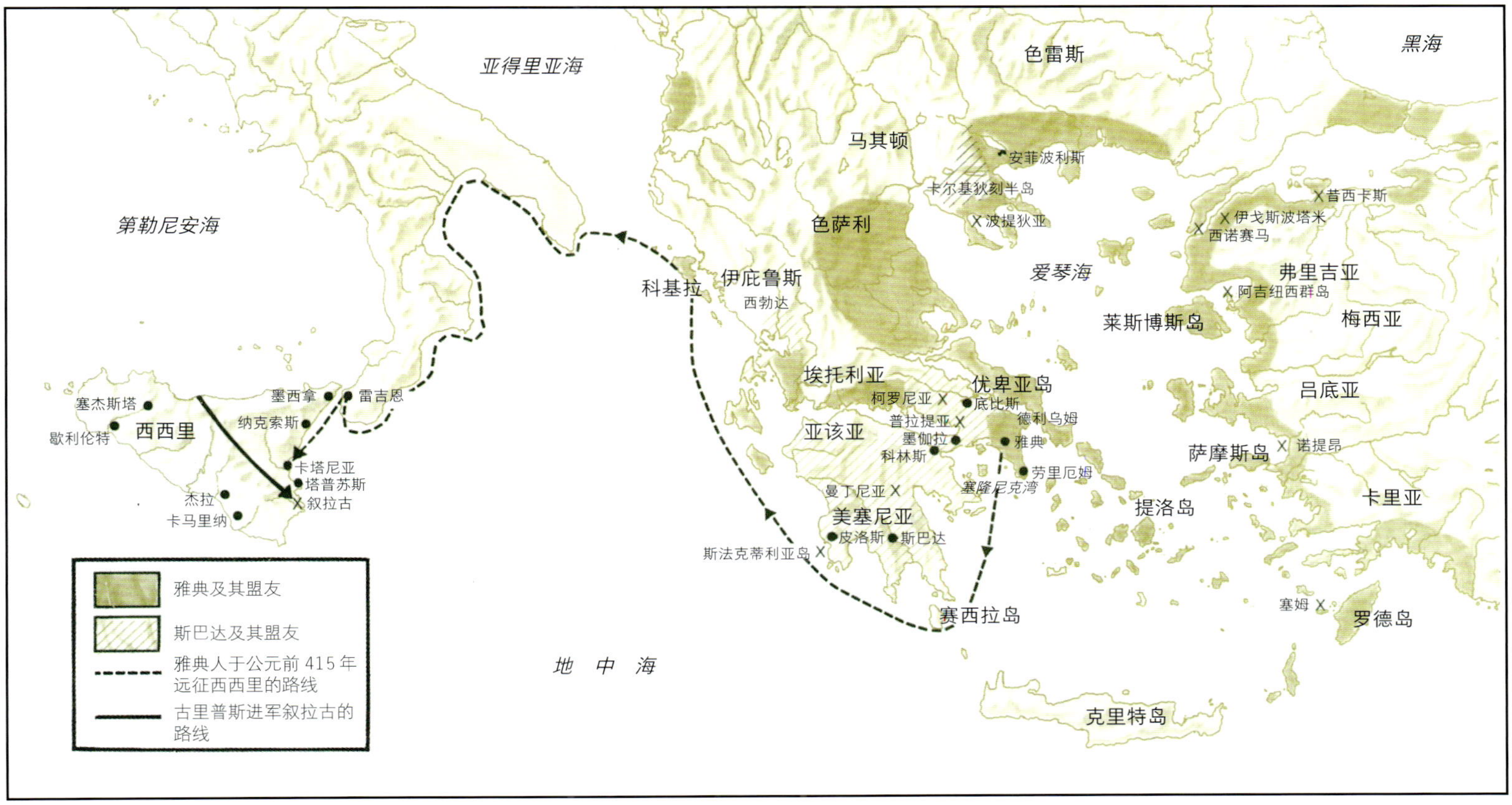
亚得里亚海
色雷斯
黑海
马其顿
安菲波利斯
卡尔基狄刻半岛
昔西卡斯
伊戈斯波塔米
西诺赛马
第勒尼安海
色萨利
波提狄亚
爱琴海
弗里吉亚
阿吉纽西群岛
科基拉
伊庇鲁斯
西勃达
莱斯博斯岛
梅西亚
埃托利亚
优卑亚岛
吕底亚
塞杰斯塔
墨西拿
雷吉恩
柯罗尼亚
底比斯
歇利伦特
西西里
纳克索斯
普拉提亚
德利乌姆
亚该亚
墨伽拉
雅典
萨摩斯岛
诺提昂
科林斯
卡塔尼亚
塔普苏斯
劳里厄姆
杰拉
叙拉古
曼丁尼亚
塞隆尼克湾
提洛岛
卡里亚
卡马里纳
美塞尼亚
皮洛斯
斯巴达
斯法克蒂利亚岛
雅典及其盟友
斯巴达及其盟友
雅典人于公元前 415 年远征西西里的路线
古里普斯进军叙拉古的路线
赛西拉岛
塞姆
罗德岛
地中海
克里特岛

▲ 这幅地图展示了伯罗奔尼撒战争中主要战役的流程，在战争期间，拥有制海权的雅典逐渐屈服于以陆上力量为主的斯巴达。

政治家在执政理念方面存在着巨大的差异，这不仅在雅典很明显，在整个希腊都是如此。希腊同盟仍和以前一样，处在斯巴达人的领导之下吗？还是由于波斯战争的缘故，希腊人已经接受了雅典成为斯巴达之外另一个新霸主（一个造成分歧的霸权）的事实？

这个问题并非纯属战略层面的。伯利克里在伯罗奔尼撒战争之初，曾以雄辩的方式指出，雅典人在文化层面占有优势。事实上，雅典的这一优势是无须宣传的。但伯罗奔尼撒战争所展现的观点冲突还带有明显的意识形态冲突的性质，即民主政体与寡头政体之间的冲突。

在我们这个时代，“民主”这个词对不同的人来说有着不同的含义。但希腊人对这个词的理解与现代任何一种用法都不一样。对于雅典人而言，“民主”就是全体公民均可参与的公民大会在该城邦政治体系中享有至高无上的地位。公民权是排他的特权，妇女和奴隶不享有这一特权，来自希腊其他城邦，无法证明自己祖上拥有公民权的众多社群也不享有这一特权。代议制民主是无从谈起的。官员人选由选举或抽签的方式来决定，但公民大会的成员在户外开会和讨论，也在户外进行集体投票，雅典公民身份是唯一的与会凭证。

与雅典形成鲜明对比的是，在斯巴达，权力表面上属于2名世袭国王，但实际上掌握在5名监察官（ephor）手中。监察官一年一任，由构成标准很严格的公民大会推选产生。斯巴达还设有元老院（gerousia），由28名（由于2名国王也名列其中，因而元老院成员增加到30人）年逾60岁的人组成，元老院成员来自斯巴达最显贵的家族，同样由公民大会推选产生。公民大会可以用口头表决的方式来通过或驳回国王、监察官和元老院提交的议案。在其他方面，大会的成员并无发言权。只有年满30岁的人才有资格成为公民大会的成员。

与斯巴达相比，雅典似乎更配得上“民主”一词的描述。归根结底，所有政府都是由少数人控制的，因为只有少数人才能构成“政府”一词所定义的统一管理体系。然而，这种由少数人组建的统治机构的规模可能很大，也可能很小。雅典的统治机构规模很大，而斯巴达的就很小。只在这个意义上，“民主”一词的古今用法才有对应关系。

尽管如此，在某件事上，斯巴达似乎表现得比雅典更民主。这与妇女的地位有关。在这两个城邦中，妇女都没有投票或参与任何政治活动的权利。在雅典，她们只享有极为有限的公民权和法定权利，但公民的女儿与非公民的女儿的待遇有着很大的区别。只有前者能够缔结受法律保护的婚约，也只有前者的孩子才拥有公民权。然而在斯巴达，公民家族出身的妇女拥有一项任何雅典妇女都不曾拥有的权利——财产权。这一合法权利对社会的影响是非常重要的，从长远来看，它对政治的影响也是如此。亚里士多德（Aristotle）在关于公元前4世纪的斯巴达政体的著述中，指责斯巴达人——用我们的话来形容——被穿裙子的人统治了。

尽管如此，在斯巴达人看来，意识形态方面的内容是伯罗奔尼撒战争的重中之重。他们一等占领雅典，成为全希腊之主，就立即在所有重要城邦建立了寡头政权，并派遣军队镇守，以确保寡头政权的统治能持续下去。诚然，这种情况并未持续下去。在许多城邦（特别是在雅典），民主制度实在是太

公元前 435 年
在与本邦殖民地爆发的冲突中，科林斯海军被科基拉海军击败

公元前 433 年
在西勃达战役中，由于雅典海军介入，科基拉才在科林斯人的报复行动中幸免

公元前 432 年
雅典人围攻波提狄亚（科林斯殖民地）

科林斯在与雅典的战争中赢得了斯巴达的支持

弓箭手与掷石兵

下方彩图展示的是西徐亚弓箭手的典型形象。这些人是雅典僭主庇西斯特拉图于公元前6世纪中叶招募的，他们既以雇佣兵的身份与雅典重装步兵并肩作战，也以治安部队的身份在雅典城内活动。值得注意的是，他们的形象频频出现在这一时期的雅典瓶饰画中，且经常被画成跪着射箭的样子。在马拉松战役时，他们并未出现在雅典军队中。事实上，他们以亚洲西徐亚部队或"萨喀人"（Sakae）部队的身份参加了波斯侵略军。公元前5世纪时，波斯人也雇用萨喀人来教授波斯士兵射箭。图中人戴着希罗多德笔下那种富有特色的高高的尖顶帽子，穿着宽松的束腰外衣和裤子。他装备了一张复合弓，正打算将一支附有3根羽毛的小箭射出去。他的弓袋（gorytos）上绘有装饰性图案，其中盛有另

一张弓和一些备用箭。并无证据表明西徐亚人曾使用过扳指，相反，他们用的是典型的地中海式开弓法——今天西方的弓箭手用的就是这种开弓法。就这一方面而言，他们的办法与标准的希腊式开弓法是截然不同的。希腊人在开弓时将箭捏在拇指与食指之间，这种握法不够有力，这意味着希腊人是无法拉开西徐亚式强弓的。这一事实或许部分解释了，为什么希腊人在伯罗奔尼撒战争行将结束之际，才逐渐意识到弓箭手的全部价值。

◀ 一幅表现身穿西徐亚式装束的乐师的陶画。他将长笛绑在自己的嘴上，这在当时是一种普遍的做法。

掷石兵

左图是在斯法克蒂利亚战役（见53页）中与斯巴达人作战的掷石兵的典型形象，他的铅制弹丸在图中也有所展现。这粒弹丸是铸造而成的，重量为25～30克。铅弹上经常刻有特别适合用作战斗口号的短语，图中的弹丸上刻的是"Dexa"（意为"接招"）。它在空中飞行时，肉眼是捕捉不到的。在约100米的射程范围内，它拥有令毫无防护的躯体皮开肉绽的打击能力。图中人戴着一顶圆帽，以免自己的视力受到阳光的影响。他携带的弹丸装在一只垂在其臀部上方的袋子里。他装备了一面连着一支把手的小盾，穿着一件用羊毛或亚麻布织成的宽松的束腰外衣。投石索的一端缠绕在他的手腕处，投石索的另一端被释放时，弹丸被掷出。罗德岛的掷石兵就是这样在色诺芬的撤军行动（公元前401年）中充分证明了自己的价值的。

复合弓

左图展示了取下弓弦的弓体横截面以及装上弓弦的弓。弓胎是木制的，粘有动物筋腱（外侧）和牛角（内侧）。由于筋腱具有弹性，当弓被拉开时，它就被拉长，并承受着张力，而弓体上的角片则被压扁。因此，是两种材料相互作用，从而把箭发射出去。这种弓上装有用牛角角尖雕成的凹槽，用于安装弓弦。两种类型的青铜箭头在图中也有所展示。这两种箭的箭杆均被插入箭头内。

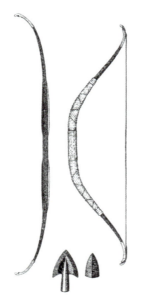

公元前431年
斯巴达向雅典发出最后通牒
斯巴达国王阿希达穆斯侵入　乡村居民被困在雅典城墙内
阿提卡地区

公元前430年
雅典爆发瘟疫　　波提狄亚被雅典人攻陷

42　古典世界的战争

过深入人心，以至于一小撮驻军的存在根本无法起到震慑作用。事实上，斯巴达的人口在不断减少，它所拥有的人力根本不足以在希腊各地驻军，而且驻军的企图严重损害了其解放者的形象。

雅典的海上力量

与雅典相比，斯巴达海军实力较弱，这一点在波斯战争中体现得十分明显。爱琴海海洋城邦同盟（现代历史学家称之为"提洛同盟"）本是西门为了对付波斯人而组建的，如今已经变成伯利克里用来对付斯巴达人的工具。在蒙受了耻辱并召回保萨尼亚斯后，斯巴达与其他伯罗奔尼撒城邦最终承认了雅典人在海军事务上的控制权，他们为摆脱了自己在海军方面的责任而感到心满意足。这个由雅典人主持的同盟的总部和金库都位于提洛岛，不方便提供舰船的成员则需捐款。这个组织极为有效地履行了其成立的初衷，但即便是在与波斯的和平协议达成之前，一些成员就已经徒劳地试图退出，并遭到了镇压。优卑亚岛城市卡里斯托甚至被迫加入这一同盟。

公元前447年，雅典人西扩的野心最终导致他们在波奥提亚的战场上遭了大难。雅典已陷入对科林斯、底比斯和斯巴达的战争中。显而易见的是，因抵抗波斯人而建立的提洛同盟已被雅典人用于反对其他希腊城邦。与此同时，无论是伯利克里还是任何一个睿智的雅典人无疑都很清楚，雅典之所以能独立，是因为它控制着爱琴海。一个政权的自主权只能依靠征服其他政权来保证，这一处境在历史上可以找到很多类似的例子。公元前454年，提洛同盟的金库已被转移到雅典城，并处于后者的监管之下。

对于这一时期的许多希腊城邦而言，拥有海上霸权的雅典所提供的保护已演变为一种以保护为名义进行的彻头彻尾的勒索行为。然而，一旦雅典不再享有与爱琴海各岛及沿海诸城邦的友好关系，它对爱琴海的统治也就难以为继了。我们已经指出，意识形态方面的因素往往被用作建立和维持这一友好关系的手段。此外，这些因素中还包含与殖民主义和种族主义有关的成分。

除了对希腊人身份与所在城邦公民身份（后者更为重要）的认同感，希腊人也有种族主义的意识。雅典人之所以支持爱奥尼亚希腊人，并在日后赢得其效忠，部分原因在于他们自己也拥有爱奥尼亚血统。与爱琴海东北部的伊奥里亚人一样，爱奥尼亚希腊人在史前时代就混杂了前希腊时代的爱琴海诸岛居民的血统。日后在希腊出现的多利安人，是诸多拥有相对纯正北欧日耳曼血统的民族中的一支。因此，多利安人与希腊人在气质方面的差异，堪与今日北欧民族与地中海民族之间的差异相比。在不同情况下，斯巴达人和雅典人都能对种族情感加以利用，而爱琴海中部的希腊人则以爱奥尼亚人为主。

在对局势的介绍中，或许还要添上这么

▲ 展现一艘雅典三列桨战舰的大理石浮雕（利诺曼浮雕）。战舰上显然配有3层桨座，但只能看到最高的一层桨手。这类桨帆战舰在作战时完全依靠船桨来获得动力。

一笔：雅典通过其在爱琴海和黑海地区的众多殖民地，来展示自己的实力和影响力。早在公元前8世纪，为了缓解土地贫瘠的国家的人口压力，希腊的殖民活动就已经有条不紊地展开了。载着移民的舰队被派往海外，移民的规模从区区几百人到数千人不等。重要的是，他们应该找到了尚无政权组织存在的、适于定居的土地。这些殖民地往往以传统文化为纽带，与母邦保持着联系，并且能够依靠自己的力量，孕育出更多新的殖民地。一般而言，这类殖民地都是自治型的，但也有一种殖民方式（被称作"cleruchy"）的移民继续保有母邦的公民权，雅典人常常在被征服地区推行这种做法。

雅典人的外交与海军战略

雅典的财富来自阿提卡东南部的劳里厄姆银矿，如果不是特米斯托克利在两次波斯入侵战争期间将它们转而投入海军军备之用的话，这些财富就会在公共救济活动中被消耗掉。特米斯托克利发现，激起雅典人对从事航海业的邻邦埃伊纳岛的嫉妒之心，比重新唤起他们对波斯人的恐惧更能赢得他们对自己的财政预算方案的支持。但毫无疑问的是，他的做法令希腊免于沦为波斯的属地。

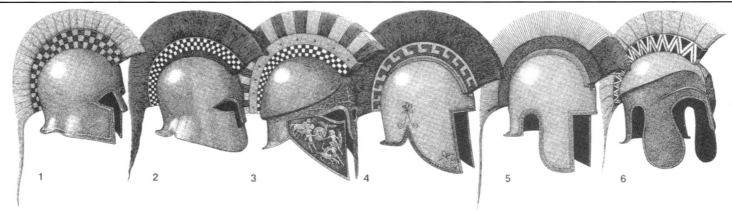

希腊重装步兵盔

重装步兵及其装备的演化，导致了两种主要类型的青铜头盔的产生，时至今日，它们被称为"科林斯式头盔"和"伊利里亚式头盔"。这几种头盔都属于贵重财产，往往世代相传。科林斯式头盔的制作方法是将金属材料置于铁砧上敲打，然后根据使用者的情况进行定制，以达到格外合身的效果。陶画和雕刻作品中的头盔上往往带有冠饰，但近期的一项研究表明，很大一部分头盔上并无此物。冠饰往往由一束插入木槽中的马鬃制成，看上去很像一把扫帚。由于马鬃难以染色，因而冠饰上的鬃毛往往保持原貌，黑色、白色和栗色是常见的自然色。我们对头盔的衬里部分所知甚少，但头盔内侧据信粘有毡布。可以肯定的是，头盔的使用者头上戴有用毡或羊毛制成的无沿便帽，既可用于保持发型，也可作为衬垫使用。图中展示了几种应用于公元前5世纪前后的头盔。图1为科林斯式头盔的变体，上面的装饰相当简单。它为使用者头部提供了全方位的良好保护，但也严重限制了使用者的视野和听力，长期佩戴的话还会令人感到闷热和窒息。图2是伊特鲁里亚-科林斯式头盔（见109页）在意大利南部的变体。图3为科林斯式头盔的经典样式。它附有面甲甲片，可以更好地保护使用者的嘴和喉。得到盔脊加固的盔碗，也可通过扩大盔顶尺寸的办法来增加透气性。这顶特殊的头盔以精美的浮雕图案为装饰。图4和图5则是伊利里亚式头盔的同类衍生物。图6中的头盔

当波斯侵略军如潮水般退去后，雅典的实力不断增强，引发了斯巴达的猜疑，后者试图阻止前者重建被夷平的雅典城墙。为了寻找借口，斯巴达力劝希腊北部的各个城市拆除自己的防御工事，这样一来，日后的侵略者就无法利用任何一座希腊城市作为基地了——就像马尔多尼斯对底比斯所做的那样。特米斯托克利巧妙地在相关谈判中打着拖延牌，与此同时，雅典人抓紧一切时间重建城墙，很快，摆在斯巴达人面前的就是雅典城墙已经修好的既成事实了。至少，修昔底德告诉我们的故事是这个样子的。普鲁塔克引用赛奥彭浦斯的看法，认为特米斯托克利贿赂了斯巴达的监察官，以换取对方的默许。事实上，这个故事的两个版本并不冲突：特米斯托克利或许在施展精明外交手腕的同时，也使用了行贿的手段。

特米斯托克利还在雅典的主要港口比雷埃夫斯修筑了防御工事。这意味着，雅典一向着眼于农业自给的传统政策发生了180度的变化。随后，长墙拔地而起，将这座城市与比雷埃夫斯和小型港口法勒隆连接起来。与比雷埃夫斯相连的长约4英里（6.4千米）的双层城墙制造了一条宽约200码（183米）的走廊，来自海上的补给可以通过这条走廊，在围攻该城的军队眼皮底下大摇大摆地运抵城内。

如今，距特米斯托克利的宏大战略的完成只有一步之遥——在爱琴海建立海军基地网。这一网络是由所谓的提洛同盟提供的。只要看一下古代船只的结构，我们就能理解这一网络的重要意义了。古代的船只重量很小，且极为脆弱，因而在恶劣的天气状况下坚持不了太久。它们紧靠着海岸航行，一旦发现暴风雨出现的征兆就立刻靠岸避难。寻找一处停泊的场地是没有必要的，有一片海滩就足够了。轻便的结构在遇到暴风雨时固然会危及船只的安全，但同时也使得船只能够轻而易举地停靠在海岸上。但地中海东部的海岸线岩石嶙峋，荒无人烟，几乎没有什么便于停靠的海滩。绝大多数优良的停泊场所都被各个城邦用作港口了，或许它们所处的位置从一开始就决定了它们的命运。因此，无论是对战争还是对贸易，建成这种基地网都至关重要，而最好是通过对这些城邦的政治支配来完成这一目标。雅典人很清楚他们需要什么，他们认为，实现自己的需求是他们的权利。

同盟捐献的经费对维持一支强大的海军也很重要。除了船只的制造、维护和修理的费用，必要开销中还包括桨手的薪水，而三列桨战舰所需的桨手是非常多的，每艘战舰上的桨手多达150人（公元前4世纪的一艘雅典三列桨战舰上有170名桨手）。桨手是从地位较低的雅典公民中招募的，按日领取薪水。那些操着更长船桨的上层桨手的工资有时比下层桨手要高。每艘船上都配有由重装步兵组成的全副武装的陆战队，他们来自较为富裕、有能力购置装备的阶层。后来，就连重装步兵也能从雅典政府那里领到一支矛和一面盾牌了，但其余的装备则仍需自备。

伯罗奔尼撒战争的爆发

雅典人志在西进，而非坐拥爱琴海基地，从而导致了伯罗奔尼撒战争的爆发。而科林斯势必成为雅典人野心的最大受害者。这座海滨城市地处地峡，地理位置令人称羡，对雅典人极度渴望的向西的经济扩张助益不小。公元前459年，雅典人支持规模较小且位置较近的地峡城市墨伽拉，介入了对科林斯的战争。公元前435年，这种形式的介入仍被作为政治武器来使用，而科林斯也仍旧是雅典的敌人。当时，科林斯人与自己的殖民地科基拉岛（科孚岛）之间发生了战争。在毗邻伊庇鲁斯海岸的西勃达附近爆发的一场海战结束后，若不是雅典舰队出手支援，科基拉的殖民者已被科林斯人制伏。

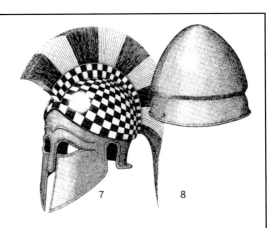

在历经演变后具备了更好的开放性，被称为"卡尔基狄刻式头盔"。图7中的头盔钻有开孔，以改善使用者的听力状况，是科林斯式头盔的一种晚期样式。图8展示的是一种廉价且产量极高的头盔，流行于伯罗奔尼撒地区，被称为"皮洛斯式头盔"，盔体上仅系有一根皮带。

接下来在波提狄亚发生的战争，科林斯同样参与其中。波提狄亚人不愿成为提洛同盟的一员，在马其顿国王的鼓励下决意退出。地处卡尔基狄刻半岛西海岸的波提狄亚是科林斯的一块殖民地，面对雅典人的威逼，他们请求母邦施以援手。尽管科林斯人

介入，雅典人还是包围并于公元前430年占领了这座城市。当时，伯利克里试图通过经济封锁来控制墨伽拉，此举可能被视为对科林斯人介入波提狄亚之事的报复性威胁。毫无疑问，伯利克里很乐意用同样的手段来对付科林斯。但这座规模较大的城市与墨伽拉是不一样的，它坐落于地峡西面，其出海口直通科林斯湾，而墨伽拉港口则地处塞隆尼克湾。

其他城邦将雅典的政策和行动视为对自身的威胁，特别是底比斯人和波奥提亚人，倘若雅典人按照自己的设想将海军基地设在科林斯湾，他们便将遭到旧敌势力的围困。面对雅典的全面威胁，斯巴达及其伯罗奔尼撒卫星城带着几分不情愿，站到了支持对雅典开战的一方。在战争中，斯巴达对雅典的打击始终是最为轻微的，而到了战争结束时，它又是胜利者中最为仁慈的。

雅典与科林斯的海战揭开了这场战争的序幕，并贯穿了战争的早期阶段。科林斯舰队如今得到了伯罗奔尼撒的盟友的增援，但雅典人依旧掌握着制海权。公元前429年，雅典海军将领弗尔米奥（Phormio）出色地利用撞击战术，在科林斯湾的出海口两次大

败科林斯和伯罗奔尼撒舰队。

然而，随着战争的继续，科林斯人总结了经验，设计出一种新型桨帆战舰。此前战舰的舰首较高，这样己方登舷部队和投射部队便可获得居高临下的优势，但在使用撞击战术时，舰首的上部无法与敌舰接触。舰首较低的雅典桨帆战舰在撞击敌舰时，吃水线正上方的撞角和外凸的舰首可以同时发挥作用。科林斯人从惨败中汲取了教训，将舰首的位置调低，并进行加固。这一设计催生了一种新的海战战术——正面撞击战术。雅典人为了利于机动和实施侧面撞击战术而为战舰设计的轻便结构，如今反过来成了自己的命门。

斯巴达人的战略

斯巴达人在战争早期阶段制定的战略，看起来简直是毫无用处。斯巴达人并未尝试围攻雅典城，而是满足于一年一度的入侵阿提卡的行动，他们将自己的时间花在尽可能多地蹂躏雅典人的农田上，并希望借此引得后者前来与他们恶战一场。特米斯托克利和伯利克里已经预见了这一情况。为了安全起见，雅典乡村的居民将他们的羊群和牛群驱赶到优卑亚岛，自己则撤到雅典城墙后面。通往海岸的长墙保证了海上供应的输入，雅典的海军、商船和爱琴海的基地链保卫着来自爱琴海对岸（特别是黑海地区）的谷物运输线。不可否认的是，涌入城内的人口规模达到了有害的地步，结果被疫病消灭了很大一部分。然而，这很难说是任何一方战略规划的后果。

在伯罗奔尼撒战争中，极少出现经典的重装步兵的身影。正如斯巴达人不会傻到去尝试攻打雅典城，雅典人也很聪明地不与斯巴达人展开正面激战。但有一场波澜壮阔的战役是个例外。公元前418年，在经历了一段动荡不安的休战期后，在才华横溢且更年轻的雅典政治家、将领亚西比德（Alcibiades）的建议下，一支雅典军队被派去支持正在造

◀ 这幅陶画描绘了一名甲胄工匠正在制作一顶头盔的场景。用一块铜片打造而成的科林斯式头盔，对工匠的技艺有着尤为严格的要求。

战斗在皮洛斯及邻近的斯法克蒂利亚岛展开 | 斯法克蒂利亚岛的斯巴达守军向克里昂和德摩斯梯尼投降 | **公元前424年** 雅典人在德利乌姆被底比斯人击败 | 斯巴达将领布拉西达斯攻占色雷斯的安菲波利斯 | 在波斯，大流士二世继承了其父阿尔塔薛西斯一世的王位

第3章 伯罗奔尼撒战争 45

反的斯巴达卫星城同盟，一场恶战就此在伯罗奔尼撒北部的曼丁尼亚爆发。

斯巴达人用实际行动证明了，自己在重装步兵作战方面的天分并不因缺乏实战经验而褪色。在作战过程中，一支重装步兵作战队列经常会危险地从左向右平移，这意味着队列的左翼将轻而易举地被敌军右翼包围。造成这一现象的原因在于，位于队列右翼末端的那个人的身体右侧是暴露在盾牌防护范围之外的，在恐惧心理的作用下，他会本能地向外移动。由于队列中的每个人都试图得到邻近自己的那个人手中盾牌的翼护，因而这支队伍里其余的士兵都会紧紧跟住向外移动的那个人。在曼丁尼亚战役中，对战双方都试图利用这一现象来包抄对方的左翼。

由于担心被包围，斯巴达国王阿基斯（Agis）试图在战役开始前最后一刻将己方部队的左翼拉长，并用右翼部队增援变得稀薄的左翼队列。两名负责支援行动的军官并未服从命令。在由此引发的混乱中，斯巴达人的作战队列出现了一个缺口，敌军便从这里涌入。然而，右翼部队立刻以迅雷不及掩耳之势打垮了对面之敌，这样他们就可以掉转方向，压向敌人的中军，直到最终将其击溃。斯巴达人在重装步兵方面的优势（尽管曾一度因将领们决策失误而无从施展），在此战中再一次得到了证明。

斯巴达军队

修昔底德在描写曼丁尼亚战役时指出：斯巴达国王在战场上可以依靠他所建立的指挥链，将自己的命令迅速传达至全军上下。国王之下为军事执政官（polemarch），他们通过各支部队的主官，将国王的命令传达下去。曼丁尼亚的斯巴达军队中的最大单位是"营"（lochos），其规模比现代军队中的营要小。每个营分为4个"连"（pentecostys），每个连由4个"排"（enomotia）组成：它们分别对应现代军队中的连和排。曼丁尼亚战役中的这支斯巴达军队下辖7个营。

全军第一排宽448列，后方是支援纵队，大部分为8排。国王卫队成员被称为"骑士"（hippeis），但他们在伯罗奔尼撒战争时期大

斯巴达军队的组织结构

两份内容极为翔实但彼此大相径庭的文献记录了斯巴达军队的组织结构。按照成书于公元前400年左右的修昔底德作品的说法，斯巴达军队的基本组织单位是平均由8人组成的纵列，4个纵列组成1个排，由1名排长（enomotarch）统领；4个排组成1个连，由1名连长（pentekonter）统领；4个连组成1个营，由1名营长（lochagos）统领。每支军队下辖7个营。而与修昔底德一样是前线军官出身，因而同样是一位权威作者的色诺芬的作品则告诉我们，每个连仅下辖2个排，2个连组成1个营，4个营组成1个团（mora），由1名军事执政官统领。每支军队由6个团组成。随着时间的流逝，斯巴达的人口出现衰减，斯巴达军队的总兵力也随之受到影响，但团的人数取决于征兵的年龄段（根据不同的资料，这一作战单位的规模分别为500人、600人或900人）。作战编队中的排是按前后顺序排列的。当斯巴达人展开作战阵形时，后排作战单位被部署于前排的左侧，由此组成一个拥有4支纵列、16行纵列和8列纵深的方阵，各纵列之间的间隔为2米。在排成密集阵形时，每个排的后半部分将被调上来填补每个纵列间留下的缺口。

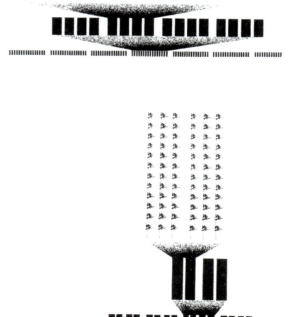

其他士兵类型

下图展示的步兵通常为希洛人（农奴），他们像畜群一样供人役使，并须随自己的主人出征。他们要么装备一支标枪，要么装备一根投石索，他们还携有一只山羊皮制成的袋子，里面装的是供主人恢复体力用的食品。这名步兵部队成员装备了一束标枪，每支标枪上都连着一个环。这个环是缠绕在枪柄上的，在使用时，使用者将自己的中指与食指套在环里，这样就能更好地利用杠杆作用，还能把标枪旋转着掷出，以增加打击精度和射程。图中的骑兵是色萨利人，戴着一件罕见的可能是用牛皮制成的头饰，没有装备盾牌。与所有古代骑兵一样，他没有使用马镫，因此坐得很靠后，以掌控自己的坐骑。

公元前423年
雅典与斯巴达之间缔结了为期1年的和平协议

在安菲波利斯战役中，雅典军指挥官克里昂和斯巴达军指挥官布拉西达斯双双阵亡

公元前422年
雅典与斯巴达再度彼此敌对

公元前421年
雅典与斯巴达缔结和平协议（尼西阿斯和议）

波奥提亚和科林斯拒绝接受这份和平协议

46　古典世界的战争

斯巴达重装步兵

图中展示的是一名严阵以待的斯巴达重装步兵。他的科林斯式头盔由黄铜制成，饰以横向排列的盔缨。他的盾牌上画着斯巴达式的纹章，正面覆有黄铜。他同时装备了标准长度的"肌肉型"护胫。他在红色束腰外衣外穿着一件白色的亚麻布身甲，这件铠甲取代了沉重的"钟型"甲，是将多层材料胶合在一起制成的。铠甲的下摆被裁成一片片布条，这样穿戴者就能很方便地弯腰。这种铠甲由于十分轻便而很受欢迎，但它往往用金属片进行加固。图中展示的红色披风是典型的斯巴达式装束，在作战时会被弃置。在亚历山大时代到来之前，希腊人普遍蓄须，而长发则是斯巴达成年男子的特征。据希罗多德描述，温泉关战役中的斯巴达人在等待波斯人发动进攻时，用体育锻炼和梳理头发来打发时间。这名重装步兵正在把一根皮制柄绳缠绕在矛柄上，这样当他把长矛举过盾墙刺击时，就能把它握得更紧。与其他城邦的重装步兵不同，斯巴达人终生都在接受军事训练，因而可谓是"职业军人"。因此，他们的训练水平和使用武器的技能比其他城邦的重装步兵都更优秀，因而也更为可怕。

多步行作战。在曼丁尼亚，骑兵实际上被部署在斯巴达军队的两翼，用于保护己方侧翼。但从国王阿基斯的忧虑中可以看出，骑兵无论是能力还是数量，都几乎无法让人对他们抱有信心。

修昔底德似乎对斯巴达军指挥链的效率赞赏有加，他认为，斯巴达军队简直就是一支人人都觉得自己有责任保证命令得以贯彻的军官团。然而，这支军队中存在着一种极为常见的情况——"十羊九牧"。这类组织体系并不总能保证良好的纪律。在普拉提亚战役中，一名斯巴达下级军官拒绝服从保萨尼亚斯后撤的命令，导致斯巴达军队陷入全面而危险的混乱之中。在曼丁尼亚战役中，右翼部队的军事执政官对国王的命令不予理会，而是继续以自己的方式去赢得战役的胜利。他们后来在斯巴达遭到审判，并被判处流放，按照修昔底德的说法，他们的罪名是胆怯。人们或许会认为，指控的罪名更应该是抗命不遵。

在任何情况下，要向正在行动中的重装步兵部队传达命令都是个难题。头盔（特别是科林斯式头盔）无疑会严重影响佩戴者的听力。不过，号声还是被用来进行通信，而斯巴达军队则在行军时利用笛声（后者显然能够保持行军节奏的整齐划一），此外也使用手势信号。有人认为，在安菲波利斯战役中，雅典军队可能因听错命令而导致纵队未受盾牌保护的一侧暴露在敌方突击队面前，这就是一个对信号产生误解的例子。信号的传递有时也会作为一种战术性策略来使用。早先在西比亚与阿尔戈斯人交战时（公元前494年），斯巴达人就用笛声来命令部队"解散用餐"，从而使敌人放松了警惕，然后打了他们一个措手不及。在具有重要意义的伊戈斯波塔米战役中，斯巴达将领莱山德（Lysander）使用类似的战术来对付雅典人。在实施这一战术时，发动奇袭的信号是一面青铜盾在阳光照耀下的闪光。

雅典人的军队

在雅典，每年由公民大会以举手表决的方式来确定"十将军"的人选。与其他官员

雅典人与斯巴达人暂时结盟，同波奥提亚人、科林斯人和墨伽拉人作战

公元前420年
波奥提亚与斯巴达恢复盟友关系

雅典与阿尔戈斯（之前保持中立）结盟，共同对抗斯巴达

公元前418年
阿尔戈斯人和雅典人在曼丁尼亚战役中被斯巴达人击败

第3章　伯罗奔尼撒战争　47

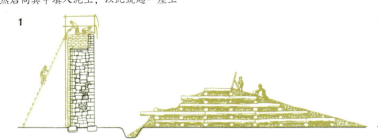
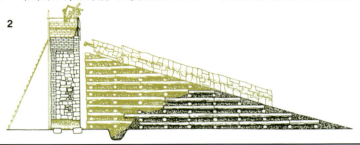

普拉提亚战役（公元前429—前427年）中的攻城战战术

1 伯罗奔尼撒攻城者将一根根圆木以纵横交错的方式堆积起来，构成基座，然后向其中填入泥土，以此筑起一座土山。当土山逼近城墙时，普拉提亚人针锋相对，竖起一座表面覆有皮革的支架，用于保护城中的人，并加高这道屏障后方的城墙。

2 一等土山堆到了城墙脚下，普拉提亚人便开始挖掘地道，试图破坏土山的地基。伯罗奔尼撒人的反击方式则是用坚固的板条和黏土在斜坡上构筑了一层坚实的覆盖层。他们随后动用攻城槌来对付加高的城墙。但普拉提亚人加以反击，他们将沉重的横梁用锁链捆扎，从城墙上丢下去，将攻城槌的槌头砸断，还试图用套索把槌头套住。

3 尽管土山的地基遭到了破坏，但部分城墙在攻城槌的连续打击下还是崩

不同，这些将军是可以再度当选的。这样一来，他们就可以利用其强大的个人影响力，保证某项极其重要的政策能够继续推行下去——如多次当选的伯利克里那样。正如我们从现代政治中了解到的那样，他们肩负的那些与保家卫国和抵御外敌有关的职责的重要性往往是首要的。修建防御工事、整理军备（包括陆军和海军的军备）、招募士兵和水手以及征收战争税等事务，均被纳入十将军的职责范围之内。

与斯巴达一样，雅典也存在一个管理军队的军事等级制。步兵由10名联队长（taxiarchoi）统御，另有负责管理连级单位的下级军官（lochagoi）。骑兵则由2名高级军官（hipparchoi）负责指挥。他们的下一级为10名部落骑兵司令（phylarchoi，其字面含义为"部落首领"）。无论是骑兵还是步兵，都是以"部落"为单位征募的。在征兵时，便将兵源地的公民划分为10个"部落"。我们或许可以

▲ 这幅瓶饰画描绘了一名戴着头盔的骑兵，但早期希腊骑兵在作战时并没有佩戴头盔。

将这种做法与我们的"郡团"制度进行类比。

除了行使管理职能，前面提到的所有官员（包括经选举产生的十将军）可能都要上战场指挥作战，负责制定战略和做出战术决策（在某种程度上）。但重装步兵战一旦爆发，战场上就会变得人声鼎沸，拥挤不堪，以至于将领们几乎无法发号施令和调兵遣将。至于轻装部队，无论是斯巴达的还是雅典的，似乎都没有多少组织性可言。

斯巴达重装步兵团能够傲视希腊其他城邦的同类部队，是基于这样一个事实：它实际上是一支职业军队，其成员将自己的所有时间都投入军事训练和作战之中。这种状况是由斯巴达的政治和经济环境决定的。斯巴达的公民们自视为一支规模很小却统治着一大群可能对他们怀有敌意的奴隶的驻军。与此同时，他们也能依靠这批奴隶以及不享有公民权的自由农群体的劳动来养活自己并维持生计，从而使全体斯巴达公民能够拥有必要的资金，用于支付必需的军饷开销。

雅典公民的处境尽管有所不同，但也并不缺乏军事训练和经验。负责充当重装步兵兵员的雅典富裕阶层的子弟，一旦年满18岁就会受到征召，前去接受为期2年的军事训练。训练科目包括兵器、战术的应用指导及如何进行防御作战。在这之后，在60岁之前，他们的名字都会被保留在义务兵役人员的名单上，但20岁以下和50岁以上的兵员可以只服守备役，也就是负责戍守阿提卡地区。在公元前431年的演讲中，伯利克里宣称雅典拥有13,000名重装步兵，另有一支16,000人的守备队。后一支部队中不仅有较为年长和年轻的雅典公民，还包括那些有能

力购置重型铠甲的侨居者。

雅典人在伯罗奔尼撒战争中使用过骑兵，但未能一直做到物尽其用。与斯巴达一样，身处骑兵序列这一点还有着重要的社会意义。但某些富裕公民在作战时依旧担当"骑士"一职。在战争初期，斯巴达人年年入侵阿提卡，伯利克里曾派遣骑兵队去驱逐敌人的突袭部队。大约就在这一时期，一场小规模的骑兵战在以雅典及其色萨利盟友为一方，波奥提亚人为另一方的两股势力之间爆发了。雅典人坚守不退，直到重装步兵队赶来支援波奥提亚人。在曼丁尼亚战役中，雅典骑兵解救了众多逃离战场的雅典士兵，而在公元前424年的德利乌姆战役中，底比斯人充分发挥了骑兵的长处，从而赢得了胜利，而雅典骑兵队则至少有足够的力量来保护部分步兵撤退。当时还是一名年轻军官的亚西比德由于骑着马，因而有能力赶去救援步行作战的哲学家苏格拉底（Socrates）。

直到战争接近尾声，雅典人对轻装部队的价值仍不够重视。因此，他们在这方面的经验源于某些惨痛的教训。公元前429年，当卡尔基狄刻地区的各个城市起兵反对雅典同盟时，雅典人在当地骑兵和轻装部队的手上吃了一次惨重的败仗。在希腊西部的埃托利亚乡村地区作战的雅典重装步兵，也于公元前426年在遭到轻装上阵的游击部队的围攻时陷入了严重的困境。这些轻装战士以标枪、投石索和弓（有时）作为主要兵器，根本不与重装步兵近身相搏，只有在遇到紧急情况时才用随身携带的剑作战。除了游击战术，投射型兵器在攻城战中也发挥着显而易见的重要作用。

塌了。城中守军当即建起一道内墙，这样一来，敌人就得突破又一道围墙。作为应对，攻城者在这道围墙处堆积木料，涂上沥青，然后纵火焚烧。然而，一场

意外到来的暴风雨浇熄了熊熊烈火。守军进行了长时间的抵抗，最后在饥饿的打击下方才屈服。

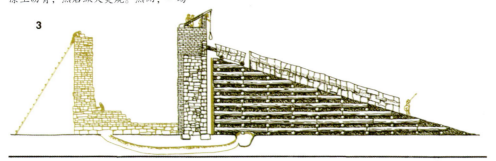

3

攻城战

到伯罗奔尼撒战争初期，希腊的攻城战战术与早年的状况形成了鲜明的对比，变得高度成熟（但斯巴达人在这方面则进展缓慢）。在战争爆发后的头几年，邻近阿提卡边境的波奥提亚城市普拉提亚成了各方争夺的目标，遭到波奥提亚和伯罗奔尼撒联军的围攻。非战斗人员已撤入雅典避难，留在城内的只有一支守备队。

攻城者们堆砌了一个用木材加固的土制斜坡，正对着城墙，但普拉提亚人将城墙加高，并在斜坡下方挖掘壕堑，破坏其地基。伯罗奔尼撒人用泥土和枝条将其填平。普拉提亚人的应对之策则是，在城墙遭受威胁的地段修建了新的防御工事。当攻城槌接近时，槌头就会被套索套住，或被城墙上方丢下的沉重横梁砸断。攻城方试图纵火烧城，但一场大雷雨浇湿了一切，令他们的希望化为泡影。意在用饥饿战术对付守军的攻城者们，旋即建起了一座带有雉堞和塔楼的双层

围墙。外墙用于防备雅典援军的突袭，但雅典人不敢与斯巴达重装步兵血战，因而并未派遣援军。最后，普拉提亚人以云梯为武器，攻陷了双层墙的一部分并将其占领。与此同时，200名普拉提亚人出逃，他们先故意将追兵引入歧途，而后逃往雅典。第二年夏天，斯巴达人再次发动了一波攻势，取得了一些战果，但攻城者们仍在使用饥饿战术。残存的200名守军举手投降，在经过几次似是而非的审判后遭到处决。

普拉提亚战役是重锤砸开坚果的一个实例，其他攻城战则具有更大的军事意义。公元前425年，一支雅典军队乘船在伯罗奔尼撒西部的皮洛斯登岸，几经争论后，他们在当地建起了一座堡垒。在这一地区，这座堡垒起到了保卫美塞尼亚人的作用，后者已不愿再臣服于斯巴达。斯巴达人封锁了皮洛斯，并攻占了横跨邻近海湾出口的斯法克蒂利亚岛。然而，雅典舰队赶到，将该岛上的斯巴达人包围了起来。一支雅典重装步兵部队突袭并歼灭了位于该岛最南端的一个斯巴达哨站。不计其数的弓箭手和掷石兵旋即

叙拉古攻城战（公元前416年）

1 雅典人穿过欧律阿罗斯，逼近叙拉古，在经过一场短暂的战斗后，攻占了艾皮波莱高原。他们建起两座要塞，一座位于北部前线的劳丹姆，另一座环形要塞（围墙）用于拱卫西南部前线。他们以这座环形要塞为起点，修建了一排双层围墙。

2 叙拉古人建起一道反包围墙，但遭到攻陷和拆毁。

3 叙拉古人筑起一道横穿沼泽地的壕堑和栅栏，但这道工事也在敌方舰队和陆军（他们在沼泽地表面铺设木板而越过）的夹击下沦陷。

4 雅典人完成了位于南部前线的围墙，他们将海岸部分的城墙拓宽，用于保护己方舰队。但雅典军指挥官尼西阿斯并未完成北部前线的围墙——这是一个重大失误。

5 叙拉古人向斯巴达求援，后者拒绝派兵支援，但派去了一位名叫古里普斯的将领，他搜罗了3,000名非正规军，在没有遇到阻挡的情况下进入叙拉古。古里普斯成了叙拉古的指挥官，他攻陷了劳丹姆的要塞，在要塞与叙拉古之间筑起一道围墙。这成为这场攻城战的转折点。

6 尼西阿斯要求雅典取消攻城行动，但雅典方面反而给他派来了援军。尼西阿

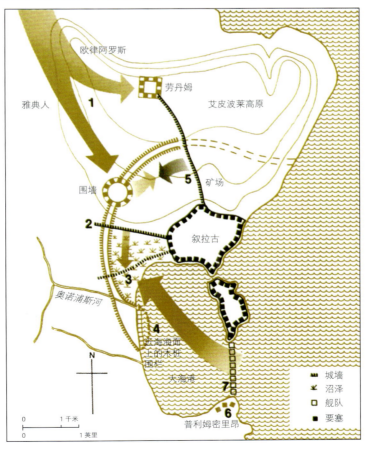

欧律阿罗斯
劳丹姆
艾皮波莱高原
雅典人
1
围墙
5 矿场
2
叙拉古
奥诺浦斯河
3
4
海滨滩面上的木桩围栏
N
大海港
7
普利姆密里昂

城墙
沼泽
舰队
要塞

斯在普利姆密里昂建起3座要塞，并将舰队调到那里。

7 于是，双方都得到了增援。古里普斯从陆上和海上发动进攻，经过一连串的战斗，他攻占了普利姆密里昂，并将雅典舰队逼进了他们设置的海上木桩围栏。他将己方战舰用锁链连成一排，堵住了海港的出口。与此同时，雅典陆军困在了沼泽之中，并遭到疾病的侵袭。叙拉古人撤回了海军，并仿照科林斯战舰的样式改造自己的战舰。他们改造了中空式的舰首，使其具有更强的抗撞击能力（其样式正如30、31页的三列桨战舰图所示，新式舰首的造型则与98、99页的战舰相似）。由于舷外支架得到了强化，叙拉古战舰得以从容地实施正面撞击战术。在正面撞击战术、以划桨驱动小船和攻击桨手的战术的打击下，雅典舰队彻底丧失了信心。他们未能突破大海港的封锁线，决定抛弃舰船，从陆路逃走。叙拉古骑兵和轻装部队持续不断地袭扰雅典人。幸存的雅典士兵被疾病弄得虚弱不堪，并饱受口渴之苦，因而举手投降。这是雅典人遭受的最为惨重的一次失败。如果算上与雅典人并肩作战的希腊、伊特鲁里亚和意大利盟军的损失，雅典一方一共损失了150～200艘舰船和40,000～50,000名兵员。

斯巴达指挥官古里普斯率领援军前往叙拉古

登上该岛。岛上的森林被一场偶发的大火吞噬，斯巴达军队原有420人，但他们已失去了所有遮蔽，也无法与敌人近距离交锋，只能选择投降（见53页示意图）。

最具重要意义也最为引人瞩目的一场攻城战，发生在位于西西里岛东海岸的叙拉古，这场战役的结果对于作为攻城方的雅典人而言是一场灾难，也最终终结了雅典的西扩之梦。雅典人甫一登陆，就迅速建立了一座作战基地。他们修筑的双层墙横跨当地高原，直至叙拉古城的西面，从而从陆上阻断了叙拉古与西西里岛其他地区之间的交通。与此同时，雅典舰队则控制了附近海域。当攻城者将双层墙向南延伸时，叙拉古人以本城城墙为起点，针锋相对地修建了一排防御工事，从雅典人的双层墙的计划路线上横穿而过，将这一路线垂直截断。但雅典人摧毁了这些障碍物。

双层墙的北段尚未竣工，一支3,000人的叙拉古援军在斯巴达将军古里普斯（Gylippus）的带领下，由该处的缺口进入城内。双层墙向北延伸的势头也被一排城墙迎头堵住了，这一次，雅典人未能突破这道障碍。北段的缺口依然未被堵上，守军得以由此通过。在古里普斯的指挥下，叙拉古人迅速发动攻势，雅典人被包围在了自己的双层墙内。最后，连基地也被攻占了，雅典人被围困在港口的沙滩上。在港口爆发的海战中，叙拉古舰队取得了胜利，所有海上逃生之路都被切断了。在这场海战中，经过改进的全新的科林斯式战舰被制造出来，正面撞击战术也被应用到实战之中。整支雅典远征军连同与之会合的规模庞大的援军一道被全部歼灭。

在我们所讨论的这一时期的攻城战中，攻城方往往是通过饥饿战术取胜的。这种办法最终导致了普拉提亚和波提狄亚守军的投降。而丧失了全部舰队的雅典人，最终也是被这一战术打败的。在封锁雅典的行动开始前，斯巴达海军将领莱山德将之前在别处俘虏的所有雅典人都送进城内，令饥荒形势大为恶化。

斯巴达人的新战略

战局的特别变化，促使斯巴达人派出由古里普斯率领的一支由伯罗奔尼撒人组成的小部队，将西西里人集结起来，与雅典人作战。率军远征叙拉古的亚西比德已被召回，

色雷斯轻盾兵

经历过波斯战争后，希腊人意识到了轻装投射部队（如弓箭手、掷石兵和轻盾兵）的重要性。轻盾兵（peltast）原为身着民族服饰作战的色雷斯部落民，但后来这个词被用于指代某种特殊类型的步兵。这一名称来源于这种步兵使用的轻盾（pelta），它通常为新月形，但也有可能是圆形或椭圆形。这种轻盾以柳条编成，外表覆有山羊皮或绵羊皮。轻盾兵由于拥有这种轻盾，但不穿铠甲，从而可以躲开重装部队的冲锋，却又拥有比其他轻装部队（如弓箭手）更为强悍的白刃战能力。轻盾兵的另一项优势是，他们的装备和维护费用比重装步兵要便宜得多。他们的兵器是一束标枪。尽管在一般的插画

中，他们只携有2支标枪，但在众多古代文献的战役记录中，他们的配备显然更为充裕。轻盾兵携带的标枪的数量取决于它们的长度——从3.5英尺（1.1米）到5英尺（1.6米）不等。彩图中所示的是色雷斯轻盾兵的标准形象，他装备了富有特色的狐皮帽和高筒靴。他的斗篷（zeira）为现存的所有文献以鲜明的笔触所描述的典型样式。他的斗篷和束腰外衣均以带子束紧，这样他的行动就更自如，也能更为轻松地完成投掷动作。在科林斯战争期间，轻盾兵一展其敏捷无比的身手，连重装步兵部队都无法抵挡他们的攻击。利基安战役（见57页）成为轻盾兵部队所拥有的强大潜力的实证。当然，一旦重装步兵成功地追上了他们，他们将会遭受惨重的伤亡。

掷枪动作的次序

上面一组图展示了轻盾兵掷出标枪的过程。使用者用无名指和小指轻轻握住标枪，同时将食指和中指伸进缠绕在枪柄上的皮环内。这个皮环能在投掷时赋予标枪更大的杠杆作用力，令投掷动作的机械效率大大提高。标枪在飞出时附带的旋转效果，也能极大地提高这种兵器的命中率。

公元前412年		公元前411年	
斯巴达承认波斯对爱奥尼亚城市的统治，以换取后者的海军及财政援助	在斯巴达遭到普遍痛恨的亚西比德，当上了波斯总督提萨斐尼的顾问	雅典短暂地建立了寡头政体	雅典舰队在赫勒斯滂的西诺赛马击败了斯巴达人

50　古典世界的战争

他面临着被心怀嫉意的雅典政敌推上法庭的威胁。亚西比德的自救之道是逃往斯巴达，他为斯巴达人出谋划策，以换取避难权。斯巴达人采纳了他的建议。

除了介入西西里事务，亚西比德还提出了其他有益的建议。他劝斯巴达人放弃徒劳无功的年年入侵阿提卡的行动，改为在阿提卡地区占领一座永久性基地。这将对雅典人造成持续的威胁，而不仅仅是季节性的困扰。于是，公元前413年，斯巴达人在又一次造访阿提卡时，占领了位于雅典以北约14英里（23千米）处的小镇德西利亚。

这一目标是经过精心选择的。事实上，这个地方是亚西比德选中的。伯罗奔尼撒人的袭击如今变得没完没了了。之前，雅典农民还能在作战季之外开荒种田，但如今情况发

生了根本性的变化。德西利亚还成了逃亡奴隶的避难所，他们中的很多人都拥有一技之长。雅典人因此损失了约20,000名奴隶。他们的羊群和驮畜也被掳走，经常负责在岩石丛生的地区驱赶敌人的雅典骑兵，发现跛足的坐骑越来越载不动他们了。关于这一点，我们应当想起这样一件事：古希腊人还不懂得使用马蹄铁。除了这些困难，之前经陆路从优卑亚岛运来的补给物资，如今不得不以极大的代价，经迂回曲折的海路运来。无论冬夏，这座城市的城墙都必须派人警戒，白天以轮值人员为主，到了晚上，就得让全体守军一齐上阵。

接下来的这些年里，斯巴达人始终控制着德西利亚。公元前406年，正在那里指挥军队的阿基斯国王真的发动了一次夜袭，打

算出其不意地攻入雅典城内。他成功地在卫兵发觉前越过了一些雅典哨站，但城墙上的守军及时发现了敌人。阿基斯麾下的这支夜袭部队由14,000名重装步兵、同等数量的轻装部队及1,200名骑兵组成。这表明，斯巴达人已经在很大程度上放弃了以重装部队为主力的旧式风格。

尽管这次行动令雅典人大吃一惊，但斯巴达人发起的挑战还是遭到了雅典守军的坚决回击，他们从城门中冲出，与敌人展开搏斗。然而，他们占据的位置紧靠城墙下方，那里处在城墙上方的投射型兵器的火力覆盖范围之内。阿基斯明智地认为，在这种情况下与雅典人作战是不妥当的。他撤退了，而雅典人并没有表现出追击的意愿。

斯巴达海军的弱点及其补救措施

斯巴达从来就不是一个海上霸权，但雅典人在西西里的惨败，给了它成为海上霸权的机会。这个机会之所以能被抓住，很大程度上要归功于斯巴达海军将领莱山德的积极努力。雅典人拼尽全力重建在叙拉古遭到毁灭性打击的舰队，但与此同时，他们也丧失了爱琴海东部的控制权。波斯的小亚细亚的总督们——南部总督是提萨斐尼（Tissaphernes），北部总督是法那巴佐斯（Pharnabazus）——鼓动提洛同盟的各个城邦起来造反，反对昔日的"保护者"。这使得波斯自然而然地成了斯巴达的盟友，尽管他们的长远目标无疑并不一致。双方达成了一份正式协议：波斯允诺向斯巴达提供舰队和雇佣桨手，而斯巴达则承认波斯对爱奥尼亚诸城的统治权。然而，这份协议并未像斯巴达人想象的那样顺利生效。当斯巴达王后提玛尔（Timaea）因亚西比德而怀孕时，后者立刻离开了斯巴达，前往小亚细亚的提萨斐尼处避难。为了报答波斯人的款待，他又为他们出谋划策。他向提萨斐尼提出的建议是：波斯应搁置对斯巴达的援助方案，以此在争斗不休的希腊城邦之间维持势力均衡。

最终，爱琴海东部的势力均衡局面无疑得以实现了，正如公元前411年至前405年爆发的一系列海战所表明的。在位于赫勒斯

对付重装部队的战术

轻盾兵排成松散的队列（如右图所示），以小组为单位向前冲锋和掷标枪。他们随后退下，让位给自己的同伴。不受铠甲羁绊的他们从不需要与身负重铠的敌人正面交锋。

其他士兵类型

右下角左侧图展示的是一名装备大型砍剑（machaira）的季伊部落民，其武器与这一时期的大部分色雷斯战士都不同。他的盾牌是轻盾的变体，这种盾牌的持握方式要么与大圆盾的持握方式（即依靠安装在盾牌中央的臂环与盾牌边缘的手柄）相似，要么就是单单依靠一根安装在盾牌背面中心位置的手柄。他头上戴的是后绑式的狐皮遮耳帽，露出下面套着的一顶金属制无边帽。右侧图展示的是轻盾兵的晚期形式。图中人为色诺芬的战友，他们在那次史诗般的波斯撤退行动中起到了重要作用。他是一名雇佣军战士，将装备的轻盾吊在肩上，以便于行动。挂在其右臂一侧的袋子里装的是食物，也有可能是其劫掠所得。为了便于携带，他的标枪是捆扎在一起的。至于轻装部队在战术层面的重要意义，将在第4章第57页进行更为充分的讨论。

滂的西诺赛马海角之战中，雅典人起初看似要大败而归，但他们得以在最后时刻反败为胜，击败了斯巴达海军将领明达鲁斯（Mindarus）。第二年，即公元前410年，他们在昔西卡斯对阵以斯巴达为首的敌军舰队时取得了一场全胜，雅典人击毙了明达鲁斯，并歼灭了他的舰队，而敌军船员艰难地逃往了岸上。亚西比德在赫勒斯滂海战中已经与雅典海军合作过一次，如今又为昔西卡斯战役的胜利做出了巨大贡献。他是在一片欢呼声中回到雅典的，并立刻被任命为指挥官，前去与莱山德交战。然而，就在公元前406年，当亚西比德为联络盟友而暂时不在军中时，他的副手违背命令，率领雅典舰队在萨摩斯岛对面的诺提昂打了一场毫无必要的仗。雅典人大败，损失惨重。亚西比德因而从万众瞩目的英雄宝座上跌落，他再度引退，回到了自己的私人生活之中。他将赫勒斯滂附近的一座要塞作为自己的避难所，把自己的命运完全交到了法那巴佐斯手中。

同一年，雅典海军在莱斯博斯岛附近的阿吉纽西群岛赢得了一场胜利。雅典人不再对自己旧有的海军战术保持自信，而是排出了双层战列线，以此来抵御突破战术（这曾经是他们最为擅长的战术）的攻击。在这场战役中，他们击沉了75艘敌舰。莱山德的继任者、斯巴达海军司令卡里克拉提达斯（Callicratidas）在船上被杀。但在面临着拯救己方沉船上的幸存者和扩大战果之间的抉择时，雅典人选择了二者兼顾，结果却二者皆失。他们付出了巨大的人员代价，在回到雅典时，舰队的指挥官们因玩忽职守被判处死刑。

公元前405年，伊戈斯波塔米的决战令雅典舰队全军覆没，这次战役并不能被称为一场海战。莱山德（此时已重新成为斯巴达海军司令）自赫勒斯滂向对岸发动突袭，雅典人的舰队和人员尚在海滩上就当了俘虏。只有雅典海军将领科农（Conon）带着少量船只逃跑了。

伯罗奔尼撒战争收尾阶段的历史因一件事而复杂化了：内战实际上在驻扎于萨摩斯岛的雅典舰队与公元前411年依靠一场政变建立的寡头政权的武装力量之间爆发了。作为双方妥协产物的新政府固然很快就建立了

起来，但政治上的敌意依然很严重。雅典军队的社会分层并不是在军官和其他阶层之间，而是在重装步兵和桨手之间。斯巴达人和波斯人本可利用这一机会，但他们的阵营却因互相猜忌而四分五裂。斯巴达政府不无理由地怀疑莱山德在搞独裁专制，而波斯总督们也在互相嫉妒。最终，野心勃勃的年轻王子居鲁士获得了父王的授权，同时取代了两位总督的位置。

亚西比德在战争的最后几年中仍按照自己的利益行事，就像那些为了自身利益而频频变换阵营的城邦一样。在雅典投降后不久，他在位于弗里吉亚的住宅内遭到神秘的暗杀。凶手可能是莱山德和法那巴佐斯派去的。很多政治和非政治人物（包括他在雅典的政敌们）无疑都非常乐意除掉亚西比德。据传说，他是被自己曾诱奸的一名当地妇女的兄弟们杀死的。

战争中的暴行与惯例

伯罗奔尼撒战争是残酷的，暴行自始至终都没有中断过。在制伏了密提勒涅后，雅典公民大会投票通过决议：密提勒涅的全体成年男子都应被处决，妇女和儿童则卖为奴隶。第二天举行的另一次投票表决废除了这项决议，暂缓执行的命令被及时送到了密提勒涅。但日后当同样的命运落到米洛斯岛居民身上时，却没有撤销的命令。

在战争之初，普拉提亚人迅速处决了一群混入他们的城市，意在夺取该城的底比斯武装人员。这件事是在底比斯援军在宽待俘虏的承诺的诱惑下撤走之后发生的。在普拉提亚守军投降后，底比斯人坚持将他们全部处死——尽管斯巴达人并不乐意。斯巴达海军将领阿尔希达（Alcidas）出于愚蠢和残忍，屠杀了那些来自爱琴海海洋城市，被迫为雅典人服务的被俘桨手。尽管如此，就所有参与到战争暴行中的希腊城邦而言，斯巴达人总的来说算是最为克制的。诚然，他们先是在普拉提亚，而后在伊戈斯波塔米屈服于盟友的意志，在经过几次装模作样的审判后，批准了屠杀战俘的决议。但在雅典投降之后，斯巴达政府不顾科林斯人和底比斯人

的请求，拒绝将屠杀和卖身为奴的判决强加到被征服的敌人身上。

撇开因内战而在科基拉岛引发的暴行不谈，在通常情况下，雅典人的表现比其他希腊城邦要野蛮得多。他们在抵抗波斯的战争中立下了英勇的功勋，但他们也在伯罗奔尼撒战争中犯下了邪恶的罪行。特别是在战争的最后阶段，出于对斯巴达海军实力增长的恐惧，他们变得野蛮而残忍。公民大会下令，为敌人服务的雇佣桨手的右手要被砍掉。雅典司令官菲洛克勒斯（Philocles）下令，将两艘被俘的三列桨战舰上的船员从悬崖上丢下去，在伊戈斯波塔米战役结束后，他与剩下的雅典人一道被处死。

在希腊，对战俘的屠杀无疑并不是没有先例的。仅仅是迫在眉睫的粮食短缺问题，

▲ 斯巴达战士的小型青铜雕像。他的头盔是前推式的，以起到保护面部的作用。包裹其躯干的斗篷也可当作毯子使用，但作战时并不会披在身上。

公元前406年

亚西比德成为爱琴海东部的雅典军队的司令

亚西比德的部将在诺提昂海战中被斯巴达人击败

雅典海军在阿吉纽西海战中击败斯巴达人

雅典军的指挥官们因未能救起阿吉纽西海战中的幸存者而在雅典被处决

雅典悲剧诗人欧里庇得斯和索福克勒斯去世

52　古典世界的战争

斯法克蒂利亚之战（公元前425年）

	波斯	斯巴达
重装部队	雅典 800 美塞尼亚 200~300	斯巴达 440
轻装部队	弓箭手 800 轻盾兵 800	希洛人 约560
桨手	5,000~7,000人 （70艘三列桨战舰）	无

战役概况

　　斯法克蒂利亚的斯巴达人是在皮洛斯封锁雅典人的斯巴达军的一部分。然而，雅典海军的胜利扭转了局势，但他们企图用饥饿来迫使斯巴达人投降的计划，却因斯巴达人派出的泅水者成功地避开了封锁线而宣告失败。一场大火烧毁了岛上的林木，令斯巴达人失去了一切掩护。德摩斯梯尼计划发动进攻。率领弓箭手和轻盾兵从雅典赶来的克里昂，只用了不到20天就取得了胜利。

　　1 雅典重装步兵于拂晓之前登陆，占领了斯巴达人的前哨阵地，并向岛上推进。斯巴达军主力向前挺进。

　　2 由于担心敌方轻盾兵部队会攻击自己的侧翼和后方，斯巴达人不敢靠近雅典的重装步兵部队。不受铠甲和重盾羁绊的轻盾兵，可以轻而易举地在崎岖不平的地面上避开斯巴达人发动的可怕冲锋。斯巴达人不断遭到铅弹、飞箭和标枪的袭扰，这些投射火力都是从距离他们约50码（46米）的地方发射的。斯巴达军指挥官厄庇塔达斯（Epitadas）阵亡，其副手负伤。他们撤至位于山顶的己方前哨阵地——一座荒废的要塞。

　　3 斯巴达人坚守不退，直到一名美塞尼亚军官带领自己的轻装部队沿着悬崖顶端进军并奇袭了斯巴达军的后方。身陷重围的斯巴达人已精疲力竭，便投降了。292名重装步兵沦为战俘，其中包括120名斯巴达高级公民（Spartiate，他们往往担任军官职务）。而雅典人仅付出了约50人伤亡的代价。

　　在这场战役中，斯巴达人在没有经过重装步兵部队绝对厮杀的情况下被击败，从而充分证明了轻装部队的重要性。整个希腊都为斯巴达人选择屈服而非战死在自己的阵地上感到震惊。

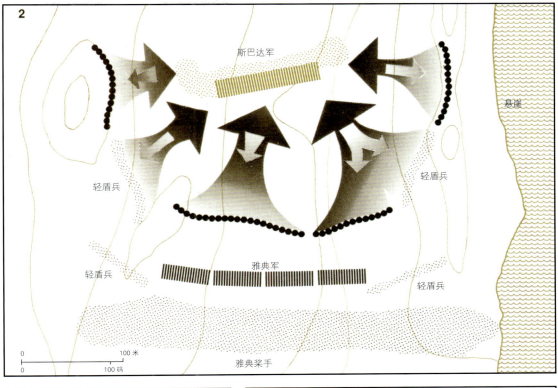

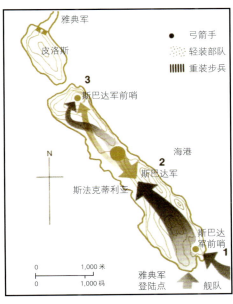

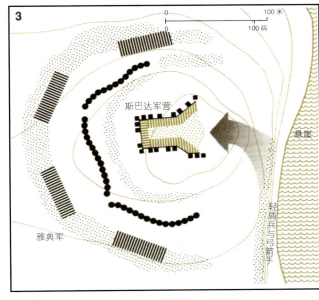

就使得投降者无法尽数得到宽恕。但在通常情况下，俘虏们会被用于换取赎金，或交换己方被俘人员，或是根据和平协议中的某项规定而被送回。例如，在公元前446年的柯罗尼亚战役结束后，雅典战俘就是通过这一渠道获释的。

　　除了人性方面的问题，古典时代的希腊战争展现给我们的是其墨守成规的一面。重装步兵战看上去几乎就是一场"舞台剧"，更像一场中世纪的比武审判，而不像在打仗。战斗往往在同样的地点进行，就像传统的角斗表演一般。但这种情形是由希腊的地理条件决定的。在这个多山的国度，即使徒步行进也是很困难的，这必然导致后世的军队频频将战场选在同一片平原或同一处隘口，例如温泉关、曼丁尼亚、柯罗尼亚或喀罗尼亚。

　　倘若打了胜仗，胜利的一方就会建起一座用从战败一方那里缴获的兵器和铠甲堆积而成的纪念碑。而失败的一方则会请求停战，以寻回己方人员的尸体。这些是宣称胜利和承认失败的例行方式。

所有的神庙区域都有休战的效力，以让朝圣者安全通过。运动竞技与宗教祭仪之间有着密切的关联——奥林匹克运动会是以宙斯的名义举办的，而皮西安竞技会则是以阿波罗的名义举办的——而地区性的停战协定则规定，即使在战时，当地也可以举办庆祝活动。但神圣的协定有时也会被撕毁，并导致各种诡辩式的相互指责。使者和使团是神圣不可侵犯的，但他们的不可侵犯权得不到尊重的情况也偶有发生（按照既定惯例本该得到尊重）。

第4章　斯巴达衰落与底比斯称雄

公元前4世纪的"万人队的行军"用实例说明，骑兵与轻装部队正变得越来越重要，这一事实在斯巴达重装步兵部队在留克特拉战役中的失败与马其顿的腓力二世（Philip II）的军队中得到了充分体现。

原始资料来源

对于这一时期的大部分时间段而言，色诺芬的作品是最为珍贵的权威文献。在将修昔底德的伯罗奔尼撒战争史著作续写至雅典投降及公元前403年的大事记之后，色诺芬留下了一段为期2年的空白，以待后面补上。随后，他继续编撰自己的希腊史著作，并以公元前362年作为结尾（中间几乎没有中断）。那个年代的其他历史学家是通过普鲁塔克、狄奥多鲁斯·西库鲁斯（Diodorus Siculus）及科尼利厄斯·奈波斯（Cornelius Nepos）等后世作家的作品而为我们所知的。令人遗憾的是，奈波斯所使用的文献不如他提到的多。但埃福罗斯和赛奥彭浦斯于公元前4世纪留下的文笔简练的作品（即使它们能完整地留存下来），是否拥有与色诺

芬的作品同等的价值，则是值得怀疑的。因为色诺芬在自己所属时代的军事和政治舞台上扮演过重要角色，因而可以依靠自己在希腊世界和非希腊世界的战事中的亲身经历来写作，更别说他和当时的重要人物关系密切了。

除了其希腊史著作，色诺芬还在自己的《长征记》（Anabasis）一书中记录了一次伟大的军事冒险行动——一支希腊雇佣军向波斯帝国腹心发起的远征。这次远征没有成功，然后在这支希腊军队的指挥官们被背信弃义地杀害后，色诺芬接过了指挥权。他旋即运用自己的指挥和军事策划能力，拯救了那些他愿意为其安危负责的人们，也令这次冒险行动避免以全军覆没的结局收场。这个故事是他从一名职业军人的角度讲述的。

色诺芬还创作了另外两部与职业军

事知识有关的作品。一部为《骑兵队长》（Hipparchicus），讲述的是一名骑兵指挥官的本职工作和应负的责任。另一部则是较为普通的关于骑术及其军事用途的著作。这些作品创作于一个希腊人越来越意识到骑兵在战争中的重要性的时代，它们经常启发人们注意骑兵的重要性，但奇怪的是，色诺芬在这方面似乎持贬低而非夸大的态度。在这一点上，他与大多数作家都不一样，后者往往坚称自己主题的重要性——虽然只是某种形式的自我宣传。有人认为，色诺芬尽管是一名沙场老将，却是一个思想保守的军官，在其后半生的创作生涯中，仍以上一代人的观点来看待战争。

色诺芬的希腊史著作以曼丁尼亚战役收尾，这场战役标志着底比斯人取代斯巴达人成为希腊世界霸主的短暂岁月的终结。如

公元前404年

雅典人投降后，在斯巴达的支持下，雅典建立了寡头政权（三十僭主）

三十僭主被色拉西布洛斯率领的雅典流亡者推翻

民主政府在斯巴达的默许下得以重建

公元前401年

在波斯，居鲁士举兵造反，他用一支希腊雇佣军（色诺芬的远征军）与阿尔塔薛西斯二世作战

居鲁士死于库纳克萨后，希腊人经黑海沿岸返回故乡

54　古典世界的战争

► 一名骑在骆驼上的波斯贵人。这一时期的波斯军队中夹杂着驼队，但对这些牲畜必须小心控制，因为它们往往会扰乱骑兵的行动。

果用现代术语来形容，这场战役导致希腊大陆出现了"权力真空"，而野心勃勃的马其顿（希腊北部的半希腊化王国）国王可以很好地利用这个机会。雅典演说家，特别是德摩斯梯尼（Demosthenes）发表的流传至今的演说，成了我们手中关于这一时期的优秀历史资料。他激烈地抵制马其顿的腓力二世的宏伟目标。幸运的是，我们还有伊索克拉底（Isocrates）的作品，此人对腓力持欣赏态度，认为他有能力以领袖身份统一全希腊。伊索克拉底几乎不能算是一位演说家，他写政治作品是用来分发的，而不是用来发表演说，把他定义为一位政治小册子作者则是相当公允的。无论如何，他的观点在最大程度上纠正了德摩斯梯尼对公元前4世纪中叶希腊政治局势的看法。德摩斯梯尼的观点无疑极为诚恳，但带有严重的片面性。

政治局势

在整个古典时代，希腊人一直为一个矛

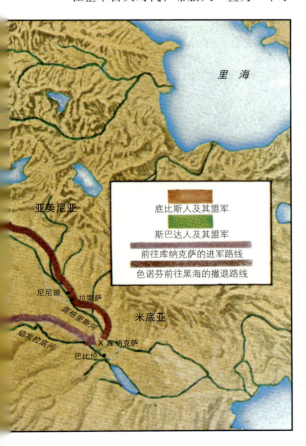

▼ 万人长征队在波斯境内的行动范围可见于地图的右半部分，与此同时，底比斯战争正主导着希腊大陆的局势。

盾所苦恼，这一矛盾有时使他们的政治行动扭曲，有时则使他们失去行动的力量。这是一种很深的情感冲突的结果。他们从未决定好究竟是优先效忠于各自的城邦，还是优先效忠于共同的民族。在波斯战争中，希腊人曾团结一致，共同抵御外侮。那些站在波斯一方的城邦，在很大程度上是屈服于波斯人那不可抗拒的力量。然而，希腊人击败波斯人之后所赢得的，却是各城邦彼此刀兵相向的自由，而且就在之后一个世纪，他们充分享受了这一自由。只有在伯罗奔尼撒战争进入尾声，波斯总督从斯巴达人手中夺回爱奥尼亚诸城的控制权之后，希腊人才发觉波斯人依然是一股政治势力。此时的波斯已非昔日的超级大国，因此将目光投向东方的希腊战略家或在经济上寻求与波斯帝国结盟，以对抗敌对的希腊城邦，或将其视为劫掠与侵略的诱人目标。

波斯对希腊的政策依旧是基于其一以贯之的"分而治之"方针。但希腊的领袖们正在学习使用同样的政策，以对付波斯人。居鲁士王子的父亲大流士二世死后，他在争夺波斯王位时得到了10,000多名希腊雇佣兵的支持。当居鲁士于公元前401年在巴比伦附近的库纳克萨战死时，他的哥哥阿尔塔薛西斯二世（Artaxerxes II）成了无可争议的统治者，而爱琴海沿海地区的两名总督脱离了居鲁士的监管，再度相互算计起来。机会已浮现在任何一位爱琴海东部的希腊军事长官面前，他们可以对波斯内部相互倾轧的局面加以充分利用。

与此同时，斯巴达已经在其他希腊城邦中失掉了人心。在雅典于公元前404年投降后，斯巴达人按照莱山德的建议，在各个城邦派驻了军队，建立了寡头政权，并以集体防务的开支为由征收贡金，用于支付雇佣军的薪饷。这样一来，他们就重蹈了雅典在上一个世纪的覆辙。不同之处在于，斯巴达人建立的傀儡政权是寡头政权，而非民主政权。然而，当伊戈斯波塔米的胜利者莱山德失势时，斯巴达人的政策发生了变化，本来

地图图例：
- 底比斯人及其盟军
- 斯巴达人及其盟军
- 前往库纳克萨的进军路线
- 色诺芬前往黑海的撤退路线

里海
亚美尼亚
亚述
尼尼微
拉里萨
底格里斯河
米底亚
幼发拉底河
库纳克萨
巴比伦

被莱山德当成政治工具的国王阿格西劳斯（Agesilaus）取代了前者，获得了权力。居鲁士远征兵败这件事并非没有引起阿格西劳斯的注意。在库纳克萨，这位年轻的波斯王子麾下的亚洲军队在前文提到的希腊雇佣军的支援下，击溃了据说规模四倍于己的波斯军队。如果不是作为王位觊觎者的居鲁士战死的话，波斯王位继承人的人选将就此盖棺定论。这场战役之后，希腊人在临时推选的指挥官的带领下，不顾千里行军路上的重重困难，克服了一切障碍，成功撤离战场，重返希腊。波斯人在军事方面的极度虚弱至此暴露无遗，并被爱琴海东部继任的斯巴达军事长官们加以充分利用。他们不再畏惧波斯的总督和国王，将那些被莱山德出卖以换取对雅典战争的财政支持的爱奥尼亚希腊城市从波斯人的统治下解放了出来。斯巴达人并未满足于这一爱国成就，而是将战火一直蔓延到亚洲大陆，他们在那里获得了丰厚的回报，缴获了一大批战利品。在这一方面，没有人能比阿格西劳斯做得更为彻底和成功。

作为反击，波斯人再度在经济和外交层面（而非军事层面）采取行动。受困于阿格西劳斯攻势的波斯总督（提萨斐尼的继任者）将给予斯巴达的财政补助转输于斯巴达在希腊北部的敌对城邦，由此引发了公元前395年至前387年的科林斯战争。这场战争在科林斯地峡及其周边地区进行，底比斯、科林斯、雅典和阿尔戈斯结为同盟，为的是颠覆斯巴达的霸权。波斯人的策略极为成功，甚至是太过成功，以至于他们最后笑不出来了。阿格西劳斯立刻沿着薛西斯在一个多世纪前走过的路线，班师希腊。与庞大而笨拙的波斯军队完全不同，阿格西劳斯凭着出色的机动力，只用30天就走完了全程。他旋即于公元前394年在柯罗尼亚击败了敌对城邦的军队，斯巴达因而得以再度称雄希腊大陆。但科林斯战争让雅典人重新获得了制海权和一些海外盟友及领土。从伊戈斯波塔米战役中逃生的雅典海军将领科农，于几乎在柯罗尼亚战役前夕爆发的尼多斯海战中击败了斯巴达人，并于第二年参与了雅典与比雷埃夫斯之间长墙的重建工作。

波斯人对雅典的复兴大为震惊，再度改

变了自己的支持对象。萨迪斯的波斯总督与斯巴达司令官安塔西达斯（Antalcidas）协商，达成了一个折中性质的和平协议。大致来说，协议内容为波斯继续保有爱奥尼亚群岛，斯巴达则依旧是希腊的霸主。协议在相当程度上尊重了其他希腊城邦的独立地位，以及雅典对新近收复的爱琴海领土所拥有的主权。这种和平在形式上其实更接近于现代政治学者定义的"冷战"，而非真正意义上的和平。其表现形式为背信弃义的介入与斯巴达人发动的突袭。在这些侵略行动中，底比斯受到的伤害比其他希腊城邦都要深，就像它在安塔西达斯签订的协议中享受的待遇那样。底比斯的反抗十分激烈，斯巴达最终在公元前371年的留克特拉战役中遭到底比斯人的致命打击，其希腊霸权也就此终结。在区区10年的称雄之路走到尽头之后，底比斯突然崩溃，而斯巴达也没能重新恢复昔日的霸主地位。

雇佣军与色诺芬的万人队

阿格西劳斯在入侵波斯本土时，重新雇用了著名的"万人队"中的许多成员，他们曾为居鲁士效力，后又追随色诺芬返回希腊。事实上，色诺芬本人也与阿格西劳斯的军队一道参加了柯罗尼亚战役，尽管作为一名雅典人，他本该站在斯巴达人的对立面。

▲一块年代可追溯至公元前4世纪的墓碑。即便是在伯罗奔尼撒战争结束后，骑兵仍主要作为轻装散兵部队来使用，并不愿意近距离与重装步兵交战。

这些事实提醒我们：雇佣军在公元前4世纪的希腊战争中扮演着越来越重要的角色。在整个地中海东部及毗邻地区，希腊人很早就以雇佣军的身份出现了。考古证据显示，即使是在遥远的西班牙，希腊的兵器和铠甲也被视为无价之宝，而更受重视的则是那些善于利用这些兵器和甲胄的人。古埃及和亚洲的铭文均证明此言非虚。希腊人在波斯战争前曾使用过色雷斯和西徐亚的雇佣军，在伯罗奔尼撒战争时期仍然在使用。公元前422年，在色雷斯的安菲波利斯爆发的战役中——斯巴达将军布拉西达斯和雅典将领克里昂（Cleon）均在此役中阵亡——双方都雇用了本地军人。大体来说，希腊人"输出"的是重装步兵，"引进"的则是轻装步兵和骑兵。但这种"贸易"活动并非仅在希腊人和外族人之间进行。希腊人也雇用希腊人。在叙拉古，来自曼丁尼亚并为雅典人效力的阿卡狄亚雇佣军，绝不会因为其他阿卡狄亚人为对立阵营而战就退缩或畏怯。

斯巴达人的确吸收了如曼丁尼亚和泰耶阿等阿卡狄亚城市的武装力量，按照之前的条约，他们可以从这些城市征兵。但他们也发现，从同一地区招募雇佣军是很划得来的，因而他们所雇用的军队要多于行使强制征兵权征集来的人员。例如，布拉西达斯在安菲波利斯战役中既使用了伯罗奔尼撒人（几乎可以肯定是阿卡狄亚人），也使用了本地雇佣军。阿卡狄亚人体魄强健，由于居住在内陆地区，无法从事商业，因而以畜牧业为生。在作战时，他们主要充当重装步兵。另一个广为人知的希腊雇佣军部队的来源便是克里特，那里的特色兵种是弓箭手。类似的还有罗德岛雇佣军，他们的特色兵种是掷石兵。

色诺芬参与的居鲁士的远征行动之所以标志着一个新时代的到来，主要是因为雇佣军在其中扮演的角色的重要性是前所未有的。但撇开专业性因素不谈，让人觉得匪夷所思的是，这场远征行动留给后世的教训，却是通过截然相反的角度展现的。库纳克

公元前396/395年
斯巴达的阿格西劳斯二世在小亚细亚大破波斯军队

公元前395年
在希腊，一个反斯巴达的城邦同盟在波斯人的财政支持下成立

在波奥提亚，莱山德在与底比斯人作战时丧命

公元前394年
斯巴达在尼米亚战役中击败希腊城邦同盟

56　古典世界的战争

轻装部队的应用

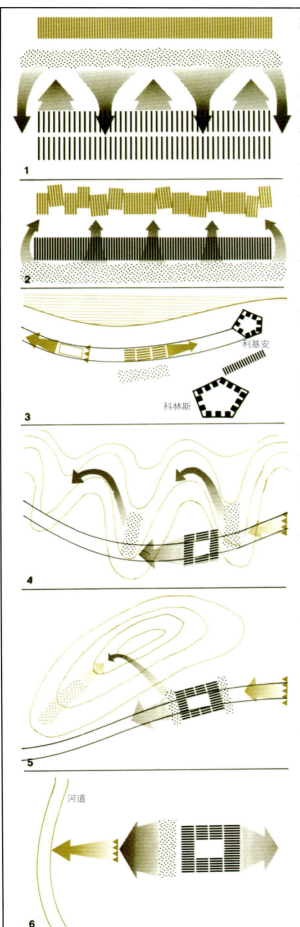

阿里安在写到轻装部队的"远程杀伤力"时，用简洁而鲜明的笔调指出了这一兵种的重要性。他还记载了他们在占领制高点、逐退敌军、执行侦察和伏击任务以及追击溃敌等方面发挥的重要作用。

正面对决中的轻盾兵部队

1 这幅图展现的可能是一支轻盾兵部队在重装步兵方阵展开之际，保护后者免受敌军投射火力伤害的情景。随后，他们通过开放式方队列中的间隙撤离（见34页），两军方阵开始交战。

2 一旦敌军崩溃，轻装部队将再度蜂拥而上，开始追击敌人。

小规模冲突：利基安战役

轻盾兵部队有能力实实在在地凭借一己之力赢得一些小规模的战斗。斯巴达人在斯法克蒂利亚巳经领教过他们的厉害（见53页）。在公元前390年的利基安战役中，他们又一次尝到了苦头。

3 斯巴达重装步兵和骑兵队护送一队人马从利基安出发，前往西锡安。科林斯的雅典人派出了由伊菲克拉特斯率领的轻盾兵部队和一些重装步兵。一等被护送的部队通过雅典人的地盘，斯巴达人就掉头折返，这样一来，他们未受盾牌保护的右侧就暴露了。轻盾兵部队袭扰着他们，当斯巴达人发起冲锋时，他们转身就逃。斯巴达人在一座小山上建立阵地，但随即遭到卡利阿斯重装步兵的威胁。他们被击溃，并遭到轻装部队的追击。600名斯巴达人中约有250人阵亡。

长征：色诺芬的万人大撤军

4 这件事凸显了占领制高点的重要性。希腊步兵在撤军途中需翻越一道道山脊。一支由轻装士兵组成的后卫部队占据了制高点，挡住波斯骑兵的冲锋，直到步兵部队越过山脊。他们随即绕行山丘边缘，当先头部队依次占领下一道山脊时，他们便重复此举。

5 亚洲部队占领了一道对希腊军撤退道路形成居高临下之势的山脊，从而封锁了这条路。希腊轻装部队疾速往往位于亚洲军阵地上方的山顶，将敌人赶下山去，从而肃清了前进道路上的障碍。在这类作战行动中，轻装部队的轻巧与敏捷发挥了重要作用。

6 轻装部队是理想的伏击部队。在图中，他们埋伏于一条河道的后方，等待着追击波斯骑兵。一等敌军进入攻击范围，他们就迫使敌人退向河流，并在惊慌失措的波斯人急急忙忙地折回河流对岸时令其伤亡惨重。

▮▮▮▮	重装步兵
∴∴∴	轻装部队
▲▲▲▲	骑兵
▭	被护送部队

库纳克萨战役（公元前401年）

统帅	阿尔塔薛西斯二世	居鲁士
兵力	约30,000名步兵和 6,000名骑兵	由克利阿卡斯统率的14,000名希腊雇佣兵、2,600名骑兵，以及数量不详的亚洲部队
（据现代学者的估算）		

1 坐镇中军的阿尔塔薛西斯向前推进，与居鲁士交战。尘埃漫天，能见度变得很差。

2 部署在幼发拉底河附近的右翼希腊部队击溃当面之敌。

3 阿尔塔薛西斯的卷镰战车部队未能发挥作用。

4 阿尔塔薛西斯军中军及右翼部队凭借其庞大的数量优势，对居鲁士军左翼形成包抄之势。

5 阿尔塔薛西斯的右翼部队有被包围之虞。

6 居鲁士亲率600名护卫骑兵进攻国王阿尔塔薛西斯。

7 国王负伤，居鲁士战死。

8 阿尔塔薛西斯的副手提萨斐尼击溃对面的亚洲部队，洗劫了希腊军营。

9 希腊部队折返，夺回军营。第二天他们得知居鲁士的死讯后，与国王和谈。

10 希腊人的伤亡极为轻微。

萨战役因希腊重装步兵的出色表现而名扬天下。它再一次证明了波斯帝国的轻装部队是无法与希腊重装步兵匹敌的。在库纳克萨战役中，居鲁士在触摸到胜利果实的那一刻战死，他的亚洲支持者们立刻一哄而散。希腊人因而失去了雇主和指挥官，但这并未改变他们在公元前401年的库纳克萨战役中及其之后都取得了辉煌战果的事实。

当他们取道北进黑海沿海地区时，先是遭到提萨斐尼的波斯正规军的追击，接着又受到山民游击部队的骚扰，最后与北方总督法那巴佐斯的部队发生冲突。希腊人从这一系列战斗中不仅获得了使用重装步兵的经验，还明白了这一兵种是有其局限性的。事实上，伯罗奔尼撒战争后半段的经验教训已经证明了这一点。色诺芬逐渐意识到，骑兵正在战争中扮演着越来越重要的角色，但他可能仍不重视这一兵种。更为重要的是装备弓、投石索和标枪的轻装投射部队的潜在影响。在自己与希腊后方之间的联系为绵延数百英里的敌境所阻隔的情况下，箭支和投石索弹药的补给是个很大的问题。但克里特弓箭手将敌人用过的箭支收集起来，使之为己所用。他们途经的一些村庄也提供了一些弓弦和制作投石索弹丸用的铅。希腊人经常被迫迁就不熟悉的环境，并以自己不习惯的方式作战。对于掷枪手来说，高地优势是至关重要的。当希腊人遭到游击队从山岩上方发起的打击时，他们的轻装部队是束手无策的，被重装步兵围在当中，后者的盾牌为前者提供了必要的保护。只有当轻装投射部队占领了制高点，使得那些身处地势较低的峭壁的敌军游击队无法支撑下去，这支部队才能通过狭窄的山地道路。

在万人队长征途中发生的各种事件，见证了传统观念与变革观念之间的融合。这支军队由职业军人而非公民组成，因而从职业军人的角度来思考问题。当色诺芬要求罗德岛人上前，作为投石手发挥他们的天赋时，由于罗德岛人入伍时的约定中并不包括这一义务，只有提升薪酬和待遇，他们才愿意照色诺芬的命令行事。在随后的一个场合，罗德岛部队的一名士兵准备了一个利用充气的兽皮来渡河的明智建议，他希望能因此领到一大笔赏金。在另一件事中，色诺芬鼓励士兵们果断地行动起来，他坦承，他们并无成为英雄的野心，而只想平平安安地回家。

另一方面，宗教义务被谨慎地遵守着。希腊人查看着预兆，色诺芬则在每一件麻烦事迫近之前，都认认真真地向神明献祭，即使是在看起来已完全没有时间进行完整的祭祀仪式时也是如此。他们的态度证明了他们身上具有某种爱国精神，这种精神可能比独立城邦培养的陈腐而狭隘的忠贞思想更具实际意义。这些神灵是全体希腊人的神，而希腊宗教仪式中的程序则源自希腊人的团结意识，这一意识能够极为有效地将万人队凝聚在一起。

作为这支军队另一精神支柱的希腊传统，则源自希腊人的宗教文化，士兵们会一边高唱"赞歌"一边投入战斗。这首赞歌是在各种庄重场合吟唱的圣歌。这样做的意图无疑是试图将恐惧植入敌人的内心深处，而且可以肯定的是，在与亚洲军队作战时，这一做法奏效了。实际上，高唱战斗赞歌并非全体希腊人的通用做法。斯巴达人就以笛声代替战斗赞歌，他们的目的在于稳定己方军心，而非折磨敌人的神经。但尽管万人队

的军官大多为斯巴达人，他们还是唱起了赞歌。色诺芬描述了一段有趣的插曲：当士兵们唱过赞歌后，以士兵情妇身份随军而行的妇女们也加入了战斗呐喊。

大叫式的战斗呐喊与赞歌是截然不同的。赞歌是在敌人距自己仍有一段距离时唱响的，战斗呐喊则在战斗爆发时响起。战斗呐喊同样被用于辨识身份，这种喊声在战斗打响前就以口令的形式在军中流传。在库纳克萨战役中，希腊人在战斗中高喊的口号是"宙斯，拯救之神，胜利之神"。

阿格西劳斯的戎马生涯

色诺芬是斯巴达国王阿格西劳斯的朋友和崇拜者。对于阿格西劳斯而言，做出一件可与色诺芬在亚洲的事迹相比肩的丰功伟绩是一个急切的目标。他也认为雇佣军可用，如果臣服于斯巴达的希腊城邦不愿被强征，而宁愿花钱来免服兵役，他会很高兴。这样他就可以筹集到一笔资金，用于雇用狂热好战的职业军人和购买良马。与上一代斯巴达军事指挥官不同，阿格西劳斯对骑兵信赖有加。在刚刚踏上从库纳克萨返回祖国的行军路时，色诺芬曾将俘获的驮畜改为军马，组建了一支拥有50人的小型骑兵队。但当长征接近尾声，征集粮秣的希腊部队遭到赫勒斯滂东面的法那巴佐斯骑兵的攻击时，这支承担保护任务的骑兵队显然是不敷用的。此役中希腊人折兵500人，法那巴佐斯的骑兵队最终被击败了，是希腊重装步兵发起的一次冲锋导致了他们的失败。这证明了一条希腊人军事智慧的准则的正确：让骑兵与重装步兵交战是愚蠢的。

然而，阿格西劳斯对骑兵的依赖要远远超过色诺芬。事实上，此人手上拥有更为庞大的骑兵队。公元前394年，他前往柯罗尼亚去迎战反叛的希腊城邦的挑战，在途经色萨利时他赢得了一场著名的胜利。他在亚洲征募的骑兵轻而易举地战胜了与之对阵的色萨利骑兵。虽然色萨利骑兵是希腊最好的骑兵，但色萨利的战马无法与亚洲种战马相匹敌。

阿格西劳斯的战略和战术手段都非常灵活。当他在小亚细亚与提萨斐尼交手时，他

▲ 绘于一顶发现于罗马尼亚的色雷斯银盔（公元前4世纪）上的骑马武士像。希腊和马其顿武士经常参与色雷斯的战争。

用虚实并用的计策来欺骗敌人。他想攻取吕底亚的计划被宣扬得人尽皆知，以至于敌人以为这是个假消息，遂集中兵力于南方的卡里亚。然而，向吕底亚发起的攻势是阿格西劳斯的首个计划，这座根本没有有效防守的城市是个唾手可得的目标。

这位完全不拘泥于成规的斯巴达国王同样在准备收买他的敌人，或与他们作战，他可以根据形势需要而决定使用哪一种手段。这种机会主义思想促使他做出了从亚洲火速返回希腊的决定。

阿格西劳斯在柯罗尼亚战役中使用的战术体现了新旧思想的交融。一场司空见惯的重装步兵战拉开了战役的序幕，与此同时，两军右翼的斯巴达和底比斯部队几乎不出预料地分别击溃了位于对面左翼的敌军盟国部队。底比斯人停止了追击，却发现其阿尔戈斯盟军已逃散到安全的山地，而阿格西劳斯的斯巴达军则隔在底比斯人与阿尔戈斯溃兵之间。当底比斯人向南面的赫利孔山进军，试图与阿尔戈斯人会合时，阿格西劳斯掉转兵锋，从正面进攻底比斯人。但他未能从这个方向击溃底比斯人的阵列。因此他率军后撤，并转而排成开放的队形，使敌人得以从斯巴达队列的缺口涌入，以期由此攻击底比斯军的侧翼。他们从侧翼攻击了，然而并未收到太大的效果。底比斯人以整齐的队列进

公元前389年
柏拉图在访问西西里期间，令狄昂对他的"哲人王"理念产生了兴趣

公元前386年
"大王和约"令希腊一度陷入"冷战"时期

戴奥尼索斯一世合并其在意大利南部征服的土地

公元前384年
独裁君主斐赖的伊阿宋统治色萨利

波斯士兵

　　彩图中所示的全副武装的骑兵为小居鲁士卫队的成员，他的服饰在一定程度上受到了希腊风格的影响。青铜头盔上饰有一丛马鬃制的盔缨。铠甲由亚麻布制成，以青铜鳞片加固，下半截连有飘带。除了两支铁制枪头的标枪，他还携有一把标准的希腊式短剑。需要注意的是，他那控制缰绳的左臂被一根皮绳保护着。与希腊人不同的是，这名

波斯超重骑兵装备了青铜鳞片制的护腿，其外形类似于牛仔的皮套裤。鹿皮鞋则是唯一的足部护具。他的坐骑是在米底平原培育的马，体形相对较大。他的护具还包括一条甲裙，制作方法是将青铜鳞片缝合在一块用皮革和布匹制成的衬垫上。马勒则是用青铜圆片连接而成的，他的马盔上饰有一个翼状图案。这类骑兵是后世演化而成的重甲骑兵的雏形。

其他士兵类型

　　下图所示的轻骑兵戴着典型的波斯头饰，身穿一件纳缝而成的鲜红色胸甲，下面是一件棕白相间的束腰外衣。他装备了两支重型标枪，这是因为波斯骑兵是远程火力部队，而非冲击型部队。他的希腊式剑作为自卫之用。某些骑兵装备的不是剑，而是一柄单手战斧。据说，这种战斧曾在格拉尼卡斯河战役中将亚历山大的头盔劈成两半。马勒为黄铜制，挽具为皮制。战马的门鬃和尾巴用红色的缎带连接在一起。

　　图中步兵的装备体现了希腊式装备对波斯军队的影响。他的盾牌和剑都是希腊重装步兵式的，但并没有装备只有骑兵才负担得起的昂贵身甲。但有些步兵可能会在束腰外衣下面穿一件鳞甲来保护自己。他的短矛用来刺杀，矛柄的末端装有平衡锤。

公元前382年
由菲比达斯统率的斯巴达军队不宣而战，占领了底比斯卫城

阿格西劳斯拒绝放弃这次行动，在底比斯建立了寡头政权

公元前379/378年
佩洛皮达斯率领一队武装流亡者，将底比斯从斯巴达寡头君主的统治下解放了出来

公元前378年
斯巴达指挥官斯福德利阿斯未能通过奇袭占领雅典

雅典与底比斯联合，同斯巴达作战

第4章　斯巴达衰落与底比斯称雄　59

抵赫利孔山。阿格西劳斯仍坚守在战场上，但他尚未击溃敌人。

这种放纵鲁莽的敌人穿过自己的阵列，从而消耗敌方兵力并将自己侧翼暴露的做法，是万人队在亚洲与卷镰战车部队作战时曾经使用过的战术。日后，罗马人在对付迦太基战象部队时也用过此战术。色诺芬批评阿格西劳斯最初试图从正面进攻底比斯的做法。如果他愿意等一等的话，就可以在敌人取道南进，主动权和优势都操持在自己手里时攻击他们的侧翼。

其后，在底比斯称雄的日子里，当斯巴达的领土已沦于敌手时，阿格西劳斯凭借自己的勇气和手中的资源，成功组建了斯巴达城的防御体系，尽管该城并不像大部分希腊城市那样拥有永备城墙或固若金汤的卫城。事实上，斯巴达人所依赖的防御战术一直是

将战火燃烧到敌人的领土上。但在当前的处境下，他们很幸运地拥有了一位完全有能力应对这种从未遇到过的情况的领袖。

在底比斯崩溃后，80岁的国王阿格西劳斯再度率领雇佣军远征境外。他先是入侵雅典，而后进入尼罗河三角洲去支持反抗波斯人的埃及起义军。埃及起义军内部发生了分裂，而阿格西劳斯也扮演了一个不太光彩的角色——在一场小型战斗中，他受雇于其中一方去对抗另一方。然而，即便在这场战斗中，他也展现了自己在军事战略方面的天赋。在被数量上占据压倒性优势但缺乏经验的敌人包围的情况下，他任由敌人沿着己方军队的外围建起一座城墙和一道壕堑。当这道留有一个小缺口的包围圈竣工时，他突然利用这一缺口，对包围圈外的敌军发动突击。敌人尽管占有数量上的优势，却被他们

自己建起的防御工事所阻，无法攻击阿格西劳斯军的侧翼或后方。希腊军队和埃及盟军不仅摆脱了险境，还令被困在己方壕堑中的敌人损失惨重。

阿格西劳斯在从埃及返回家乡的途中去世，时年84岁。在阿格西劳斯执掌的国防经济领域，似乎产生了一种恶性循环：斯巴达人充当雇佣军进行海外作战，以获得足以让本国雇用更多雇佣军的金钱。然而，阿格西劳斯或许可以这样为自己辩护：他其实是在用专业军事技术来换取人力资源。

斯巴达重装步兵面临的挑战

阿格西劳斯的死标志着希腊历史上一个时代的终结。他那高超的指挥技巧在一定程度上掩盖了斯巴达公民军作战能力严重下降

留克特拉战役（公元前371年）

	斯巴达人及其盟军	底比斯人
	斯巴达人2,000	6,500
	福基斯人1,500	
	阿卡纳尼亚人1,000	
重装步兵	科林斯人2,000	
	阿卡狄亚人2,000	
	亚该亚人、伊雷阿人和西锡安人1,500	
骑兵	1,000	1,500
	斯巴达人300	1,000
轻盾兵	色雷斯人500	
	福基斯人300	

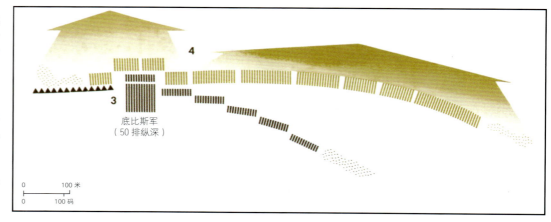

1 斯巴达人及其盟军在国王克利厄姆布罗塔斯的统率下入侵波奥提亚，设营于底比斯附近的留克特拉。底比斯人（包括由佩洛皮达斯统率的精锐部队——底比斯神圣兵团）在伊巴密浓达的率领下出击。他们在数量上处于严重劣势，但伊巴密浓达说服他们奋起作战。斯巴达人在平原上摆出浅月形阵形。底比斯人将重兵集结于己方左翼，而收缩右翼。

2 底比斯军的左翼骑兵击退了斯巴达骑兵，佩洛皮达斯和神圣兵团支援了这次进攻。当底比斯骑兵阻遏斯巴达人的迂回行动时，底比斯步兵方阵冲向斯巴达方阵。

3 一场激战在克利厄姆布罗塔斯的身边展开，人多势众的底比斯人击退了斯巴达人。

4 克利厄姆布罗塔斯与许多军官战死，其盟军冒着被底比斯骑兵袭击的危险撤回己方军营。斯巴达军左翼未见行动。500名斯巴达人在战役中阵亡，400～500人撤回，底比斯方面战死300人。

伊巴密浓达的指挥令底比斯人在数量处于劣势的情况下，将希腊最优秀的军队打得大败。

的事实。斯巴达人发明新作战模式一事，本身就是对其重装步兵方阵所具备的优势已不复存在这一事实的承认。自伯罗奔尼撒战争起，斯巴达军队已经历过大规模的整编。这件事反映了构成重装步兵部队主力的、享有完全公民权的斯巴达公民的数量在不断下降。从某种程度上说，斯巴达公民数量的下降与希腊其他城邦人口数量的下降是并存的。但撇开一切普遍趋势不谈，早在公元前465年（当时伯罗奔尼撒战争甚至尚未开始）发生的一场毁灭性地震所造成的惨重损失，同样沉重地打击了斯巴达人的军事实力。

公元前4世纪的斯巴达军队由6个"莫拉"（mora）组成。每个莫拉由一名军事执政官统领，根据同一时期历史学家的记载，其规模为400～600人，其中既有公民，也有非公民。在每个莫拉内部还有次级的单位，正如此前所提到的营一样。在科林斯战争期间，一个斯巴达莫拉在护送盟军的一支分队返回伯罗奔尼撒后，在地峡地区遭到截击，并在雅典司令官伊菲克拉特斯（Iphicrates）的打击下损失惨重。从数字上看，一支总计600人的部队死伤250人（这就是这个斯巴达作战单位在此役中的伤亡情况），损失可谓极为严重。更值得注意的是伊菲克拉特斯的战略和战术，他的胜利是在指挥轻装部队与一支重装步兵部队作战时取得的。斯巴达人在科林斯城外的败仗，可与希腊军事史上其他城邦打的败仗进行类比。在战役中，粗疏大意的军队挺进到紧贴敌方城墙墙根的地方，致使自己暴露在一支从城门开出的突袭队的攻击范围之内（就像伯罗奔尼撒战争中的安菲波利斯战役一样）。

然而，这个战例更让人回想起在斯法克蒂利亚发生的事。斯巴达人是被远程火力击溃的，他们始终未能摸到敌人的衣角。在斯法克蒂利亚战役中，斯巴达人表现得缺乏远见，而且从某种程度上说，他们的运气也不佳，两种因素的共同作用导致了他们的灾难性结局。但伊菲克拉特斯则是依靠精密的策划来缔造属于自己的胜利，他的胜利证明，他提出的关于轻装部队的新的战略与战术观念是完全合理的。事实上，我们还有第三个理由将伊菲克拉特斯的胜利视为一次跨时代

的胜利：他指挥的是一支雇佣军，而他们的胜利是在一支以公民兵为主力的军队身上取得的。

公元前4世纪的另一位伟大的职业军事指挥官是雅典人卡布里亚斯（Chabrias）。在科林斯战争期间，他因在波奥提亚阻击阿格西劳斯而名扬天下。由于他预料到敌人会发动进攻，因而命令自己的部下跪倒在地，挺起长矛，同时将盾牌靠在膝盖上。阿格西劳斯中止了进攻，可能是因为卡布里亚斯军的防御阵地经过精心选择，再加上他们的跪地作战姿势，所以停了手。因为这一功勋，人们为卡布里亚斯塑造了一座雕像，但卡布里亚斯本人要求雕刻家将雕像做成跪姿的——就像他和他的部下在战场上摆出的那种姿势。事实上，跪式雕像在不久之前就开始流行了，连获胜运动员的雕像也经常塑造成这种姿势。

卡布里亚斯在其漫长的陆军和海军生涯中，以公民兵的身份为自己的祖国做出了突出贡献，但这丝毫没有妨碍他完全以职业视角看待问题。他曾与阿格西劳斯一同在埃及作战，在那里，他受命指挥埃及海军，而斯巴达国王则指挥陆军。这令阿格西劳斯大失所望，因为他希望自己能同时统率海陆两军。然而，两人像战友那样一道为同一位埃及君主而战，之前曾在希腊战场上代表各自的祖国而兵戎相见的事情丝毫未对他们造成困扰。

轻装部队

公元前4世纪发生的一个重要变革是，轻装部队拥有了高效的组织结构和良好的装备。当我们将轻装部队放到希腊军事史的背景下来讨论时，这个名词就成了掷枪手、弓箭手和掷石兵的组合体。在上述兵种中，掷枪手的历史最为悠久。他们被称为轻盾兵（peltast），这一名称源自其携带的盾牌"佩尔塔"（pelta，意为"皮盾"，是来自色雷斯的输入品）。公元前6世纪的雅典僭主庇西斯特拉图在色雷斯内陆地区流亡了一段时间后，从当地征募了一支雇佣军，雅典人对佩尔塔的熟悉似乎是自那时开始的。佩尔塔是一种以柳条为框架，外覆兽皮的小圆盾，不

▲ 绘于一件希腊－西徐亚风格的金制服饰图案上的西徐亚弓箭手，其年代可追溯至公元前5至前4世纪，出土于黑海附近。图中的弓保留着西徐亚式的典型特征。

带任何金属配件或装饰，因而极为轻便，使用者可以在无须前臂支撑的情况下用左手提着它。其典型形制为宽大的新月状，但这个词也适用于其他用类似的轻便材料制成的盾牌。轻盾兵装备的标枪的柄上装有几个皮环，位于下半截。当轻盾兵用手托着枪柄时，他的食指和中指就套在皮环内，并用拇指和其余的手指握住枪柄。这使得轻盾兵能够更好地利用杠杆原理，在投掷时能将更大的作用力施加在标枪上。与其他战士一样，轻盾兵也装备一柄剑（最初为短剑）或一把匕首作为应急之用，但在与敌人对阵时一般不会用到它们。

希腊弓箭的结构和用法都是极为多样化的。在克里特岛，射箭活动从远古时代一直持续到现在，但希腊的其他地区往往对其不屑一顾。到了公元前4世纪，克里特雇佣弓箭手的身影已随处可见。在波斯战争之前，雅典人同样雇用西徐亚人充当弓箭手。但根据希罗多德的记载，雅典人并未在马拉松战役中使用弓箭手。尽管如此，雅典治安部队的支柱却仍是西徐亚雇佣兵，一名治安人员往往被人认为是一名"弓箭手"。

古希腊最为常见的是复合弓，但除了克里特之外，希腊弓的弓体也有用一根柔韧的木条制成的（就像英格兰长弓那样）。荷马提到过一张用一对野山羊的角制成的弓。一对羊角加上一根柔韧性强的木条的主要部分，完全可以制作出一张可用的弓。但其他证据表明，弓的制作流程没那么简单，其中

公元前 370 年
斯巴达国王克利昂布罗塔斯在留克特拉战役中被底比斯人击败并杀死

斐赖的伊阿宋遇刺

伊巴密浓达入侵伯罗奔尼撒，威胁斯巴达

公元前 366 年
在叙拉古，戴奥尼索斯二世继承其父戴奥尼索斯一世之位

包括将兽角、木条和晒干的动物肠子切成长条的工序——制作弓弦时除外，弓弦一般用动物的肠子或肌腱制成。在西徐亚人中，不仅制弓很复杂，使用弓也很复杂。西徐亚人尽管以左手持弓，但他们在瞄准时，通常会设法将箭支贴在弓的左侧。此外，弓箭手往往将固定在弓弦上的箭支夹在自己的食指和中指之间，同时用食指、中指和无名指拉开弓弦——这是传统的地中海式射法。西徐亚式的箭支很短，带有一枚小小的青铜箭头，与沉重的克里特式箭头迥然相异。西徐亚人的弓及大捆的小型箭支均盛于射手那硕大的箭袋之中。

在来自五湖四海的波斯帝国弓箭手队伍中，流行着形形色色的射法。一些曾与色诺芬交战的山区部落的弓箭手，用脚将弓踩住使之弯曲，以此获得更大的杠杆作用力。一些部落的弓箭手所使用的箭长得离谱，以至于希腊人可以将它们收集起来当标枪用。波斯箭支是用长弓来发射的。这些投射物被色诺芬麾下的克里特弓箭手加以重复利用，他们使用的是高弹道射法，这样箭可以射得更远。存在着这样一种可能性：即使与克里特短弓相配使用，波斯长箭在开弓时也会与射手的耳部或右肩平齐。一般情况下，希腊弓箭手只会将弓弦拉到与胸部平齐的程度。

与来自克里特岛的弓箭手不同，来自罗德岛的希腊掷石兵如果拥有合适的装备，那么他们在与亚洲掷石兵对阵时是占有优势的。希腊人所使用的铅制弹丸的射程是沉重的波斯石弹的2倍。现代人已经发掘出了这种弹丸，上面有时会刻有被指派为掷石兵长官的人的名字。具有讽刺意味的是，上面有时也会刻有写给打击对象的话，例如"接招"之类。

重装步兵战术与底比斯方阵

尽管轻装部队和骑兵的作战方式发生了新的发展，但最终却是重装步兵作战方式的变革，终结了斯巴达的希腊霸权。在公元前371年的留克特拉战役中，在伊巴密浓达（Epaminondas）和佩洛皮达斯（Pelopidas）的出色指挥下，底比斯人排出了一个左翼拥有50排纵深的方阵，与仅有12排纵深的斯巴达方阵对抗。在进攻时，底比斯人的队列在左翼有意地向前倾斜，这样一来，在不甚可靠的底比斯盟军投入作战之前，斯巴达军

攻城器械

直至约公元前450年，攻坚战技巧在希腊人手中都未能取得长足的进步。但在伯罗奔尼撒战争期间，为了攻陷倒向雅典一方的波奥提亚城市普拉提亚，斯巴达人把所有的攻坚手段都上了（见48～49页）。守军的才智并不逊于攻城方，因而战役持续了两年（公元前429年—前427年），斯巴达人方才得手。毫无疑问，这场战役激发了希腊工程师改进战争器械的热情，一些设计精巧的发明在随后的岁月中问世。

桑布卡

纵火器

在公元前424年的德利乌姆攻坚战中，底比斯人用纵火器来对付雅典人的栅栏。它的结构如下：一口铁锅中盛有熊熊燃烧的煤、硫磺和沥青，一名士兵通过一根与风箱相连的粗大的圆木朝铁锅鼓风，令火焰保持燃烧。这根圆木被分成两半，中间被挖空，用一根贯穿其中段的铁管重新接合。靠近铁

桑布卡攻城梯

这种名为"桑布卡"的攻城梯由克勒芬的达米斯（Damis of Colophon）设计，比传统的攻城梯先进得多。因为一旦用上了它，就不需要精确计算敌方城墙的高度了，在进攻迫近之前，守军根本没有机会将它推开。它的用途也比传统类型的云梯要广得多，例如可利用它来越过环绕城墙的壕堑或护城河。其攻击方式是让一支10人的攻击队攀着一架短梯进入位于最高点的舱室内。之后将重2.5吨的配重物装进后部的箱笼中，然后将这具装有车轮的装置推向城墙。与此同时，攻城塔将为它提供火力支援。接下来，两个人操作呈垂直状的绞盘，在配重物的帮助下，将攻城梯舱室升至城垛处。舱室四周和顶部有经过加固的护板，里面的人员可免受投射型兵器的伤害。

锅的部分包有铁皮，以免被点燃。

这种器械的运输方法很简单：将它捆在两辆木车上，这样人们就能将它推向栅栏。与此同时，操作这台器械和负责操作风箱令火焰保持燃烧的士兵是暴露在敌人的攻击下的，因而必须向他们提供火力掩护。

公元前365年
戴奥尼索斯二世并非"哲人王"的合适人选，他拒绝了柏拉图和狄昂的提议

公元前364年
佩洛皮达斯在赛诺斯克法莱战役中战胜斐赖的亚历山大，但本人阵亡

公元前362年
伊巴密浓达在曼丁尼亚战役中击败了斯巴达、雅典和其他城邦的联军，但本人阵亡

62　古典世界的战争

的右翼（希腊方阵的传统强翼）就会被击溃。斯巴达军的统帅国王克利厄姆布罗塔斯（Cleombrotus）在明白了底比斯人的意图后，试图在最后时刻增援遭威胁的一翼，并包围进攻中的底比斯人。然而，底比斯精锐部队（被称为"神圣兵团"）发起的迅速而有力的突击，令斯巴达人无暇完成这一至关重要的战略步骤。斯巴达人陷入混乱，而克利厄姆布罗塔斯本人在战役之初就被杀死了。

我们应当考虑到，留克特拉战役的进程引发了某些关于重装步兵战术变革的概括性意见。色诺芬在朝库纳克萨进军时，曾排出一个军阵，为一位活泼的亚洲女王表演，他的重装步兵队列的纵深为4排。他在自己的著作中提到，这是按照常规做法来安排的。乍一看来，这一说法令人惊讶，因为几乎所有

提及古代重装步兵战役中队列纵深的记录都明确说明，方阵的纵深为8排或者更多。但这样的阵形之所以被提及，可能正因为它们不是当时的常规阵形。但随着公元前4世纪时光的流逝，它们可能逐渐趋于常规化。

在柯罗尼亚，阿格西劳斯位处全军左翼的盟军——其中包括那些参加过居鲁士远征队的老兵，击溃了对阵的敌军，色诺芬告诉我们，这发生在接触到"矛尖"的时刻。然而，当斯巴达人在战役的第二阶段与底比斯人交上手时，战局变成了盾与盾之间的碰撞。战斗方式变成了推挤而非刺击。底比斯人和斯巴达人一样了解如何将盾牌作为进攻型兵器来使用，因而加大了队列的纵深。这类战术尽管尚处于改进阶段，但对底比斯人而言无疑并已不新鲜。他们在德利乌姆战役

中用厚达25排的方阵击溃了雅典人，而对面的雅典军队排出的方阵厚度仅有8排，根本无力抵挡。

方阵的纵深排列并非自始至终都必须一致。在公元前418年的曼丁尼亚战役中，斯巴达方阵的厚度是由负责方阵各个部分的下级军官决定的。毫无疑问，就这场战役而言，无论哪个部分的队列纵深，都取决于采用的是长矛刺击战术还是盾牌推挤战术。下级军官们对每一名部下都了如指掌，有能力判断哪种作战方式最适合他们。从另一方面而言，一致性的缺乏可能导致部队陷入混乱。这一点在科林斯战争中的尼米亚战役中体现得尤为明显。当时，雅典、阿尔戈斯、波奥提亚、科林斯和优卑亚的联军显然打算使用各自习惯的队形来作战，完全不曾考虑为作为一个整体的联军设计一套协同战术。

公民的士气与神圣兵团

斯巴达出人意料地在留克特拉战役中败北，为全希腊各个城邦重振公民士气提供了新动力。这一情况显得极为普遍，而在底比斯则体现得尤为明显。但正如我们所看到的那样，人们意识到斯巴达重装步兵方阵不可战胜的神话已然破灭，而这在科林斯战争时就已经意识到了。斯巴达人将他们能够在这场战争结束时赢得一份光荣的和平协议归功于阿格西劳斯的军事及政治能力，而非斯巴达传统作战方式的威力。即便如此，这份和平协议的内容也是由波斯这个仲裁者，而非斯巴达这个胜利者决定的。从军事角度而言，尽管雇佣军的使用变得越来越普遍，但城邦公民对自己重拾信心，意味着公民军同样对自己的作战能力重拾信心。

莱山德于科林斯战争之初入侵波奥提亚时丧生，之后再无一位能力堪与其比肩的斯巴达海军统帅来接替他的位置。这一事实促使已重建了长墙的雅典人一方面借助其海军力量，一方面在爱琴海诸城邦建立与之类似的政体，恢复了其旧帝国。当斯巴达人在公元前382年利用一次无正当理由的突然袭击在底比斯建立了一个傀儡政府时，他们试图效仿雅典人的做法。但他们的行事风格实在不

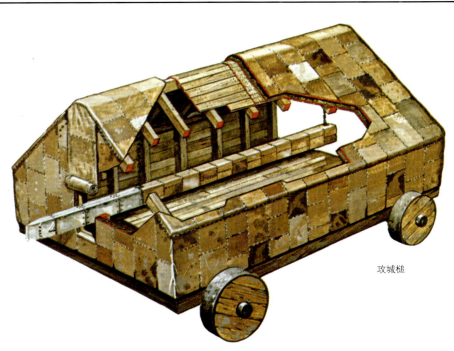

攻城槌

攻城槌

攻城槌被用于撞击城墙的某个部分，以此制造出一个裂口或破坏某段城墙，使士兵们可以强行进入。图中模型仿照的是"龟盾"攻城槌，它在公元前4世纪得到广泛应用。这种攻城槌的前端裹有金属，锯齿状的顶端往往以青铜制成。由于攻城槌是装在滚轴上被推动着前进的，因而拥有相当大的冲击力。它依靠一种由绳子和滑轮组成的装置回收。为了防火，攻城槌表面捆扎着数层中间夹有海草的牛皮，构成了一个完整的保护层。

纵火器

够圆滑，且太过明目张胆，最终收到了适得其反的效果，使底比斯人更为愤恨，也令希腊其他城邦以带有敌意的猜忌态度看待他们。底比斯人也在波斯国王为满足斯巴达人而制定的和平协议中蒙受了耻辱，他们丧失了传统上对波奥提亚其他较小的城邦的控制权。

等到斯巴达人建立的傀儡政权被人以暴力方式推翻，斯巴达驻军也被逐出底比斯时，底比斯人立刻通过公民军这一渠道体现了他们的爱国之心。公民军的建立依靠的主要是忠心耿耿的公民，而非雇佣军或盟邦的支持。被称为"神圣兵团"的精锐部队是重新崛起的底比斯军团中最著名的部队。按照其希腊语的含义，这支部队的名称或许会被解释为"虔诚兵团"。但古代的历史学家给出了不同的解释。"神圣"是一个被普遍应用于希腊城邦卫城的称号。据说，底比斯神圣兵团（以下简称"圣团"）原本是为保卫卫城而建立的。在留克特拉战役期间，圣团由佩洛皮达斯组织和训练，但据说这支部队是另一位底比斯将领戈尔吉达斯（Gorgidas）于几年前组建的。

依照传统，300人规模的圣团由一对对同性情侣组成——在希腊人看来，同性恋并不是什么堕落之举。实际上，创建一支由情侣组成的队伍的想法，在佩洛皮达斯的圣团出现之前就已产生。在《伊利亚特》中，有一种看法认为，一支由关系亲密的男性亲属组成的部队有利于振奋全军的士气。柏拉图记载过一个观点（这个观点未必是他自己的），一个由同性情人组成的团队能够更为有效地完成任务。每对同性情侣都将发现，另一半的存在是促使他们勇往直前和防止他们在战场上做出丢脸之事的灵丹妙药。然而，痛恨同性恋行为的色诺芬对这类观点嗤之以鼻。他主张，任何一种建立在在思想和性格上彼此钦佩以外的友谊都只能导致战士的堕落，而无法振奋他们的士气。

公元前338年的喀罗尼亚战役最终终结了希腊城邦的独立地位，圣团损失惨重，每个人都倒在自己曾经战斗过的地方。据说，这场战役的胜利者马其顿的腓力二世为之潸然泪下，他说："无论是谁，只要怀疑这些人的壮举，或认为他们干过卑劣的勾当，都

应该被毁灭。"腓力这里所指的显然是色诺芬对友谊本质的看法。

伊巴密浓达在伯罗奔尼撒

留克特拉战役之后，底比斯军队的最高长官伊巴密浓达频频入侵伯罗奔尼撒。要不是阿格西劳斯在斯巴达城修建了一道临时防线，这座城市就落入伊巴密浓达之手了。伊巴密浓达的军事和政治战略是彼此相关的——克劳塞维茨的信徒们无疑赞同这种方式。他鼓励长期受斯巴达统治的伯罗奔尼撒中部和东部地区宣布独立。他在之前的荒野及乡村地区修建了一系列拥有防御工事的城市，以确保这一目标得以实现。这一做法是一种报复行为，因为这场战争是斯巴达拒绝承认底比斯对波奥提亚的城镇拥有统治权而引起的。

曼丁尼亚、墨伽洛波利斯和美塞尼等伊巴密浓达修建或重建的城市起到了一条要塞链的作用，阻断了斯巴达西北方向的交通。在公元前385年遭阿格西劳斯围攻之前，曼丁尼亚一直是欣欣向荣的阿卡狄亚中心城市。那一年，斯巴达人改变了那条穿城而过的河流的走向，致使该城外墙因河水冲击而被腐

蚀。曼丁尼亚人投降后，他们被迫放弃了自己的家园，并同意分散居住到乡村地区。伊巴密浓达将星落四散的人们送回这座城市，并用防御工事使他们得到严密的保护。事实上，这样做是极有必要的，因为曼丁尼亚坐落在一片普普通通的开阔平原的中央。

"美塞尼"原为一个地区而非一座城市的名字，但伊巴密浓达将一座被命名为"美塞尼"的城市建在艾孔山的旧美塞尼要塞附近。至于墨伽洛波利斯（罗马人的称呼），则是一座新城市，希腊人将其命名为"He Megale Polis"，意思是"大城市"。它坐落在一片平原之上，阿尔斐俄斯河与欧罗达斯河从这片平原上贯穿而过，分别流向西北方向的奥林匹亚和东南方向的斯巴达与拉戈尼亚湾。河流与河床被古希腊人当作道路（显然是非常缺乏的）的替代品来使用。因而，墨伽洛波利斯在拥有良好交通条件的同时，也起到了阻挡那些斯巴达人的作用。这座城市的人口是由40个阿卡狄亚村庄的居民组成的。不幸的是，这些村民对城市生活的感觉，并不比那些被阿格西劳斯打散的曼丁尼亚市民对乡村生活的感觉更良好。

这三座城市的废墟全部留存至今，其中美塞尼给人留下的印象格外深刻。令人失望

公元前357年
腓力占领安菲波利斯，控制了潘盖翁山脉的金矿

在马乌索卢斯的煽动下，希俄斯、罗德岛和拜占庭抵制雅典的统治（公元前357—前355年的同盟者战争）

在叙拉古，狄昂在戴奥尼索斯不在国内期间夺取了政权（公元前357/356年）

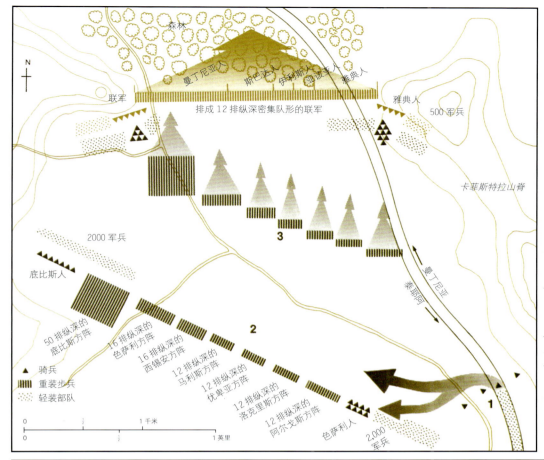

曼丁尼亚战役（公元前362年）

	联军		底比斯人	
重装步兵	曼丁尼亚人 7,000		底比斯人 10,000	
	斯巴达人 3,000		色萨利人 2,000	
	伊利斯人 2,000		优卑亚人 1,500	
	亚该亚人 2,000		马利斯人 1,500	
	雅典人 6,000		洛克里斯人 3,000	
			西锡安人 3,000	
			阿尔戈斯人 5,000	
骑兵	雅典人 1,000		底比斯人 1,500	
	其他城邦 1,000		色萨利人 1,500	
轻装部队	雇佣兵 1,000		雇佣兵和色萨利人 4,000	

1 伊巴密浓达的波奥提亚部队挺进曼丁尼亚。曼丁尼亚人及其盟友封锁了两道陡峭山脊之间的道路。

2 底比斯人从他们的前方经过，并将兵器丢下。联军解除警戒状态，认为底比斯人不会发动攻击。

3 伊巴密浓达突然以斜线阵形朝敌军右翼进击，同时，他的骑兵和轻装部队堵住了敌军左翼部队的去路。底比斯骑兵击退了联军骑兵，并袭击了联军部队暴露的右翼，同时，厚实的底比斯方阵从正面击溃了敌军。曼丁尼亚人大败而逃，但伊巴密浓达战死。底比斯人因而感到耻辱，放弃了追击，他们的一部分袭击部队被歼灭。

这场战役展现了伊巴密浓达的最高指挥水准。他以骑兵和轻装部队阻截敌军左翼，令敌军右翼暴露在自己的攻势之下。

的是，希腊防御工事的考古成果无法始终与历史著述高度一致。阿提卡的伊戈西纳城的城墙在风格上与美塞尼城墙相似，但它们的

所处时期和作用都未知。正如保存至今的相关方面的技术性论文——如埃涅阿斯·塔克提库斯（Aeneas Tacticus，约公元前357年）或下一个世纪的人物拜占庭的费隆（Philon of Byzantium）的著作——所介绍的那样，公元前4世纪的防御工事的结构变得越来越复杂。

在伯罗奔尼撒战争期间或早些时候，防御工事主要用于保护城市和卫城。在公元前4世纪，它们往往是为将邻近市中心的广大地区围在其中而修建的。这些防御工事在外观上的许多特征令我们联想到中世纪的城堡，它们拥有塔楼、城垛、壕堑、边门和出击口。突击是从防御工事右侧的一座突出式堡垒发起的，因而一拥而出的军队是将他们举着盾牌的手臂朝向敌人的。城墙的制造工艺为典型的砖石层叠式。除了城防工事和较为高大的区域性城墙，在希腊还发现了许多年代可追溯到公元前4或前5世纪的小型要塞

的废墟。这些要塞可能是瞭望台或信号塔，当它们建在海边时，可能是为了抵御海盗。

曼丁尼亚战役及其影响

伊巴密浓达的战略和战术有时显得犹豫不决，但这一表象是骗人的。他的目的一直是打敌人一个措手不及，在无法达到出奇制胜的效果时，他往往并不愿意出击。公元前363年，伯罗奔尼撒北部爆发了一场争吵，争吵的原因是奥林匹亚神殿经费的滥用。结果阿卡狄亚诸城因此而分裂，两个敌对阵营似乎分别以曼丁尼亚和泰耶阿为首。泰耶阿支持底比斯，曼丁尼亚则倒向斯巴达，从而引发了相应的支持民主制度和支持寡头制度的意识形态之间的冲突。

雅典人在8年前得知留克特拉战役的消息时，并不像众多希腊城邦那么狂热，如今他们公开与斯巴达结盟。伊巴密浓达希望雅典人出兵帮助斯巴达时，将其军队阻截在科林斯地峡内，但这一次他失望了，因为雅典人决定经海路进军。此时，他率领着一支

◀ 从空中俯瞰曼丁尼亚城墙废墟。与绝大多数希腊要塞城市不同，曼丁尼亚坐落在一片平原上。底比斯人伊巴密浓达的最后一战就是在这里进行的。

▲ 今天的喀罗尼亚平原。公元前 338 年，马其顿国王腓力于此地打败底比斯及雅典联军，从而确立了马其顿人对希腊诸城邦的统治地位，也奠定了进一步征服亚洲的基础。

征集自波奥提亚和希腊北部地区的军队，决定将自己的大本营和基地设在有城墙保护并得到充分供应的泰耶阿，这样他就可以在斯巴达人和他们的盟友之间占据一个有利位置。当阿格西劳斯率领一支斯巴达军队经拉科尼亚的培林尼北进时，伊巴密浓达没有尝试着与其交手，而是避开敌军，率军直趋斯巴达城，他认为那里已无人守备。对于底比斯人而言不幸的是，他们的动向被一名逃兵告知了阿格西劳斯，国王火速回师斯巴达——这一行动十分及时。

突袭计划已无法实现，伊巴密浓达并未强攻斯巴达城，而是突然拔营夜返，重新威胁曼丁尼亚。这一次，他又没能达成出其不意的目标。一队雅典骑兵前来支援曼丁尼亚，他们与由底比斯和色萨利骑兵组成的伊巴密浓达军前锋交战，将其逐回。得到盟友支援的斯巴达，如今有时间在曼丁尼亚城前方集结一支军队，驻扎在一片两侧均为山坡（山坡之间相隔1英里）所环绕的平原上，从而扼住北进的道路。在随之而来的战役中，伊巴密浓达终于实现了他一直在争取的出奇制胜的目标。在率军参战后，他突然转身西向，占领了一片绵延不绝的丘陵地带。他命令自己的士兵放下武器，看上去像是不想再打的样子，敌人因而放松了警觉。伊巴密浓达旋即发动突袭，他像在留克特拉时那样，陈重兵于左翼，将右翼置于左翼之后。这一突然行动为他带来了一场胜利，但他在战役中受了致命伤，临死前恳求他的同胞求和。具有讽刺意味的是，曼丁尼亚战役中被用来对付斯巴达人并获得成功的策略，与斯巴达人多年前在西比亚对付阿尔戈斯人时，以及不久前（公元前405年）在伊戈斯波塔米对

付雅典人时使用的策略几乎如出一辙。

伊巴密浓达的死几乎可以说将他赢得的胜利变成了败绩。底比斯人未对敌军进行追击。仿佛从那一刻起，底比斯人的军事实力、称霸海洋的野心和政治影响力就迅速衰落了。对于一个希腊城邦而言，统一的领导的意义非同一般。在总是受到同城公民的妒忌心困扰的情况下，只有能力超群的人才能长期身居管理岗位，以保证政策的连贯性。我们可以将伊巴密浓达与雅典的伯利克里和斯巴达的莱山德及阿格西劳斯相比。伊巴密浓达的政策是他按照自己的理解决定的：对于底比斯人而言，进攻是最好的防守。

底比斯如今重新回到了往日的战略起点上，只要能够统治波奥提亚地区的小城市就心满意足了。不久，它就在与希腊北部的邻邦之间的小规模消耗性战争中耗尽了元气。

僭主与他们的军队

伊巴密浓达的品德得到了同一时期及后世的古代人物的极高评价，这可能是因为他是一个热切的宪政主义者。即使在罗马帝国的统治下，古代人也从未放弃对建立宪政政体的关注。他们认为，建立了宪政政府，就等于实现了政治自由的梦想——这和我们的看法极为类似。然而，从军事角度而言，宪政政府经常发现它们在与专制政府对决时处于不利地位。僭主不受协商程序的束缚，因而往往能更为果断地做出决定。当然，他的决定不一定是正确的。但在战时，就算是决断失当，可能也要好过优柔寡断和踌躇不决。

西西里和地中海西部的希腊城市的政治进程，与希腊大陆的希腊城市形成了鲜明

的对比。在僭主的领导下，西西里的希腊人击退了迦太基人和伊特鲁里亚人的进攻，尽管在此期间曾建立过温和的民主政府，但其行事准则与宪政主义格格不入。独裁者无法指望公民军效忠于自己，因此自然倾向于征募雇佣军，而由于使用雇佣军，他们对骑兵、轻装步兵、复杂的防御工事、攻城战战术和弩炮装置，以及造船技术和海军战术的使用都得到了发展。我们已经发现，就这一方面而言，叙拉古人证明自己比雅典人更胜一筹。当然，他们也使用重装步兵，他们的重装部队往往以公民军为主，并混编少量雇佣军。希腊大陆侧重使用重装步兵，是由宪政制度的守旧性导致的。这意味着，战争操

尼多斯战役（公元前394年）

统帅： 波斯总督法那巴佐斯雇用了一支由三列桨战舰组成的分遣舰队，这些战舰是由希腊籍桨手操纵的，舰队指挥官为雅典海军将领科农，他的对手是斯巴达海军将领皮山德。

兵力： 皮山德的舰队拥有85艘战舰。科农的分遣舰队孤立无援，在数量上明显处于下风。

1 科农的分遣舰队引领着法那巴佐斯的腓尼基舰队前进。

2 皮山德的左翼分舰队来自与斯巴达结盟的爱琴海城邦，在面对占有数量优势的敌人时逃跑了。

3 许多斯巴达战舰搁浅，船员纷纷上岸逃跑。

4 皮山德在保卫触礁的战舰时战死。

斯巴达方面损失了50艘船，但许多船员逃走了。消息在柯罗尼亚战役前夕传到了斯巴达国王阿格西劳斯那里。

结果： 雅典重新取得了爱琴海的控制权，但波斯人实现了雅典和斯巴达之间的势力均衡。

公元前 354 年
狄昂遇刺

公元前 352 年
腓力介入神圣战争　　腓力在色萨利的军事行动于
温泉关受阻

66　古典世界的战争

持在能够负担得起兵器及铠甲费用的富裕公民阶层的手中（从而在很大程度上影响了外交政策）。当叙拉古公民起来造反时，他们试图获得希腊大陆的支援。柏拉图的朋友狄昂（Dion）在希腊组建了一支小型的军官队伍，并率领这支部队渡海前往西西里，成为对抗戴奥尼索斯二世（Dionysius II）的民主革命的领导者。后来，叙拉古人向他们的母邦科林斯求援。科林斯派出了良将提莫里昂（Timoleon），此人成功地抵御了叙拉古僭主和迦太基人向叙拉古希腊人发动的进攻。但总体而言，希腊大陆和中部的城邦还是更倾向于输出管理者和意识形态，而非引进新的技术成果。

公元前4世纪时，僭主政权在军事方面的优势变得越来越明显。在东部，波斯帝国势力的没落极大地促进了地方独裁势力的崛起。在塞浦路斯，前波斯封臣埃瓦戈拉斯（Evagoras）成了一名独立的统治者，他在雅典人在尼多斯的胜利（公元前394年）与斯巴达海军的覆灭中起到了重要作用。更值得注意的则仍是哈利卡纳苏斯的马乌索卢斯（Mausolus）。尽管他曾是波斯大帝手下的一名总督，但他开始统治一个自己的帝国。他曾诱使多个爱琴海海洋城邦脱离雅典同盟，并使雅典人卷入与其前盟友的战争中。

对于希腊城邦而言，更大的威胁来自

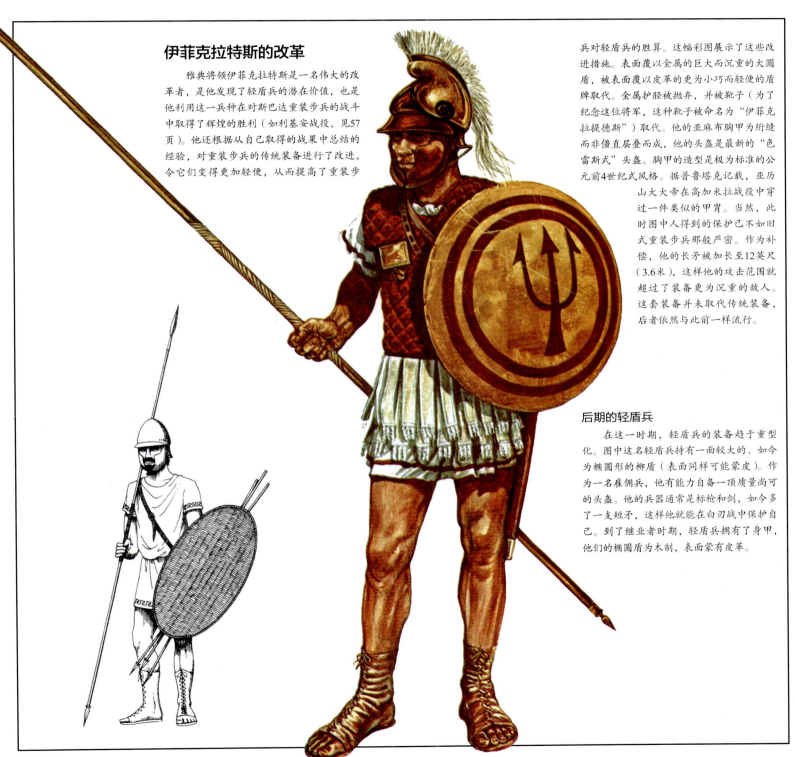

伊菲克拉特斯的改革

雅典将领伊菲克拉特斯是一名伟大的改革者，是他发现了轻盾兵的潜在价值，也是他利用这一兵种在对斯巴达重装步兵的战斗中取得了辉煌的胜利（如利基安战役，见57页）。他还根据从自己取得的战果中总结的经验，对重装步兵的传统装备进行了改进，令它们变得更加轻便，从而提高了重装步兵对轻盾兵的胜算。这幅彩图展示了这些改进措施。表面覆以金属的巨大而沉重的大圆盾，被表面覆以皮革的更为小巧而轻便的盾牌取代。金属护胫被抛弃，并被靴子（为了纪念这位将军，这种靴子被命名为"伊菲克拉提德斯"）取代。他的亚麻布胸甲为绗缝而非僵直层叠而成，他的头盔是最新的"色雷斯式"头盔。胸甲的造型是极为标准的公元前4世纪式风格。据普鲁塔克记载，亚历山大大帝在高加米拉战役中穿过一件类似的甲胄。当然，此时图中人得到的保护已不如旧式重装步兵那般严密。作为补偿，他的长矛被加长至12英尺（3.6米），这样他的攻击范围就超过了装备更为沉重的敌人。这套装备并未取代传统装备，后者依然与此前一样流行。

后期的轻盾兵

在这一时期，轻盾兵的装备趋于重型化。图中这名轻盾兵持有一面较大的、如今为椭圆形的柳盾（表面同样可能蒙皮）。作为一名雇佣兵，他有能力自备一项质量尚可的头盔。他的兵器通常是标枪和剑，如今多了一支短矛，这样他就能在白刃战中保护自己。到了继业者时期，轻盾兵拥有了身甲，他们的椭圆盾为木制，表面蒙有皮革。

公元前351年
在雅典，雄辩家德摩斯梯尼谴责腓力

阿尔塔薛西斯三世试图恢复波斯对埃及的统治，但未能成功

公元前349年
腓力占领并摧毁了卡尔基狄刻半岛的奥林索斯

希腊半岛北部的独裁政权。斐赖的伊阿宋（Jason of Pherae）在色萨利大肆整军备战，开始引发整个希腊的恐慌，他的统治生涯因公元前370年的刺杀事件戛然而止。希腊人的宪政自由最终不可避免地终结了，凶手为马其顿的腓力二世。它本来可能在早些时候由伊阿宋终结的，但腓力在遭到暗杀之前，在这条道路上走得更远。

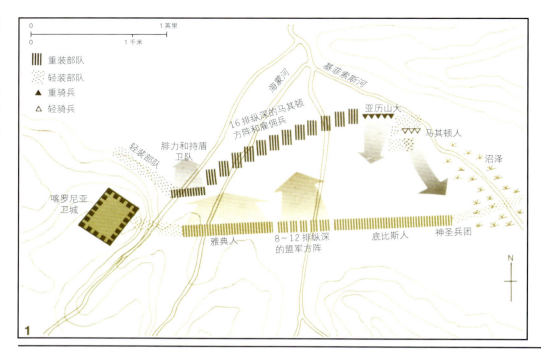

马其顿的腓力

马其顿的腓力在多个方面展示了他的天才。他的征服建立在稳固的政治和经济架构之上。他组建了一支新式军队，并佐以出色的战略和战术体系，将其投入战争之中。马其顿的政治统一（马其顿在文化或民族层面绝不是统一体）是一个伟大的成就。腓力的第一次扩张令其获得了卡尔基狄刻半岛的贸易收入与对色雷斯贵重金属的控制权。

他的军队以数量庞大著称，除了其他因素，这支军队依靠的主要是步兵方阵与骑兵的协同，侧翼由骑兵和轻装部队负责掩护，而且骑兵和轻装部队本身就能轻而易举地包抄敌人。按照现代历史学家的用法，"方阵"一词往往特指马其顿方阵。马其顿方阵与早先的希腊作战阵形迥然不同，当它以松散队形前进时，拥有更好的机动性。方阵士兵用的是极长的长矛（由于估算值彼此不一，因而不可能得出精确的长度），使用方式为双手持握。这种名为"萨里沙"（sarissa）的长矛，无疑赋予了作战队列以更为强劲的捅刺力，密集如林的矛头从第一排盾牌向外伸出。随着时间的推移，马其顿方阵的厚度从8排增加至16排。就这一方面而言，值得注意的是，腓力并不认为有必要像底比斯人那样，把方阵纵深搞得那么厚。马其顿方阵在预备用长矛捅刺的同时，似乎也做好了用盾牌推挤的准备。由于方阵士兵的两只手都用来持握沉重的长矛，有人猜测他们的盾牌是挂在脖子上的，在必要时可能由手肘或前臂来控制。

马其顿的另一特色兵种为持盾卫队（hypaspistai），其成员原为携盾牌者，换句话说就是重装步兵的扈从。在腓力的军队中，持盾卫队为徒步作战的近卫步兵部队，他们

公元前347年
柏拉图去世

公元前346年
腓力迫使福基斯人投降

福基斯人遭剥夺的在近邻同盟议事会上的表决权落到了腓力手中

在西西里，戴奥尼索斯重新统治叙拉古

68　古典世界的战争

喀罗尼亚战役（公元前338年）

	希腊联军	马其顿
步兵	雅典人、优卑亚人、科林斯人10,000 墨伽拉人、莱夫卡斯人、科基拉人、8,000 底比斯人12,000 雇佣军5,000（主要是轻盾兵）	持盾卫队3,000 方阵步兵24,000 雇佣军5,000（包括色雷斯轻盾兵、掷石兵和掷枪手）
骑兵	无	重骑兵1,800 轻骑兵400

公元前339年，马其顿的腓力入侵希腊中部。这一行动促使敌对城邦雅典和底比斯结为同盟，以反对腓力。他们先是封锁了道路，并在大批雇佣军的支援下阻挡了腓力的进军步伐，但腓力歼灭了阿姆菲萨的守军。联军火速集结于喀罗尼亚。

1 联军占领了位于卫城和河流之间的一处有利位置。腓力率领马其顿持盾卫队驻于右翼，而亚历山大则指挥骑兵部队陈于左翼。腓力以斜线式方阵前进——这让人想起他的老师伊巴密浓达创造的战术。当双方开始交锋时，他退却了（可能是一种佯装），雅典人蜂拥向前，导致联军阵线中央出现了一个缺口。

2 亚历山大以楔形阵穿过这一缺口，攻击底比斯军的后方。当腓力的中央方阵前进时，他停止撤退，并向雅典人发动进攻。乱作一团的雅典军崩溃了。与此同时，马其顿轻盾兵袭击了神圣兵团的侧翼。底比斯人同时被两股骑兵包围，一个个倒在自己的战斗之处。神圣兵团的300名成员中有254人战死，其余皆负伤。雅典军损失了1,000人，另有2,000人被俘，底比斯人的损失情况与之大致相当。

这场战役标志着职业长矛兵全面压倒了由公民组成的重装步兵。希腊从此听由腓力摆布。

▲ 马其顿的腓力二世往往以策马扬鞭的形象出现在钱币上，与之一同出现的是他的名字"腓力波斯"（Philippos），这个希腊语名字的意思是"爱马者"。

◀ 在喀罗尼亚战役中战死的底比斯人的坟墓，这只巨大的石狮子为其亮点。在随后的岁月里，这座纪念碑得到了大规模整修。

的装备比方阵士兵的可能要轻一些，但比轻盾兵的要重一些。在喀罗尼亚战役的战术实施中，他们做出了卓越贡献。他们假装撤退，诱使毫无经验的雅典人构成的左翼前突，这样一来，对面的希腊军战线上就出现了一个致命的缺口，致使右翼的底比斯人遭到围歼。

公元前359年，马其顿的腓力二世在困难重重的情况下掌权。然而，他除掉了王位竞争对手，收买了入侵的潘奥尼亚部落，击退了伊利里亚人。在他还是个15岁的孩子时，他曾入底比斯为质。在那里，他非常欣赏希腊人的生活方式，并受到赞扬。他还学到了底比斯人的战术，特别是经伊巴密浓达改进过的步兵集群战术。

公元前357年，腓力占领了安菲波利斯，从而控制了通往潘盖乌斯山脉金矿的通道，保证了马其顿经济和政治的未来。他将安菲波利斯秘密交给雅典人，以换取有着重要意义的港口皮德纳。在得到了雅典人的默许后，他就占领了皮德纳和波提狄亚（公元前356年），但并未将安菲波利斯交出去。他将波提狄亚送给卡尔基狄刻联盟的领袖城市奥林索斯，但等到公元前349年时机成熟时，他就围攻了奥林索斯，并残酷地将它夷为平地，将该联盟的其他城市变成了自己的附庸。

公元前353年，腓力抓住了另一个机会，支持底比斯及其卫星城反对邻国福基斯。这场战争原属宗教性质，与德尔斐神庙的资产有关。腓力起初未能战胜福基斯人，但他在公元前346年彻底将其击溃，并夺占了后者在近邻同盟议事会中的位置——德尔斐神庙与神庙财产的管理者。

公元前340年的战事令腓力将注意力转向东北部前线，当时雅典人与波斯人对他的政策感到恐惧与愤恨，他们鼓动佩林索斯和拜占庭向腓力寻衅。尽管这两座城市一座也没能拿下，但他还是发动了针对西徐亚人和其他巴尔干部落的战争，并获得了胜利。公元前339年，他的投机主义作风令他再度卷入德尔斐神庙财产的争夺战中。底比斯处于马其顿的武力威胁之下，雅典人发现自己身临险境，遂在德摩斯梯尼的极力劝说下，与昔日的敌人底比斯结为同盟。然而，腓力在公元前338年的喀罗尼亚战役中击败了与之对抗的希腊联军。

腓力如今是北希腊的主人了。在科林斯会议之后，他成了一个泛希腊联盟的首领，并以此为借口，在温泉关、哈尔基斯、底比斯和科林斯的战略要地设置了驻军。他于公元前337年遭刺杀，死于马其顿的内部阴谋。王后奥林皮亚丝（Olympias）曾因腓力偏好另一位竞争者而被逐回娘家，后被政敌指控为谋杀腓力的同谋。然而，马其顿人民仍然对奥林皮亚丝心怀敬意，尽管她无疑是个有仇必报的人。后来，她也被人谋杀。

腓力并未因一时冲动就不顾后果，这种冲动频繁地使希腊城邦卷入彼此之间的战争中。在行动时机到来之前，他能够完全掩盖自己的意图和想法。然而，尽管他在这方面是一个老道的伪装者，但他并不会被自欺欺人的感觉迷惑。他对希腊文化的钦慕是发自内心的，他可能真诚地认为，希腊人需要他的领导。事实上，一些希腊能人是赞同这一想法的，腓力的这些支持者在他的成功之路上做出了重要贡献。他的儿子亚历山大大帝继续执行他的政策，并成功实现了他之前制订的征服计划——而且可能达到了腓力连做梦也没有想到的地步。

第5章　亚历山大大帝

鲜有军事指挥官能取得与马其顿的亚历山大三世类似的成就，后者在其短暂的一生中，创建了一个从希腊一直延伸到印度的帝国。如果他还活着的话，将已知世界全部并入自己统治之下的梦想或许就变成了现实。

原始资料来源

亚历山大大帝，第三位拥有这个名字的马其顿国王，为腓力二世之子，许多人曾为他作传，关于他的征服的故事为众多古代历史学家所记录。在现存的著作中，阿里安（即弗拉维乌斯·阿里安努斯［Flavius Arrianus］）的作品最为全面，也最为可信。阿里安生活在2世纪，他既是一位哲学家，也是一名实干者。他是罗马皇帝哈德良（Hadrian）治下的卡帕多西亚行省的总督，在任职期间，他抵御并击退了俄罗斯南部游牧民族阿兰人对帝国领土的一次入侵。作为一名军人，一个土生土长的小亚细亚东部人，一个曾在这一地区经历了军事历练的人，他能够极好地胜任修撰亚历山大亚洲征战编年史的工作。他自行选择材料和引文，

▼ 1831年在庞贝发现的，绘有伊苏斯之战中的亚历山大和大流士形象的马赛克镶嵌画。这是基于与亚历山大大帝同一时期的希腊艺术家的作品而创作的。

主要依靠的是时间较早但未留存到现代的、亚历山大将领托勒密的历史著作。托勒密是埃及托勒密王朝的建立者，随着克里奥佩特拉在亚克兴海战一年后的公元前30年死去，这个王朝也在同一年宣告终结。

除了托勒密，阿里安还使用了另一名受到亚历山大信任的官员阿里斯托布鲁斯（Aristobulus）的记载。此人是一名技术专家，凭借自己的技术为马其顿军队效力。阿里安的作品被命名为《亚历山大远征记》（Anabasis of Alexander）。"Anabasis"是一个希腊语单词，曾被色诺芬用来作为记录居鲁士远征行动的作品的标题，在此处的意思是"一次内陆之旅"。阿里安也转述了尼阿库斯（Nearchus）的记录，后者是亚历山大舰队的指挥官。其著作名为《印度记》（Indica），以对印度及其风俗的描述作为开头，但主题是由尼阿库斯指挥的亚历山大舰队所完成的一次航海行动，行动的目的在于为从印度返回波斯（航行从印度河河口至底格里斯河）

的马其顿军队提供支持。

阿里安还尝试着将他认为有一定历史价值的其他作品纳入自己的写作材料之中。但从他所做的区别性备注可以看出，很多此类作品对亚历山大的描述都几乎毫无历史价值可言。对于某些作者来说，亚历山大的人生故事或许只是可以用来穿插各式各样子虚乌有、耸人听闻的材料的传说而已。他与亚马逊人和她们的女王奇遇的故事（阿里安曾暗示这个故事可信度极低）即属于此类。其他带有传统希腊式民主自由色彩的亚历山大传记，将亚历山大和其父视为希腊民主自由进程的毁灭者。这类作品属于肆无忌惮的诽谤之言。托勒密与阿里斯托布鲁斯作为忠于亚历山大的军官，其情感天平自然倾向于后者，但其他完全不尊重客观史实的作品，则不能被视作对这一倾向的纠正。

普鲁塔克的亚历山大生平似乎是在使用了大量不同材料的基础上写成的，因此，他的作品不可避免地存在前后不一致的问题。

公元前341年
在西西里，提莫里昂在克里麦沙河战役中击败迦太基人

公元前341/340年
佩林索斯和拜占庭在雅典及波斯的支援下成功地抵御了腓力的进攻

公元前338年
腓力利用近邻同盟内讧的机会，再度进入希腊

另一位传记作家昆图斯·库尔提乌斯·鲁夫斯（Quintus Curtius Rufus）写于1世纪的作品则显得混乱不清，但即便如此，我们仍能从中得到某些有用的信息。狄奥多鲁斯·西库鲁斯的作品或许也是如此。但库尔提乌斯和狄奥多鲁斯都严重依赖科里塔库斯（Clitarchus）的作品，后者可能成书于公元前3世纪。科里塔库斯是古代历史学家中的无名之辈，现代历史学家很难搞清楚他在史实中掺杂了多少虚构成分。

腓力死时的政治局势

让我们来审视一下亚历山大继承其父之位时的局势。在公元前338年的喀罗尼亚战役之后，腓力有资格对其他希腊城邦发号施令了，但他显然希望后续的和平协议都应以看似协商的形式来达成。在科林斯会议后，他组建了以自己为首的希腊城邦联盟。绝大多数重要的希腊城邦都从属于这一联盟，只有斯巴达是个明显的例外。腓力随即宣布以希腊的名义向波斯开战，所列举的理由是波斯人曾于上一个世纪初入侵希腊。希腊人以某些年代久远的冲突或侮辱作为宣战借口是一种惯例。这种旧怨重提的做法为开战动机抹上了一层高尚的色彩，令这场战争看上去带有几分十字军战争的味道。伯罗奔尼撒战争就是在这种相互揭丑中拉开序幕的。除了腓力的扩张野心，任何一个想要一统希腊的人都不可能不将波斯视为敌人。波斯人依旧控制着众多爱奥尼亚城市，并明目张胆地将这些城市作为贿赂工具和外交筹码，以不断挑起彼此对立的希腊自由城邦之间的冲突。

希腊联盟的各个城市一听到腓力的死讯，立刻否决了之前签订的同盟协议。但马其顿驻军依旧控制着希腊的各个战略要地，其中包括底比斯和科林斯的卫城。因此，当亚历山大以他典型的风格火速率军南进时，各个城邦的抵抗便瓦解了。这一次，亚历山大并未采取任何惩罚措施，科林斯同盟得以平稳重建。

更为严重的是来自与马其顿北部接壤的色雷斯及伊利里库姆地区部落民的军事威胁。在与他们打交道的过程中，无论是马其顿的战争机器，还是亚历山大的处事能力，都经受了全面考验，但他们也因这次考验而声名鹊起。

除了外敌的威胁，亚历山大发现自己面临着来自马其顿王朝统治中心的更为隐秘的挑战。关于王位继承人的问题在腓力在世时就已经出现。这位国王将亚历山大的母亲奥林皮亚丝抛到一边，迎娶了一位名叫克里奥佩特拉的新王后。这导致王位继承人的人选变得不确定起来，引得其他王室后裔蠢蠢欲动。然而，尽管亚历山大对其父心怀怨愤，他还是迅速惩处了杀害腓力的刺客，接着又处死了3名潜在的王位觊觎者，他们可能是（也可能不是）这起谋杀案的从犯。奥林皮亚丝在没有征得亚历山大许可的情况下就替他做了该做的事——处死了克里奥佩特拉和她那尚在襁褓中的女儿。尽管马其顿人声称自己是希腊式宪政理念的保护者，但他们的政体却是不折不扣的君主制，通常也用君主制政体的手段来解决争端。

与此同时，为入侵波斯而做的准备工作也在迅速进行着。腓力已经派出了一支上万人的部队，在一支舰队的支援下越过了赫勒斯滂。小亚细亚的希腊城市视腓力为解放者，热情迎接他的到来。事实上，这支部队只是一支前锋，在腓力死时，他们正在等待这位国王率领主力到来。当下进攻可谓恰逢其时，因为波斯宫廷正被内部阴谋和弑君事件搅得动荡不安。这也是亚历山大必须尽快进行备战工作的原因所在。

亚历山大的性格

亚历山大在其父身亡那年只有20岁。经验与年龄往往成正比，但亚历山大还是个乳臭未干的孩子时，就已经积累了丰富的经验，从而成为一名合格的军人、管理者和外交家。当腓力外出远征拜占庭时，16岁的亚历山大成了马其顿的摄政者，他主动率军与反叛的色雷斯部落作战，将他们从其最重要的城市中驱逐出去，并用来自各地的移民填充这座被命名为"亚历山德鲁波利斯"的城市。在喀罗尼亚战役中，他率领腓力的精锐骑兵团迎战底比斯圣团，从而被誉为无畏的勇士。在签订和平协议后，他还和其他使节一起前往雅典，将雅典战死者的骨灰交给这座城市。

作为一名军事指挥官，亚历山大向世人展现了他的足智多谋与随机应变的天赋。这些才能在其父死后不久爆发的色雷斯战役中得到了体现。有一次，敌人试图用这样的手段击溃他的军队：他们将一队没有马具的双

◀ 卡帕多西亚地区的典型地貌，亚历山大就是通过这里进军的。在亚历山大征服波斯帝国后，卡帕多西亚独立，并与北方的本都分离。

腓力在喀罗尼亚战役中击败了底比斯、雅典及其他希腊城邦

在波斯，阿尔塔薛西斯三世遭其臣属巴戈阿斯谋害

公元前336年
已计划入侵波斯的腓力在佩拉遭到暗杀

轮战车从一座位于马其顿人头顶上方的陡峭斜坡上放下去。亚历山大命令马其顿方阵散开队列，任由战车猛冲而过。那些无法以这种方式避险的人则卧倒在地，将盾牌连在一起以保护自己，让战车从自己身上碾过。这些命令得到了执行，马其顿人因而无一伤亡。

在作战时，亚历山大视地理方面的障碍如浮云。当色萨利人在坦佩阻断了他进军希腊的道路时，他的先头部队在奥萨山的岩石峭壁上掘出了一条军用通道，使他得以迅速迂回到正在守株待兔的敌人后方。在与北方部落的战斗中，他同样展现了自己足智多谋的一面：他征用当地渔船作为运输工具，出其不意地越过了多瑙河。

与腓力和之前的马其顿诸王一样，亚历山大也迫切地表现得像希腊人。马其顿是一个半希腊化的民族，语言为吸收了大量蛮族元素的希腊方言，因而希腊人再也无法听懂他们的话。但马其顿贵族既说希腊语也说马其顿语，并祭拜奥林匹亚诸神，因而得以被希腊运动委员会接纳为奥林匹克运动会的参赛者。哲人亚里士多德曾是亚历山大的家庭教师，因而这位年轻王子对荷马与广泛的希腊文化有着浓厚兴趣是人尽皆知的。事实上，他甚至不满足于当一个希腊人，而是想昭告天下：自己是希腊之神，宙斯之子。有谣言称，宙斯曾变成一条蛇来接近他的母亲。

鉴于亚历山大的承诺在情感上如此倾向于希腊，当我们看到他的举动时，便不免感到惊讶了。他在征服波斯后，接受了波斯人的服饰与习俗，并强迫手下的马其顿军官们也要接受。他的亲希腊感情可能是一种发自内心的热情，但他的东方主义或许是一种策略，为的是安抚被征服的帝国。事实上，亚历山大的性格充满了矛盾。他对个人安危与艰难险阻看得无足轻重，同时又嗜酒如命，暴躁易怒，导致其犯下种种过失与暴行。有一次，他因为喝醉了酒而一下暴怒起来，杀死了自己的老朋友、富有经验的将领克雷塔斯（Clitus）。还有一次，他仅仅因为心血来潮，就将被自己攻占的波斯波利斯城焚毁，尽管这样的做法与其一贯主张的怀柔政策完全背道而驰。在俘虏了大流士的女眷后，他对待她们彬彬有礼，举止颇有骑士之风。若

马其顿步兵

营级作战单位 *（右图）

方阵中的基本步兵单位为由16个16人纵列（lochot）组成的规模为256人的营（syntagma），由位于右翼的营长（syntagmatarch）指挥。这一作战单位有能力在战场上完成由标准队形纵深向双倍队形纵深转化的复杂动作，为完成这一动作，势必需要一些次级军官。每个纵列由一名队长（lochagos）统率，而他的副手（ouragos）则坐镇后军。什长（hemilochites）为半支纵列的指挥者，而伍长（enomotarch）则为四分之一纵列的指挥者。最前排作战单位的指挥体系如下：每一名班长（dilochites）统率2个纵列，每一名排长（tetrarch）统率4个纵列，每一名连长（taxiarch）统率8个纵列，每一名营长统率16个纵列。另有5人随同方阵一道行动，包括1名传令兵、1名通信兵、1名号兵、1名特别副队长（负责集结掉队者）和1名副官。

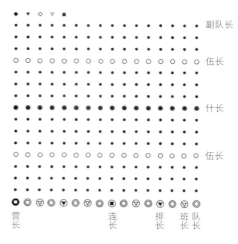

副队长
伍长
什长
伍长

营长　　连长　排长　班队长长

* 这是训练操典中罗列的作战队列，资料来源于公元前1世纪的阿斯克勒庇欧多图斯的著作。

持盾卫队和方阵步兵

持盾卫队成员的装备仍是一个有着极大争议的话题。我们知道，他们并不属于步兵方阵的序列，但对于他们的装备，人们则各有各的看法。左图中的战士携有一支长12英尺（3.6米）的刺矛和盾牌，其形制类似近年来在腓力陵墓中发现的实物。另一种观点则认为，持盾步兵的形象与标准的方阵步兵（如右图）相近。此人是一名队长，因而他的装备比他麾下的许多低级军官更精良。他手持一支长15英尺（4.5米）的萨里沙长矛，他的无边盾牌由一个颈圈维系，这使得他在作战时能够双手持握沉重的长矛。他戴着"带胡须"的色雷斯头盔，穿着一对护胫。

他是中世纪传说中的一位骑士，此举本可为他赢得一片赞誉。但他对待提尔和加沙的幸存者的手段可谓极其残忍，更不用说底比斯人了。2,000多年来，我们只是注意到这些矛盾之处，却无法加以解释。由于亚历山大去世时仅32岁，因而可能有人认为他几乎没有时间来塑造自己的性格。

亚历山大的军队

如果亚历山大没能激发部下高昂士气的话，他的征服之路不可能走得那么远。如此高昂的士气，在很大程度上是被他个人的勇气和领袖才能带动起来的。除此之外，马其顿军队的编组形式也意在鼓舞全军的团队协作精神。由于公元前5世纪的旧式公民重装部队代表了唯一的社会精英阶层，因而已经实现了这一点。公元前4世纪的雇佣军则一直

▲ 发现于小亚细亚的帕加马的亚历山大大帝头像，制作年代可追溯至公元前2世纪。亚历山大的肖像往往以年轻而无须的面目出现。

公元前336年
亚历山大成功继承马其顿王位　亚历山大强迫希腊各城邦臣服

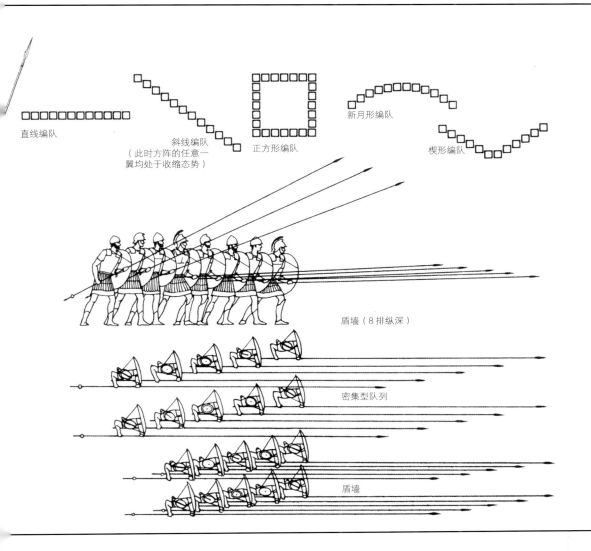

直线编队

斜线编队
（此时方阵的任意一
翼均处于收缩态势）

正方形编队

新月形编队

楔形编队

盾墙（8 排纵深）

密集型队列

盾墙

在开放式队列中，一个营中的每名士兵均占据长宽皆为6英尺的空间（1.8米×1.8米）。在与敌人交战时，即紧急变为密集型作战队列，这样每名士兵占据空间的长和宽都变成3英尺左右（0.9米×0.9米）。当方阵向着战场前进时，这一队形即为标准作战阵形。如左下图所示，前5排士兵的长矛的长度足以让矛头伸到方阵第一排士兵的前面。他们的盾牌必然比大圆盾要小，颈圈也是不可或缺的装备，这两点也可用萨里沙长矛须用双手持握来解释。当方阵处于防御状态时，它会变成一种"盾墙"阵形。在这一阵形中，每名士兵占据的空间的长和宽均为18英寸左右（0.5米×0.5米），并以侧面朝向敌人。他们将自己的盾牌倚在前面的人的后背上，向前推挤，这样就构成了一道坚固的防御墙。在这一阵形下，方阵只能向前移动。亚历山大在希达斯佩河对阵波鲁斯的象军时，即以此阵形应对。这种长矛密林所蕴含的可怕威力是显而易见的，须历经严格的训练方能避免出现灾难性失误。可应用于实战的各种战术编队进一步证实了这一时期方阵训练的严格程度，其中一些编队在左上图中已有体现。它们均得到了广泛应用，且无疑有着激发战士们的团队作战精神的作用。亚历山大的步兵部队的战时管理制度证明了，它是一支真正的职业军队。

（在他们能够保持团结一心时）以敬业精神作为团结的纽带。训练有素的雇佣军战士信任自己的战友，也重视在才华横溢的指挥官手下效力的机会。亚历山大无疑在入侵小亚细亚的战争中使用了雇佣军，在进一步东进时则对他们更为倚重。同时，基于某些我们已提及的原因，维持一支从本国富裕公民阶层中征募的重装步兵部队，并不符合一位独裁统治者的利益。因为这些原因，马其顿国王也必须找到构建"团队精神"的新手段。

我们已经知道了伙友步兵和持盾卫队（这个词的本意是"侍从"或"负甲人"）的存在。伙友骑兵队（hetairoi）以王家骑兵卫队为首。后世的作家们提到过一支"银盾"步兵队，这个名称暗示着它是一支精锐部队。一般而言，精英主义在亚历山大的军队中是一个重要的原则。从早期到晚期，精锐部队一直是马其顿军队中最有特色的部队。在作战时，他们组成先锋部队，一支先锋部队被称为一支"艾格玛"（agema）。"艾格玛"一词在希腊语中意为"被领导的部队"（这一用法见于色诺芬的《斯巴达人的政制》），可能用于指代整支野战军。在马其顿语中，这个词的含义就倒过来了，指"先头部队"。一支马其顿艾格玛可能是一支步兵或骑兵部队的先锋部队。持盾卫队组成了一支艾格玛，王家骑兵中队（ile）则是伙友骑兵队（他们本身就是一支精锐部队）的艾格玛。在亚历山大的东征战役中，在伙友骑兵队被重组为数个骑兵团（hipparchiai）后，王家骑兵中队仍担任这支骑兵部队的先头部队。

这支部队在技术装备层面也实现了多元化，从实用角度来看，其组织结构也是高度复杂的。从中可以看出，"轻装部队重装化，重装部队轻装化"的趋势在公元前4世纪达到了顶峰。然而，不同兵种之间仍存在着明显的区别，就像适用于不同目标的手段之间的区别一样。伙友骑兵是披甲的重骑兵，而色雷斯和马其顿前哨骑兵（prodromoi）则是轻骑兵的代表。亚历山大也使用弓箭手、掷石兵和轻盾兵，此外，作战部队身边伴随着数量庞大的技术人员和工程人员，他们的能力在其所肩负的技术含量颇高的攻坚任务中得到了充分体现。

从某种程度上说，亚历山大的战术手段看上去可能显得有些模式化，以至于不太可能达到出奇制胜的效果。进攻战的头号利器是伙友重骑兵。攻势由侧翼发起，同时中央的步兵方阵挡住敌军的去路，而左翼的轻骑兵则负责抵御企图包抄方阵的敌军。然而，这一常见的进攻模式留有随机应变的空间。对进攻时机的选择（可以轻而易举地转守为攻）是最为重要的，亚历山大在这一方面的判断从未出过差错。此外，步兵方阵本身就

公元前335年
亚历山大在色雷斯和多瑙河作战

亚历山大击败伊利里亚人

亚历山大镇压希腊各城邦起义，并夷平底比斯城

是一个高度灵活的单位，可以排列成多种不同的阵形。它可以排成一个正方形，并扩展成宽面向敌的长方形，或者变为一个可正面迎敌或与敌军队列形成一个倾斜的对角的实心阵。此外，它还能摆成楔形或箭头形。尽管萨里沙长矛的全长达17英尺（5.2米），但某些方阵士兵的装备似乎仍比其他人的要轻得多。不同装备部队的定位和用法可能是决定战术灵活性的另一个因素。毫无疑问，亚历山大的方阵士兵装备的萨里沙长矛比后世军队的要短。（古代计量以腕尺为单位，而不同地区的腕尺标准各不相同。这种差异可能是许多古代测量值至今仍争议不断的原因所在。）

希腊城邦的叛乱

在进军亚洲之前，亚历山大必须确保位于希腊大陆和巴尔干半岛的后方基地及爱琴海交通线的安全。先前在色雷斯和伊利里库姆进行的战争已经将当地人制伏。可以肯定的是，他希望在政治层面上充分获得希腊各城邦的同情，以确保腓力在喀罗尼亚战役后部署在底比斯和其他希腊城市的驻军能够得到支持。但就这一点而言，他无疑大失所望。当他与伊利里库姆部落作战时，关于他已战死的谣言流传开来。在雅典，在反马其顿派演说家德摩斯梯尼的策划下，有一个人站出

来宣称他目睹了亚历山大之死。德摩斯梯尼还接受了波斯人的资金，用于策划在底比斯发动的叛乱。在底比斯，两名马其顿军官被杀害，马其顿驻军遭到围攻。尽管此时亚历山大还只是初出茅庐，但仅仅一则关于他已战死的谣言就足以引发一场叛乱，其个人威望之高由此可见一斑。事实上，这场叛乱给了他一个采取比之前严厉得多的手段的借口。他火速进军希腊。底比斯被攻陷，在之前腓力建立的有名无实的希腊同盟的裁决下，这座城市的城墙和房屋被夷为平地，幸存的公民被卖为奴隶。与底比斯敌对的福基斯人和波奥提亚人很乐意站到亚历山大一边，在城

公元前334年

亚历山大进入亚洲

亚历山大在格拉尼卡斯河击败了波斯的小亚细亚的总督

门农逃走，并在米利都和哈利卡纳苏斯集结抵抗力量

亚历山大挥师南进，留下帕尔米奥率军镇守以弗所

提莫里昂大约于该年在西西里去世

市陷落后随之而来的大屠杀中，他们表现得比马其顿人更为残忍。亚历山大对待雅典人的态度是温和的，出于对希腊宗教和文化的敬意，他在底比斯时坚持认为，这座城市的神庙与著名诗人品达（Pindar）的后裔应得到宽恕。还有一些家族因为同情马其顿人或与马其顿人有着关系，也得以幸免。如果说亚历山大的性格中同时存在宽容与残忍的一面是为了应付形势需要的话，那么可以说他具备了一名军事指挥官所必需的能力。或许在任何时候，他都有必要根据实际情况来选择

自己的行事作风。残酷手段引发的复仇之心可能会让抵抗变得更加坚决，但如果一味怀柔，则只会被认为是软弱的表现。

公元前334年，亚历山大率领40,000人马越过赫勒斯滂，与之前已被其父部署在亚洲桥头堡的马其顿军队会合。希腊大陆稳如泰山。伯罗奔尼撒人并未参与造反，底比斯已不复存在。至于雅典人，就算去掉他们当中为数众多的马其顿支持者，剩下的人也被底比斯人的前车之鉴所吓倒。对于小亚细亚的希腊城市而言，亚历山大的到来就意味着自由（就他们自己所理解的），因而他们已经以同盟者身份等待着他了。亚历山大打算

放弃错综复杂的交通线，从日益扩大的被征服地区为其部下获取补给。尽管如此，他还是无法在后方留有敌方重兵的情况下挥师东进。这支敌军中既有3名波斯总督在赫勒斯滂附近的格拉尼卡斯河畔集结的部队，又有作为后备力量的腓尼基海军（亚历山大所能集结的战舰数量相对较少）。他的舰队中虽然也有马其顿船只，但绝大部分船只由希腊同盟提供，其总数约为200艘。然而，亚历山大的战略是攻占敌人的海军基地，从而经陆路摧毁波斯舰队。在古代战争中，经常有人提出这一便捷之策，这一战略显然是根据古代战舰体形小、构造简单的特点而制定的。一支舰队无法在远离适宜停泊的海岸的地方逗留太久。此外，一旦舰队损失了舰船，进行补充是很容易的。波斯人拥有充足的资金来建造新船和招募水兵（只要他们愿意），因此占领他们的港口和造船厂比摧毁他们的舰队更为重要。

格拉尼卡斯河战役

进入亚洲之后，在歼灭威胁到己方东侧翼的波斯军队之前，亚历山大无法向南前进。因此，他率军沿着与赫勒斯滂南部海岸大致平行的路线向敌人开去，并派遣侦察部队打头阵。在过去，侦察部队和警戒部队被希腊军事指挥官看得无足轻重（雅典人本可免遭被全歼命运的伊戈斯波塔米战役便是其中一例），但亚历山大已经在其父的军队中受到了良好的训练，马其顿的战争机器如今正在科学地运转着。

波斯人在兵力上与入侵者几乎旗鼓相当，但在步兵数量上则稍逊一筹。他们的部分军队由希腊雇佣军组成，这支重装步兵部队是马其顿军队的可怕对手，其规模达到近20,000人。这一数字被怀疑有所夸大，但它的记录者是阿里安，他的著作是最为可靠的资料来源。经过精心挑选的波斯军阵地位于一条很深的河流的对岸。亚历山大的副指挥官、曾奉腓力之命率领前锋进入亚洲的帕尔米奥（Parmenio）建议等待时机，但亚历山大的想法则相反，他决定立刻进攻。

尽管面临地形方面的不利条件和格拉尼

▼ 这幅地图展示了亚历山大大帝征服期间发生事件的先后顺序，其征战范围跨度之大可谓空前绝后。

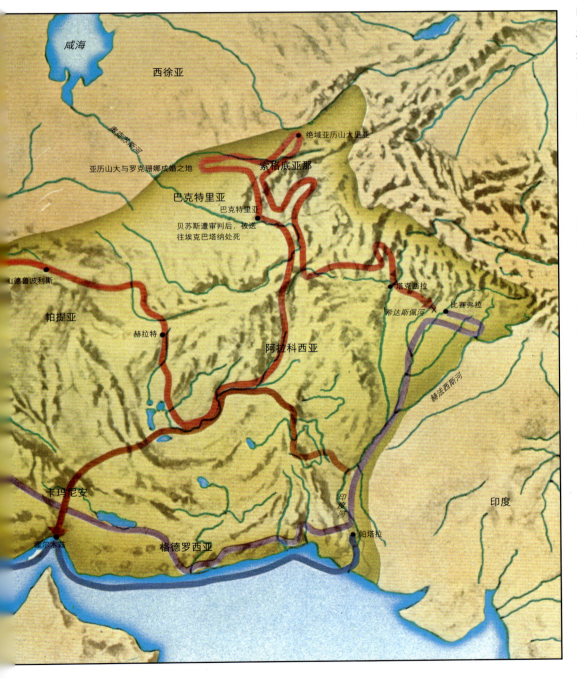

咸海

西徐亚

绝域亚历山大里亚

亚历山大与罗克珊娜成婚之地

索格底亚那

巴克特里亚

巴克特里亚

贝苏斯遭审判后，被送往埃克巴塔纳处死

山德鲁波利斯

帕提亚

赫拉特

阿拉科西亚

塔克西拉

希达斯佩河

比赛弗拉

赫法西斯河

卡玛尼安

格德罗西亚

印度河

印度

帕塔拉

霍尔木兹

公元前333年
门农去世　　亚历山大在戈尔迪乌姆与帕尔米奥重新会合　　亚历山大穿过陶勒斯山脉的一个隘口（奇里乞亚山口），抵达塔尔苏斯　　亚历山大在伊苏斯战役中击败波斯的大流士三世，并拒绝了大流士的和议

卡斯河的阻碍，但在接下来的战斗中，马其顿人仍以常规战术应对。步兵方阵与敌人交锋，同时骑兵部队从右翼发起攻势。最后的战斗是在河中和河岸上短兵相接，就像一场步兵之间的战斗一样。在这场战斗中，装备长矛的马其顿骑兵战胜了拿着短标枪的波斯骑兵。而波斯人也能在近距离作战时发挥他们的弯刀的威力——连亚历山大本人都差点成为这种兵器的受害者。

从某个方面来看，阿里安的记载很像一篇叙事史诗，它将侧重点放在以双方领袖之间的决斗为中心的一场战斗上。波斯人显然是想干掉亚历山大本人。他那身闪闪发亮的标志性行头和身边的随员令他变得极易辨认——可能有人会想起库纳克萨战役中，居鲁士的战死甚至让一场胜利变成了失败的例子。当时，居鲁士选择将阿尔塔薛西斯作为自己的攻击对象。挑选敌方领袖作为特别目标，很可能是波斯人的常用战术。

亚历山大的侦察部队率先接近并进入河中，他们无疑标明了最佳渡河地点。格拉尼卡斯河尽管能够涉水而过，但可想而知，到

了春季河水也会变得相当深。在深水中，骑兵可享有某些优势。波斯人的远程火力如雨点一般从高高的河对岸飞来，但马其顿骑兵的铠甲无疑提供了良好的保护。亚历山大率军从斜刺里顺流而下。这支部队的前锋因而得以在河岸较低处开拓了一处登陆点，一等桥头堡安全了以后，马其顿人便能转过身来，以斜线队列面对敌人。

率先渡河的马其顿前锋部队伤亡惨重。但亚历山大与伙友骑兵队却竭尽全力，紧紧跟在他们的后面。与波斯国王不同，亚历山

格拉尼卡斯河战役（公元前334年）

	亚历山大	波斯
骑兵	伙友骑兵1,700 前哨骑兵800 色萨利人1,700 希腊人600 潘奥尼亚人200	巴克特里亚人2,000 赫卡尼亚人1,000/2,000 帕弗戈尼亚人1,000 卡帕多西亚人1,000/2,000 其他民族8,000/10,000
重装步兵	方阵步兵12,000 希腊同盟军的重装步兵7,000 持盾卫队3,000	希腊雇佣军重装步兵5,000/8,000
轻盾兵	色雷斯人6,000 希腊雇佣军轻盾兵5,000	希腊雇佣军轻盾兵1,000/2,000
轻装部队	伊利里亚人1,000 阿吉里亚尼亚人500（掷枪兵） 克里特人500（弓箭手）	当地征召士兵5,000/8,000（弓箭手和长矛手）

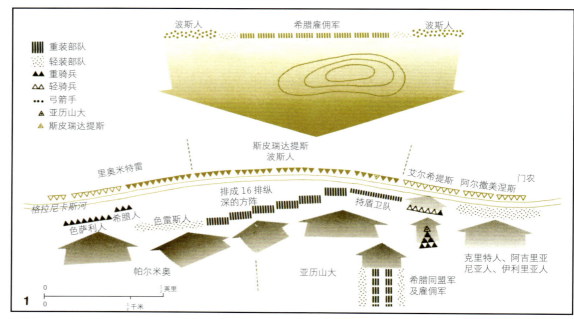

1 波斯总督们决定与亚历山大交战，因而朝格拉尼卡斯河进发。亚历山大意识到了这一点，疾速向河流进发。波斯骑兵率先赶到，他们打算扼住河岸，直至己方步兵抵达。亚历山大甫一抵达，就将部队朝着战场左侧铺展开来。为了抢在波斯步兵的前头，他下令立刻发动攻击。他的轻骑兵部队和伙友骑兵部队的一个中队强行渡河，占领了一处立足点。亚历山大及伙友骑兵迅速渡河，他们的目标是斜对面的波斯军中军。亚历山大军全线出击。

2 一场激战在亚历山大身边展开，斯皮瑞达提斯阵亡。后者的赫卡尼亚部队在持盾卫队和伙友骑兵队的攻击下崩溃了，接下来就是一场全面溃败。波斯步兵跟着溃退，但希腊雇佣军打算以较为有序的队形撤退。

3 亚历山大继续进攻，将半数的希腊步兵堵在了一座低丘上，直到他们被马其顿步兵团团包围。亚历山大决定将他们树立为"背叛者"的反面典型，因而拒绝了他们的投降。当他们中的许多人被杀死时，亚历山大将剩下的人扣为战俘，给他们戴上锁链，送往马其顿矿山服苦役，用以警示后人。

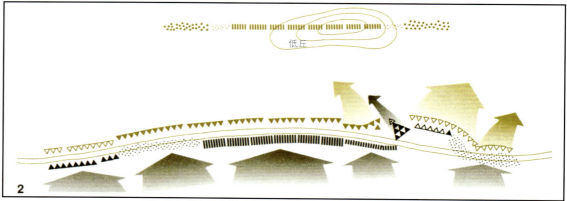

公元前332年
亚历山大围困并攻下提尔，绝大多数巴勒斯坦城市均归降于他

加沙遭围攻后陷落

亚历山大率军进入埃及，但未遇抵抗

亚历山大计划兴建亚历山大港

亚历山大于公元前332年（或公元前331年）冬拜访众神之王阿蒙的神示所（位于西瓦）

▶ 刻在来自西顿的亚历山大石棺上的希腊人和波斯人形象。值得注意的是样式与众不同的色雷斯头盔与极具波斯特色的头巾。

大并未被卫士簇拥着，而是走在他们的最前头。此举或可被视为亚历山大无畏精神的标志，也可被解读为一种鲁莽之举。

越来越多的马其顿骑兵从河床处登岸，他们打垮了对面的敌方骑兵，波斯军队的两翼最终溃散而逃。中央的希腊雇佣军仍坚守在原地。正如阿里安用刻薄的语气所评论的那样，他们并非胸有成竹、稳如泰山，而是因大难临头而吓得无力动弹。他们很快被两翼包抄的亚历山大骑兵挤向长矛如林的步兵方阵的正面，遭到了无情的屠杀，几乎无人得脱。2,000名幸存的战俘戴上锁链，被送回马其顿，以希腊叛国者的身份被判处苦役之刑。被亚历山大视为希腊人的马其顿人占了全军的近半数。希腊同盟提供的兵员和亚历山大招募的一些希腊雇佣军所占比例则超过四分之一，其余人员则来自色雷斯、潘奥尼亚和其他北方部落。然而，这支被击溃的希腊雇佣军的一名将领，罗德岛的门农（Memnon of Rhodes），既没有战死，也没有被俘，而是活到了下一场战役爆发时。他不顾一切地反对在格拉尼卡斯河开战，因而招来了某些波斯人的反感。

格拉尼卡斯河战役之后

格拉尼卡斯河战役的结果无疑使波斯国王大流士三世重新对门农信任有加，这位希腊指挥官的战略是合理的。他曾希望避免与马其顿人正面会战，在亚洲地区实施焦土政策，在海上和沿海地区的海军基地构筑防线，并切断亚历山大与其舰队的联系。当门农得以侥幸逃生时，他的计划仍有很大的付诸实践的可能性。然而，众多沿海城市以及萨迪斯这一波斯大道上重要的交叉点，均在进行了微弱的抵抗或干脆无任何抵抗的情况下迅速落入亚历山大之手。米利都依旧希望能够得到波斯陆军的支援，腓尼基和塞浦路斯舰队在米卡列下锚的事实也鼓舞了它的士气。但亚历山大抢在陆路和海路援军的前头攻占了这座城市。门农撤回哈利卡纳苏斯，

修筑了坚固的防御工事。被逐出该城后，他试图在爱琴海的主要岛屿构筑海军基地，这样他就不仅可以从海上威胁亚历山大的侧翼，还能将这些基地作为反攻希腊和马其顿的行动的跳板。对于波斯人而言不幸的是，门农突然得病死去。他的继任者们一度继续贯彻他的方针，但在安提帕特（Antipater，亚历山大留在后方负责管理希腊大陆的马其顿总督）小小地展现了马其顿海军的实力之后，他们最终放弃了门农的计划。

亚历山大将帕尔米奥和远征军主力留在萨迪斯。他率领自己的突击部队，绕过小亚细亚的西南端，沿着南部海岸行军，而后转而折向北方，在内陆地区的戈尔迪乌姆与帕尔米奥再度会合。从战略角度来看，这一行动似乎是多此一举，但亚历山大的远征行动有时带有勘察、朝圣甚至旅游的性质。无论在何时，他都会抓住一切机会，来了解这个已被他视为自己领土的帝国的特征。

与帕尔米奥会合后，亚历山大再度南下，进入奇里乞亚平原，威胁着叙利亚。一支无力守御重要隘口的波斯军队在亚历山大向这里开来时就逃走了。但由大流士亲自统御的波斯军队的主力正在更南方的叙利亚地区，等候着马其顿人的到来。就在此时，亚历山大突然被一场热病击倒，他前进的步伐停止了。

马其顿军队的停滞令大流士鼓起了勇气，他迂回至北部的隘口，突袭了伊苏斯

城，残忍地处决了滞留在当地的马其顿伤病员。这样一来，他就绕到亚历山大后面去了。亚历山大吃了一惊，但并没有被大流士的行动吓倒，因为后者率领的波斯大军（多达60万人）已经来到了被群山和海洋紧紧包围的一片平原上。在那里，他们的数量优势和远程部队的威力都无从发挥。然而，这片战场与波斯总督在格拉尼卡斯河战役中挑选的战场有些类似。大流士的军队列阵于河床后方，河流水道是干涸的，因为这是公元前334年深秋。国王的雇佣重装步兵被部署在中央，骑兵列于两翼。由于山区地形狭窄，几乎没有可供左翼部队施展的空间，因而波斯军右翼部队的兵力要雄厚得多。大流士还希望能突破马其顿军队的左翼，切断亚历山大与海路的联系。我们得记住在大流士迂回进军之后，两支军队位置互换了。

总体而言，亚历山大的胜利大多是在事先做好了侦察工作的前提下取得的。大流士集结一支部队于山坡之上，以避免遭到伙友骑兵的侧翼包抄。亚历山大派了一支轻装部队去迎击和抵挡这一威胁。他还派出帕尔米奥率领的色萨利骑兵，前去支援左翼部队。亚历山大是有可能在战斗开始之前迅速完成上述调整的。他的推进是从容不迫的，波斯人按兵不动，任其自由行动。

这场战役的进程与古代的许多战役一模一样。马其顿军队的右翼包抄敌人，让中央的步兵方阵承担敌人的压力。当右边的方阵

早期弩炮

已知最早的弩炮零件（比起依靠人力操作的发射装置是一个明显的进步）于公元前400年前后在叙拉古被发明出来，随后演化成结构精巧的弩炮。图中展示的是其早期发展形态。

腹弩

这原本是一种附有机械牵引装置的威力极大的弩，由一张弓、一具刻有棘齿的弩架和一个装有触发装置的滑块组成。在操作时，使用者将滑块向后拉，并用一只机械爪将弓弦钩住（见图示）。这种弩是用来对付某个固定目标的，如一堵墙或某片地面等，操作者随后将它安在弩架上，握紧弩柄并用自身重量将滑块依次压过一个个棘齿，直到弓弦被拉满，一支弩箭随机被放置在滑块上方的凹槽内。接下来便是瞄准，然后将触发装置的机簧向后一拉，让机械爪上翘，释放弓弦，从而使弩箭激射而出。这种机械装置的发明，令威力更大的弩得以应用于实战之中。（相较于拉力为40～60磅［18～27千克］的手拉弓而言，这种弩的拉力达到150～200磅［68～90千克］。）由于这种装置分量重，发射速度慢，因而主要被限制在攻城战中使用。

发射弩箭的弩炮

下一项引人瞩目的发明出现在约公元前375年，这是一台更为庞大也更具威力的机械装置，由于体积过大而无法搬动，因而需要安装在托座上。这种威力更大的弩是用一具绞盘和一根杠杆来拉开的。经改进后，它的射程变得更远，命中率也更高。

扭力弩

在复合弓的威力达到极限后，弩炮的设计者们致力于开发一种新的动力之源——扭力。最早的扭力弩仅仅是将两束用动物筋腱制成的绳索缠绕在一具长方形弩架上而已。后来，人们将这些绳索略微扭绞在一起，这样就能将这种筋腱制"发条"安装在弩架内，从而进一步增加弩的威力。两道绳索在被嵌入弩架之前，会被拉伸和缠绕到一个特制的装置上，将这把"钥匙"上下转动，即可完成最终的绷紧及校准工作（见图示）。这种机械装置有一个通用的名称"katapeltes"，其字面意思为"盾牌穿透者"，因为它们可在四分之一英里（400米）的距离外击穿一个人的盾牌和铠甲。随着其规格变得越来越大，它们被用于发射石块。

投石机

这种机械装置可发射重10～180磅（4.5～82千克）的石块。它们在外观上别无二致，但在规格上有所不同，根据装置发条的直径，我们可通过复杂的数学公式计算出它们的体积。图中展示的投石机发射的石块重量为60磅（27千克）。这类机械装置往往以近距离（150～200码［137～185米］）直瞄的方式开火，这样它们就能摧毁坚固城墙上的城垛。

弹药

这些机械装置发射的标枪和弩箭与其本身一样，也有着各种不同的规格。有尾翼和无尾翼的标枪和弩箭均得到了应用，最为常见的规格大约为27英寸（68厘米）。箭头和枪头也分多种类别。至于石弹，则会被仔细地制成球形。有几处用于堆放这类石弹的"弹药仓库"已被发现。作为一种便捷的权宜之计，人们有时会在粗糙不平的石弹表面覆上一层泥土，使它们变成圆形，以保证其形状符合弹道学规律。这种办法的缺点在于，这类弹丸的威力比不上实心弹丸。投石机偶尔会被用来发射大型标枪，只要将它的滑块和弓弦换掉就行了。

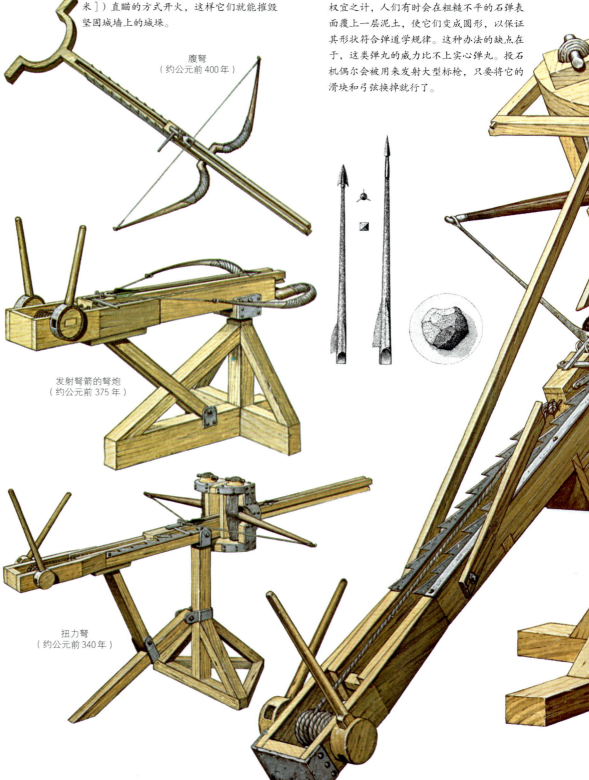

腹弩
（约公元前400年）

发射弩箭的弩炮
（约公元前375年）

扭力弩
（约公元前340年）

公元前330年
亚历山大攻占波斯波利斯　　亚历山大向东追击大流士　　流亡中的大流士被篡权者贝苏斯控制，后遭杀害　　亚历山大的部将帕尔米奥之子菲罗塔斯受到谋反的指控，遭到处决　　埃克巴塔纳驻军指挥官帕尔米奥被亚历山大下令处死

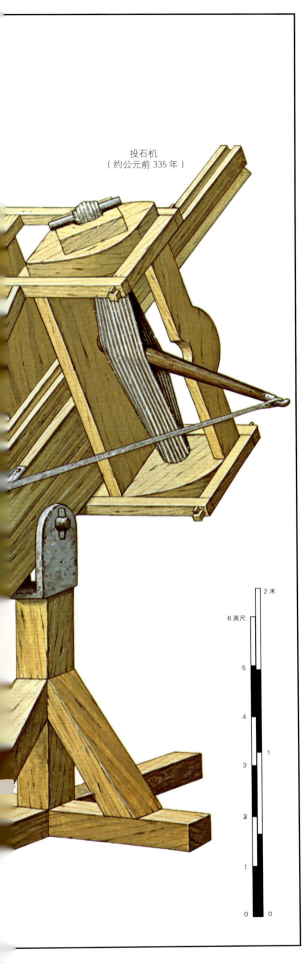

投石机
（约公元前335年）

2米

6英尺

5

4

3

2

1

0

为了紧跟右翼骑兵而竭尽全力时，他们与左侧的同伴分离开来，一个危险的缺口出现了，大流士的希腊雇佣军立刻加以利用。此时的问题在于，亚历山大与伙友骑兵能否在雇佣军突破马其顿中军战线并将他包围之前包围雇佣军。笑到最后的人是亚历山大，他成功突破了雇佣军的侧翼和后部。面临被俘危险的大流士乘着战车，慌忙逃离了战场，就连已经挡住了帕尔米奥骑兵队的波斯军右翼，也立刻学着国王的样子逃掉了。大流士的母亲和妻儿随军出征，如今成了亚历山大的阶下囚。

提尔之围

伊苏斯战役的过程就是这样。如果手中掌握着王室人质的亚历山大当机立断，在大流士有时间组织起来新的军队之前，立刻东进波斯帝国腹心地区的话，那么这一决定是可以理解的。然而，亚历山大继续按照其原有计划，将黎凡特海岸牢牢控制在自己手中。毫无疑问，这一策略极为审慎。当波斯帝国控制着波斯与塞浦路斯舰队时，它仍有能力（尽管门农已死）朝希腊大陆和马其顿本土发动反攻。这一行动的奇特逻辑在于：最终双方的军队可能都占领了对方的国土。

亚历山大继续向南边的叙利亚海岸进军。伊苏斯之战的结局令西顿和拜布洛斯感到恐惧，它们没有抵抗就投降了。然而，提尔人尽管承认了亚历山大的宗主权，却拒绝让他进入该城城区。提尔人的勇气是建立在这样一个事实上的：提尔城坐落在一个近海岛屿上，其所处位置似乎无法攻克。但亚历山大立刻决定攻城。他的小型舰队不可能在规模上与外洋上的提尔舰队一较高下，因此，亚历山大开始动手在岛上构筑一条堤道。当堤道铺设至较深的水域时，工程难度变得更大。很快，工程队就处于来自城墙与提尔舰队的远程火力的打击范围内了。亚历山大的应对之策是在堤道上建起两座塔楼，这样他既可以在塔楼上用弹射器（有投石机和弩炮两种形式）来抵挡投射型兵器的打击，同时还能掩护自己的工程队。塔楼上铺有兽皮，以免受敌人射来的锐利的火焰标枪

的伤害。然而，提尔人用火船撞向塔楼，最终成功将其焚毁。

亚历山大将堤道拓宽，并调来了更多的攻城器械。如今，他也能召集一支庞大的舰队了。西顿和塞浦路斯为其胜利之威所慑，贡献了一批船只和水手。提尔人对与之交战的敌方海军的规模感到震惊，拒绝在外海开战。但他们用自己的舰队封锁了该岛北部与南部的海港——它们分别正对着西顿和埃及的方向。

堤道最终完工，亚历山大的攻城器械转而攻向该城的城墙。但提尔人用自己的木制塔楼来回击亚历山大的塔楼，前者是叠在高达150英尺（46米）的城垛之上的。之前，提尔人将一块块岩石丢进了墙根下的海水中，这使得在任何情况下想靠近城墙都变得极为困难。亚历山大下令运走这些石块，但被派去执行任务的舰船遭到覆有护甲的提尔战舰的阻挠，系泊缆绳被切断。亚历山大派覆有护甲的战舰前去保护作业。提尔潜水兵被派去割断缆绳，这时马其顿人就用铁链来固定自己的舰船。最终，他们将那些石块套住，并用弹射器将它们抛进对他们构不成障碍的深水水域。

此时，提尔舰队向守卫着北部海港的塞浦路斯海军发动了一次突袭。然而，时刻保持警惕的亚历山大及时采取了措施。另一批舰船被派出，将海港再度封锁，亚历山大自己则率领一些火速配备了船员的舰船绕着海岛航行，拦截那些已经突破封锁线的提尔三列桨战舰。这些战舰大多在亚历山大的打击下失去了战斗力，但战舰上的水手们会游泳，因而逃得一命。

攻城军这时用船装载攻城器械，攻向提尔北面的城墙，但石墙将他们的攻势化于无形。然而，以同样的形式对提尔南面的进攻取得了更大的成功，城墙被撕开了一道口子。首次利用这一缺口攻入城内的尝试没有成功，但缺口被进一步扩大，马其顿军攻入城内。亚历山大占领了城墙，但绝望之下的提尔人在城中坚守到底。他们被亚历山大和他的持盾卫队击破，守军遭到屠戮。少数从迦太基而来的朝拜者与来访者得到了赦免，但妇女和儿童沦为了奴隶。

高加米拉战役（公元前331年）

当亚历山大仍在围攻提尔时，大流士派

遣使团前来请求释放他的家眷，并缔结一份友好的同盟协定，代价是幼发拉底河以西的全部领土和10,000塔兰特，并将其女嫁于亚

历山大。亚历山大拒绝了这一请求，因为大流士割让的领土已经处于他的掌控之下了，况且只要他愿意，不管大流士是否同意，他

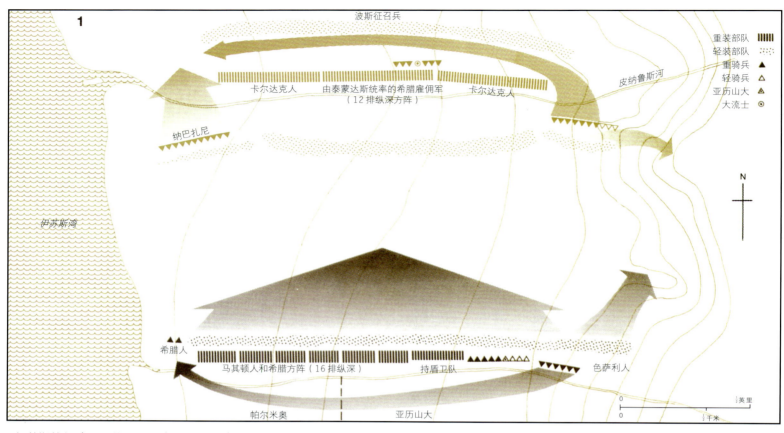

图例：
重装部队
轻装部队
重骑兵
轻骑兵
亚历山大
大流士

伊苏斯战役（公元前333年）

	亚历山大	大流士
步兵	持盾卫队 3,000	希腊雇佣重装步兵 8,000/10,000
	方阵步兵 12,000	卡尔达克人 20,000
	希腊联军步兵 7,000	
轻装部队	色雷斯人 6,000	12,000/15,000
	伊利里亚人 1,000	常规征召部族士兵 50,000
	克里特人 1,000	
	雇佣军 5,000	
骑兵	伙友骑兵 2,100	贵族骑兵 3,000
	色萨利人 2,100	其他骑兵（超重骑兵、重骑兵和轻骑兵）
	希腊联军骑兵 750	
	前哨骑兵 600	
	潘奥尼亚人 300	8,000/10,000

1 大流士通过一次聪明的战略行动，将亚历山大与希腊本土之间的联系切断，这样一来，亚历山大就不得不转而与他面对面交锋了。大流士将他的骑兵和轻装部队部署在群山和大海之间，构成一道屏障，其庞大的主力部队则布置在这道屏障之后。当亚历山大向前推进时，大流士的骑兵"屏障"退向己方阵地的两侧，露出一排由卡尔达克人（装备大圆盾和兵器的亚洲部队）组成的队列，同时，希腊雇佣重装步兵则守住中央位置。由于山脚地带不适宜骑兵作战，因而大流士将其骑兵部队的大部调

往右翼。亚历山大针锋相对，将色萨利部队派往左翼，并让他们堵住伙友骑兵和轻盾兵部队之间出现的缺口。他还派遣轻装部队去与山脚下的波斯人交战。

2 亚历山大的轻装部队击退了山脚下的波斯人，同时，亚历山大向右侧徐徐移动，以保护这一翼的部队。帕尔米奥奋力向前，因而马其顿部队的队列逐渐出现了一个缺口。亚历山大迂回包抄波斯军左翼，将其击溃。当方阵部队试图越过皮纳鲁斯河时，一场恶战在马其顿军的中央战线激烈地进行着。与此同时，波斯骑兵与得到轻装散兵部队支援的色萨利骑兵战成一团——这道战线被守住了。

3 亚历山大挥师左转，从后方进攻大流士军，一场激战随即在后者的战车周围爆发。亚历山大的大腿负了伤。大流士觉得马其顿人正在占据上风，遂逃离了战场。他手下的希腊雇佣军令方阵部队陷入苦战，但伙友骑兵包围了他们。波斯军右翼望见大流士遁逃，作战意志也随之崩溃，恐慌情绪四处蔓延。大流士逃脱了亚历山大的追击。雇佣军成功地挽救了自己，但也付出了惨重的代价，许多人战死。大流士的妻子和家人被俘。

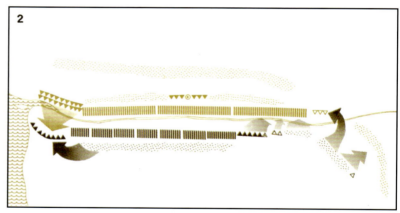

公元前328年

亚历山大军在巴克特里亚和索格底亚那陷入苦战

贝苏斯被俘，并以弑君之罪遭到处决

在意大利，罗马对弗里古雷的殖民活动导致了第二次萨莫奈战争的爆发

都可以和大流士的女儿结婚。

与提尔情形类似的还有腓尼基城市加沙，该城也在抵抗亚历山大。这座坐落在一座高耸的山丘之上的城市似乎是一个难以攻取的目标，但对于亚历山大而言，这类看似不可逾越的障碍不过是又一个展现他不可战胜的能力的机会而已。他在攻打加沙的战役中受了伤，但最终攻陷了这座城市，城内的成年男性被屠杀殆尽，妇女和儿童则沦为奴隶。

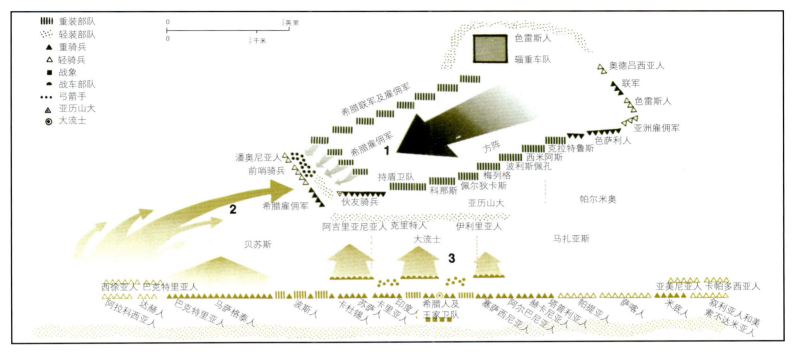

高加米拉战役（公元前331年）

	亚历山大	大流士
步兵	方阵步兵 12,000	王家卫队 2,000
	持盾卫队 3,000	希腊雇佣军 2,000
	希腊联军 7,000	
	希腊雇佣军 8,000/9,000	
轻装部队	色雷斯人 6,000	马尔迪人 2,000
	伊利亚人 1,000	常规征召民兵约 50,000
	阿吉里亚尼亚人 1,000	
	克里特人 1,000	
骑兵	伙友骑兵 2,100	波西斯人 1,000
	色萨利人 2,100	王家卫队 1,000
	希腊联军 750	印度人 1,000
	前哨骑兵 600	卡里亚人 1,000
	潘奥尼亚人 300	苏萨人 1,000
	色雷斯人 500	卡杜锡人 1,000
	亚洲人（雇佣弓箭手）300	塞萨西尼亚人 1,000
	希腊雇佣军 400	米底人 2,000
		阿尔巴尼亚人 1,000
		赫卡尼亚人 1,000
		塔普利亚人 1,000
		达赫人 1,000
		阿拉科西亚人 2,000
		马萨格泰人 2,000
		巴克特里亚人（重骑兵）6,000
		巴克特里亚人（轻骑兵）1,000
		卡帕多西亚人 1,000
		亚美尼亚人 2,000
		叙利亚人 1,000
		帕提亚人 2,000
		美索不米亚人 1,000
		西徐亚人 4,000
		卷镰战车 200
		战象 15

1 为了有利于骑兵作战，大流士设法平整了战场。亚历山大排出斜线作战编队（左翼呈收缩态势），并斜向朝被波斯人扫平的地段之外徐徐移动。贝苏斯试图进行包抄。

2 前哨战：马其顿人的右翼被波斯重骑兵部队击退。这一地段的战线得到了阿里斯通部的巩固。

3 战车部队发动的冲锋被马其顿轻装部队击溃。一些战车穿过了方阵阵线，但被部署在阵线后方的马夫击毁。

4 贝苏斯将己部向左侧延伸，导致出现了一个薄弱地段，伙友骑兵朝薄弱地段发动冲击。步兵方阵向前冲锋，战线中段崩溃了。贝苏斯止步不前。

5 马扎亚斯率领他的全体骑兵与帕尔米奥交战。

6 方阵部队的2个单位脱离了大部队，一些波斯骑兵通过这一缺口进攻辎重车队，反遭马其顿预备队的攻击。

7 为了帮助帕尔米奥，亚历山大转向左侧，包抄马扎亚斯军的侧翼。亚历山大与帕提亚骑兵和赫卡尼亚骑兵展开激烈交锋，许多人负了伤。在色萨利部队的支援下，亚历山大最终取胜。

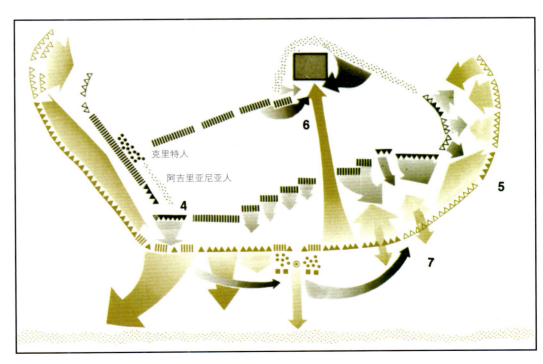

公元前327年
在一场酒后爆发的争吵中，亚历山大杀死了自己的心腹将领克雷塔斯

亚历山大与索格底亚那贵妇罗克珊娜结婚

亚历山大开始入侵印度

伙友骑兵

　　这幅图描绘了亚历山大的伙友骑兵队成员的戎装形象。在腓力和亚历山大的麾下，骑兵在战役中真正地扮演着举足轻重的角色，而不是像公元前5世纪那样作为散兵部队和骑射手。亚历山大亲自统率着伙友骑兵队的一个中队。我们只要对他的战术加以研究，便会立刻注意到作为一支冲击部

骑兵队形

队的马其顿骑兵所起的重要作用。他们的装备似乎相当厚重，其战术为以集中突击的方式揳入敌阵之中。他们那训练有素的动作和敏捷的身手，令他们的攻击更具威力。此外，亚历山大也使用被称为"前哨骑兵"的轻骑兵队，他们装备的可能是更长一些的矛。

　　彩图中的战士装备了一顶波奥提亚头盔，这是一种极为流行的骑兵盔，佩戴者可拥有良好的全方位视角。他身穿一件连有飘带的青铜铠甲，配有捆绑式护胫（这是可选择的），足穿露趾便鞋，装备一柄直剑（但也经常装备科庇斯弯刀）。黑白图描绘的则是一名正在行军的伙友骑兵。他背着自己的用具包，没有装备护胫，戴着一顶色雷斯头盔。如图所示，无论是马镫还是马鞍，在这一时期均未得到应用。

骑兵编制

　　上图展示了骑兵部队使用的各种编队方式。希腊人较为喜欢排成宽16列，深8排的方形阵（每人占用的空间宽约4英尺［1.2米］，深约11英尺［3.35米］）。轻骑兵部队的队列较为开放。西徐亚人喜爱的楔形阵被色雷斯人和马其顿人吸收。色萨利人使用的长菱形编队便于部队突然转向。在亚历山大的军队中，一个中队一度有200人，这样4个中队便可组成一个骑兵团。

公元前326年
亚历山大越过印度河

亚历山大在希达斯佩河击败并俘获印度国王波鲁斯

亚历山大的部下拒绝向赫法西斯河以东地区进军

亚历山大让人建造船只，然后把他的军队运往印度河下游

在这次武力炫耀之后，埃及的波斯总督认为还是不抵抗亚历山大为妥。近来才被波斯人重新制伏的埃及人，将亚历山大视为解放者。被尊为法老的亚历山大建起了一座希腊模式的城市，即亚历山大港，而后率军穿过荒凉的沙漠，前往西瓦。在那里，他得到了阿蒙神（地位相当于希腊神话中的宙斯）的口谕，这道神谕被解释为宣布亚历山大为神的儿子。

公元前331年，亚历山大率军东返。对海岸线的威胁如今已不复存在，他的东征计划可以真正开始了。他穿过叙利亚，越过幼发拉底河和底格里斯河，在美索不达米亚另一端的高加米拉平原（位于阿贝拉城附近）与大流士相遇。这里成了他与大流士之间最后一次也是最关键的一次对决的战场。

波斯国王聚集了一支大军，这支军队无论从规模还是从多样性上看，都能让人联想起一个半世纪前在薛西斯统率下进入希腊的那支大军。它拥有卷镰战车、战象、骆驼部队以及多民族的军队，其中包括印度人、西徐亚人和巴克特里亚人，以及古老的波斯"金苹果卫队"（这一名称源于他们的矛柄末端镶嵌着的金制或银制柄锤）。大流士的希腊雇佣军团如今已消耗殆尽，但他通过招募亚洲步兵和部落兵作为补充。

亚历山大的备战工作一如既往，耐心地搜集情报和侦察敌情。他从俘虏口中得知了大流士的全部作战序列。他还亲自率领一队骑兵，前去侦察自己选定的战场的地形，以确定那里没有为骑兵准备的陷阱（如陷坑或钉刺），这是很有必要的。事实上，大流士已经将战场的地面整平，以供卷镰战车部队作战之用。

在伊苏斯之战中，大流士或许很乐意将主动进攻权让给亚历山大，但这一次如果还这样，那就太不明智了。亚历山大率领右翼骑兵向右侧推进，人数更多、队列更长的波斯军也相应地朝同一个方向移动，以至于他们的侧翼或许依旧延伸到亚历山大军的侧翼之外。倘若就这么平移下去，两军可能都将在不知不觉间脱离这片经过刻意整平以供战车作战的场地。因此，大流士命令左翼骑兵发动进攻。这里的战斗起初打得难解难分，

但亚历山大最终胜出。波斯人的卷镰战车部队被打得大败，就像近70年前他们在库纳克萨战场所经历的那样。马其顿人散开队列，放任战车通过，同时，轻装部队用投射型兵器攻击战车，并抓住驭马的缰绳，将驭手拖下来。

与此同时，当亚历山大追击着在他前方溃散的波斯军左翼时，中央的步兵方阵发现自己跟不上国王了。这种情况在帕尔米奥率领的左翼部队中尤为严重，此时他们正在波斯军右翼部队面前节节后退。亚历山大预见到这一情形，已经在方阵边上安置了侧翼护卫部队。但由于主力部队的队列出现缺口，波斯与印度部队得以突破防线，攻击马其顿人的辎重部队，救出波斯战俘，击杀守卫人员。最后，被用作预备队的方阵后队挽救了局势，击退了进攻辎重部队的敌军。

此时，亚历山大应帕尔米奥的求助，放弃追击敌军，与伙友骑兵一道驰马穿过战场，前去救援自己的左翼部队。当他与从中央方向而来的敌军骑兵迎头相遇时，战况变得复杂起来。这场遭遇战耽搁了亚历山大支援帕尔米奥的行动。然而，帕尔米奥的色萨利骑兵成功地坚持了下来，而波斯人已开始从这一地段撤退。因此，亚历山大得以重新开始追击大流士，后者在波斯军左翼被击溃时已经逃掉了。伊苏斯之战的那一幕再度上演，波斯全军都学着他们的大帝逃掉了。如果波斯军队由一位更为坚毅的领袖来指挥的话，那么无论是伊苏斯战役还是高加米拉战役，其结局可能都会截然不同。

继续东进

如今，亚历山大占领了一座又一座宏伟的波斯帝国中心城市——巴比伦、苏萨、波斯波利斯和埃克巴塔纳，它们都贮存着成堆的财富。大流士避难于较为荒凉的北部行省，最终被自己手下的一名军官杀死。现在，亚历山大可以随心所欲地自封为波斯国王了，当他抓住了谋害大流士的凶手后，他将此人移交给波斯法庭，处以野蛮的极刑。

征服波斯帝国的中部地区并不困难，但为征服包括呼罗珊、中亚河中地区和阿富汗

▲ 这枚钱币可能是为了纪念亚历山大在希达斯佩河战役中击败波鲁斯而铸造的，这类实物有助于我们还原当时军队的形象。

在内的东部省份而进行的艰苦的山地战却持续了3年之久。但亚历山大的经验令他完全能够应付所有类型的战争，他与巴克特里亚部族族长的女儿罗克珊娜（Roxana）结为夫妇，这可能安抚了一个本来对马其顿人怀有敌意的部族。

在高加米拉战役结束后的这些年中，亚历山大面临的问题可能更多地来自政治而非军事层面。由于手中有了可任意使用的权力，他开始展现其性格中专制独裁的一面。他在一次醉后狂怒中杀死了克雷塔斯——这位军官曾在格拉尼卡斯河战役中救过他的命。帕尔米奥之子菲罗塔斯（Philotas）是一名伙友骑兵指挥官，并且一度为亚历山大所信任，也因被指控犯有通敌罪而遭到处决。亚历山大害怕遭到帕尔米奥的报复，后来，在这种恐惧心理的驱使下，他杀害了帕尔米奥。

亚历山大意识到，要想维持对波斯帝国的统治，就必须安抚波斯人的情绪。他逐渐接受了波斯人的风俗和服饰，并要求手下的军官们也这么做。但这些安抚亚洲人情绪的做法也令他被马其顿人和希腊人疏远，愤怒和造反的情绪不断滋长。然而，战胜者的威望足以让任何一名统治者的宝座在很长一段时间内屹立不倒。它支撑着亚历山大踏上又一条东征之路——进军印度。他可能认为，持续不断的军事征服是维系其政治生涯的必要手段。在希达斯佩河（今杰赫勒姆河）河畔，他击败了印度国王波鲁斯（Porus）。

对大象的描述，在亚历山大的印度战事记录中显得格外引人瞩目。在希达斯佩河战役中，它们严重扰乱了马其顿步兵方阵

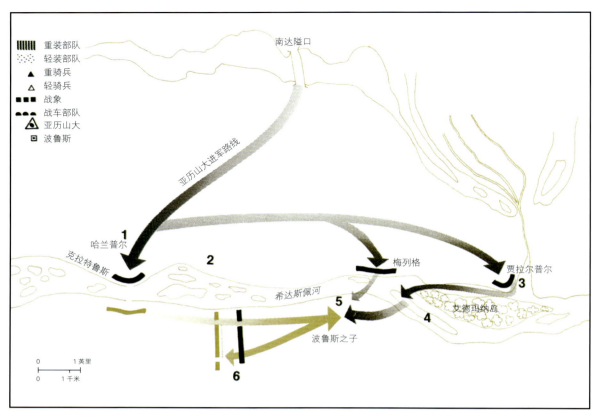

	亚历山大	波鲁斯
步兵	方阵步兵 14,000	30,000
	持盾卫队 3,000	
	希腊雇佣军 8,000/10,000	
	轻装部队 6,000/7,000	
骑兵	伙友骑兵 2,100	骑兵 4,000
	巴克特里亚人 500	战车兵 300
	索格底亚那人 500	战象 80/100
	西徐亚人 500	
	达赫骑射手 1,000	
	雇佣军 1,000	
	阿拉科西亚人 500	
	帕拉帕尼萨达人 500	
	印度盟军 700	

图例：
- ▥ 重装部队
- ▨ 轻装部队
- ▲ 重骑兵
- △ 轻骑兵
- ▦ 战象
- ▤ 战车部队
- ◬ 亚历山大
- ▣ 波鲁斯

亚历山大进抵希达斯佩河，发现波鲁斯封锁了渡口（图中1处）。在进行了多次佯攻后（图中2处），亚历山大决定从艾德玛纳岛后方过河（图中3处）。他于夜间冒着暴雨开始行动，将克拉特鲁斯与一支部队（2,000名骑兵和9,000名步兵）留在浅滩处，又将梅列格与1,000名骑兵及16,000名步兵部署在半道上。他率领其余兵员登船，结果意外地登上了一座小岛（图中4处），当船只将方阵部队运抵那条

的队列，成为亚历山大的部下遇到的一个新挑战。尽管大流士在高加米拉战役中也集结过战象部队，但它们并未在那场战斗中起到什么突出作用。除了新奇性，印度战象并未对马其顿军队构成太过严重的威胁。驭象者极易受到投射型兵器的伤害，一旦失去了驭手，因受到惊吓而失去控制的大象无论对于己方部队还是敌方部队来说都是一个威胁，它们会将挡在它们前进道路上的一切都踏为齑粉。尽管如此，大象的作战价值仍是不可忽视的，因为希腊和马其顿军队在之后一个世纪均开始广泛使用战象部队。在希达斯佩河战役后，亚历山大俘获了一批大象。他从印度王公那里接收了另一批作为赠礼的大象，对于印度盟军使用大象作战的做法，他也持欢迎的态度。

亚历山大的回师

穿过旁遮普之后，亚历山大想经沙漠地区前往恒河，但他的军队发生了哗变。他没能劝服自己的部下，让他们跟着自己继续走下去，连他的个人魅力也无法奏效。他的计划是抵达大洋——按照希腊地理学家的理

印度之敌

这些图片展示的是在希达斯佩河战役中被亚历山大击败的印度军队。战象负载着一名驭手和一名装备竹制标枪的王公。大象的獠牙得到黄铜的加固。长6英尺（1.8米）的竹制长弓是印度人的首要兵器，它发射的是一种长达3英尺（1米）的箭。长达44英寸（112厘米）的宽刃剑的剑身很宽，既可单手使用，也可双手使用。盾牌则是兽皮制的。

公元前 324 年
亚历山大率军抵达苏萨

在亚历山大出征期间，贪污腐败的官员遭到惩罚

被亚历山大的东方化政策激怒的马其顿人在奥丕斯发动叛乱

亚历山大接见来自迦太基、西班牙、高卢和意大利的使节

在希腊，德摩斯梯尼被迫流亡

暴涨的河流的对岸时，决战便在该处爆发。波鲁斯派自己的儿子前来截击他们，与此同时，马其顿骑兵与一队作为屏障的骑射手一同出发（图中5处）。亚历山大意识到波鲁斯并未跟来，印度人的战车兵陷入了泥沼，并被亚历山大的骑兵击溃。波鲁斯的儿子在那里战死。波鲁斯率军前去迎击亚历山大，后者的骑兵在步兵部队（图中6处）的前头行进，令步兵得以从容不迫地列阵。波鲁斯的战象构成了一道屏障，步兵部队列于它们的后方。亚历山大的骑兵部队朝着右翼移动（图中7处），同时科那斯则绕行向左。当马其顿骑兵攻击印度军右翼时，波鲁斯调动右翼部队前去支援。他们遭到科那斯的追击，亚历山大发动冲锋，印度军躲进了象阵中（图中8处）。希腊轻装部队骚扰着他们（图中9处），其余的印度骑兵企图包抄轻装部队，但被亚历山大击退（图中10处）。马其顿军重新集结后，亚历山大骑兵部队向印度步兵发动进攻，方阵部队同时向前推进。战象失去控制，横冲直撞，印度军骑兵被击溃，并被克拉特鲁斯的部队团团围困（图中11处）。波鲁斯被打败了（且损失极为惨重）。

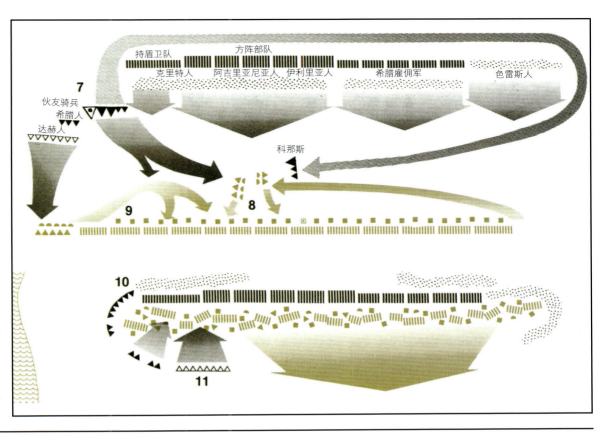

论，大洋沿着大陆板块环绕世界一周。他希望由此开辟一条通往印度的航线。怀着开辟航路的想法，他带着一批希腊造船工人一道踏上远征之路。如今他打算经由海路班师，以此来安慰自己。他打造了一支舰队，顺着印度河航行了数百英里到达河口。在他抵达印度河河口很早以前，由其手下将领克拉特鲁斯（Craterus）指挥的主力部队（之前与河上的舰队齐头并进）早就经陆路回波斯去了。亚历山大的海军将领尼阿库斯指挥舰队，走上了沿着印度洋和波斯湾海岸行进的风险极大的航程。与此同时，亚历山大本人则率军横穿格德罗西亚沙漠，意欲建立一批海军基地，并为舰队筹集供应物资。在这段行程中，这支军队遭遇了各种各样的物资短缺情形与艰难困苦，许多人在荒野中死去。亚历山大在卡玛尼安海岸（霍尔木兹附近）与舰队会师，但他命令尼阿库斯继续前进，直到抵达波斯湾前方的底格里斯河河口为止。

回到波斯后，亚历山大严厉地惩处了几名在他出征期间发生的腐败和反叛案件的责任人。随后，他花了一些时间来建设公共工程和打击盗匪团伙。接下来，他着手准备一

次新的海上探险之旅，他计划率领一支舰队沿着幼发拉底河航行，并环游阿拉伯地区，同时为征服这一地区做准备。他试图让自己的马其顿部属持续而快速地与波斯民族融为一体。在动身前往帝国的东部边境之前，他为实现波斯与马其顿的军事融合而做了大量工作，他用马其顿人的作战方式来训练波斯人。如今出现了波斯伙友骑兵和波斯"银盾"步兵。这一政策依旧引发着马其顿人的不满。在底格里斯河河口附近的奥丕斯，亚历山大手下的老兵由于担心遭到裁撤，差点起来造反。然而，他成功地消除了他们的顾虑，随之上演的则是彼此和解的感人场景。

除了意欲征服阿拉伯地区，亚历山大显然没有忘记开辟大洋航线的计划。他希望凭借这次机会来环绕整个有人类居住的世界。按照亚历山大当时的构想，他要征服迦太基人的地盘，压制正在崛起的罗马政权。为了追求这一目标，他将带领一支舰队环游非洲，如果他还活着的话，这一计划并非不可能实现。事实上，西面的国家发现，它们已无法再忽视亚历山大所拥有的政治及军事力量。公元前324年，亚历山大在巴比伦附近接洽了来自利比亚、迦太基、西班牙和高卢的求和

使团。他们是那些居住在遥远地区的民族的代表，在某些情况下，对于马其顿人来说，这些民族的名字他们连听都没听说过。

由于突患暴病，亚历山大于公元前323年在自己指定的首都巴比伦去世，他的死讯令全世界为之震惊。除了罗克珊娜，他还和大流士的女儿斯塔提拉（Statira）结了婚，而门农的遗孀巴耳馨（Barsine）也已成了亚历山大所钟爱的情妇。阿里安根据阿里斯托布鲁斯的记载，还提到过亚历山大的另一名波斯妻子（古代作品在提及亚历山大的妻子和情妇时，在人数上显得有些混乱）。马其顿人与希腊人不同，他们似乎并不一定遵守一夫一妻的传统制度。罗克珊娜为亚历山大诞下一名遗腹子，但婴儿和幼童在当时的环境下成为继承人的可能性是微乎其微的。亚历山大从未指定过任何继承人，更没有进行过相应的准备工作。然而，如果他还活着的话，可以预见他将是一位常驻国外的皇帝，而他的摄政者们无疑会彼此斗得不可开交，就像他的继业者们那样。

公元前 323 年
亚历山大在巴比伦病倒并去世，没有指定一名继承人　德摩斯梯尼被召回雅典

第6章 继业者们与晚期希腊世界

亚历山大死后，他的帝国因继业者战争而四分五裂，与此同时，希腊的各个城邦也再度掀起了独立斗争的浪潮。新式的战争器械中包括更重和更快的战舰，例如崛起的迦太基人使用的那些桨帆战舰。

原始资料来源

除了《亚历山大远征记》，阿里安另著有一部关于亚历山大身后事的作品。不幸的是，这部作品现今仅有残篇存世。因此对于我们而言，对那个时期最有发言权的古代作家仍是狄奥多鲁斯·西库鲁斯，此人活跃于公元前1世纪下半叶。他将自己的著作称为《历史文库》（Bibliotheke），意在将直至尤里乌斯·恺撒（Julius Caesar）登上战争舞台之时的世界史完整地记录于其中。狄奥多鲁斯使用的资料种类繁多，其中一些史料在古代享有良好的声誉，其他一些则不然。在关于亚历山大直接继承人时期的记录中，他广泛地引用了雅典历史学家狄伊卢斯（Diyllus）的作品，后者关于事件的记录一直延续到公元前297年。被狄奥多鲁斯大量引用的还有卡迪亚的希耶罗尼穆斯（Hieronymus of

Cardia）的记载，此人的政治及军事经历使他对亚历山大死后半个世纪的历史拥有充分的发言权。与之相反，萨摩斯的杜瑞斯（Duris of Samos）则是一位哗众取宠的作家，他的作品并不是太可信。遗憾的是，狄奥多鲁斯并未下力气去分辨自己所引用的史料的价值。这个任务留给了他的读者。

狄奥多鲁斯，作为一个西西里人被人记住，他在西西里历史的研究上做得最为出色。在这一领域，他经常引用的是另一位西西里裔希腊历史学家提迈奥斯（Timaeus，公元前352—前256年）的作品，后者所记录的许多事件都发生在他生活的那个时代。一名当代作家自然能够很好地审视自己的素材，但一旦遇到亲身参与的事件，就会囿于自己的成见了。尽管提迈奥斯的历史证言往往被古代人尊敬，但这并不意味着他的作品中全无偏见。

幸运的是，普鲁塔克的《希腊罗马名人传》（Lives）也能助我们一臂之力。普鲁塔克在自己的亚历山大传的开头部分不厌其烦地强调，他是一名传记作家，而不是一名历史学家，无法为读者提供专业水准的全景式历史记录。普鲁塔克的不少传记记录的都是希腊著名军人和政治家的生平，这些人物的活跃年代要么正值本章所关注的那个时期，要么与那个时期相去不远。这为我们了解那个总体而言历史资料并不是十分丰富的时代提供了一条重要渠道。此外，当时的希腊世界已经进入了这样一个阶段，事件比以往更集中在关键人物的行动上。历史与个人传记之间的关系更为密切。

至于前述史料，我们或许可以通过查士

▼ 从亚历山大去世至伊普苏斯战役爆发的22年间，继业者们的帝国发生了翻天覆地的变化。这张地图展现的是某一时期的帝国版图。

图例：
- 托勒密一世的王国
- 安提柯的王国
- 塞琉古一世的王国
- 卡山德的王国
- 利西马科斯的王国

公元前323/322年

腓力·阿里达乌斯成为亚历山大帝国名义上的继承者

罗克珊娜为亚历山大生下的遗腹子分享了腓力的统治权

亚历山大的部将佩尔狄卡斯成为帝国亚洲部分的统治者

安提帕特和克拉特鲁斯共同统治帝国的西部

丁（马尔库斯·优尼亚努斯·查士丁乌斯[Marcus Junianus Justinus]）的作品来获得更多的信息，其著作可能成书于公元3世纪。在用拉丁文写成的"概要"中，查士丁将庞培·特洛古斯（Pompeius Trogus）的通史概述了一番，这部成书于纪元之初的拉丁文著述以一批成书年代更早的希腊文献作为参考资料。

本书描写的是军事行动和作战方式，我们必须庆幸那些五花八门的古代军事科学和技术的教材能够留存至今。其中包括埃涅阿斯·塔克提库斯（公元前4世纪晚期）和拜占庭的费隆的作品，后者的著述可能写于公元前3世纪末。工程师阿忒纳奥斯（Athenaeus）撰写的机械仪器手册同样意义非凡，这本小册子可能是公元前1世纪的产物。这里并不是在列书目，但比顿（Biton）那本关于攻城器械的小册子同样值得关注，它或许是在公元前3世纪（具体日期不得而知）被写就的。

亚历山大去世后的政治局势

亚历山大去世后，其手下的高级将领们为了继承他的帝国而相互争斗起来，进而引发了一连串旷日持久的战争。在这些人当

伊普苏斯战役（公元前301年）

统帅：
"独眼"安提柯
塞琉古·尼卡特（得到主张分治的统治者托勒密、卡山德和利西马科斯的支持）

兵力：
安提柯：70,000名步兵，10,000名骑兵，75头战象
塞琉古：64,000名步兵，10,500名骑兵，400头战象，120辆战车

1 安提柯之子德米特里厄斯率领骑兵击溃了塞琉古之子安条克，并加以追击。
2 塞琉古的战象部队堵截了回师的德米特里厄斯。
3 失去骑兵支持的安提柯处于危险境地。
4 塞琉古通过佯攻和调动部队来推迟进攻时间。
5 塞琉古的心理战取得了效果，安提柯的士兵逃往塞琉古处。
6 安提柯的其他部队士气低落，一哄而散。
7 塞琉古攻向安提柯的主阵地。
8 安提柯战死。
9 德米特里厄斯率5,000名步兵和4,000名骑兵经以弗所逃往希腊（根据普鲁塔克的记载）。

▲ 托勒密·索特（这枚钱币上展示的）为亚历山大部下将领，后成为埃及国王。他对亚历山大发起的征服行动的记录，成为阿里安著作的主要材料。

中，佩尔狄卡斯（Perdiccas）、克拉特鲁斯和欧迈尼斯（Eumenes）很快被杀。安提帕特及其继承人仍统治着马其顿和希腊，利西马科斯（Lysimachus）统治着色雷斯，安提柯（Antigonus）占据着弗里吉亚和小亚细亚的绝大部分，托勒密拥有埃及，而塞琉古（Seleucus）拥有远至印度的东部领土。公元前319年，安提帕特去世，他将统治权留给了手下的一名军官，而置自己的儿子卡山德（Cassander）的继承要求于不顾。卡山德早就宣称自己拥有继承权。然而，在内部纷争中遭到削弱的马其顿地区如今的地位已不如从前，而地处帝国中心地带的安提柯便成了唯一敢于攫取整个帝国统治权的领袖。他的勃勃野心很快就招致了其他势力的联合打击，他与自己的儿子德米特里厄斯（Demetrius）最终在公元前301年败于伊普苏斯，安提柯在战斗中被杀。在这一时期爆发的众多战役中，伊普苏斯之战是唯一一场从任何角度来看都具备决定性意义的战役，因为这场战役奠定了任何一位继业者都再也无法大权独揽的局面，也决定了亚历山大打下来的辽阔疆土自此陷入了政治分裂的命运。当然，这场战役并不意味着各个分离区域的统治者之间的战争到此为止。恰恰相反，他们之间的关系让人悲哀地想到一个半世纪之前的希腊各城邦之间的联系。任何一个政权都无法凌驾于其他政权之上。然而，在没有一个强有力的中央政权的情况下，我们所能预见的只有这样一种情形：各方统治者之间

的敌我关系如走马灯般变幻无常，而与之伴随的是不可避免的杀戮、毁灭与资源浪费。

从某种意义上来说，继业者们在遥远的东部战争舞台上打得不可开交，对于处于低落期的希腊解放事业是有利的，尽管和以往一样，希腊城邦的所谓"自由"大体上就是互相厮杀的自由。亚历山大的死讯一传到希腊，雅典人就起义了，他们与色萨利人和埃托利亚人结为同盟，成功地将安提帕特封锁在色萨利小城拉米亚。然而，安提帕特咬牙坚守，直到马其顿援军赶来与其会师，而雅典人在海上吃的败仗则推动了这一进程。随后，他在克拉农击败了希腊敌人。一如既往地在雅典鼓动反马其顿情绪的德摩斯梯尼被迫逃往克劳里亚岛（今波罗斯岛）。在其雅典政敌的请求下，他被判处死刑，执行死刑的队伍由安提帕特的手下负责组织。他们前往克劳里亚岛追捕德摩斯梯尼，但他在判决执行之前服毒自尽了。

斯巴达是希腊大陆上为数不多的几个未被腓力或亚历山大直接支配的城邦，但亚历山大切断了其传统盟友伯罗奔尼撒人对他们的支持，令这座城邦变得虚弱无力。当斯巴

▼ 这具半身像被认为展示的是利西马科斯的形象，他在亚历山大死后统治色雷斯。他与其他继业者交战，在公元前281年死于与塞琉古的交战中。

希腊人起义，将安提帕特围困于拉米亚　　安提帕特在克拉农打败了希腊人　　旃陀罗笈多（月护王）约于这一时期统治印度北部　　亚里士多德去世

达人得到了波斯资金的资助时，他们试图展示自己的实力。安提帕特于公元前331年在墨伽洛波利斯彻底击溃了斯巴达军队。

当时的希腊内战与其说是城邦之间的战争，不如说是同盟之间的战争。公元前4世纪初，伊巴密浓达试图在损害斯巴达利益的前提下，依照古波奥提亚联盟的模式，将阿卡狄亚诸城联合起来。喀罗尼亚战役后，科林斯会议组建了希腊联盟，腓力、亚历山大和安提帕特都行使过联盟领袖的特权。公元前3世纪时，最具实力的联盟为亚该亚同盟，它很快将势力扩展到亚该亚城邦以外的地区，因而不可避免地与军国政权斯巴达发生了冲突。

公元前244年，阿基斯四世登上了斯巴达国王的宝座。为了挽救没落中的斯巴达，他试图重新恢复旧式的政体与纪律，并将为数众多的非公民人口编入排外性强但正在不断缩水的公民群体。结果他遭遇了牢狱之灾，并被监察官勒令处决。数年后，克莱奥梅尼三世（Cleomenes III）废除了监察官制度，大权独揽，但他在战场上被亚该亚同盟和马其顿联手击败，被迫出逃。而另一位斯巴达僭主、靠着篡位上台的纳比斯（Nabis），其残忍无情的程度更甚于克莱奥梅尼。与克莱奥梅尼一样，他也是亚该亚同盟的反对对象，这个同盟如今与罗马而非马其顿结盟。纳比斯最终于公元前193年败北，并于次年遭到暗杀。

罗德岛的海军

在这个军阀横行、战火纷飞的世界中，有一个希腊宪制国家却仍能保持繁荣，并不断崛起，这个国家就是罗德岛。与希腊大陆的政治同盟一样，罗德岛联合政府比那些狭义上的城邦更具优势。该岛的3座重要城市伊阿利苏斯、林都斯和卡米洛斯最初是由多利安希腊移民建立的。尽管该岛居民为多利安人，但在伯罗奔尼撒战争的大部分阶段，他们都是雅典同盟的一分子。直到公元前411年，雅典的势力一落千丈，莱山德依靠波斯人的财政资助在地中海东部组建了斯巴达海军，罗德岛人才不再效忠于雅典人。大

约就在这一时期，该岛的各个城市成立了一个联邦，并建立了新的首都和中央政府，但每个城市都保留着高度的自治权。

靠着用自己的舰船运送谷物和其他货物，罗德岛人日益富有起来。亚历山大摧毁了腓尼基人的提尔城，为这个岛屿城邦除掉了一个可怕的贸易竞争对手。与此同时，马其顿人征服了整个波斯帝国，也就不可避免地废除了地中海东部地区的政治边界，一批新的海岸和海港从此向罗德岛人的舰队敞开。在继业者时期，罗德岛成功地维持了势力均衡的局面，并明智地坚持置身事外的政策。罗德岛人以讨好和绥靖的态度来应付周边那些好斗的统治者，拒绝加入任何一个陷入战争漩涡的同盟。如果罗德岛没有一支强大的海军，这一政策或许并不足以保证该岛的独立地位。但罗德岛人的智慧与胆略令他们有能力维持这样一支海军。按照他们那温和式的民主政治的规定，船上的桨手募自贫困阶级，而军官则来自富裕之家。他们的海军并不依赖雇佣军，无论是士兵还是军官阶层。

事实上，罗德岛是雅典之后希腊最重要的海军强权。这样的强权与雅典类似，在很大程度上依赖的是公民的爱国心。但罗德岛作为一个相对较为狭小的岛屿，其居民拥有某些雅典人所不具备的优势——他们可以完全依靠海军来保卫自己。由于没有来自陆地方向的威胁，因此他们既不必组建一支陆军，也不需要修筑长墙来保护与船坞和造船厂之间的交通线。事实上，赫赫有名的罗德岛掷石兵大多以雇佣军的身份在外国军队中效力，有人认为，这种做法或许为城邦带来了一笔最为丰厚的"隐性收入"。此外，岩石丛生的海岸地带也特别有利于抵御来自海上的进攻，后世的十字军没用多久就意识到了这一点。

罗德岛对地中海东部制海权的控制，还起到了抵御海盗侵袭的作用。不幸的是，在古代，任何一个强大到足以制伏海盗的政权，往往自己的行事方式就如无法无天的海盗一般随意。这使得他们提供的保护变成了一种"保护式勒索"。然而，就这类政权而言，罗德岛是一个例外。它坚定不移地遵从宪制原则，制定了一套海事法律法规，嗣

后的罗马政权加以效仿，制定了自己的海洋法。事实上，基于罗马法而制定的现代法，某些部分或许就间接来源于罗德岛法。

罗德岛人所秉持的着眼于维持势力均衡的对外政策是无法持久的。最终，他们不得不就支持托勒密还是安提柯做出抉择。罗德岛人认为与前者结盟更有前途。结果，他们遭到了安提柯的儿子、赫赫有名的"围城者"（Poliorcetes）德米特里厄斯的封锁和猛攻。然而，这座岛屿成功地经受住这次磨难并生存了下来，拥有了更为强大的实力，也赢得了更高的威望。

攻城战技术

在继续讨论罗德岛围攻战之前，我们最好先概述一下希腊和马其顿的攻城战技术的大体发展状况。甚至早在伯罗奔尼撒战争之前，当萨摩斯岛人于公元前441年起来反抗雅典同盟时，伯利克里就用攻城槌对付过他

▲ 公元前4世纪时曾出现过一种把重装步兵的铠甲轻型化的倾向，以便让他们具备更强的机动力，然而护胫被保留了下来。图中实物来自萨洛尼卡附近的德赫维尼。

公元前321年
佩尔狄卡斯死于哗变的军队之手　　塞琉古·尼卡特成为巴比伦尼亚总督　　面临落入安提帕特部下之手危险的德摩斯梯尼自杀　　在意大利，一支罗马军队在一道隘口（"考狄昂峡谷"）中了埋伏，向萨莫奈人投降　　克拉特鲁斯在与亚历山大的前秘书长欧迈尼斯作战时身亡

88　古典世界的战争

晚期希腊头盔

在贯穿整个公元前5至前4世纪的年代里，希腊式头盔的改良进程在继续，改良宗旨仍是在不牺牲防护性的前提下提高头盔的透气性，并改善佩戴者的听力和视野。图6中的卡尔基狄刻式头盔的原始版本依旧大受欢迎，但其改进版本（图3）的盔碗部分更为坚固，铰接式的面甲似乎也变得更为透气。希腊式头盔的护鼻部分同样缩小了，在某些头盔上则完全消失，这使得"阿提卡"式头盔上残留的护鼻变成了一个覆盖佩戴者眉毛的倒"V"字形。这种头盔在意大利格外流行，直到2世纪乃至更晚的时代，该地区仍在使用它。图7展示的头盔为意大利式，它将希腊风格的冠饰和典型的意大利式面甲结合在一起。其他头盔上附带的则是卡尔基狄刻式的面甲。自公元前4世纪起，这些头盔的构造就变得更为精密。图4展示的是一种经过精心装饰的狮头形阿提卡头盔，亚历山大石棺上的亚历山大大帝雕像佩戴的就是这种头盔。其他人（如亚历山大的表亲伊庇鲁斯的皮洛士）使用的头盔上的面甲则呈公羊头状。这类头盔体现的是头盔制造者在其装饰技艺处于巅峰时期的水准。从公元前5世纪至马其顿时代，最受欢迎的头盔是色雷斯式头盔。这种头盔的得名并不是因为它源自色雷斯地区，而是因为它的形状类似于色雷斯人戴的软帽（即51页的轻盾兵戴的那种帽子）。它的特点在于，其盔体是向后延伸的，盔体的顶端部分往往会再度向前延伸，长长的面甲甲片类似于软帽的垂带。图2、图5、图8均为此类头盔的实物，图8展示的头盔是其最初样式。长长的面甲为佩戴者的颈部和喉部提供了良好的保护。盔碗部分同样得到了加固，而盔顶不但保护着佩戴者的前额，还为佩戴者的双眼起到了遮阳的作用。图2展示的头盔差不多也是这样，但它的冠饰呈下垂状。可能是受到意大利人的影响，这种新型冠饰于公元前5世纪晚期取代了经典的上竖式冠饰。图5中的头盔为标准的色雷斯式，但带有经精心修饰的呈胡须状的面甲。当然，各种造型的头盔也在互相影响，图1展示的色雷斯-阿提卡式头盔就同时具备色雷斯式头盔和阿提卡式头盔的特征。在头盔上涂画的行为十分盛行，从残存的绘画作品来看，这种做法甚至可能赢得了大众的欢迎。例如，图7展示的头盔的下半部分就被涂成黑色，而上半部分则被涂成红色，同一时期的其他头盔则用红色、黑色和白色的圆环加以装饰（正如马其顿陵墓中的绘画所体现的那样）。更为奢华的头盔用名为"乌银"的珐琅质镶嵌物作为装饰。这是一种硫磺与其他物质（例如青铜）的混合物，被填充于装饰线内。

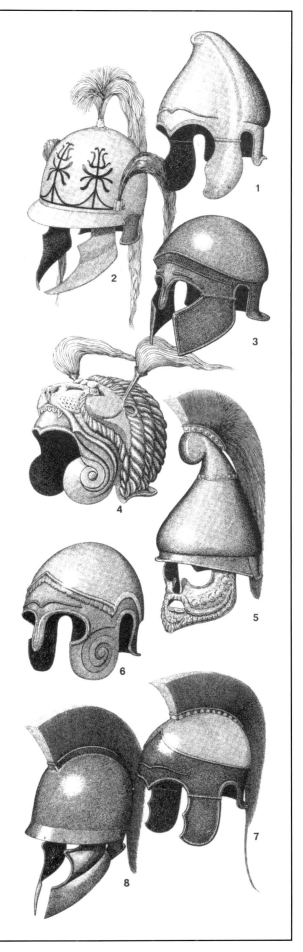

们。在我们之前提到过的普拉提亚攻城战（公元前429—前427年）中，斯巴达人与他们的盟友使用过撞槌（结合一个土制斜坡）、火箭和点燃的薪束，还精心构筑了一道包围墙。公元前5世纪的形势对于被围攻一方较为有利，想靠强攻来夺取一座城非常困难。雅典长墙从未被攻破过，而雅典人自己在经过长时间的封锁后方才攻取了波提狄亚城。造成这一现象的主要原因在于，希腊人的弓箭手和掷石兵的实力较差，他们一般也较为轻视投射型武器。由于缺少掩护火力，一切攻城行动都要在顶着来自城墙方向的反击火力打击的情况下进行。普拉提亚战役中就发生过这类情况，攻城槌的槌头被坚固的城墙上方丢下的沉重石块砸断。

随着投射型兵器被应用到实战之中，情况发生了根本性的变化。应用更为广泛的手持类投射型兵器很快被弩炮取代，后者依靠以动物筋腱扭绞而成的缆绳所产生的抛射力量来发射。发射火箭的弩炮最早是由叙拉古的戴奥尼索斯一世投入战场的。这种武器将巨大的弩安装在沉重的弩架上，使用的弩箭的箭头也极为沉重。马其顿的腓力二世于公元前340年在围攻佩林索斯一役中使用过这种器械。但发射石块的弩炮首次出现在战场上的时间则相对较晚，亚历山大在围攻提尔的战斗中无疑使用过这种器械。

当然，这种弩炮既可以为被围攻者所用，也可以为围攻者所用。事实上，这类兵器在被围攻者手中可以发挥出更大的威力，因为他们的防御工事更为坚固，更为耐久，且可能附有狭小的通行口、射击孔和城垛，藏身其后的弩炮手可以在得到掩护的情况下进行操作。攻城方则利用精心打造的攻城塔和护身遮棚来抵消守军的优势，塔楼和遮棚上同样带有为弩炮准备的通行口。这些器械也能为攻城槌提供翼护。攻城槌的操作方式是显而易见的：将一根巨大的木桩悬挂在半空中，而后使其摆动，用它的头部撞击目标。它可以装在轮子上，在一大群强壮的弩炮手的操作下，能猛烈地刺入城墙内。随着时间的推移，攻城槌的结构变得更为复杂，出现了为撞槌槌柄设计的木制滑道。如今它可以像弩炮一样不断用绞盘拉回，然后再撞

公元前319 年

安提帕特去世，高级将领波利斯佩孔靠他的推荐成为继任者

欧迈尼斯试图维护亚历山大帝国的统一

安提帕特之子卡山德将波利斯佩孔逐出马其顿

向城墙。

护身遮棚一般是装在轮子上的，同样可以用来掩护那些坑道工兵或去填平敌方壁垒前方的壕堑的人员。在弩炮和支援性远程火力的掩护下，搭乘云梯成了更加有效的攻城方式。梯子并不一定是木制的，一种用皮革和绳索制成的网状云梯同样得到了应用。

对于守军而言，有时在城垛上悬挂的木制遮板可以转而用作对付云梯的工具，用来将架在上面的云梯顶开。当然，这些遮板无疑也会因此暴露在进攻方的火焰弩箭的打击范围内。作为攻城战的技术手段，矛与盾的一波又一波碰撞可以永无休止地进行下去，势必导致攻守双方均耗资无数。若攻城方要寻求较为简单而节约的陷城手段，他们可以利用城内的变节者，而被叛徒出卖的城市往往落得陷落的下场。这一手段连同一切与之相关的预防与反制措施（我们将这些措施列入"城防安全"条目），均为埃涅阿斯·塔克提库斯论著中的系统化战术思维部分所收录。

罗德岛战役中的"破城者"

高度：130～140英尺（40～43米）
底座面积：72英尺（22米）见方
火力配置：
底层：2门发射重180磅（82千克）石弹的弩炮，1门发射重60磅（27千克）石弹的弩炮
一层：3门发射重60磅（27千克）石弹的弩炮
接下来的5层：2门发射重30磅（14千克）石弹的弩炮
最上面的2层：2台标枪发射器
结构：主梁由冷杉木和松木制成，轮子和铺板用橡木制成。主要连接点均以铁片加固。为了免受投射火力的伤害，攻城塔朝外的三面均覆有铁片。
动力：这具攻城器械是架在8个轮子上的，每个轮子的直径为15英尺（4.6米）。它依靠绞盘和传送带产生的机械动力（大约由200人来推动）来移动。此外，从塔楼后方也可提供额外的推动力。
重量：可能约150吨。

攻城塔自亚述时代起便已存在。图中展示的便是著名的"破城者"，是由雅典人伊庇马库斯（Epimachus）于公元前304年为"围城者"德米特里厄斯建造的。它是古代最巨大的攻城塔，维特鲁威斯（Vitruvius）、狄奥多鲁斯、普鲁塔克和绰号为"机械大师"的阿忒纳奥斯等作者的相关描述均得以留存至今。绝大多数攻城塔的体形都要小于这种巨无霸，其表面覆盖的是皮革和羊毛或皮革和海草。很多攻城塔都带有吊桥，但"破城者"显然是一个例外。在作战时，它被推到来自城墙上的投射火力的射程范围内，用自己的火力来压制守军。塔楼上的巨型投石机甚至能摧毁防御墙和幕墙。一等这台巨无霸完工，攻城者们便可在它的掩护下将攻城槌和攻墙钻运上来，或破坏城墙的地基，也可用云梯或桑布卡式吊桥等发动攻击。

公元前317年
欧迈尼斯在与安提柯（亚历山大手下的弗里吉亚总督）交战时败北

卡山德征服马其顿与希腊

公元前316年
欧迈尼斯遭人出卖，落入安提柯之手，并被处死

罗德岛围攻战

德米特里厄斯将大批兵员和舰船投入罗德岛围攻战中。除了由200艘战舰组成的作战舰队和由150多艘船组成的辅助舰队，他还获得了海盗舰队的支援。追随他的还有1,000艘私人商船，他们是被罗德岛的庞大财富和掠取战利品的希望吸引来的。事实上，这场战役本身就是一场大规模的海盗行径。但德米特里厄斯觉得，"做一名海盗式的国王是一件极为光荣的事"。

罗德岛的主要港口和城市均设有塔楼和城墙，罗德岛的舰队可以安全地停泊在这里。德米特里厄斯也无法阻止它们穿越封锁线，为城内送去补给物资。因此，他首先考虑的是攻占这座港口。他立刻在它的旁边修建了一座属于自己的港口，筑起一道防波堤，并在海面上设置了一排浮动的尖木栅，这样他的舰队在围攻港口时就不会遭到守军的反击了。与此同时，他的军队蹂躏了这座岛屿，并在上面建起了一座巨大的军营，这座军营与那座城市相邻，但并不在远程火力的打击范围内。

在围攻期间，双方都使用了我们刚才提到的那些器械。攻城方挖掘坑道进攻，守城方就以反制坑道回击。在战役的较早阶段，德米特里厄斯的部下在罗德岛主港的防波堤上建立了一个立足点，但罗德岛人阻止了他利用这座桥头堡，因此他始终未能攻占这个港口。其后，在一次陆地进攻中，德米特里厄斯突破了城墙，但这波攻势被罗德岛人遏制，攻入墙内的士兵大多被杀。

在这场围攻战中，最为引人注目的莫过于德米特里厄斯的巨型攻城塔了，这种攻城器械的绰号叫"破城者"（helepolis），然而这一次它未能攻破这座城市。"破城者"拥有一个巨大的方形基座，其面积达5,200平方英尺（484平方米）。这种塔楼高约140英尺（90腕尺，43米），共有9层，最高层的面积为900平方英尺（84平方米）。为了免遭火攻，塔楼向敌的三面均覆有一片片铁板。塔楼底部装有几个巨大的脚轮，表面覆有铁板。塔楼炮口的开合由机械装置控制，朝里的一面铺有皮革和羊毛，这样可以减缓投射型兵器打击时带来的冲击力。楼层之间的交通依靠两架梯子（分别作为上下之用）来实现。

这种器械的移动可能是由3,400名经过特别挑选的壮汉以接力的方式进行的。一些人在塔楼内部推动，另一些人则在塔楼后方用力。狄奥多鲁斯向我们保证，这件巨大的人工制品可以四平八稳地朝任何方向前进。"破城者"简直就是一辆巨型坦克，比有史以来任何一种依靠石油引擎发动的机器设备都要大得多。然而，尽管预防措施一应俱全，罗德岛人还是成功地击落了塔楼表面的一些铁板。当塔楼切切实实地面临着被烧毁的危险时，德米特里厄斯下令让它撤出战斗。

在围攻战期间，整个希腊和马其顿世界，无论是民主政权还是独裁政权，都对罗德岛人表示同情。毕竟，这是一场海上执法与海盗行为之间的战争。德米特里厄斯或许觉得自己的行为实在不得人心，而且认为自己不可能成为最终的胜利者，遂与罗德岛人握手言和，到别的地方满足自己的战争瘾去了。欣喜若狂的罗德岛人兑现了之前的承诺，用丰厚的赏赐报答了公民、奴隶和定居侨民所付出的牺牲。

城外到处都是德米特里厄斯丢下的攻城器械，从上面拆下来的金属废料成了罗德岛人树立在海港入口处的巨大雕像的原料——这就是世界七大奇迹之一的罗德岛巨像。这座巨像本身就是一个奇迹，因而作为这场奇迹般的围攻战的纪念品是再合适不过了。

防御工事

在亚历山大大帝去世后几代人的时间里，人们对防御工事的要求变得更高了，现在它既要抵御越来越复杂的攻城器械的进攻，又必须经受装备了数量更为庞大、种类更加丰富、威力更强的器械的军队的考验。这方面的重中之重在于组织反攻和构筑可利用投射火力来威胁进攻方侧翼的有利火力点。因此，防御工事有时会被筑成锯齿状。城墙要么完全照着它的样子建成锯齿状，要么内侧为平直状，外侧表面建成锯齿状。这种设计的优点在于，每一段锯齿状凸出部都能以火力掩护邻近的凸出部。位于伯罗奔尼

◀ 潘菲利亚（位于土耳其南部）海岸的赛德城墙。坚固的防御工事见证了那个攻城技术飞速发展的时代。

撒西部的萨米孔的防御工事为这种不对称的、倾斜的锯齿状造型提供了一个实例，它们可能与采用了对称状的之字形防御工事（如位于卡里亚海岸的米利都城的防御工事）形成了鲜明的对比。

为了抵御攻城塔，防御墙的前方往往掘有很深的壕堑。喀罗尼亚战役后，雅典人就在城墙前方挖掘了这样的壕堑，它们在下一个世纪得到了改进。考古证据显示，这些壕堑深达13英尺（4米）、宽33英尺（10米）。有些壕堑内注满了水，当它们环绕于城市周边时，内侧往往立有一道城墙或栅栏，以提供进一步的保护。

在城墙上修建塔楼一直是希腊城市的特色。这些塔楼的造型往往与棱堡的塔楼如出一辙，它们允许从侧翼进攻围攻者。与此同时，驻守在塔楼内的远程部队有着居高临下的优势，他们可以对抗任何一座攻城塔。这种防御塔的数量有着逐渐增加的趋势，它们也越来越独立于将其连接在一起的幕墙。在哈利卡纳苏斯附近的梅诺图斯，亚历山大的攻城部队成功地击毁了一座防御塔，但这座塔楼的崩塌并没有对城墙的稳定性造成影响。与之相反，在罗德岛围攻战期间，德米特里厄斯的军队得以在并未损及一座塔楼的情况下，摧毁了塔楼两侧的幕墙。塔楼的造型包括方形、多边形、半圆形和马蹄形。建造者为塔楼设计的炮口和射击孔的数量一直在增加。塔楼之间的幕墙增高的程度无疑是和塔楼一样的。考古证据表明，公元前4世纪的幕墙的正常高度约为29.5英尺（9米）；如果要对付的是"破城者"这样的攻城武器的话，那么它们可能还会变得更高一些。在围攻战期间，守军有时会将城墙加高。一般而言，城墙顶端都有一条条将两座塔楼连接在一起的通道，以及一座为锯齿状胸墙所遮蔽的作战平台。这类胸墙与塔楼一样，可能都带有一片平铺式的屋顶；这种胸墙上还装有窗户。

在提尔和罗德岛的战役中，被围攻城池的城墙前方有着岩石，因而难以攻击。大量得到自然条件加固的地段派上了用场，连那些并不靠近防守地段但最为易守难攻的地点也不例外。因此，被城墙包围的面积往往远远超出了城市本身的疆界。所以，一些最为

▲ 来自小亚细亚西部的绘有一名士兵形象的墓画，其年代为公元前3或前2世纪。继业者军队的装备便是如此。

宏伟的防御工事被修建在几乎没有任何自然条件可供利用的地方，要巩固这些工事需要花费很大的精力。

雇佣军、军饷与战利品

如果无视罗德岛围攻战在政治层面可谓毫无价值的事实，那么这场战役是一个有趣的研究对象，因为它提供了一个关于雇佣军与公民守备军交锋的实例。当一支公民军在自己的家乡作战，守护着自家的妇女、儿童和财产时，它所展现出的战斗力是最为强悍的。另一方面，对于一支雇佣军而言，再也没有比以侵略军的面目出现，自由自在地在敌人的国土上劫掠和就地征发更具诱惑力的事了。一段公元前3世纪的记录了一份协议条款的克里特铭文提供了一个相关实例，其中明确指出：一名士兵每天的口粮定额应为1科尼克斯（这一计量单位因地而异，范围

为约1.5品脱［860毫升］至约1夸脱［1升多一点］）谷物，在敌境内驻扎时除外，因为他可以就地获取食物。公元前5世纪时，在家乡以外地区服役的公民陆军和海军除了以实物或者现金形式兑现的口粮便别无他饷。波斯人付给三列桨战舰桨手的津贴使他们的日均伙食费从半个德拉克马提高至1个德拉克马，但这一承诺很难兑现。每个德拉克马被认为含有66.5格令（4.3克）白银。熟悉通货膨胀因素的读者可以算一下以今天的商品价这意味着什么。

公元前4至前3世纪的雇佣军的主要收入来源为战利品，而非军饷。事先准备好的现金往往不足以支付饷银。斯巴达的克莱奥梅尼三世在公元前222年的塞拉西亚战役中匆匆应战，结果一败涂地，因为他没钱来让雇佣军继续为其效力。应当注意的是，克莱奥梅尼所指挥的防御战是在己方领土上进行的。在进攻性作战（如他之前在阿卡狄亚发动的一次战役）中，战利品是可以用来充当雇佣军的酬劳的。

战俘可能经常被用来换取赎金。在罗德岛围攻战之前，罗德岛人与德米特里厄斯达成了一份协议，按照协议的规定，任何一方为被俘的自由民赎身的代价均为每人1,000德拉克马，为奴隶赎身的代价为每人500德拉克马。但绝大部分战利品均为实物，而战俘往往被卖为奴隶。一支侵略军（如入侵罗德岛的那支军队）身后跟着的是一群伺机而动的商人，其中夹杂着为数众多的奴隶贩子。一等侵略者打了胜仗，他们就可以将战俘当场拍卖。

除了雇佣军那反复无常的本性，对战利品的欲望也严重影响了他们参与的战役的进程。即便是公民军，一旦去劫掠，无论换了哪位指挥官也难以约束。因此，一场战役中常常出现这样的情况：一方在某个地方打了胜仗，却在另一个地方打了败仗。为亚历山大大帝所重视的军纪在高加米拉战役的胜利中起到了极为重要的作用，使得大帝能够在敌军四散奔逃，无数战利品在招手的情况下率领得胜的伙友骑兵队后撤，以支援此时正陷入重重困境之中的远征军左翼。

除了少数以共同的民族身份为纽带，在

公元前314年
波利斯佩孔之子亚历山大在伯罗奔尼撒顶住了安提柯和卡山德军队的进攻

亚历山大去世后，他的遗孀克泰西波莉丝镇压了西锡安人的起义

公元前313年
罗德岛人与安提柯结盟

92　古典世界的战争

情感上与领袖团结一致的马其顿核心成员，继业者们的军队依靠的主要还是雇佣军。这一事实极为有力地解释了为何他们发动的战争往往难分胜负。如果一支雇佣军俘获了被他们击败的敌军的辎重——更别说占据了此前敌人所在的城镇或地区——他们就会把全部精力放到劫掠上。他们根本不会有多少动力再去乘胜进攻，或追击逃敌。事实上，全歼敌军不符合他们的利益。如果这样做的话，那就没活可干了，他们也就没饭吃了。

战　象

在希腊-马其顿世界，领兵作战的国王和将领们似乎对大型作战兵器颇感兴趣。他们大量使用战象的事实似乎与这一喜好相一致。我们已经注意到，应用灵活多变的战术足以轻而易举地打败战象部队，然而即便如此，战象必定拥有一些实实在在的优点，可

以证明这些国王和将领继续使用这一兵种是有一定合理性的。大象可以践踏敌人，从而造成惨重的伤亡，也可以用象鼻将敌人卷起来。它还能为投射火力提供一座更高的发射平台，这一点十分重要。安装在大象背上的小型炮塔可以容纳4名乘员。如果审视一下攻城战、山地战和海战的战术，我们就会想到，古人对在地势较高处建立的有利火力点是极为重视的。居高临下的弓箭手能够获得更广的视野和更远的射程，从而对敌人构成更大的威胁。

与骑兵相比，战象的操纵性较差，然而它们却能轻而易举地让战马感到恐惧，令它们变得难以控制。总而言之，用战象来对付一支静止不动的军队效果最佳。就这一点而言，我们应当注意到这些战象所对付的马其顿步兵方阵，移动速度变得比以前更慢了。这可能是大型化、重型化作战兵器逐渐占优这一普遍趋势的又一实证。德米特里厄斯的

工匠为其打造的胸甲可在26步内经受住由攻城弩发射的弩箭的打击，这件铠甲的重量为40磅（18.1千克），被认为是极为轻便的。德米特里厄斯的一名副将得到了一件类似的胸甲，但这位军官惯常穿戴的是一件重2塔兰特的铠甲。就铠甲而言，更为标准的重量为1塔兰特。按照阿提卡的标准，1塔兰特的重量为57磅（25.86千克），而按照埃伊纳人的标准则为83磅（37.8千克）。无论按照哪种标准，这类铠甲都完全可以被归入重甲之列。身披重铠的方阵步兵要躲避战象的冲锋，就必须尽可能灵活地拉开队列的空间，但他们发现自己很难完成这一不可或缺的动作，这没什么奇怪的。

专门用来对付战象的策略得到了应用，最为有效的办法似乎是在地面上竖起一排长钉。可怜的牲畜在疼痛的刺激下变得疯狂，很快就无法控制了。但要应对战象的威胁，最好的解决之道或许是以象攻象。在这

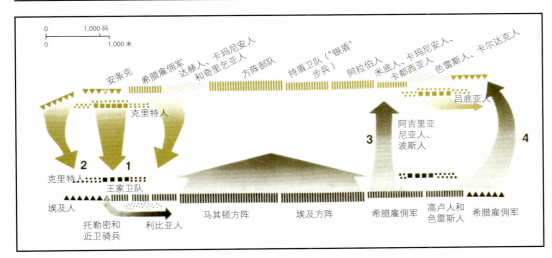

拉菲亚战役（公元前217年）

	托勒密	安条克
骑兵	近卫骑兵 700	骑兵 6,000
	埃及人 2,000	战象 102
	希腊雇佣军 2,000	
	战象 73	
步兵	王家卫队 3,000	方阵步兵 20,000
	方阵步兵 25,000	持盾卫队 10,000
	希腊雇佣军 8,000	希腊雇佣军 5,000
	克里特人 3,000	克里特人 2,500
	色雷斯人、高卢人 6,000	波斯人、阿吉里亚尼亚人 2,000
	埃及人 20,000	阿拉伯人 10,000
	利比亚人 3,000	米底人、卡都西亚人、卡玛尼安人 5,000
		吕底亚人 1,000
		卡尔达克人 1,000
轻盾兵	2,000	7,000

1 安条克的印度战象部队发动冲锋，击退了敌方的非洲战象部队，令托勒密的近卫骑兵和步兵陷入混乱。2 安条克攻击敌军骑兵，他的轻盾兵部队击败了托勒密的轻盾兵和利比亚部队。安条克加以追击。3 托勒密的战象部队拒绝从右侧发动冲锋，但他的雇佣军部队攻击了敌方的阿拉伯部队。4 同时，他的骑兵巧妙地避开敌方战象部队，扫荡了对面之敌。5 托勒密隐于己方方阵之后，除了两翼部队，双方方阵一齐向对方逼近。在托勒密的督战下，规模更为庞大的埃及军队最终获胜。安条克重返战场，但为时已晚。他损失了10,000名步兵、300名骑兵和5头战象，托勒密的伤亡总计为1,500名步兵、700名骑兵和16头战象。

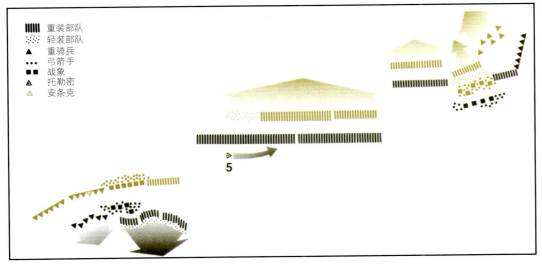

图中文字：
安条克　希腊雇佣军　达赫人、卡玛尼安人和奇里乞亚人　方阵部队　持盾卫队（"银盾"步兵）　阿拉伯人　米底人、卡都西亚人　色雷斯人、卡尔达克人
克里特人
阿吉里亚尼亚人、波斯人
吕底亚人
3　4
2　1
克里特人
王家卫队
埃及人
托勒密和近卫骑兵
利比亚人
马其顿方阵　埃及方阵　希腊雇佣军　高卢人和色雷斯人　希腊雇佣军
5

图例：
重装部队
轻装部队
重骑兵
弓箭手
战象
托勒密
安条克

比例尺：0　1,000 码 / 0　1,000 米

种情况下，体形更为庞大的战象或许能处于上风——不仅是因为它们更重，也是由于象背上的弓箭手可以获得一个更有利的攻击位置。由于塞琉古王朝的统治者们与印度方面有所往来，因而最初垄断了大象和懂得如何驱使大象的印度驭手。但托勒密王朝对他们在埃塞俄比亚俘虏的非洲战象加以训练，很快就抵消了塞琉古王朝的优势。托勒密军队征用的非洲象的体形并不比印度象更大，相反，在古代作家的笔下，非洲象的个头比他们所熟知的北非亚种象更小，后者是在红海和阿特拉斯山脉（在那里，它们被迦太基人使唤着）被发现的。当托勒密王朝的非洲象部队与塞琉古王朝的印度象部队在公元前217年的拉菲亚（位于加沙附近）交上手时，塞琉古军的战象占了上风。但即便如此，此役中塞琉古军战象在数量上占据优势却是板上钉钉的事实。

人们可以利用战象来强行攻入城内。然而，在公元前318年的墨伽洛波利斯战役中，当马其顿军队的指挥官试图这样做时，巨型城门处的守军在地面上插满了长钉，正对着可能遭到战象攻击的方向，导致这次行动以惨败告终。

五列桨战舰与重型桨帆战舰

"trireme"（即希腊语中的"trieres"）一词通常用于指代一种配有3列相互层叠的桨座的桨帆战舰。我们今天还能看到两列桨或三列桨战舰的图像。在公元前5世纪，雅典的桨手们按照桨座所处的位置，被划分为上层桨手（thranitai）、中层桨手（zygitai）和下层桨手（thalamitai）三类。上层桨手操持的船桨是最长的，他们有时能领到额外的津贴，例如在公元前415年雅典人远征叙拉古之初时那样。然而，"trieres"一词的含义中并不包含"桨座"，它原本只是"三重装备"的意思。在伯罗奔尼撒战争结束后，四列桨战舰和五列桨战舰得到了广泛应用。这两种战舰在阿里安描述亚历山大攻打提尔的篇章中均被提及。在对后来历史的研究中，我们发现了有关"十重装备""二十重装备"乃至"四十重装备"的战舰的记载。除非有人

打算建造一座在水上漂浮的摩天大厦，否则我们实在无法想象这些数字指的是舰船上桨座的列数。

关于"四十重装备"战舰的记录显得尤不可信。我们或许可以认为这一记载完全是胡说八道，但问题仍然存在。在三列桨战舰上，任何一组三联桨座都有可能以前后或交叉的形式排列，因此位于上层的桨座号并非垂直正对着下方桨座号。然而，即使这一排列方式确实存在，我们也无法确定五列桨战舰上真的有5列桨座，除非我们能想象一种头重脚轻的船体。在任何情况下，桨手的排列方式都是很复杂的，其中或许还存在其他未知的问题。因此，现代学者往往认为五列桨战舰是一种每支桨边坐了5名桨手，或5名桨手共用2～3支船桨的桨帆船。可能更大的数值同时计入了两舷的桨手，或指面对面坐着共用一支桨的桨手。这些结论是根据中世纪和文艺复兴时期的威尼斯桨帆战舰的情况推导出来的，众所周知，那里的实战中存在着很大差异。有一点似乎是毫无疑问的，那就是古代桨帆战舰的分类不可能一致地以桨座数量为标准。

这个结论有着更深层次的寓意。如果希腊桨帆船以桨手人数而非桨的数量为标准来分类，那么每支船桨均由3名并排而坐的桨手操作的单层桨战舰，仍有资格被定义为三列桨战舰或"三重装备"战舰。倾斜的船桨可能意味着，桨手的座位仍为层叠状。靠里一侧的桨手洒下的汗水依旧是最多的，以至于这种阶梯状桨座可能仍会被划分为上层、中层和下层。没有证据表明实际情形是否真的如此，一定的假设似乎是必要的，这一结论正是从这些假设中推导出来的。另一方面，古代人使用的术语并不是前后一致的。就"三列桨战舰"一词而言，他们可能一直将其定义为设有3列桨座的桨帆战舰，而五列桨战舰并非设有5列桨座的桨帆船（见98页）。

无论在继业者海军中非常重要的四列桨战舰和五列桨战舰在我们的心目中是什么模样，可以肯定的是，它们都是更大更重的船只，需要配备更多桨手和更为巨大的船桨。三列桨战舰在战役中被用于冲撞敌舰或攻击

▲ 刻于罗德岛林多斯卫城山岩上的希腊桨帆战舰浮雕（公元前2世纪）。浮雕展示的是这艘战舰的艉部，巨大的舵桨清晰可见。

敌舰的船舷和舵桨，此外它还作为投射部队或登舰接战部队提供了火力平台或跳板。公元前4世纪末的战舰除了可以用前甲板装载重型攻城器械，还能用来拖曳运输马匹的船只。

德米特里厄斯的海军甚至以"十五重装备"和"十六重装备"桨帆船作为其特色舰船。它们的外观极为宏伟，无疑有着巨大的宣传价值，但似乎并未被大量使用。由于种种原因，德米特里厄斯与所有海军将领一样，只能靠无甲板的轻型战舰来打天下，其中包括一种"一列半桨"（更抠字眼的译法为"a three-halver"）型的舰船。这究竟是指船上设有一列半桨座，还是指配备了一层半桨手，依然有待推测。

西西里战争

如果不提到地中海西部同一时期及公元前4世纪初的战争，那我们就无法恰当地讨论亚历山大的继业者们拥有的战争资源。早晚有一天，希腊大陆和希腊东部世界的各个王朝都会被迫卷入西部事务中，而由腓力和亚历山大打造的马其顿战争机器，在很大程度上汲取了西部战争的灵感。公元前398年，由叙拉古的戴奥尼索斯一世率领的希腊军队对西西里岛西部海岸的迦太基据点莫提亚城的围攻，成为后来发生在地中海东部的大型围

公元前311年
叙拉古的僭主阿加索克利斯在利卡塔被迦太基人击败　阿加索克利斯被围困在叙拉古城内

继业者战争中的战象

波鲁斯的战象给亚历山大留下了极为深刻的印象，以至于他将它们编入了自己的军队。在继业者战争时期，长矛方阵和战象成了战争的主导因素。战象的背上装有一座塔楼，上面往往配有一名长矛手和一名弓箭手（或掷枪手）。战象的驭手（通常为印度人）也装备标枪。战象在战场上的主要优势在于它那庞大的体形和由此造成的严重恐慌情绪。用战象对付骑兵格外有用，因为从未见过大象的战马一见到这种巨兽，或一听到它的吼叫声，就会立即害怕起来。因此，将战象以20～50米的间隔排成一排，便可有效

阻止骑兵前进。然而，这一兵种存在着一个十分致命的缺点：尽管战象很难被杀死，但一旦其全身多处被刺伤，或驭手阵亡，它就会恐慌起来。这样一来，它对己方部队造成的威胁与对敌方部队造成的威胁一样大。因此，战象部队需要轻装步兵部队随行保驾。随着时间的推移，保护战象的轻装部队逐渐成为继业者时代军队的固定编制。可装载4个人的更为巨大的塔楼、皮环或是金属铠甲得到了应用，以免战象受伤致残。埃及的托勒密王朝和迦太基人也开始使用体形较小的非洲森林象。我们无法确定迦太基人是否

使用过象载塔楼，但埃及人无疑是用过的。图中展示的是公元前280年至前200年的战象的标准形象。塔楼由一副带有内衬的象鞍和一个置于其顶上的覆盖生牛皮的框架构成。

继业者时代的铁甲骑兵

波斯铁甲骑兵和马萨格泰骑兵给曾与他们交过锋的亚历山大骑兵留下了深刻印象，继业者们沿用了前者的甲胄。此图根据约公元前200年的一块珀加蒙浮雕绘成。其他拥有腿铠及马甲的骑兵被称为"铁甲骑兵"（字面含义为"全身披挂"）。

公元前310年

阿加索克里斯渡海进入非洲，接连击败迦太基人

在西西里，迦太基人击败叙拉古人

诗人忒奥克里托斯约于该年出生

罗马人在瓦蒂莫湖击败伊特鲁里亚人

城战（如在提尔和罗德岛）令人瞩目的预演。

莫提亚对于迦太基人来说价值重大，它既是他们的贸易港，也是他们的海军基地。这座城市坐落在一个直径约为1.5英里（2.4千米）的海岛上，并为一处宽约2英里（3.2千米）的海湾所环绕，一条堤道将这座城市与大陆连接在一起。当希腊军队及其支援舰队靠近岛屿时，守军摧毁了堤道。但戴奥尼索斯很快就开始重建一条新的堤道，并靠着这条堤道最终攻陷了这座城市。尽管一些敌人成功烧毁了攻城方的一些木制攻城塔，但后者的攻城槌、弩炮和6层高的攻城塔最终还是击穿了城墙。戴奥尼索斯在攻城技术方面的另一伟大创举是使用一些滚筒拖曳着他的舰队，穿过了环绕莫提亚城的海湾的臂湾。这一创举使他能够将自己麾下那支更为庞大的舰队充分展开，以发挥其数量上的优势，而不是让它们挤在狭窄的海港入口处——迦太基海军将领正希望在那里开战。结果，从迦太基开来的支援舰队被迫撤离，任由莫提亚城自生自灭。

在公元前4世纪的晚些时候，广受尊敬的西西里希腊人保卫者提莫里昂，再度将他的保护对象从迦太基人的威胁中解救出来。他来自科林斯，原本是受邀前去帮助叙拉古人反抗他们的僭主戴奥尼索斯二世以及其他诡计多端的独裁者的。公元前341年，提莫里昂率领叙拉古人与迦太基人作战，并在克里麦沙河击败了后者，但他的希腊敌人站到了迦太基人一边，从而使他的努力付诸东流。作为一名保护宪制的解放者和民族保卫者，他的事迹很难不对与其同一时代的马其顿的腓力产生影响，后者的政策与战略是以替天行道的名义进行的。

在"围城者"德米特里厄斯的时代，又有一位强力的希腊裔战争领袖在西西里崛起。此人便是阿加索克利斯（Agathocles），他在提莫里昂的时代赢得了军事上的威名。在后来的日子里，他对大众政治持支持态度，在花了几番功夫后，他得以自立为叙拉古的僭主。这导致他与其他希腊城邦及迦太基人发生了冲突，迦太基人多次与西西里的希腊城邦联手反对他。阿加索克利斯被迦太基人击败，在重重压力下，他决定在非洲发

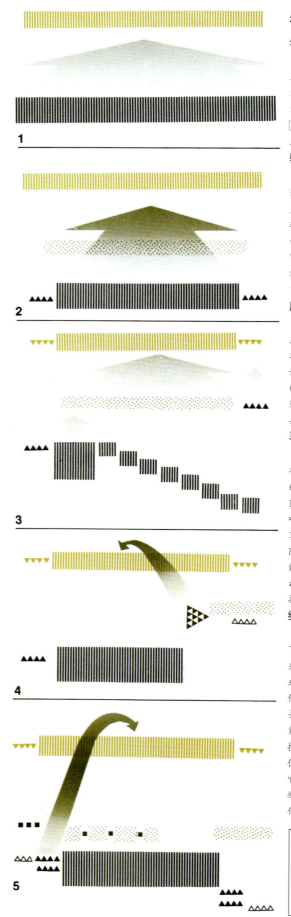

希腊战争中的战术

希腊方阵

1 该图展示了希腊方阵在公元前490年的马拉松战役中的作战流程。方阵排成一道紧密相连的直线队列，一齐发动进攻。这个由密集型队列（每个人占据的空间宽3~4英尺[0.9~1.2米]）构成的方阵的纵深可能为4排或更多。

骑兵和轻装部队的应用

2 骑兵和轻装部队加入进攻型部队的行列，使得军队在战术层面拥有了一定程度的灵活性。骑兵能够保护方阵脆弱的侧翼，而轻盾兵则用他们的小型盾牌来掩护重装步兵，令其免受敌方施放的飞箭、石块和标枪的伤害。这类战术在公元前5世纪末及公元前4世纪的苏力亚、德利乌姆和柯罗尼亚等战役中均被使用过（详情见57页）。

底比斯人的战术

3 留克特拉战役（公元前371年）和曼丁尼亚战役（公元前362年）均为伊巴密浓达指挥的底比斯方阵在战术层面取得突破的例证。在利用斜线方阵发动攻击时，方阵一翼的"分量被加重"，作为主攻力量，而另一翼则呈收缩态势。敌方队列则由轻装部队和骑兵部队加以阻击。

马其顿军队的变革

4 对腓力和亚历山大时代的重大战役进行的详细研究，揭示了马其顿军队所经历的进一步发展。方阵厚度进一步增加（达16~20排），但并未达到底比斯方阵那种令人吃惊的程度。然而，致命一击是由迂回到敌军后方的骑兵部队发起的猛烈冲锋和方阵部队自正面发动的攻势共同组成的。方阵既可能以直线队列前进（如伊苏斯战役），也可能以斜线队列前进（如喀罗尼亚战役、高加米拉战役）。

继业者时代战术的发展

5 继业者战争时期发生的历次战役揭示了这样一个事实，即战术已变得越来越复杂。先前的所有兵种都得到了应用：重装步兵排成梯队进攻，重骑兵实施致命打击，轻骑兵保护重装步兵，轻装部队负责抵挡投射火力并以散兵战术进攻。然而，作为新兵种的战象得到了应用。它们被用于阻截敌方骑兵和搅乱敌军队列。方阵的主要职责是牵制敌军，但到了伊普苏斯战役和拉菲亚战役爆发时，它已不再像马拉松战役时那样在战场上扮演举足轻重的角色，而是成为众多互相依赖的作战单位中的一员。

重装步兵
轻装部队
骑兵
轻骑兵
战象

公元前309年
在西西里，阿克拉伽斯（阿格里真托）牵头组织了一个反叙拉古的希腊城邦同盟

公元前308年
托勒密的部将欧斐尔拉斯与阿加索克利斯结盟，共同反对迦太基

阿加索克利斯谋杀了欧斐尔拉斯，并接管其部，但未能攻取迦太基

公元前307年
阿加索克利斯最终从非洲返回叙拉古

在伊庇鲁斯，皮洛士成为副王

动报复性反攻。他伺机避开迦太基舰队，率领自己的小型舰队前往非洲沿海地区。在那里，他说服了自己的部下，让他们将船只烧掉（一点也不夸张），为的是让他们能够义无反顾地去攻占迦太基人的领土。在北非的希腊城市昔兰尼的帮助下，他打了一场大胜仗，几乎攻占了迦太基城。与此同时，西西里的迦太基军队未能攻占叙拉古，阿加索克利斯得以重返该城。他于其后发起的非洲远征行动没有成功，但他在西西里的统治依旧稳如泰山。

阿加索克利斯的反攻策略得以变为现实，这表明罗德岛的门农或许也能用这一计谋来对付亚历山大，但他过早地死去了。这件事还证明了曾在亚历山大的战争中多次显现的一个事实：当一支军队能够威胁到敌人后方基地时，他们是不需要自己的基地的。人们不禁猜测，公元前4世纪末，无论是地中海东部还是西部的战争领袖，都曾对彼此的战略手段加以研究，并从中汲取经验和教训。

至于阿加索克利斯，他那无可救药的战争癖使他又发动了对意大利和科基拉岛的战争。在死之前，他与继业者们也打起了交道，并爆发了冲突。但他的继承人人选问题并未得到解决。阿加索克利斯不顾家人的不满，宣布自己绝不会搞什么世袭王朝，以换取民众的支持，但这一做法对叙拉古政体的稳定性并没有起到什么积极作用。在某些方面，他可能被视为一位仁慈的僭主，但历史学家提迈奥斯曾遭到他的政治迫害，因此阿加索克利斯的名声在死后一落千丈。

迦太基及其海上霸权

对于地中海西部的希腊人，特别是西西里的希腊城市而言，迦太基长期以来一直是最可怕的敌对国家。它严重威胁着它们的安全，就像波斯曾严重威胁希腊东部的安全一样。然而在其他方面，迦太基与波斯形成了极为鲜明的对比，而且它的实力基础与波斯是截然不同的。波斯是一片地区，而迦太基是一座城市。波斯是一个强大的内陆帝国，因而其海军官兵主要雇用自其他民族。迦太基则是一个伟大的商业王国，拥有强悍的海军，因而倾向于使用外国雇佣军来打陆战。

迦太基城是来自提尔的腓尼基移民于公元前9至前8世纪在北非海岸（今属突尼斯）建立的。迦太基人属于闪族语系，与希腊人并非同一人种。与之相反，波斯人在人种上与那些早先进入希腊和意大利半岛的民族是相同的，他们使用的印欧语言与希腊语和拉丁语隶属于同一语系。然而，在社会与经济体制方面，迦太基人与希腊人的相似程度要远远超过波斯人。专制制度从未在迦太基确立过。亚里士多德在《政治学》（*Politics*）中对迦太基的民主政治赞许有加，并将其与斯巴达政体对比。迦太基人的殖民模式同样与希腊人相似。作为提尔人的分支，迦太基人建立的殖民地性质的贸易城市遍布整个地中海西部，其中包括撒丁岛南部和西班牙地区。然而，他们这样做的目的在于建立贸易关系，而非缓解自己的人口压力，因此整体而言，他们的殖民地与母邦之间的联系必然比现存的希腊殖民地与其母邦之间的联系更为紧密。毫无疑问，在西西里的迦太基城市与希腊人发生战争时，前者得到了来自北非地区的大力支持。

为了保护自己的商业舰队，迦太基人维持着一支由桨帆战舰组成的强大海军。迦太基城拥有两座港口，分为一座内港和一座外港，均位于为陆地所环抱的人工开凿的港湾之中。一般情况下，这些桨帆战舰是由公民组成的桨手来驾驭的，但可用船员的人数、海港的规模以及庞大的商业舰队的竞争，都

▼ 公元前306年，"围城者"德米特里厄斯在塞浦路斯的萨拉米斯附近海域爆发的战役中击败了埃及的托勒密舰队。这枚钱币上刻画了胜利女神站在一艘战舰舰首的场景。

可能成了限制海军舰队规模的因素。

通常而言，迦太基人和腓尼基人是古代世界最具冒险精神的航海民族。然而，他们在与希腊人的海上交锋（而后又与罗马人进行了海上交锋）中所取得的胜利少得惊人。与地中海东部的腓尼基人一样，迦太基舰队似乎经常拥有数量上的优势，但在舰对舰作战中，他们似乎无论以何种方式都无法占到上风。恰恰相反，他们总是吃败仗。毫无疑问，船上武装部队的规模很小，这使得他们无论是在登舷接敌还是在投射火力作战中都处于不利地位。在公元前5世纪时薛西斯的腓尼基战舰上，陆战部队始终得到波斯兵员的补充。而迦太基人在这一方面依然做得不够完善。阿加索克利斯的小型入侵舰队在接近非洲海岸时，差点就被数量上占优势的迦太基海军追及。然而，希腊人在位于敌人的投射火力射程内时是能够与追兵保持一定距离的，因为阿加索克利斯的桨帆战舰上配备的弓箭手和掷石兵为数众多。

作为一个海上民族，在支援自己的西西里同胞作战时，迦太基人遇到了一个挑战（薛西斯入侵希腊时，他的部队得以免遭这一挑战的困扰），那就是运送军队的舰船不得不穿过广阔无垠的外海海面，而且无法靠近海岸。诚然，这意味着船只因风浪推动而在海岸上撞毁的可能性有所降低，但这对于迦太基人而言也算不上有什么选择余地。因而在公元前311年，当启程前往西西里的迦太基入侵舰队遇上一场风暴时，他们损失了130艘三列桨战舰中的60艘，外加200艘运输舰。

需要注意的是，这支不幸的远征军的战舰全是清一色的三列桨战舰。迦太基还改进了五列桨战舰的使用。事实上，有人认为被归为叙拉古的戴奥尼索斯一世发明成果的五列桨战舰，原本是腓尼基人的发明。毫无疑问，五列桨战舰在海战中拥有某些方面的优势，尽管它在对阵轻型战舰时并不是处处占优的。我们不能排除这样一种可能性，即发明这种船只的初衷主要是为运输考虑的。只有重量和体积更大的运输舰，才能经受更为凶猛的海浪的打击。与希腊人一样，在迦太基人中也一直存在着将船舶重型化的倾向。

公元前535年，在科西嘉岛的阿拉里亚附近发生的战役中，与福西亚希腊人作战的迦太基五十桨战舰在外观上可能与福西亚人的撞角战舰极为相似。

迦太基桨帆战舰（希腊人和罗马人有时似乎会加以仿造）的特色之处，是在舰首位置挂着一面小小的辅助帆（在希腊语中被称为"akation"）。这面帆可能是挂在一根巨大的舰首斜桅上的帆桁上的，它或许能够在航行方向与风向成某个角度时起到推动作用。在作战时，这面帆也可作为应急之用。桨帆战舰的主桅是无法在短时间内竖起的，但狄奥多鲁斯描述了这样一件事：一艘迦太基战舰冒着被阿加索克利斯的桨手追上的危险，

升起了前桅的辅助帆，利用了有利的风，由此逃脱了追击。

迦太基陆军

尽管迦太基陆军主要倚仗的是雇佣军的力量，但应当注意的是，他们的公民军也不容小视。无可否认的是，公民军的规模很小，在迦太基舰队迎战阿加索克利斯时，公民军仅有2,000人，相比之下，利比亚部队拥有10,000人。但迦太基人拥有一支精心挑选的精锐部队，希腊人称之为"神圣兵团"。当迦太基人被征召去与他们的雇佣军及叛乱的北非城市组成的联军作战时（当时他们已

经遭到了罗马的威胁），他们最终在一场以暴行众多而著称的战争之后赢得了胜利。

在西西里作战的迦太基军队曾与提莫里昂交过手。普鲁塔克在相关的历史记录中宣称，他们拥有10,000名装备着白色盾牌的步兵。希腊人认为这些人是清一色的迦太基人，因为他们装备华美，步伐缓慢，且行军时井然有序。当然，来自迦太基城的公民与来自迦太基海外殖民地的公民是不能混为一谈的。但无论如何，将迦太基人描述为一个非军事民族都是错误的。

迦太基人在第一次布匿战争和与反叛的雇佣军的战争中都使用了战象，而且都收到了可观的效果。迦太基人对战象的用法与师

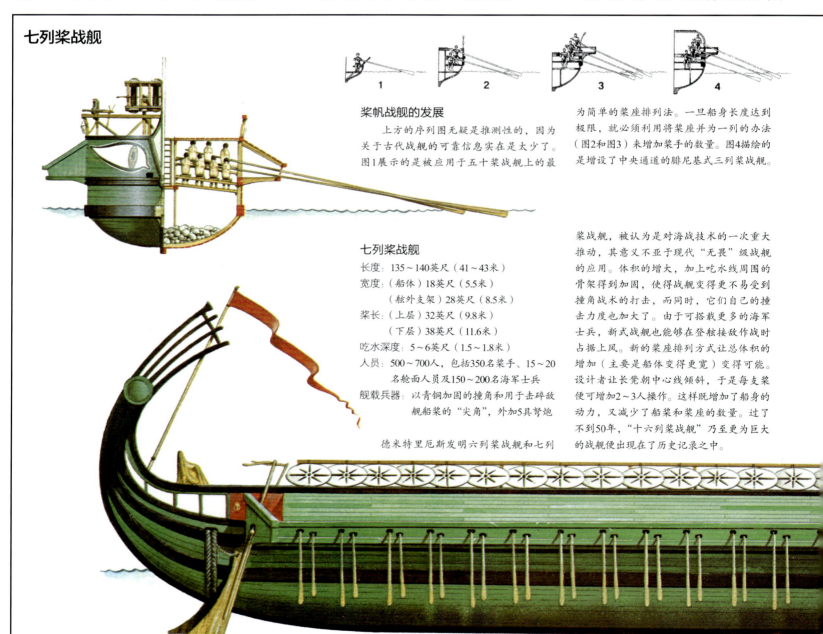

七列桨战舰

桨帆战舰的发展

上方的序列图无疑是推测性的，因为关于古代战舰的可靠信息实在是太少了。图1展示的是被应用于五十桨战舰上的最为简单的桨座排列法。一旦船身长度达到极限，就必须利用将桨座并为一列的办法（图2和图3）来增加桨手的数量。图4描绘的是增设了中央通道的腓尼基式三列桨战舰。

七列桨战舰

长度：135～140英尺（41～43米）
宽度：（船体）18英尺（5.5米）
　　　（舷外支架）28英尺（8.5米）
桨长：（上层）32英尺（9.8米）
　　　（下层）38英尺（11.6米）
吃水深度：5～6英尺（1.5～1.8米）
人员：500～700人，包括350名桨手、15～20名舱面人员及150～200名海军士兵
舰载兵器：以青铜加固的撞角和用于击碎敌舰船桨的"尖角"，外加5具弩炮

德米特里厄斯发明六列桨战舰和七列

桨战舰，被认为是对海战技术的一次重大推动，其意义不亚于现代"无畏"级战舰的应用。体积的增大，加上吃水线周围的骨架得到加固，使得战舰变得更不易受到撞角战术的打击，而同时，它们自己的撞击力度也加大了。由于可搭载更多的海军士兵，新式战舰也能够在登舷接敌作战占据上风。新的桨座排列方式让总体积的增加（主要是船体变得更宽）变得可能。设计者让长凳朝中心线倾斜，于是每支桨便可增加2～3人操作。这样既增加了船身的动力，又减少了船桨和桨座的数量。过了不到50年，"十六列桨战舰"乃至更为巨大的战舰便出现在历史记录之中。

公元前304年				公元前303年
德米特里厄斯中止了围攻罗德岛的行动	德米特里厄斯丢弃的攻城器械为罗德岛巨像提供了建造材料	德米特里厄斯重振希腊的民主自由事业	罗马击败萨莫奈人（第二次萨莫奈战争）	被逐出印度的塞琉古与旃陀罗笈多缔结和议

98　古典世界的战争

从印度人的马其顿王朝是不同的。他们的战象背上并没有放置由弓箭手操纵的像炮塔一样的象轿。迦太基战象由一名驭手用一根刺棒加以控制，主要用踩踏战术来对付敌军。

对于迦太基军队而言，战象似乎是战车的替代品。但在历史上，迦太基人也曾使用过战车，其中包括四马战车——在希腊，这种战车只会出现在赛场上。要想打一场战车战，适宜的作战场地是不可或缺的。波斯人为他们的亚洲军队配备了大量战车，但在希腊，最后一场战车战爆发于公元前7世纪，战场位于优卑亚岛的利兰丁平原，对阵双方分别为哈尔基斯城和埃雷特里亚城。迦太基人曾在西西里的战事中用四马战车对付提莫里昂，在克里麦沙河战役期间，他们企图用这种战车破坏希腊骑兵的队形。就在此时，突然发作的雷暴和倾盆大雨助了希腊人一臂之力。身披沉重铁铠的迦太基步兵登时变得狼狈不堪，泥泞的道路势必令战车寸步难行。普鲁塔克对这场战役的评论颇值得玩味：尽管有铠甲护体的迦太基人不惧希腊人的长矛，但他们无法在需要特别技巧的剑与剑的对决中与希腊人一较高下。现在的作战方式已经和波斯战争时很不一样了。普鲁塔克还注意到，此役中迦太基公民军的死亡人数是空前的。通常情况下，迦太基陆军士兵多为非洲人、西班牙人和努米底亚人，他们的死伤是引不起多少关注的。

迦太基雇佣军中既有北非的士兵，也有来自众多与迦太基人建立了贸易伙伴关系的国家的人员。来自不同地区的雇佣军和盟国部队，往往在迦太基军队中担当着各种特定的角色。定居在迦太基西部和南部的努米底亚游牧民族饲养马匹，并提供骑兵。他们的骑手天下闻名，据说不用缰绳就能驾驭马匹。利比亚人则负责操纵战车。阿加索克利斯曾在利比亚与迦太基人交战，因而得以招募利比亚战车手。巴利阿里群岛则向迦太基人（后来又向罗马人）提供掷石兵。巴利阿里士兵的特长可以与地中海东部的罗德岛士兵的专长（前面章节已介绍过）相提并论。

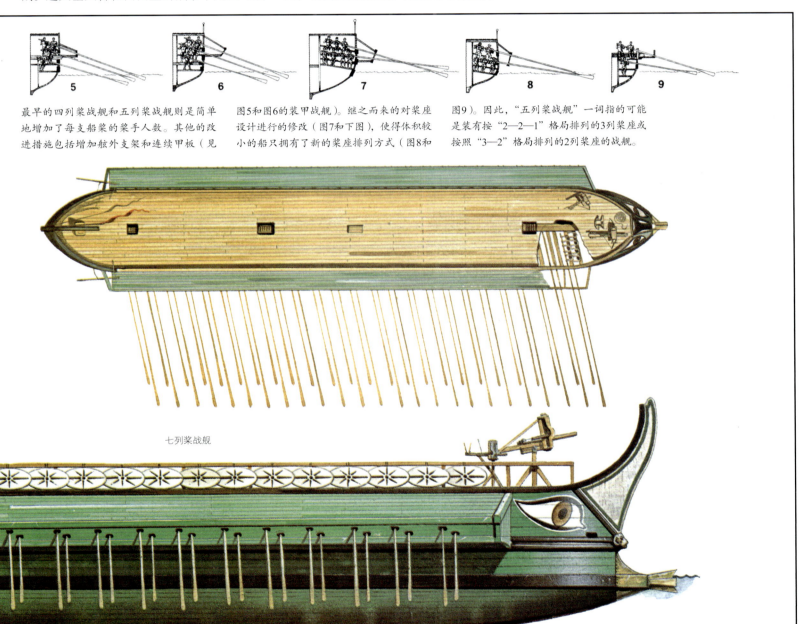

最早的四列桨战舰和五列桨战舰则是简单地增加了每支船桨的桨手人数。其他的改进措施包括增加舷外支架和连续甲板（见图5和图6的装甲战舰）。继之而来的对桨座设计进行的修改（图7和下图），使得体积较小的船只拥有了新的桨座排列方式（图8和图9）。因此，"五列桨战舰"一词指的可能是装有按"2—2—1"格局排列的3列桨座或按照"3—2"格局排列的2列桨座的战舰。

七列桨战舰

公元前302年
皮洛士被卡山德逐出伊庇鲁斯

在意大利，斯巴达的克利奥尼穆斯二世与一支雇佣军并肩作战，以支援塔伦图姆

皮洛士得到托勒密的接纳和保护

卡山德与利西马科斯、托勒密结盟，对抗安提柯

第 7 章　伊庇鲁斯的皮洛士与罗马共和国

在公元前 3 世纪，罗马人征服意大利南部的进程遭到了伊庇鲁斯的皮洛士（Pyrrhus of Epirus）的挑战，后者费尽千辛万苦取得的胜利，为军事学词汇库添加了新的成员。

原始资料来源

伊庇鲁斯的皮洛士的军事生涯显然是我们讨论的重点。在现存的关于皮洛士生平的著作中，普鲁塔克作品的重要程度排在第一位。普鲁塔克依靠的是时人卡迪亚的希耶罗尼穆斯留下的珍贵证言。希耶罗尼穆斯的《继业者战争史》（*Histories of the Successors*）提供了与狄奥多鲁斯的《历史文库》及阿里安

的后亚历山大时代史所涉及的年代有关的重要史料，并成为普鲁塔克的另外几份传记（欧迈尼斯传和德米特里厄斯传）的写作材料。希耶罗尼穆斯曾在欧迈尼斯的军队中效力，两人都来自位于色雷斯的切索尼斯的卡迪亚。欧迈尼斯被安提柯俘虏并处死后，希耶罗尼穆斯见风使舵（这是那个时代的特色趋势），转而为安提柯效力。他亲眼见证了公元前301年的伊普苏斯战役，随后被安提柯的

儿子德米特里厄斯任命为波奥提亚总督。《继业者战争史》至少将直至皮洛士死亡那一年（或许要晚）的历史事件全部囊括其中。

我们对早期罗马史的了解几乎全部来源于后世作家的作品。在公元前4世纪之前，罗马就保存着一些历史记录，它们可能在公

▼ 这幅地图展示了皮洛士远征意大利及西西里的大致过程。在贝文内托战役中，他的战象部队未能压倒罗马步兵部队，遂退却并撤出意大利。

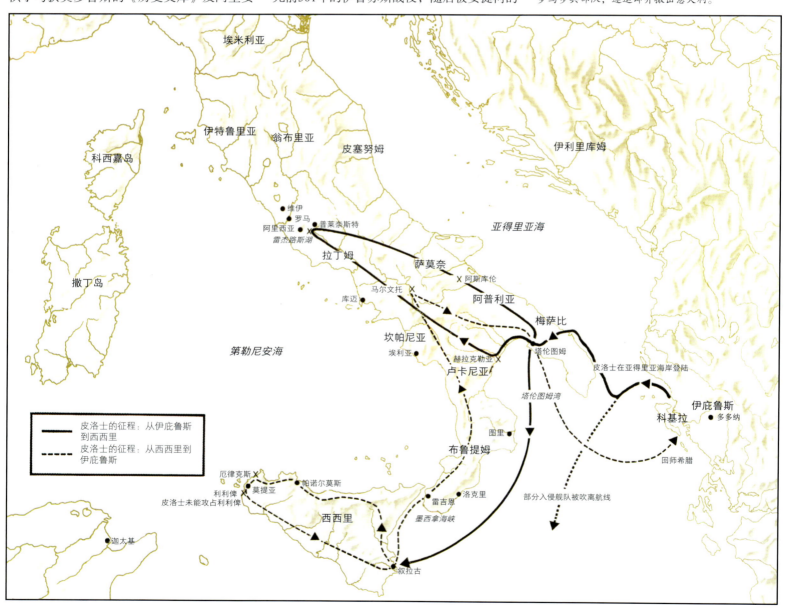

元前390年毁于洗劫罗马的高卢人之手。无论如何，自公元前4世纪初期起，每年都会在当年官员的名字下编撰和展示年历，这是罗马的大祭司的职责。

第一批历史学家是罗马的公务人员，而且往往是身居要职的元老。他们编修历史的重要动机是弘扬爱国主义精神，希望以一种美化的方式将罗马历史展现给希腊世界，在那里，历史作家被视为有学问的人，备受人们的尊敬。早期的罗马作家是用希腊文写作的，参加过第二次布匿战争的昆图斯·费边·皮克托（Quintus Fabius Pictor）就是其中的代表。但马尔库斯·珀尔西乌斯·加图（Marcus Porcius Cato，即监察官加图）编撰的作品则是用拉丁文写就的，而且自他生活的时代（公元前234—前149年）起，用拉丁文写史的做法便已蔚然成风。这些作品利用了早期的宗教年历，相关记录者被称为"编年史学家"。这一流行风气在公元前2世纪末达到了高潮，当时大祭司普布利乌斯·穆西乌斯·斯凯沃拉（Publius Mucius Scaevola）出版了80卷编年史。这些记录被视为权威，几乎没有在下一个世纪的编年史学家中引发任何质疑和争议。

早期编年史学家的作品不仅为公元前1世纪的罗马史学家所用，还成了后世研究罗马历史的希腊史学家的学术工具，其中包括狄奥多鲁斯及哈利卡纳苏斯的戴奥尼索斯（与李维是同时代人）。然而对于我们而言，李维（Livy）的著作在关于罗马早期历史的编年史作品中是最有名的。他的史诗性巨著记录了自罗马建城之日（传统观念认为是公元前753年）至他自己所处年代（公元前59—公元17年）的历史，字里行间散发着一股国运天定的味道。此书原有142卷，1至10卷和21至45卷至今尚存。除了其他作品对该书的摘录及散碎的残篇，后世作家们所作的全书概要也得以留存下来。李维并未亲身经历过战争，这对本书主题而言算是一个遗憾。然而，他的编年史记录（他显然从中总结出了自己的方法论）与大部分写作材料，很多都是由当年在本国的战争与政治舞台上唱主角的人物汇编而成的。另一方面，李维的文才令这些作者的证言不至于失传。要知

▲ 发现于那不勒斯的皮洛士头部雕像。皮洛士与罗马人是一对很有骑士风度的对手，他取得的那些代价高昂的胜利，只会让罗马的威望更盛。

道，公元前1世纪之前的罗马史学家的记录能够单独留存下来的例子寥寥无几。

考古发现有力地将早期罗马历史中的传说与史实区分开来，它经常确认了古代传统文学作品中的说法，提供了各个城镇在特定历史时期的兴衰证据。古代的货币与铭文以其特有的方式见证着历史。当然，那些赋予罗马诗人灵感的古代传说的可信度仍存在着很大争议，但它们所勾勒出的早期罗马历史的主线已得到普遍认可。例如，即使与罗马王国相关的传说不一定全都可信，也不会有人试图否认罗马原本是由国王统治的。通常来说，每位国王登基后可终身执政，但公元前6世纪的几次翻天覆地的变革令这个国家的最高统治权从国王手中转移到了两名每年一选的长官手里，这两名官员后来被称为"执政官"。

历史背景

公元前4世纪中叶，位于意大利南部的多利安希腊殖民地塔伦图姆向其母邦斯巴达求助，希望后者能帮助他们抵御当地人的威胁。此时，希腊北部与马其顿的腓力之间的

战争正处于关键阶段，斯巴达向塔伦图姆派出一支由国王阿希达穆斯三世（Archidamus III）统率的部队，阿希达穆斯后来在意大利战死。其后，当亚历山大大帝身在东方时，他的一位舅舅成为伊庇鲁斯的各个部落和城市的统治者，这个也叫亚历山大的人非常乐意地接受了塔伦图姆人的邀请，前去介入意大利南部的事务，结果也战死在那里。第三次类似事件发生在公元前303年，当时，一位名叫克利奥尼穆斯（Cleonymus）的斯巴达雇佣军将领率领5,000人，前去支援与意大利邻国交战的塔伦图姆人。克利奥尼穆斯将意大利作为自己与科基拉作战的基地，最终与前雇主塔伦图姆发生了冲突。对于塔伦图姆人而言，在这些周而复始的事件中，最为顺其自然的求助选择来自母邦斯巴达和伊庇鲁斯，后者位于一衣带水的海峡彼岸，与意大利半岛的踵部正面相对，因而拥有地理之便。公元前281年，塔伦图姆终于与罗马爆发公开战争，这次他们向伊庇鲁斯国王皮洛士发出了邀请。

在伊庇鲁斯的各个部落中，希腊化程度较深的的莫洛西人是一支主导力量。他们的王室世系可追溯至阿喀琉斯，多多纳宙斯神殿（因其神谕而在整个希腊都很有名）就坐落于他们居地的附近。定居于亚得里亚海东岸的众多科林斯与伊利斯移民，进一步促进了伊庇鲁斯与希腊文明之间的交流。亚历山大在前往意大利冒险之前，为了使这个国度变得更加富裕而出力甚巨。皮洛士的父亲是一位莫洛西领袖，他娶了一位色萨利的贵族妇女。总之，伊庇鲁斯与马其顿一样，通常被划入半希腊化地区之列。

皮洛士在继承王位时还是个孩子，因此他的王位长期处于岌岌可危的状态。然而，他最终获得了托勒密王朝的帮助，并且当他在伊庇鲁斯建立了强有力的统治后，他先是与他人联合执政，而后又大权独揽。靠着这一身份，他与色雷斯的统治者利西马科斯结为盟友，一起排挤德米特里厄斯，后者在卡山德于公元前297年去世后要求继承马其顿王位。德米特里厄斯的主张来源是，他与安提帕特的女儿菲拉（Phila）结了婚，而且他曾经扮成民主自由的保卫者，因而得到了一

些希腊城邦的支持。皮洛士与利西马科斯的同盟成功击败了德米特里厄斯，但当两名胜利者为了马其顿王国的统治权发生争执时，皮洛士被迫妥协。由于在东部栽了跟头，他准备将自己的野心指向西方。

塔伦图姆人为皮洛士送来了机会。他们曾与罗马签订过一份协议，按照协议的规定，罗马人不得派遣战舰进入塔伦图姆湾。但陈年旧约可能早已被弃如敝屣。公元前282年，罗马援军进驻希腊城市图里、洛克里和雷吉恩。这一做法针对的是位于他们北方的意大利部族卢卡尼亚人。然而，罗马战舰却开进了位于图里东面的塔伦图姆湾，此举或许意在炫耀武力。

塔伦图姆人本可对此视而不见，但他们对罗马势力的扩张已深感不安，故决意开战。因此，他们发动进攻，击沉了几艘罗马战舰，驱逐了图里的罗马驻军，并洗劫了这座城市。他们的过激反应或许可以通过意识形态方面的仇恨来解释：实行民主制度的塔伦图姆人憎恨实行寡头政治的图里人。如今，决心与罗马开战的塔伦图姆不仅以自己的名义，更以保护其他意大利的希腊城市的利益为名，邀请皮洛士前来支援。为了在这场共同的战争中贡献自己的一份力量，他们不仅派出了自家的军队，还提供了大量征召而来的意大利土著兵员，其中包括卢卡尼亚人、梅萨比人和萨莫奈人。据普鲁塔克记载，共有20,000名骑兵和350,000名步兵。无论这一数字是否可靠，他们的人数一定非常

▼ 这件三叶形设计的萨莫奈式胸甲是一种应用广泛的铠甲。这种铠甲在公元前4世纪的意大利南部十分常见，并被迦太基人采用。

▲ 古意大利式矛头。我们已经知道，这种矛是将矛柄插入青铜矛头的插槽内的，而不像后世的罗马派勒姆那样将枪头嵌入木柄内的。

多，足以引起皮洛士的兴趣，并在伊庇鲁斯引发普遍的战争狂热。

皮洛士的入侵大军

皮洛士立刻派自己的幕僚和外交官齐纳斯（Cineas）率领3,000人的先头部队前往塔伦图姆，他非常依赖这位色萨利人的教育和智力。同时，他自己则着手集结入侵大军的主力。运输舰队与随同护航的战舰由塔伦图姆负责提供。之前，克利奥尼穆斯也享受过这样的待遇。运输舰队中包括运马船和各式各样的平底船。陪同皮洛士登船的有20头战象、3,000名骑兵、20,000名步兵、2,000名弓箭手和500名掷石兵。按照普鲁塔克的说法，等待他们的将是一段艰难的旅程，当航程进行到一半时，一场非季节性的北风开始降临

到他们头上。结果，许多舰船被吹向南方，径直越过了西西里岛，漂向利比亚。绕过意大利半岛的踵部进入塔伦图姆湾，对他们而言成了不可能完成的任务。那些并未因偏离航线而陷入绝望的船只，显然在亚得里亚海沿岸寻找避风港。普鲁塔克宣称，向岸风先是将许多船只猛烈地推向并无避风港的海岸，而后又突然转向，令皮洛士的旗舰无法靠岸。然而，或许根本没有必要认为风向突然发生了逆转。毫无疑问，在紧贴着不规则的海岸线航行的情况下，船只必须经常调整航向。无论如何，皮洛士所面临的危险是王家旗舰根本无法靠岸。此时夜幕依旧深沉，为了避免再一次被海风推向大海，皮洛士改乘一艘小船。小船于破晓时分抵达岸边。（普鲁塔克《希腊罗马名人传》的希腊文可以理解为他是跳进海里游上岸的，但这不大可能。）此时北风停了，整支舰队已是七零八落，但一些船只得以赶来与国王会师。他们受到了梅萨比土著居民的热烈欢迎，这个族群与塔伦图姆人结为同盟，并竭尽所能地给予帮助。最终，在回收了2,000名步兵、寥寥无几的骑兵和2头战象后，皮洛士经陆路前往塔伦图姆，与先头部队会合。

普鲁塔克对这场风暴的记载相当混乱，似乎连他自己也被这件引起一片混乱的事搞昏了头，但这段插曲对于任何一位对古代航海史有兴趣的人而言，都是具有关注价值的。在那些紧贴着不宜停泊的意大利海岸航行的船只中，似乎只有皮洛士的旗舰能够在惊涛骇浪中控制航向。这艘桨帆船可能就是皮洛士后来在西西里使用过的七列桨战舰（septireme），根据波利比乌斯（Polybius）的说法，它最终落入了迦太基人之手。无论如何，这一附加的证言令更大和更重的船只的适航性越强的说法变得更为有力。普鲁塔克明明白白地记载道，皮洛士的旗舰因其体积和力量而幸存。

当这位国王即将抵达塔伦图姆时，齐纳斯率领驻守于该城的军队前去与之会合。无论皮洛士与塔伦图姆人签订了什么样的协议，他还是显得极为小心翼翼，不去做那些可能触怒后者的事，直到他那四散的舰队最终开进了塔伦图姆的海港。等到掌控全局

公元前296年
塞琉古占领叙利亚和奇里乞亚，从而将其统治范围扩展至地中海地区

公元前295年
罗马人在萨莫奈战役中击败高卢人、萨莫奈人和其他意大利部落

公元前294年
"围城者"德米特里厄斯被拥立为马其顿国王

102　古典世界的战争

早期罗马在意大利的敌人

萨莫奈人

随着罗马不断扩大自己在意大利的统治范围，它与意大利其他主要民族爆发了一系列激烈的战争。这些战争促使希腊的皮洛士介入意大利的事务。在罗马的敌人中，最可怕的是萨莫奈人，他们于公元前321年令罗马在考狄昂峡谷遭到有史以来最为耻辱的一次失利。当时，一支罗马军队被迫从一道轭门之下钻过。萨莫奈人的兵器和甲胄很有特色。彩图中描绘的是约公元前350年的萨莫奈战士的标准形象。由于许多装备的残片和沿海城市的壁画作品留存至今，我们得以深入了解萨莫奈人的装备情况。然而，壁画作品体现的是受希腊风格影响的装备，图中呈现的萨莫奈装备则更具传统风格。最具特色的装备是那件由3个圆盘构成的胸甲，可能是从早期的圆盘形和方形铠甲发展而来的。铠甲的前胸及后背部分通过两侧和肩甲的甲片相连。萨莫奈铠甲的另一种流行样式由方形的前胸部分和圆盘形的后背部分构成，这两部分铠甲均模仿人体肌肉结构设计（类似于"肌肉型"胸甲）。图中人还系着一条宽大的青铜腰带，这是萨莫奈成年男子的象征。护胫也得到了普遍应用。头盔为阿提卡式头盔的改进版，而面甲则是仿照胸甲的样式设计的。如同一些壁画所体现的那样，他的兵器为一对标枪。但在实际情况下，他可能携有更多的标枪。他还装备了一面传统风格的长盾（scutum）。萨莫奈人的装备中似乎并不包括刀剑，直到后来希腊沿海城市受到萨莫奈风格的影响，然后两种文化开始相互融合。

意大利刀剑

这种弯曲式砍刀（在希腊语中被称为"kopis"，在拉丁语中则被称为"falcata"）可能源自伊特鲁里亚（图1至图4）。图5中的实物是一种标准的意大利式重装步兵剑。图6则是一种希腊式的砍刺两用剑，体现了两种文化的融合。

伊特鲁里亚战士

伊特鲁里亚是一个由强大城邦组成的松散同盟，自约公元前600年起统治意大利北部和中部。公元前4世纪凯尔特人的入侵终结了其统治。下图左侧这名装备精良的士兵（约公元前400年）穿着一件用薄薄的青铜甲片加固的亚麻布甲胄，戴着一顶意大利的奈加式头盔。下图中间的士兵（约公元前350年）穿着前胸和后背均为圆盘形的构造简单的铠甲，头戴无面甲的改进型阿提卡式头盔。他的手中拿着一把科庇斯砍刀。下图右侧的士兵的活动年代为公元前300年前后，他身穿一件"肌肉型"青铜甲。他的盾牌正面覆有青铜，边缘黑色，红色背景上面画着一头白色野猪的脑袋。

公元前 293 年
德米特里厄斯控制了希腊各城邦

雅典喜剧作家米南德约于该年去世

公元前 292 年
塞琉古与其子安条克共享统治权

公元前 290 年
罗马人制伏萨莫奈人

第 7 章　伊庇鲁斯的皮洛士与罗马共和国　103

后，他就让整座城市进入战备状态，关闭了所有娱乐和运动场所，中止了一切节日及社交活动，并征发百姓为兵。一些公民强烈反对皮洛士的做法，离开了这座城市。

皮洛士很快得知，一支令人生畏的罗马军队正在向这里开来，沿途洗劫了卢卡尼亚腹地。而塔伦图姆人承诺过的庞大盟军尚未抵达，皮洛士很乐意等待进一步的援助的到来。然而，如果长期按兵不动，主动权将完全落入敌人手中。从战略角度来看，这显然是不明智的，对部队的士气也很不利。因此，他还是率军前去迎战罗马人。可能是为了争取到更多的时间，他派一名使者前去询问敌人，是否能够同意由他来仲裁罗马与塔伦图姆之间的分歧。正如他当时预料的那样，罗马人既不接受他的仲裁，也不惧怕与他为敌。

当罗马人横渡西里斯河时，皮洛士正在

▼ 小象与其双亲并肩作战。弗洛鲁斯描述了皮洛士在意大利作战时，母象由于担忧自己孩子的安危，在皮洛士军中横冲直撞并大肆破坏的情景。

他位于赫拉克勒亚近郊的军营里欣赏着这一幕，秩序井然、军纪严明的罗马军队给他留下了深刻印象。正如他与手下的一名军官交谈时所说的那样，"蛮族人"拥有这种纪律相当让人惊讶。他更加倾向于等待援军到来，然而这正是罗马人下决心要阻止的。皮洛士将自己的人马布置在西里斯河沿岸的防御阵地内，但罗马人已预先做了准备。他们派出一部分步兵，越过了可涉水而过的河段，皮洛士的部下面临着被包围的威胁，不得不撤退了。

赫拉克勒亚战役与阿斯库伦战役

赫拉克勒亚战役就在这种情况下拉开了序幕。皮洛士意识到，他必须一刻不停地夺回主动权。他采用的是由来已久的亚历山大式的战术：让步兵方阵留在原地，抵挡面前的敌人，同时他自己则一马当先，率领3,000名骑兵开始冲锋。然而，与亚历山大不同的

是，他在时机选择上做得太糟了——攻击发动得太晚。罗马骑兵的实力往往是很弱的，但他们在这场战役中得到了意大利同盟骑兵的强力支援，皮洛士的色萨利骑兵被逐了回去。国王旋即命令步兵方阵进攻，但他们显然并不经常在战术上被定位为进攻手段，也并不适合承担这一责任。要不是敌军战马因被战象吓到而失去了控制，皮洛士的步兵可能就会被敌军骑兵包围了。在这种情况下，色萨利骑兵得以重新发动攻势，并且很快就变得所向披靡。

这场胜利虽然并不具备决定意义，但仍强于我们常说的"皮洛士式的胜利"。按照戴奥尼索斯的说法，罗马人的伤亡为15,000人，而按照希耶罗尼穆斯的说法则为7,000人。至于皮洛士的损失，戴奥尼索斯的统计为13,000人，希耶罗尼穆斯的统计则是4,000人。或许，我们不应以嘲笑的态度来对待这种统计数字方面的巨大差异。现代战争的伤亡报告往往也存在着类似的差异。无论如何，皮洛士占领了被丢弃的罗马军营，他的威望得到了极大的提高，以至于许多尚在观望的卢卡尼亚人、萨莫奈人和其他盟友（皮洛士曾在战前等待着他们的到来，结果却徒劳无功），如今都加入了他的阵营。

皮洛士并不打算拿下罗马城，而是向北推进至距该城城墙37英里（60千米）的地方，希望凭借自己的实力来促成双方的和谈。然而，罗马人丝毫未曾被他的到来所吓倒。罗马人并不害怕皮洛士，认为他并不能令罗马的盟友背弃他们，践踏他们的土地或围攻他们的城市，以促使他们签订和平协议来保证塔伦图姆的安全。他们依旧坚持，只有皮洛士及其军队无条件地离开意大利，双方才能化敌为友。

与此同时，两支执政官军队的实力通过补充兵员得以恢复，他们在意大利的行动完全不受干扰。皮洛士不能无视他们的存在，他们可能对他的后方、交通线和盟友都构成威胁。最重要的是，皮洛士的个人威望和部队士气都面临着沉重打击。毫无疑问，他不能表现出回避会战的怯意。他中止了与罗马政府的谈判，再度踏上了战场。他在阿普利亚的阿斯库伦与罗马军队交上了手。由于战

场崎岖不平且为繁茂的森林所覆盖，他的战象和骑兵部队几乎无从施展，战役变成了步兵间的对决。战场地形似乎也妨碍着步兵方阵的发挥。罗马人终日奋战不已，当夜幕降临时，双方仍旧未分胜负。

第二天，皮洛士设法将战场转移到了对敌人不利的开阔地带，致使他们无法实施灵活多变的战术——例如他们在较为荒凉的地区所实施的战术。尽管如此，罗马人还是竭力奋战，试图在战象参战之前解决战斗，挥舞着短剑的罗马士兵与手持长矛的希腊方阵一时间似乎打了个难解难分。最后，战象再度为皮洛士带来了胜利，但这一次的胜利更像是"皮洛士式的胜利"。罗马人只是撤回了军营，皮洛士的手臂却负了伤。根据希耶罗尼穆斯的统计，罗马人付出了6,000人的代价，相比之下，皮洛士一方的伤亡为3,550人。但皮洛士手下许多最精干的军官战死了，而他在这种情况下却无法像罗马人一样为军队补充新鲜血液。

皮洛士尽管有点浮华，但也算是一名勇不可当且擅长鼓舞人心的指挥官，即使在战局最为危急时，他也显得极为镇静。然而，他似乎既不是一名优秀的战略家，也不是一名出色的战术家。在赫拉克勒亚，他坐等援军的到来，结果把宝贵的战场主动权拱

手让给了罗马人，而援军却一个也没等到。在战役期间，他发动的骑兵冲锋也显得不够及时。在阿斯库伦，他未能为自己挑选一处合适的战场，结果血战了一整天却未能分出胜负。在付出了沉重的代价后，他才吸取教训，纠正了自己的失误。

皮洛士在西西里

两份邀请或者说两份新的战争诱惑，如今摆到了皮洛士面前。这两份邀请都蕴含着为其树立希腊文明捍卫者形象的机会，而他对此垂涎已久。其中一个机会是由希腊大陆提供的，那里被不请自来的北方凯尔特部落搅得一团糟；另一个机会则位于西西里，那里的希腊城市在缺少一位能接过阿加索克利斯大旗的军事人才的情况下，再度遭到了迦太基人的威胁。皮洛士选择西西里作为自己的冒险之地。毫无疑问，这样他即使从意大利撤走，看上去也不像是在逃避困局。令塔伦图姆人感到厌恶的是，在与罗马人议和失败后，皮洛士中止了在意大利的行动，并在塔伦图姆部署了驻军，而后他带着30,000名步兵和25,000名骑兵起航前往西西里。随之而来的是不折不扣的胜利。他横扫了与其正面对决的迦太基军队，很快就打到了厄律克斯，这是一座位于西西里岛最西端、拥有坚固防御工事的迦太基城市。

厄律克斯在猛攻之下陷落了。在震天的号角声中，得到信号的远程部队发起了攻击，投射火力如雨点般飞向散布于城墙上的守军。云梯被飞快地架了起来，皮洛士第一

▲ 马迈尔提尼斯钱币。马迈尔提尼斯人原是效力于叙拉古的阿加索克利斯的意大利籍雇佣军，后在墨西拿建立了独立王国。

个登上城垛，左砍右杀，最终毫发无伤。对他而言，这是一场称心如意的胜利。他遵照自己先前许下的誓言，用为纪念赫拉克勒斯而举行的运动会和演出来庆祝这场胜利。

迦太基人就这样屈服了，他们已经倾向于进行和平谈判。皮洛士发现自己正扮演着和平守护者的角色。一群来自坎帕尼亚，原为阿加索克利斯效力的意大利雇佣军如今已沦为盗匪，他们惯于对西西里诸城敲诈勒索。这伙无法无天的暴徒自称"马迈尔提尼斯人"（这个词在他们的方言里的意思是"战争之神的部下"），他们在后来将成为历史进程的重要推动者。但在当下，他们被皮洛士成功地制伏了，后者经过激战击败了他们，攻陷了他们的许多要塞。然而即便如此，皮洛士的成功也并不彻底。而马迈尔提尼斯人则幸存下来，得以在将来给地中海世界带来变乱。

至于迦太基人，皮洛士拒绝了他们的和平条件，要求他们完全撤离西西里。然而此时，他与西西里的希腊城市之间的争执已然开始，一些城市准备支持迦太基人，而另一些城市则召集了残余的马迈尔提尼斯人，引以为援。这时有消息传来，塔伦图姆人和意大利本土的其他希腊城市在皮洛士不在时遭到了罗马人的压力，此时已陷入重重困境之中。这个消息给了他从又一场僵局中抽身而退的机会，他抓住了这个机会。

在西西里，皮洛士作为成功的战争领袖和开明的统治者的形象最终遭到了严重损害。他未能攻占仍屹立不倒的利利俾要塞，这座要塞是迦太基人在莫提亚于上一个世纪初被夷为平地后，在西西里岛最西端建造的。他想效仿阿加索克利斯入侵非洲，却因强征桨手而变得不得人心。但同时必须得承认，希腊人从来都不是一个易于相处的民族。每一位成功捍卫他们自由的人，或早或晚都逃脱不了被他们怀疑为一位潜在的独裁者的命运。

据说，皮洛士离开西西里时，评论说西西里将要变成彼此心怀敌意的罗马人与迦太基人的战场。皮洛士的这一观点，或许是那些怀着后见之明的历史学家的虚构。但长期以来，西西里兵戎交戈不断，预见到这里将

公元前287年

皮洛士攻占马其顿领土

德米特里厄斯之子安提柯二世（"戈纳塔斯"安提柯）继承其父之位，统治希腊各城邦

阿基米德大约于该年在叙拉古出生

在罗马，《霍腾西阿法案》赋予平民大会通过的决议以法律效力

第7章　伊庇鲁斯的皮洛士与罗马共和国　105

成为急速扩张的政权的角逐场，并不是一件困难的事。

罗马与迦太基的同盟关系

在皮洛士纵横于意大利和西西里时（公元前281—前275年），罗马与迦太基是事实上的盟友，将它们联合在一起的是一系列由来已久的协议。这批协议的具体数目有多少？无论是古代历史学家还是现代历史学家，都无法在这一问题上达成一致。编写罗马与迦太基战争史的希腊历史学家波利比乌斯，诠释了那些最早缔结的保存于罗马的古拉丁文协议。按照波利比乌斯的说法，协议规定：除非因天气或战争因素所致，罗马人的船只不得在"公平角"（位于迦太基北部）以南海域航行。误入此地的罗马人除必要的修船工具和祭神用品外，不得带走一针一线，且必须在5天之内离开这个国度。在既定地区，任何一份商业契约都必须在有一名传令官或公证人在场的情况下缔结。这些契约在利比亚和撒丁岛可依法强制执行。在西西里，罗马人与其他人享有同等的权利。至于迦太基人，他们必须维持与拉丁地区的罗马附庸城之间的友好关系。这一规定甚至对其他拉丁城市也适用，但内容显得极为含糊：如果迦太基人占领了一座拉丁城市，他们必须将它完好无损地交给罗马人。此外，迦太基人不得在拉丁地区修建堡垒，如果迦太基人在携带武装的情况下意外进入这一地区，则不得在此地过夜。

按照波利比乌斯的说法，其后双方又达成了另一份协议。协议中更为明确地界定了罗马人不得从事贸易及海盗活动的区域。如果迦太基人占领了任何一座拉丁城市，他们可以将贵重物品和战俘据为己有，但必须将城市交给罗马人。协议中详细规定了捕房奴隶的相关事项，并再一次提到了迦太基的敏感地带撒丁岛和利比亚，罗马人不得在这两个地区经商或建立殖民点。

波利比乌斯提及的最后3份协议，是为

▶ 公元前4世纪的帕埃斯图姆墓画中的萨莫奈骑兵形象。萨莫奈人是罗马人在这一时期的死敌。

了应对皮洛士的入侵而缔结的，可以确定签署于公元前279年。协议规定，无论是罗马人还是迦太基人，其后在与皮洛士达成协议时，必须有这样一个保留条款，即，一旦双方中的任何一方成为这位国王的侵袭目标，双方都可以在随之引发的战争中相互合作。在任何情况下，迦太基都必须提供船只，以供运输及作战之用，但任何一方的军饷均由本国政府承担。一旦爆发海战，迦太基人将予以支援，但他们不必承担任何陆战方面的义务。缔约双方的代表都向各自的神灵许下了郑重的誓言，而刻有条约内容的青铜板则被保存在罗马的朱庇特神庙中。波利比乌斯明确否定了亲迦太基的希腊历史学家腓力努斯（Philinus）的说法，后者认为还存在另一份协议，按照这份协议的规定，西西里和意大利将分别成为罗马人和迦太基人的禁区。

区分古代世界的商业和战略活动，并不总是一件容易的事。商业活动的重头戏是奴隶贸易和捕房奴隶，而这与暴力及战争必然

是密不可分的。海盗活动并不被视为违反国际法规的行为，但国际协议或许可以保护某些地区免受这类行为的侵害。然而，前面提到的那些协议中的前两份的内容似乎主要属于商业范畴，第三份协议则涉及陆地与海上的军事行动。协议的基本原则似乎是，迦太基需要用海军来提供援助，而罗马则动用陆军来支援战局。

历史真实记录了这样一件事：为了不让皮洛士介入西西里事务，一位迦太基海军将领率领120艘战舰，前去劝说罗马人不要与这位国王议和。罗马人起初不愿做出承诺。迦太基舰队旋即起航，前去与皮洛士谈判，但同样没有达成任何协议。然而，当迦太基代表团重返罗马时，罗马人变得好说话起来，迦太基代表团成功地说服了他们。这120艘战舰可以被投入任一战场。罗马继续与皮洛士在意大利的盟友作战。事实上，迦太基舰队指挥官甚至在返回西西里时，将500名罗马士兵运往位于墨西拿海峡的雷吉

恩，以加强当地的守备力量。

皮洛士的结局

迦太基人意在对付皮洛士的外交活动似乎收到了成效。此外，当这位国王的军队从西西里返回时，遭到了迦太基海军的攻击，一大批舰船被击毁。约1,000名马迈尔提尼斯人也已进入意大利境内，以游击战术袭扰皮洛士。毫无疑问，他们得以入境是因为得到了迦太基舰队的大力协助。

在意大利，由于皮洛士对萨莫奈人的诉求置之不理，后者与这位国王产生了嫌隙，不愿再像以前那样大规模地协助他作战了。两支各自由当年的两名执政官统率的罗马军队，如今被分别投入到了战场上。皮洛士分派他的一半兵力去对付卢卡尼亚的敌人，而他自己则向北进发，与马尔文托（后来该地有了一个更吉利的名字——贝内文托）附近的罗马人对垒（"马尔文托"和"贝内文

托"的意思分别为坏风和好风——编者注）。在那里，他试图发动一次夜袭。在古代战争舞台上，夜袭这种战术手段以失败率高而著称。这一事实或许会令人想起，亚历山大曾在高加米拉战役时抵住诱惑，拒绝夜袭敌人。皮洛士的进攻在这个通行规则下并没有出现例外。他的先头部队于夜间在森林地区迷失了方向，在拂晓时分，他们发现自己来到了预料之外的地方。罗马人起初被这支突然出现的敌军吓了一跳，但他们很快就意识到可以与这支孤立的前锋部队一战，并将其击溃。受此鼓舞，一向谨慎的执政官决定在开阔的平原上与皮洛士军的主力开战。这一次，罗马人似乎发现了对付战象的办法。尽管这些巨兽起初以其惯有的不可抵挡之势向前冲击，但它们最终因受到惊吓而转身冲向己方军队。结果是皮洛士被迫撤退。

这时，皮洛士麾下还剩8,000名步兵和500名骑兵，而正如普鲁塔克以令人信服的笔调向我们保证的那样，他已经无力支付他们的军饷了。皮洛士不得不寻求一场新的战争。这一次，他在马其顿找到了机会，如今那里的主人是德米特里厄斯的儿子和继承人"戈纳塔斯"安提柯（Antigonus Gonatas），他以危机四伏的希腊据点为依托而占领了这里。虽说高卢人在南欧的存在对于这一时期的地中海文明而言是一个威胁，然而即便如此，希腊的战争领袖还是发现了他们的可用之处（就像伊利里亚人那样）。皮洛士和安提柯都曾雇用过他们。皮洛士成功地击败了安提柯的战象，又将马其顿人的步兵部队引诱到战场上来，并将其击败。安提柯逃走了，但马其顿人很快就疏远了皮洛士。高卢人的优点在于，他们几乎不需要现金军饷，他们犒劳自己的方式是劫掠，无论对方是友是敌。这一次，他们为了寻找金银财宝，洗劫了几座王室陵墓，将死者的尸骨丢得到处都是。作为一名希腊人，皮洛士的感情受到了伤害，但他对此却无能为力。

与往常一样，皮洛士抛弃了尚未完成的使命，转而去完成前景可能更好的新使命。他答应了邀他介入斯巴达政争的约请，希望借此机会成为伯罗奔尼撒的主人。在阿尔戈斯的一场巷战中，他被一名妇人的砖块精准

贝内文托战役（公元前275年）

统帅： 一方为皮洛士，另一方为罗马执政官曼尼乌斯·库里乌斯。

兵力：

皮洛士军：20,000名步兵，3,000名骑兵（2头战象在之前与马迈尔提尼斯人作战时被杀）。

罗马军：一名执政官统率的军队，包括近17,000名步兵和1,200名盟军骑兵。

1 皮洛士派遣一支部队前去牵制由另一名执政官统率的罗马军队。

2 在以库里乌斯军营为目的地的夜间行军中，皮洛士军在森林地带迷失方向，耽搁了行程。

3 皮洛士军未能在拂晓时分给予罗马军队完全意外的打击。

4 罗马人发动突击，击退皮洛士前锋部队。

5 战象投入作战后，罗马人被迫撤退。

6 军营中的罗马预备队发起反击，停获了一些战象。

7 皮洛士军被迫撤离。

战役结果： 皮洛士仅率8,000名步兵和500名骑兵返回伊庇鲁斯。罗马在意大利的威望进一步提高。

击倒，并因此而殒命。

与此同时，在意大利，皮洛士留在塔伦图姆的驻军顶住了罗马人的进攻，这一状况一直持续到公元前272年。那一年，这支驻军投降了，但按照约定，他们得以体面地撤出城市。而塔伦图姆则向罗马交出人质，并接受罗马人的驻军。对于那些曾经支持过皮洛士的意大利人，罗马人的处理方式是严厉的，

▲ 公元前4世纪时意大利南部的帕埃斯图姆墓画中的卢卡尼亚战士形象。帕埃斯图姆是一块希腊殖民地，在公元前390年被卢卡尼亚人攻陷。

但并不恶毒。他们领地内的战略要地遭到没收，用来建立拉丁殖民地，这些殖民地以公民权为纽带，与罗马之间维持联系。在雷吉恩，罗马部署的驻军大多由坎帕尼亚雇佣军组成。坎帕尼亚与希腊的阿卡狄亚一样，是传统的雇佣军输出地。坎帕尼亚人曾在雷吉恩发动过叛乱，并试图效仿马迈尔提尼斯人（他们同样出身于坎帕尼亚），建立独立政权。当罗马人重新占领此地时，他们对叛乱者毫不留情，300名叛军在罗马被处决。

罗马在政治及军事上的崛起

罗马如今控制意大利的南部和中部，包括伊特鲁里亚和诸希腊城市。当然，意大利北部大多仍为高卢人的地盘，而他们也仍是一个威胁。罗马从一个位于渡口处的小型军事前哨变成意大利半岛霸主的进程，是极度缓慢而曲折的。这一进程花费了5个世纪中的大部分时间，在此期间，罗马城曾两度被

◀ 公元前5世纪的伊特鲁里亚人小型雕像。正如我们在同类雕像上经常看见的那样，头盔上的面甲是打开的。这一点可以与铰接式的希腊面甲相比较。

外国势力占领。

按照古老传说的说法，公元前6世纪末，最后一任罗马国王伊特鲁里亚人塔奎尼乌斯·苏佩布（Tarquinius Superbus），在他的儿子令人发指地强奸了一位贵族亲戚的妻子后，被逐出罗马。由拉尔斯·波尔塞纳（Lars Porsenna）统率的伊特鲁里亚军队试图将塔奎尼乌斯重新扶上王位，但他们被英勇的贺拉斯（Horatius）击败了，这位英雄与两位同伴扼守着台伯河的渡口，抵挡着敌军的进攻，直到河上的桥梁被完全拆毁。南面的拉丁城市旋即联起手来，试图让被放逐的国王复位，但他们在雷杰路斯湖战役中被罗马人击败（根据传说，罗马人于此役中得到了天神的襄助）。

图文并茂的伊特鲁里亚陵墓铭文与现存的传奇故事结合在一起，为我们讲述了一个潜在的与前述传说截然不同的历史事实。很明显，波尔塞纳并不是自己的伊特鲁里亚同胞塔奎尼乌斯的朋友，而是死敌。他可能与罗马贵族（其中包括伊特鲁里亚人）勾结在一起，促成了塔奎尼乌斯的倒台，随后他把罗马变成了自己的地盘。毫无疑问，他向罗马以南地区进军，与拉丁人及来自库迈（按照某个相关的传说，塔奎尼乌斯避难于此）的希腊盟军交战。当伊特鲁里亚人在阿里西亚被拉丁联盟击败（李维也持同样的说法）时，他们的逃兵被收容，并在罗马受到保护。此外，李维着重强调波尔塞纳与罗马人之间的友谊及他对罗马人的生活方式带有骑士风度的尊重。有人猜想，罗马曾同意以从属国的形式与伊特鲁里亚结盟。罗马人尽管承认了伊特鲁里亚人的宗主权，但仍是拉丁人的一分子。他们效忠于伊特鲁里亚人，这导致他们与其他同希腊海上城邦（伊特鲁里亚的商业竞争对手）结盟的拉丁城市爆发了冲突。

在罗马，拉丁人的爱国情感允许他们接纳了伊特鲁里亚血统的国王，并欢迎他领导自己抗击伊特鲁里亚人，就像中世纪时怀着爱国之心的英国人接受说法语的金雀花国王作为领袖带领他们抗击法国人那样。然

而，早期的罗马史学家在情感上无法接受他们的城市在伊特鲁里亚王朝政治中仅仅扮演了一个棋子角色的事实，更不用说让他们承认罗马曾作为一个任人摆布的傀儡，被利用来对付自己的拉丁兄弟的历史了。因此，这些编年史学家用自己虚构的历史取而代之，在历史舞台上为历史人物指定了一个个虚幻的角色。

由于伊特鲁里亚的势力逐渐衰落，罗马遂自封为伊特鲁里亚人和拉丁人的统治者。但随着罗马人在阿里亚战役中惨败于如潮水般涌来的高卢袭击者之手，这座城市于公元前4世纪初被攻克了。罗马人撤进了位于卡匹托尔山上的卫城；他们最终让高卢人改变了主意，后者的兴趣在于财产而非土地。按照罗马人的历史记录，被放逐的罗马将领卡米卢斯（Camillus）被召回，他采取的军事行动促使高卢人撤离此地。但这一说法无力掩盖事实，即高卢人是在已经得到了他们目标果实的情况下自愿离开的。李维认为是罗马人的腐化堕落和不虔诚招致了这场灾难，但在数量处于绝对劣势的情况下，罗马人无论如何也避免不了被击败的命运。此外，他们在面对装备和战术均不熟悉的强敌时，也从未发挥出自己的最高水平。

罗马人的军事历史被一次次惨败不断改变。像罗马这样能在其国力增长期间多次遭受重大打击而屹立不倒的伟大帝国，可谓是寥寥无几。没有人会否认，罗马人是一个可怕的军事民族。然而，在罗马人最终坐上古代世界霸主宝座的过程中，其政治才能起到的作用并不亚于其军事才能的作用。公民权是他们强有力的政治工具。公民权并非只是一种要么有要么无的政治身份，而是一种权利、义务和荣誉的结合体，可以分别获取，分期授予，如缔结合法契约与婚约的权利。而政治投票权则是另一个独立于上述权利的存在。拥有了政治投票权，也并不意味着拥有了担任公职的权利。因此，罗马往往以授予部分公民权的方式来与被征服的敌人和解，如果后者循规蹈矩的话，他们还将获得更多的公民权。一些享有不包括投票权在内的罗马公民权的城市实际上处于自治状态，但不能独立处理对外事务。然而，即便是这些城

市的公民，如果他们移居罗马，也有可能获得完整的公民权。在不具备上述权利的地区，人们可以通过在所在社区获得公众荣誉的方式来获取公民权。

早期罗马军队

当然，公民权中必然包括军事及政治方面的内容，其中最重要的是强制性的军事义务。享有中等程度公民权的拉丁城市和其他意大利盟友，原则上须向罗马提供一批战士，这批战士的数量必须与罗马人在本国征发的兵员数量相等。事实上，对于意大利盟友而言，罗马人尤为依赖的是他们的骑兵。罗马人自己的骑兵以能力低下而闻名。至于希腊诸城，正常情况下是不需提供作战部队的，但需提供船只和桨手。因此，它们被称为"海军盟友"（socii navales）。

军队的技术资源都是由兵器、铠甲和战马构成的，这样的一支军队在其发展初期反映了该国基本的社会秩序。能够负担得起战马和铠甲的战士，自然来自贵族阶层。其他人则只有少量的铠甲，以及较为简单（数量也更少）的兵器。这一情况既适用于希腊军队，也适用于中世纪的军队，无疑也同样适用于罗马人。事实上，罗马各个军事阶层之间的划分非常详细，对细节也格外注意。罗马军事阶层的分化，与传说中的第六任（也是倒数第二任）罗马国王塞维鲁·图里乌斯（Servius Tullius）实行的军事及行政改革有关。以他的名字命名的公元前6世纪的改革是否存在尚有争议，但一些学者认为，所谓的"塞维安改革"可能是在更晚一些时候推行的。

"塞维安"步兵按照财产状况被划分为5个不同的阶层，最富有的阶层装备剑和矛，并配有头盔、圆盾、护胫和胸甲。所有护甲都是青铜制的。第二阶层的步兵不穿胸甲，而是用一面长盾来代替圆盾。第三阶层的装备与第二阶层一模一样，但没有护胫。第四阶层的步兵只装备矛和标枪。第五阶层则由掷石兵组成。相关文献中并未提及弓箭手。最贫困的公民只有在紧急时期才需服兵役，届时他们的装备将由国家提供。然而在正常情况下，他们是以工匠身份参战的，其职责是维修攻城器械及负责其他类似的工作。

此外，这支军队还被划分为一个个百人单位（即"百人队"），这一点与公民投票组的划分方式一模一样。然而，一个百人队的规模很快就变成了60人，而非100人。最富有的阶层由80个百人队组成，第二、第三和第四阶层各有20个百人队，第五阶层则有30个百人队。出身于较低阶层的百人队和较高阶层的百人队之间存在着差异，前者由投入一

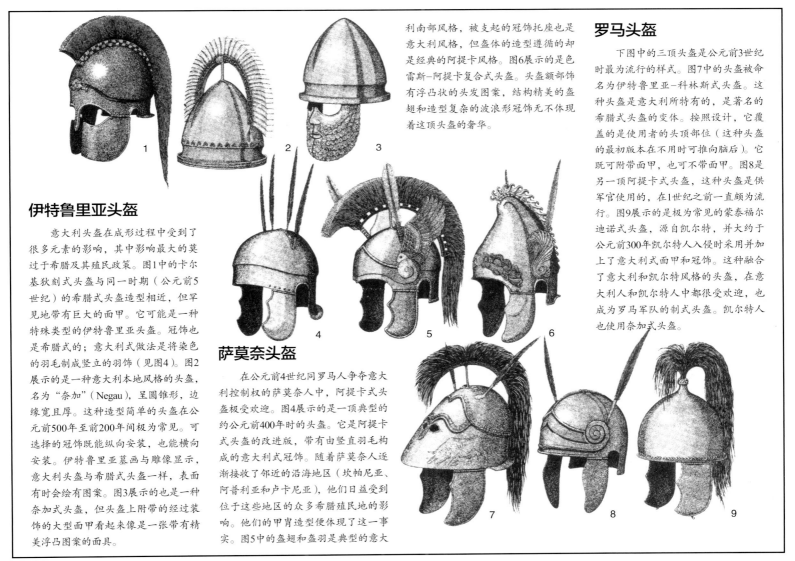

罗马头盔

下图中的三顶头盔是公元前3世纪时最为流行的样式。图7中的头盔被命名为伊特鲁里亚-科林斯式头盔。这种头盔是意大利所特有的，是著名的希腊式头盔的变体。按照设计，它覆盖的是使用者的头顶部位（这种头盔的最初版本在不用时可推向脑后）。它既可附带面甲，也可不带面甲。图8是另一顶阿提卡式头盔，这种头盔是供军官使用的，在1世纪之前一直颇为流行。图9展示的是极为常见的蒙泰福尔迪诺式头盔，源自凯尔特，并大约于公元前300年凯尔特人入侵时采用并加上了意大利式面甲和冠饰。这种融合了意大利和凯尔特风格的头盔，在意大利人和凯尔特人中都很受欢迎，也成为罗马军队的制式头盔。凯尔特人也使用奈加式头盔。

利南部风格，被支起的冠饰托座也是意大利风格，但盔体的造型遵循的却是经典的阿提卡风格。图6展示的是色雷斯-阿提卡复合式头盔。头盔额部饰有浮凸状的头发图案，结构精美的盔翅和造型复杂的波浪形冠饰无不体现着这顶头盔的奢华。

伊特鲁里亚头盔

意大利头盔在成形过程中受到了很多元素的影响，其中影响最大的莫过于希腊及其殖民政策。图1中的卡尔基狄刻式头盔与同一时期（公元前5世纪）的希腊式头盔造型相近，但罕见地带有巨大的面甲。它可能是一种特殊类型的伊特鲁里亚头盔。冠饰也是希腊式的；意大利式做法是将染色的羽毛制成竖立的羽饰（见图4）。图2展示的是一种意大利本地风格的头盔，名为"奈加"（Negau），呈圆锥形，边缘宽且厚。这种造型简单的头盔在公元前500年至前200年间极为常见。可选择的冠饰既能纵向安装，也能横向安装。伊特鲁里亚墓画与雕像显示，意大利头盔与希腊式头盔一样，表面有时会绘有图案。图3展示的也是一种奈加式头盔，但头盔上附带的经过装饰的大型面甲看起来像是一张带有精美浮凸图案的面具。

萨莫奈头盔

在公元前4世纪同罗马人争夺意大利控制权的萨莫奈人中，阿提卡式头盔颇受欢迎。图4展示的是一顶典型的约公元前400年时的头盔。它是阿提卡式头盔的改进版，带有由竖直羽毛构成的意大利式冠饰。随着萨莫奈人逐渐接收了邻近的沿海地区（坎帕尼亚、阿普利亚和卢卡尼亚），他们日益受到位于这些地区的众多希腊殖民地的影响。他们的甲胄造型便体现了这一事实。图5中的盔翅和盔羽是典型的意大

罗马军队（公元前3世纪）

图中描绘的是这一时期的罗马士兵（milites）。那些个人财产数量达到服役条件的人员被召集起来，经挑选后入伍。17~46岁的公民均有服役的义务，但在紧急状况下，服役年龄可放宽至50岁乃至更高。进入军队后，士兵们被分为4类，在战时按照各自的类别组成不同的队列。轻装步兵（下图）是其中最年轻、最贫穷者。他们装备长4英尺（1.2米）的标枪、剑和一面直径为3英尺（0.9米）的表面蒙皮的柳盾。除了盾牌，他们的防具只有一顶头盔。波利比乌斯提到，他们中的很多人在头盔外面覆盖一层狼皮或熊皮。右侧彩图中展示的是一名青年兵或成年兵，他们分别构成重装步兵编队的前两列。青年兵是完全成年的青年士兵，他们装备一面沉重的长盾、两支派勒姆（一轻一重）和一柄砍刺两用的短直剑（格雷迪乌斯）。铠甲由个人自备，因而造型五花八门。图中的士兵穿着一件前胸和后背甲片均为方形的小型铠甲，只有左腿覆有护胫，戴着一顶蒙泰福尔迪诺式头盔。成年兵是已有家室的士兵，按照波利比乌斯的说法，"正值盛年"。他们的装备与青年兵一模一样。左侧彩图中是一名三线兵，是年岁较长的老兵中的一员，携有一支长长的哈斯特刺矛。这类士兵有能力购买一件锁子甲，他戴着一顶伊特鲁里亚－科林斯式头盔，穿着一对护胫。关于盾牌上的图案并无定论，图中盾牌上的图案是根据同一时期的意大利盾牌和后世著名的罗马盾牌上的图案绘制而成的。

公元前279年
阿斯库伦战役成为皮洛士又
一次代价高昂的胜利

凯尔特人侵入马其顿与色雷斯

公元前278年
入侵希腊的凯尔特人在德尔
斐附近被击溃

"戈纳塔斯"安提柯在色雷
斯的利西马其亚歼灭凯尔特
军队

110　古典世界的战争

罗马人的作战体系

1 在军团列队时，青年兵和成年兵为开放式队列，三线兵则排成密集式队列。各个横队的间距可能为0～250英尺（0～76米）。轻装步兵为散兵队，用于牵制敌人。当所有队列均排列完毕后，轻装部队就会被召回，并通过开放式队列中间的缺口前往军阵后方。

2 前列的青年兵百人队向右移动，后列的百人队则向前推进，构成一道密集的队列。在推进到相距约150码（137米）处时，双方同时发起冲锋。青年兵部队的前列在距敌人约35码（32米）处掷出自己的轻型派勒姆，接下来立刻掷出他们的重型派勒姆。他们拔出剑，以密集队形跑步前进，尽可能猛烈地冲击敌人。后列士兵掷出的派勒姆掠过前列士兵的头顶。战役的篇章由一连串激战构成，双方合而复分，分而复合。这样一场战役可能会持续几个小时。

3 在战役的某段间歇期间，青年兵会被召回。后列百人队后撤，前列百人队则平移至他们前面。随后，青年兵中队以密集队列后撤，在三线兵横队的后方进行重新编组。与此同时，成年兵横队以开放式队列向前推进，越过青年兵横队。在此期间，敌人无机可乘，因为对面的罗马军前方队列中毫无空隙。

4 成年兵部队的后列百人队被部署于前列百人队的左翼，他们在进入冲锋距离后即发动攻势。此时，疲惫不堪的敌人将面临生气勃勃的对手发起的又一波猛烈冲击。

5 倘若成年兵部队也已精疲力竭，而敌人仍未崩溃，那么由三线兵组成的稀薄的矛兵横队（3排纵深）将接替成年兵部队发动攻击。

6 此时，这支军队既可撤退，也可准备发起一轮新的攻势。"三线兵是最后的底牌"逐渐成为一种形容情况危急的习语。当然，罗马军队并不是在所有的战役中都以这种"循规蹈矩"的方式来作战，在扎马战役（见121页）和赛诺斯克法莱战役（见124页）中，我们可以看到各种另类的作战方式。

在与长矛方阵作战时，第二列和第三横队会被用于加强前列百人队的力量，这样做是为了试图顶住16排纵深方阵产生的冲击力。这种作战体系的优点在于，指挥官能够灵活运用步兵队列，以适应各种不同的情况。

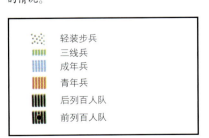

⋰	轻装步兵
▮▮▮	三线兵
▯▯▯	成年兵
▮▮▮	青年兵
▮▮▮	后列百人队
▮▮▮	前列百人队

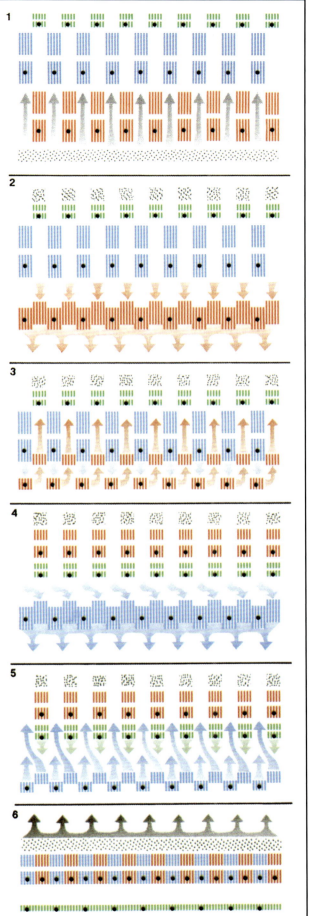

线作战的年轻人组成，而后者的成员则为更适合承担驻守任务的老兵。在每个阶层内部，同样以年龄划分为两个不同的部分。

出身于最富裕家族的骑兵组成了18个百人队。每支骑兵百人队将得到一笔用于购置战马的资金，而且每年还将收到相当于这笔资金五分之一的钱作为保养费用。这笔年金显然是从向未婚女子征收的税金中拨出的。在通常情况下，战争费用先是由贫民阶层负担，而后转移到富裕阶层身上。而后者对政治选举权的垄断，便相当于对他们缴纳战争税的补偿。不可避免地，时不时会有人觉得他们享受的补偿大大超过了他们所付出的，但我们现在不讨论这一问题。

正如考古证据显示的那样，在罗马历史的早期阶段，对希腊重装步兵铠甲的效仿曾在整个地中海地区风行一时。意大利也不例外，按照李维的记载，罗马也是随波逐流的意大利城邦中的一员。希腊兵器的日常使用需要希腊的操作技艺，而这又造成战术层面上希腊军事风格的出现。罗马人与希腊人的实际接触的实现途径有二：一是通过他们的北邻伊特鲁里亚人，由于他们是一个海洋民族，因而更容易受到海外文明的影响；二是通过与意大利的希腊城市（特别是库迈）的直接交往。以塞维安式军事制度为基础组建起来的罗马军队，无疑曾以重装步兵方阵的形式（排成密集队形，拥有多排纵深，用盾牌和长矛前推接敌）作战。由第四和第五阶层的步兵组成的轻装部队往往用作游击部队，骑兵则被部署在方阵的两翼。另有2个下辖于第一阶层百人队的工匠百人队（fabri）及2个乐手百人队（由号手和喇叭手组成）。

卡米卢斯的军事改革

罗马军事制度的下一座伟大分水岭与卡米卢斯的成就有关。卡米卢斯被认为是从高卢人手中拯救了罗马的功臣，并以罗马的"第二创建者"的身份为人们所铭记，成了受人敬仰的民族英雄。他的名字成了一个传奇，围绕着这个传奇产生了越来越多的传说故事。同时，他无疑是一个历史人物。我们不需要相信这样一个故事：在高卢占领罗马

后卡米卢斯时代的罗马军队

罗马军队的基本作战单位是由120～160人组成的中队，下辖2个百人队。每个中队推选出一名百夫长，而后这名百夫长将任命另一位百夫长，让后者去管理第二个百人队。第一个百人队的指挥官被称为"前列百夫长"，第二个百人队的指挥官则被称为"后列百夫长"。百夫长中军衔最高的是三线兵部队的第一百人队队长，他被称为"首席百夫长"（primipilus）。右上图展示的是一个排成开放式队列的青年兵百人队。在掷出随身携带的2支派勒姆时，每个位于前方的士兵都会横向平移至队列间的空隙，以便为后排士兵留出投掷派勒姆的空间。前两排士兵掷出自己的派勒姆后，第二排的人员会与第一排人员汇拢并拔剑。随后，第三和第四排的士兵掷出派勒姆，汇拢并拔剑。这一步骤将不断持续下去，直至整个百人队排成密集队列（见右图）。一名后世的作者宣称，百人队在排成密集队形时，每个成员占据的空间的长和宽均为3英尺（0.9米，其他作者给出的数据则各不相同）。百人队的副指挥（optio）有一名传令军士（tesserarius）从旁协助。要发送信号时，号手（cornicen）会吹响军号，从而引起旗手的注意。旗手通过挥舞信号旗来指明接下来的行动方向。与青年兵和成年兵部队不同的是，三线兵中队仅有60人，他们是百人队的最后防线。

如本书111页所说，罗马军队在作战时排成3个横队。青年兵组成第一横队，成年

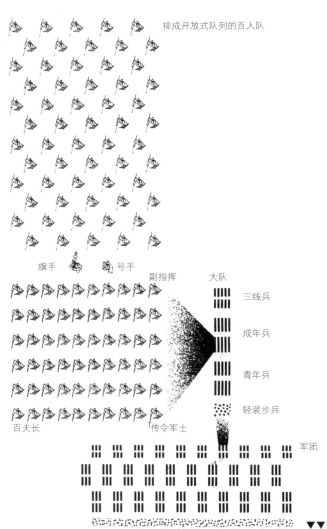

排成开放式队列的百人队

旗手　号手

副指挥　大队
三线兵
成年兵
青年兵
轻装步兵
百夫长　传令军士　军团

10个骑兵中队

执政官部队

盟军大队　　第一军团　　第二军团　　盟军大队

兵组成第二横队，三线兵组成第三横队，而轻装步兵则组成一支轻装机动部队。罗马军队的建制为大队，由青年兵、成年兵和三线兵部队的各一个中队外加轻装步兵组成。10个大队（30个中队）再加上轻装步兵、骑兵，编成一个军团。一个军团的附属骑兵部队下辖10个中队，每个中队有32人，编为3个十人队，每个十人队由一名什长和一名副手统辖。每个军团由6名军事保民官指挥。排成开放式队列的军团纵深（从由轻装步兵组成的首列纵队算起，到成年兵部队的后列纵队为止）约为100码（91米），根据纵深情况，军团占据的正面宽度一般为200～250码（182～230米）。

这一时期的罗马军队下辖4个军团，另有规模相当于4个军团的意大利同盟部队作为补充。盟军部队同样由多个规模为400～600人的队编成。一般情况下，他们的轻装步兵部队规模较小，骑兵部队规模较大（达30个中队）。这些盟军大队被合编为规模相当于军团的单位，由执政官选出的3名领袖指挥。被称为"同盟军精锐"（extraordinarii）的部队往往由2个步兵大队和10个骑兵中队的盟军部队组成，由执政官亲自指挥，负责完成某些特殊使命。

当战争旷日持久时，军团的数量会大大增加。第二次布匿战争期间，罗马增设的军团达到20个之多。正常情况下，只有个人财产超过一定额度，且年龄在17～46岁之间的公民才有资格服役，但在紧急时期，这些限定条件可能会放宽。

期间，是他的及时归来令高卢人丧失了他们的赔偿金——当时高卢人正在用秤称出以黄金形式支付的赔偿金。但他攻陷了伊特鲁里亚城市维伊，却是不折不扣的史实，而且按照李维的说法，他在此战中可能使用了坑道战术。同样，罗马军事改革的实现或许在部分程度上（如果不能说完全归功于他的话）应归功于卡米卢斯的主动作为。

在高卢人撤离罗马后不久，罗马军队的作战编队就发生了根本性的变化。在塞维安式的罗马军队里，最小的作战单位一直是百人队。它是一种行政单位，而非战术单位，其编制方式依照的是个人政治及经济地位，而非军事作战的需要。最大的作战单位是拥有约4,000名步兵的军团。每个军团下辖

60个百人队，自卡米卢斯时代起，这些百人队被合编为许多作战小组，每个作战小组被称为一个中队（manipulus），是一个战术单位。在新的体系下，在作战时，罗马军队次第排列为3个横队。每个横队的各个中队之间都留有一定的距离。在前队被迫后撤，或者前队队列内的各个中队面临着被包围的危险时，它们可以利用队列间隔，迅速撤到后方。当后队需要支援前方的队列时，同样可以利用这一方式，轻而易举地推进到前方。中央队列内各个中队的站位，与前队和后队各中队的间隔位置是相互对应的，这样就形成了一系列五点形的队列。每个中队下辖的2个百人队各由一名百夫长指挥，他们分别被称为"前列百夫长"（prior）和"后列百

夫长"（posterior）。这些头衔可能是随着日后的战术发展而形成的，或者仅仅代表了两位军官之间军衔等级的区别。

经卡米卢斯改革后的军队的3个横队的士兵，按照从前到后的顺序分别被称为"青年兵"（hastati）、"成年兵"（principes）和"三线兵"（triarii）。Hastati意为"长矛兵"，principes意为"领导者"，triarii是唯一名副其实的名称，意为"第三排的人"。根据历史记录，"青年兵"装备的并不是长矛，而"成年兵"也并非打头阵的那一队，因为青年兵排在他们的前面。显然，这些命名反映的是这些队列早期的职责。公元前4世纪时，前两个队列装备的是重型标枪，在交战开始时，他们就将其掷向敌军。随后，他们将用

公元前274年
在印度，阿育王将旃陀罗笈多留下的帝国疆域大大南扩

公元前272年
皮洛士在伯罗奔尼撒作战期间，战死于阿尔戈斯的街道上　塔伦图姆向罗马投降

▲ 意大利青铜胸甲，装有形似皮带扣的附件。早期意大利兵器和甲胄的造型往往体现出希腊风格的影响。

剑作战。只有三线兵仍保留着老式的哈斯特刺矛。青年兵和成年兵的重型标枪即"派勒姆"（pilum），柄为木制，长约4.5英尺（1.4米），铁制枪头呈叶片状，长度与枪柄相当。将枪头插入木柄后，全长要小于7英尺（2.1米）。罗马人的派勒姆仿造自与他们敌对的伊特鲁里亚人或萨莫奈人，也有可能是从他们自创的更为原始的版本发展而来。罗马人使用的剑名为"格雷迪乌斯"，是一种砍刺两用型的短剑，可能是依照西班牙短剑的样式打造的。他们的斯格特姆盾规格很大，为椭圆形，长约4英尺（1.2米），在中队级作战队列中应用十分广泛。它是木制的，表面蒙有皮革，带有铁制边缘和盾心浮雕。

有人认为，新式战术编队的出现与新式兵器的引入有着密切的关联。前队被命名为"长矛兵"的事实似乎表明，刺矛直到新式编队出现之后才被弃用。事实上，在这个例子中，起因与结果或许是相互循环的关系。散开式队列有利于新式武器（曾一度得到广泛应用）威力的发挥，这些兵器与其他任何作战队列都是不兼容的。无论如何，这种队列无疑为投掷标枪的动作提供了更大的活动空间。

除了上述考虑，在公元前4世纪的希腊战争舞台上，用开放式队列作战是一道常见的风景。色诺芬的部下曾将队伍散开，让敌人的卷镰战车在未造成任何伤亡的情况下通过。阿格西劳斯在柯罗尼亚战役中也使用过

类似的战术。卡米卢斯十分了解希腊世界，希腊世界也知道他。他曾在德尔斐神庙将一只金碗献给阿波罗，公元前4世纪的希腊作者提到过此事。至少存在这样一种可能性：罗马人的新式作战编队参照了希腊人的先例，因为他们的旧式作战编队就是从希腊人那里学来的。

军官及其他阶层

最早的固定薪饷制度也是在卡米卢斯时代确立的。在制度初创时代，并无薪饷总额的记录。从激发士卒的作战热情的程度与征税（为筹措军饷而设立的税目）时经历的种种困难来看，这应该是个很大的数字。确立制度的第一步是消除不同阶层士兵之间的差异，以及实现军团装备的标准化。当然，出于战术实施的需要，某些差异还是必须存在的，例如轻装部队的装备要更加轻便一些。但阶级差距的消除给罗马军队带来了翻天覆地的变化，这是希腊式的公民军所不知晓的。雅典的重装步兵始终由某个社会阶层的成员担任，重装步兵战是他们特有风格的体现。斯巴达的重装步兵则是一支贵族部队，正如修昔底德所评论的那样，实际上他们每个人都是军官。

然而在罗马，作为军团组成部分的百人队，由那些证明了自己的才能后得到指挥岗位的百夫长统率，在战时的表现十分出色而高效。事实上，罗马军队发展出了一套为今日的人们所熟知的指挥体系——一个由军官和其他阶层组成的体系。百夫长相当于今天的准尉，依靠战时和平时的表现来实现升迁。军事保民官则与其上级执政官和裁判官一样，至少在最初被委任为罗马国家政策的执行人，他们通常出身于那些拥有政治影响力的上层阶级。

每个军团由6名军事保民官负责，相关人选最初一直是由一名执政官或裁判官来敲定的。执政官或裁判官平时会统御4个征召兵军团中的2个；作为同事，他们和军事保民官共享军队的指挥权。后来，4个征召兵军团的24名军事保民官不再由执政官任命，而是由公民大会来指定人选。然而，如果出

现了额外的征召兵军团，那么这些军团的军事保民官人选仍由执政官决定。民选军事保民官的任期为1年，而那些由军团司令官指定的保民官则是无限期的——只要他还能干得动。

军事保民官最初由高级军官担任，相关人选需要有多年的军事经验。然而实际上，他们都是一些年轻人，年龄决定了他们不可能拥有这样的经验。他们之所以能得到这个职位，是因为他们出身于豪门，因此，他们与后来一些时尚的军队里一些小头目不无相似之处。起初，军事保民官的职责与部队的征召相关。在通常情况下，义务兵役制每年执行一次。新兵必须按照部族（一个不同于阶级的分类）出身进行编队。分配到4个军团中的新兵的去向，则以军事保民官的决定为准。

"裁判官"（praetor）原为王政时代结束后，授予两位共享最高执政权的官员的头衔。这一职务所肩负的军事职能已得到了充分证明，罗马军营的指挥部仍旧被称为"praetorium"。在相对较早的年代，裁判官这一头衔被执政官取代，然而，由于种种原因（部分原因在于政治需要），后来罗马人重置了裁判官，以辅佐执政官。裁判官的权限与执政官并不完全对等，但他或许仍可以带兵作战。

指挥权并不总是由两名执政官愉快地共享。在紧急时期（罗马早期的历史大部分是由紧急时期构成的），罗马人会任命一位享有最高权力的"独裁官"，独裁官的最长任期为6个月，相当于一个作战季节的长度。独裁官的副手由其亲自指定，这名副手将获得"骑兵统帅"（magister equitum）的头衔。（嗣后为对付汉尼拔的威胁而重新推选的独裁官，享有巨大的特殊权力。）

一旦爆发战事，罗马会号召它的盟友们施以援手，盟军部队由被称为"统领"（praefecti）的罗马官员统领。每个军团下辖300名骑兵（至少在公元前3世纪是这样），这些骑兵被划分为10个中队（turmae），每个中队被划分为一个个小队（decuriae），每个小队由一名什长（decurio）统领，什长的职权与步兵部队的百夫长相当。

公元前271年
罗马人收复雷吉恩

公元前266年
雅典与伯罗奔尼撒人与托勒密二世结盟，向马其顿开战（克雷莫尼迪恩战争）

第8章 布匿战争与罗马的扩张

尽管拥有世所罕见的军事天才汉尼拔（Hannibal），经历了从公元前265年至前146年的三场战争后，迦太基最终还是被夷为平地。
虽然镇服了马其顿和叙利亚，但与努米底亚的朱古达的战争则暴露了罗马最高统治阶层的虚弱无力。

原始资料来源

我们现在又接触到了一段我们拥有重要的一手资料的历史。这方面的资料是由波利比乌斯的著作提供的，他生于公元前200年，于公元前118年后的某一年去世。波利比乌斯撰写了罗马于公元前3至前2世纪征服并统治古代世界的历史，他的作品中包括对罗马人最终建立的世界霸权的评价（基本上是正面的）。他的《通史》（Histories）原本有40卷，但现存于世的只有前5卷，以及后世作品中收录的引文和残篇。

波利比乌斯是墨伽洛波利斯的公民，这座城市原本是伊巴密浓达为抵御斯巴达的扩张而修建的。在大约公元前170年，他以一名骑兵指挥官的身份为亚该亚同盟效力，但其后马其顿王国瓦解了，希腊随之被罗马人控制，波利比乌斯与其他政治嫌疑犯一道被放逐至罗马，在没有任何明确罪名的情况下被无限期地羁押于意大利境内。然而，这一羁押经历似乎被他视为一次机会。他与罗马有影响力的政治及文学社交圈之间的关系变得亲密起来，并同他的历史作品中一些得到突出刻画的人物有了私下往来。后来，他得到了周游各地的机会。他著有一本关于战术的书籍和一本记述罗马人在西班牙努曼提亚周边地区进行的战争的历史作品，但不幸的是，这些著作都已散佚。事实上，我们在波利比乌斯遗留下来的著作中，可以看出他与那个年代的军事及政治高层有着密切往来。

对我们而言，关于汉尼拔对抗罗马的战争及紧随其后的时代，最主要的权威来源自然是李维。要求历史学家完全客观或许是强人所难，但读者应当注意，李维是一位被爱国热情驱动的作者，而他参考的许多其他资料来源的作者也是如此。此外，家族的荣誉感和恭维心理经常对罗马历史学家的创作过

▲ 迦太基钱币上的头像，据信是罗马最可怕的敌人汉尼拔。

▲ 一枚在西班牙铸造的迦太基钱币。上面的头像可能是汉尼拔的弟弟哈斯德鲁巴·巴卡。

程产生重要影响。读者很容易就能感觉到，一些罗马指挥官在意大利的作战经历并不像李维所说的那样成功。事实上，如果李维的记录是真实的，汉尼拔可能早就被打得一败涂地了。除了直至公元前294年的早期罗马史，李维的残篇中还记述了从第二次布匿战争之初到公元前2世纪马其顿被征服和塞琉古政权被击败这段时期的历史事件。倘若其142卷的著作能够全部留存下来，我们应该能完整地了解李维所提供的直至公元前9年的罗马史。事实上，李维的作品中已散佚的全部内容，已被后世的作者们以概要的形式传达给我们了。罗马帝国时代的不少历史学家要么将李维的作品作为史料来使用，要么利用了李维曾经使用过的史料。这些人中包括著名希腊史学家阿庇安（Appian）和迪奥·卡西乌斯（Dio Cassius），他们都出生于2世纪。

与之相反，为朱古达战争著史的学者萨卢斯特（Sallust，即盖乌斯·塞勒斯提乌斯·克里斯普斯［Gaius Sallustius Crispus］，约公元前86—前35年）的生活年代与他所描述的系列事件的发生年代接近，因而手中拥

有当事者的口述和书面证言。但尽管萨卢斯特曾在于公元前46年爆发的非洲战役中在尤里乌斯·恺撒麾下效力，他感兴趣的是政治而非军事题材。

历史的轮廓

"Punicus"一词是拉丁语，意为"迦太基人"。那些以墨西拿城为基地，不断制造麻烦的马迈尔提尼斯人，请求迦太基人帮助他们抵抗叙拉古的希腊裔国王希洛二世（Hiero II），这件事成了第一次布匿战争的导火索。在实现目的之后，马迈尔提尼斯人想摆脱已进驻他们的城市的迦太基军队，于是他们向罗马求援。占领了墨西拿城后，迦太基势力与罗马势力之间只隔着一条狭窄的海峡。这个威胁太大了，如今排除这一威胁的机会送上门来，实在是再好不过，因此罗马人于公元前264年介入此事。

为了赢得西西里战事的胜利，罗马组建了一支舰队，这支舰队击败了迦太基人。罗马将军雷古鲁斯（Regulus）效仿阿加索克利斯的战略，渡海进入非洲，打起了主动进攻

公元前264年
罗马支持马迈尔提尼斯人反对叙拉古的希洛及其迦太基盟友

公元前263年
希洛与罗马缔结和议与盟约，但对迦太基的战争仍在继续

公元前260年
罗马海军在迈利击败迦太基人

公元前259年
罗马人成功占领科西嘉岛与撒丁岛

114　古典世界的战争

战。但迦太基人请来了杰出的斯巴达雇佣军领袖克桑西普斯（Xanthippus），结果雷古鲁斯战败被俘。然而，罗马新近赢得的制海权使得它将胜利果实摘到了手，尽管他们的舰队曾多次被风暴摧毁。在西西里东部作战的迦太基名将哈米尔卡·巴卡（Hamilcar Barca）孤立无援，最终被迫与罗马人讲和，并于公元前241年将其控制的西西里岛交了出去。

在第二场对迦太基的战争爆发之前，罗马与意大利北部的高卢人发生了冲突。罗马人还发现，必须制伏某位伊利里亚女王，此人在马其顿的撺掇下，通过支持海盗活动（该国经济收入的主要来源），将自己的势力向南扩张。与此同时，迦太基正遭受着自己招募的雇佣军掀起的可怕叛乱的威胁，后者得到了臣属于迦太基的北非民众的支持。在这场所谓的"无道战争"中，迦太基城靠着哈米尔卡·巴卡的军事才能才勉强得以幸存。有人可能会认为，要不是这一时期的罗马和迦太基都陷入了困境，它们本可更为迅速地对另一方的危机加以利用。事实上，雇佣军战争迫使迦太基势力临时撤离撒丁岛，而罗马人本着其一贯的机会主义，介入了这一迦太基敏感地区的事务。

哈米尔卡如今集中精力经营西班牙，他把它变成了一座军事基地和新一轮经济扩张的目的地。在他战死之后，他的儿子汉尼拔继续执行这一政策。对罗马友好的城市萨贡图姆被攻陷后，战争随之而来。其后，汉尼拔经由比利牛斯山、罗讷河和阿尔卑斯山，侵入意大利。他的入侵行动或许可与皮洛士的入侵进行比较。从某种程度上说，他从罗马人身上取得的胜利是毫不含糊的压倒性胜利，这无疑是皮洛士那值得商榷的胜利所不能比的。但与皮洛士一样，他也未能使罗马的意大利盟友背离罗马，更不用说在战争期间攻占罗马城或与罗马达成和议了。

在普布利乌斯·科尼利厄斯·西庇阿（Publius Cornelius Scipio，后来他因战功荣获"阿非利加努斯"的姓氏）的发起下，罗马人再度向非洲发动反攻，以求挽回局势。汉尼拔被迦太基人召回，并在公元前202年的扎马战役中败北，后遭放逐。

在扎马战役中，骑兵的支援对罗马人的胜利起到了无法估量的作用。这批骑兵是努米底亚国王马西尼萨（Masinissa）提供的，当时他已经抛弃了迦太基这个盟友。在接下来的和平谈判中，马西尼萨厚颜无耻地充分利用了自己作为罗马盟友而受后者保护的优

▲ 西庇阿·阿非利加努斯的半身像，他在公元前202年的扎马战役中击败了汉尼拔。

▼ 这幅地图展示了公元前218年至前201年的第二次布匿战争中的重大战役。西庇阿介入西班牙事务，并最终攻入非洲，从而成功地扭转了迦太基人占据主动的局面。

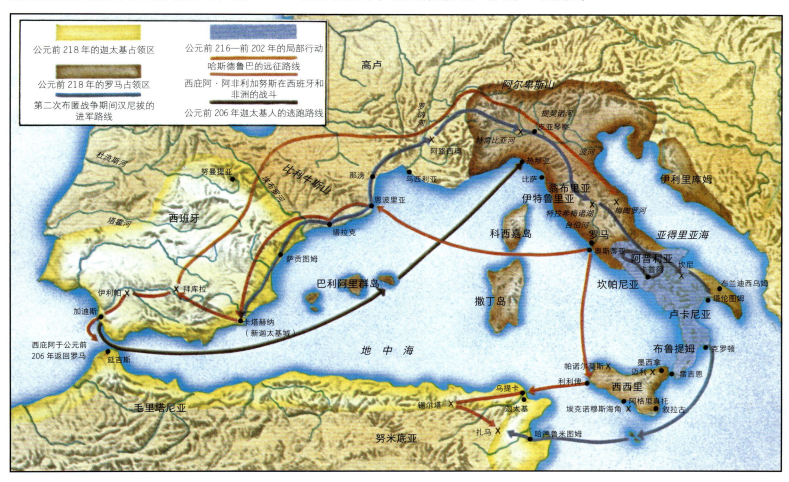

公元前218年的迦太基占领区
公元前218年的罗马占领区
第二次布匿战争期间汉尼拔的进军路线
公元前216—前202年的局部行动
哈斯德鲁巴的远征路线
西庇阿·阿非利加努斯在西班牙和非洲的战斗
公元前206年迦太基人的逃跑路线

高卢　阿尔卑斯山　提契诺河　皮亚琴察　罗讷河　特雷比亚河　波河　热那亚　伊利里库姆　阿路西奥　比萨　翁布里亚　伊特鲁里亚　杜流斯河　努曼提亚　比利牛斯山　塔布罗河　那旁　马西利亚　特拉希梅诺湖　梅陶罗河　台伯河　罗马　亚得里亚海　西班牙　恩波里亚　科西嘉岛　奥斯蒂亚　阿普利亚　塔霍河　塔拉克　卡普阿　坎尼　布兰迪西乌姆　萨贡图姆　坎帕尼亚　塔伦图姆　伊利帕 X　X拜库拉　巴利阿里群岛　撒丁岛　卢卡尼亚　加迪斯　卡塔赫纳（新迦太基城）　地中海　布鲁提姆　克罗顿　西庇阿于公元前206年返回罗马　延吉斯　帕诺尔莫斯 X　墨西拿　迈利　利利俾　西西里　雷吉恩　毛里塔尼亚　乌提卡　阿格里真托　叙拉古　锡尔塔 X　迦太基　埃克诺穆斯海角 X　努米底亚　扎马 X　哈德鲁米图姆

公元前256年
罗马海军在埃克诺穆斯战役中取得胜利后，罗马指挥官雷古鲁斯入侵非洲

公元前255年
由希腊籍指挥官克桑西普斯指挥的迦太基军队击败了雷古鲁斯

公元前254年
罗马人攻占西西里的帕诺尔莫斯

公元前250年
迦太基人向帕诺尔莫斯发动反攻，被罗马人击退

第8章　布匿战争与罗马的扩张　115

势来为自己谋利，而罗马人对他的做法几乎是听之任之。迦太基人因而被努米底亚人激怒，出于报复而撕毁了扎马和平协议。罗马人以此为借口，假意劝迦太基人和谈，事实上可以说是要求迦太基人无条件投降。然而，当罗马人进一步要求他们从自己的城市与海岸地带撤走，并以无家可归的流浪者的身份接受被安置于内陆地区的安排时，迦太基人拒绝了。经过旷日持久的陆地围攻战和海上封锁战，罗马人于公元前146年占领并洗劫了迦太基城，并将其彻底夷为平地。

自从第二次布匿战争起，罗马就发现自身处于各个国家的包围之中。这些国家（无论是迦太基的盟友还是敌人）取代了迦太基这个可怕的威胁。为了构筑固若金汤的边境线，罗马人被迫在西班牙和北非作战。这两个地区的边界分别是海洋和撒哈拉沙漠。在其他方向，当时的局势决定了罗马不可能轻而易举地获得决定性胜利。在东方，马其顿、塞琉古与托勒密这三个强大的王朝分别控制着亚历山大帝国遗产的欧洲、亚洲和北非部分。在意大利北部，高卢人仍未被完全制伏，那些居住在阿尔卑斯山脉以外地区的高卢部落成了罗马人未来的威胁。于是，罗马于公元前2至前1世纪站到了更为广阔的战争舞台上，在强敌环伺带来的恐惧心理的驱使下，它的对外扩张行动将持续不断。

罗马海军的成就

两次布匿战争的一个值得注意的特征是，实际上并无海军传统的罗马政权几乎从始至终都掌握着制海权，而完全依靠雇佣军，与罗马相比就是一个非军事政权的迦太基却涌现出两位人杰级别的将领——哈米尔卡与汉尼拔。

公元前260年，由于罗马人欲支援西西里的战局，迈利战役爆发了。在这场战役中，罗马海军取得了建立以来的首次大捷。毫无疑问，这场胜利是以罗马人在制造舰船和训练海军方面付出了巨大努力为前提的，即使我们不相信那些古代历史学家的相关著述。例如，我们从中得知，一艘失事的迦太基战舰落入了罗马人之手，罗马人将其作为建造

新舰队的模板。事实上，罗马人之前曾拥有过一支小型舰队。这支拥有20艘船的舰队，由两名被称为"海军联合指挥官"（duoviri navales）的军官共同统御。公元前282年遭到塔伦图姆人攻击的分遣舰队就是被一名这样的海军指挥官指挥的。毫无疑问，这种罗马小型舰队是由三列桨战舰组成的，如今他们需要的是能与迦太基船相匹敌的更重型的战舰。但有人可能会认为，与罗马人结盟的希腊海洋城邦有能力提供五列桨战舰，以供罗马人仿造。此外，在战争前期阶段之后，叙拉古的希洛二世重新与罗马人成为盟友，他有能力在造舰方面为罗马人指点迷津。

在古代历史上，海军舰队在短时间内成功建成的例子不止一例，但我们也必须注意这个事实：在罗马时代，即便是较为重型的桨帆战舰，其规格也比日后在欧洲历史上出现的帆船要小。在第一次布匿战争时期，据估计罗马人的一支舰队拥有约160艘舰船，而迦太基舰队大概只有130艘。双方舰队的构建方案均受到可用桨手的数量的限制。而罗马方面或许拥有一个可利用的优势，即它再度得到了希腊盟友的支援。

然而，罗马海军获胜的主要因素是技术与战术层面的革新。从一开始，罗马人就抛弃了传统的冲撞战术，集中精力实施登舰接敌战术，这使得他们实际上将海战变成了陆战。为此，他们成功发明了一种名为"乌鸦"

的带有铁制喙状抓钩的工具。波利比乌斯详细描述了这种装置的结构和操作过程，但如果附有图解的话，他的意思或许能表达得更清晰。在希腊语中，"乌鸦"被称为"corax"（拉丁语中写作"corvus"）。在布匿战争之前，有一种带有倒钩的机械装置就被称作"乌鸦"，在攻城战中用于钩住城墙。

罗马海军使用的"乌鸦"，是一种用起吊装置操作的可旋转的跳板，安装在战舰的舰首。它的基座装有枢轴，从而至少能够有效地朝3个方向转动。当它被放平时，铁喙就刺入敌舰甲板内，并被固定在上面。登舰部队随即一拥而上，越过跳板，登上敌舰。事实证明，在这一装置面前，迦太基舰队是极为脆弱的。

按照波利比乌斯的记载，跳板的起吊装置长24英尺（7.3米），而装有铰链（状若连枷）的平直转轴长12英尺（3.6米）。一些学者认为，这种装置太过巨大，可能导致装有这种装置的船只倾覆。另一些人则相信它的确引发过事故，因而遭到弃用。即便如此，它在不用时是可以拆卸下来的。这或许会让人想起在罗德岛战役中，"围城者"德米特里厄斯曾将攻城塔立在自己战舰上的事。我们也有几张关于罗马战舰的古代画作（公元前1世纪），画中的战舰甲板上装有塔楼。与德米特

▼ 迦太基城遗址。罗马人于公元前146年攻陷迦太基城，将其夷为平地，并于后来在此地建立了殖民地。

特拉希梅诺湖战役（公元前 217 年）

	罗马	汉尼拔
步兵	2个军团 10,000	非洲部队 10,000/12,000
	意大利盟军 10,000	（轻装部队 4,000）
	克里特人 1,000	西班牙人 7,000/8,000
	（弓箭手）	（轻装部队 4,000）
	轻盾兵 1,000	凯尔特人 10,000/15,000
	罗马人 600	努米底亚人 4,000
骑兵	盟军 2,000/3,000	凯尔特重骑兵 4,000
		西班牙重骑兵 2,000
		战象 1

罗马执政官弗拉米尼乌斯尾随着汉尼拔，打算与自己的执政官同僚一起"夹击"他。直到天色已晚，他才安营扎寨。汉尼拔乘夜将自己的军队部署在特拉希梅诺湖旁为森林覆盖的高地上，并策划了一场大规模的伏击行动。破晓时分，弗拉米尼乌斯又开始"追击"。山谷中大雾弥漫。先头部队（大概是同盟军精锐，这支部队在行军时一般走在纵队的最前头）与汉尼拔军的轻装部队相遇并展开战斗，他们后方的右翼同盟军大队亦是如此。罗马人的后卫部队滞留在群山和湖泊之间的隘路上，迦太基军凯尔特部队朝他们发起猛烈的冲锋，将他们逼入湖中。大部分以常规队形行军的罗马士兵均挤在弗拉米尼乌斯身边，动弹不得，因而无法排出三线式阵列。弗拉米尼乌斯为凯尔特骑兵所杀。迦太基轻装部队无力抵挡已展开队形的罗马士兵的进攻，后者经过奋战，大多突围至卡斯泰卢乔山上并逃离了战场。

这场战斗持续了3个多小时，约有15,000名罗马士兵阵亡，4,000余人被俘。约有6,000名已逃离战场的罗马士兵被迦太基骑兵和轻装部队包围，被迫投降。汉尼拔仅折损了1,400～2,500人。他精心设计了这次伏击行动，从而确保了己方的全胜。

图例说明：
- IIIII 重装部队
- 轻装部队
- ▲ 重骑兵
- △ 轻骑兵
- ▲ 汉尼拔
- ◎ 弗拉米尼乌斯

里厄斯的"破城者"一样，这些塔楼的表面也覆有铁板，因而无疑是十分沉重的。有些人认为它们被画得像石头一样，甚至可能就是用石块建成的。波利比乌斯对"乌鸦"的描述不应被轻率地否定。按照狄奥多鲁斯著作中的某段描述，德米特里厄斯在罗德岛时，曾在两艘相互连接的桨帆船上建造过双子塔楼，为了让船身保持稳定，这两艘船是彼此靠拢的。在作战时，装有"乌鸦"的战舰可能也是用类似的方式（与敌舰倚靠在一起）来保持平衡的。

汉尼拔的长征

罗马海军取得的成就是空前的，而在迦太基一方，由汉尼拔指挥的从西班牙至意大利的陆上长征，在伟大程度上亦是不遑多让。在西班牙，罗马与迦太基签订的和平协议将迦太基人的活动范围界定在埃布罗河以南，但这条分界线却显得模糊不清。因为罗马的盟友萨贡图姆的所在地正位于埃布罗河以南。因此，汉尼拔攻陷这座城市的行为并不算是对和平协议的公然践踏，但他的确打算挑起战争，而且很快就如愿以偿了。

在翻过比利牛斯山之前，汉尼拔布置重兵把守西班牙和北非，但他并不打算保护自己与上述两地之间的交通线。他可能希望在意大利北部建立一座新的基地。在踏上途经罗讷河和阿尔卑斯山的征程之前，他在相关的外交和侦察工作方面做足了准备，他希望在远征途中能就地解决补给问题。尽管如此，沿途的高卢和阿尔卑斯部落对他的态度

还是各不相同。他们既可能尽其所能地加以协助，也可能拼死抵抗。

散布于罗讷河渡口一带的部落，对待汉尼拔的态度并不一致。西岸的定居者给了汉尼拔最大程度的帮助，并协助其制造各种形状和规格的船只，但对岸的部落则打算阻止汉尼拔渡河。然而，一支由一位名叫波米尔卡（Bomilcar）的军官统领的小部队，在高卢友人的指引下，从上游某个一日可渡的地点（那里的河段被一座小岛一分为二）过了河。他们用木筏运载骑兵部队，而西班牙步兵则将自己的盾牌垫在身下，泅水而过。这次行动自始至终都处于夜幕的掩护下，进行得悄无声息。当汉尼拔的主力渡河时，敌人突然发现自己被波米尔卡的部队包围了，吓得一哄而散。为了把战象运过河去，汉尼拔不得不费了些心思。然而，3天后，当一支刚刚在马西利亚（今马赛）登陆的罗马军队打算截击汉尼拔时，只找到了一座空空如也的营房。罗马将军西庇阿（西庇阿·阿非利加努斯的父亲）并不打算继续追击，而是将注意力转向西班牙，以确保这一地区无法向汉尼拔支援一兵一卒。

翻越阿尔卑斯山的历程是一段史诗般的传奇。就连在对迦太基人持敌视态度的李维笔下，汉尼拔也俨然以一位英雄的面目出现——就像弥尔顿（Milton）的《失乐园》（Paradise Lost）中的撒旦那样。汉尼拔到底是从何地渡过罗讷河，又从何地翻过阿尔卑斯山的？关于这两个问题并无确定的共识。事实上，后一个问题即使是在现代历史学界也存在着极大的争议。毫无疑问，汉尼拔在向阿尔卑斯山进军时，并未走最为便捷的路线，而是花了4天时间，北进至罗讷河谷，以免再次遭到罗马军队的堵截。在这一地区，他成功地仲裁了一个高卢部落的酋长继承权之争，从而赢得了后者的好感与支持。然而，他在攀登阿尔卑斯山北面时，遇到了山地居民的阻挠与背信弃义的袭击。汉尼拔的军队持续减员，驮畜与储备物资也不断遭受损失。但他靠着不屈不挠的勇气和手头的资源，一次次地将自己的部下从敌人和大自然在途中设下的困局中拯救出来。在秋季时节，初雪飘落之际，汉尼拔的士兵们已经开始踏上进

入意大利的下山之路。铺满冰面的道路、崩塌的山体和一座座断崖，都在阻碍着这支饥肠辘辘的军队前行。然而，当一切去路都被堵死时，他们砍倒树木，生起熊熊大火，并将定量配给的酸味酒倒在被烤热的堵路岩石的表面，以便让它们碎裂。一条向下延伸的蛇曲形小道，就这样在陡峭的山腰上被开凿出来。据记载，在离开西班牙基地的5个月后，汉尼拔来到了意大利。翻越阿尔卑斯山花费了15天时间。

在提到被汉尼拔带入意大利的军队数量时，古代史料之间的差异相当大。波利比乌斯根据汉尼拔留在意大利南部的一段铭文，推断其规模为20,000名步兵和6,000名骑兵。李维的数字则源于历史学家卢修斯·辛西乌斯·阿里门图斯（Lucius Cincius Alimentus，曾是汉尼拔手中的一名战俘）的记录。但他认为，阿里门图斯估算的80,000名骑兵和10,000名步兵的数字太过夸张。无论以哪种

记录为准，汉尼拔在行军途中的损失可能都超过了全军兵力的四分之一。可能即使是这种损失也不足以称之为致命的。但是，在接下来的15载意大利征程中，汉尼拔尽管赢得了一系列辉煌的战果，但他依旧不断饱受着关于征募新兵、争取同盟和接受支援等问题的困扰。对于这些问题，他完全未能找到完美的解决之道。

汉尼拔的战果

普布利乌斯·科尼利厄斯·西庇阿（公元前218年的执政官）已将自己的军队交由他的弟弟格奈乌斯（Gnaeus）率领前往西班牙，他自己则以堪称典范的行军速度回到了意大利北部，指挥起当地的军团。他与已占领都灵地区的汉尼拔侵略军在波河及其北部支流提契诺河的夹角地带迎面相遇。在随后的骑兵对决中，西庇阿吃了败仗，自己也负了伤，随即撤往皮亚琴察。这场战斗证明了，汉尼拔的骑兵部队更为强悍，因而执政官希望日后的战斗能在开阔地带（那里利于骑兵战术的实施）以外的地区进行。

面对汉尼拔的威胁，另一位正准备入侵非洲的执政官泰比利厄斯·塞姆普罗尼乌斯·朗格斯（Tiberius Sempronius Longus）

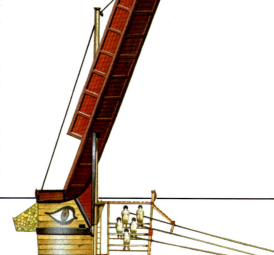

攻城战舰

为了安装攻城器械，有时人们会将两艘船捆扎在一起。下图展示的是一座攻城塔被安装在两艘"五列桨"战舰上的情景。马其顿和罗马曾以同样的办法（前者于公元前351年，后者于公元前213年），将巨型弩炮装在船上。

攻城战舰

"乌鸦"（上图）

尽管罗马很快拥有了一支舰队，但船员的作战经验却不如迦太基船员那样丰富，并不擅长使用机动及撞击等战术。为了弥补这一劣势，罗马人在自己的战舰上安装了一块巨大的跳板，这样他们的海军士兵就能发挥登舷作战方面的优势。波利比乌斯记载了这一装置的详细情况和规格。在作战时，跳板被放下来，并紧紧地钩住敌舰，罗马士兵用自己的盾牌倚住及膝高的栏杆，穿过可供2人并排通过的跳板。罗马人依靠这一装置赢得了多场海战的胜利，但它也可能导致战舰的船头过重。毫无疑问，那些装备了"乌鸦"的战舰在遭遇风暴时所蒙受的损失是极为惨重的。

早期罗马战舰

五列桨战舰

长度：约120英尺（约37米）

宽度：船体宽14英尺（4米）
舷外支架宽约17英尺（5米）

吃水深度：约4.5英尺（1.4米）

船员配置：桨手：上层桨手112人、中层桨手108人、下层桨手50人
水手：30人
海军士兵：40人（平时）、120人（战时）

"乌鸦"

全长：36英尺（11米）

宽度：4英尺（1.1米）

支柱高度：24英尺（7米）

护栏高度：2英尺（0.65米）

奉命北上与西庇阿会师。由于西庇阿伤势严重，因而实际负责军务的是塞姆普罗尼乌斯。罗马人在一场小规模骑兵战中凯旋，这场胜利激起了塞姆普罗尼乌斯的斗志，促使他在严冬时节，在波河南部支流特雷比亚河与敌军交上了手。汉尼拔在亲自侦察过当地地形后，明智地让一队骑兵埋伏在乡村的荒野地带。罗马人损失了约三分之二的兵力。然而即便如此，10,000名罗马军团士兵在陷入重围的情况下，仍突破了敌方中军的防线，安然撤入皮亚琴察。尽管罗马士兵并不惧怕战象，但他们的战马仍被吓得半死。罗马轻装部队成功地逐退了这些巨兽，他们还用长矛刺击它们的臀部（尾巴以下的柔嫩肌肤），几乎让这些可怜的动物四散惊逃。

冰天雪地的战场环境挡住了汉尼拔乘胜追击的步伐，当他在次年春天择路南下时，他的部队在被积雪融水淹没的地区损失很大。眼疾的折磨最终让汉尼拔的一只眼睛丧

失了视力，他骑在仅存的一头战象的背上，这是唯一一片地势较高且较为干燥的所在。其余的战象要么战死，要么被冻死了。

肩负着新任务的普布利乌斯·西庇阿被派往西班牙。在意大利，镇守亚平宁山脉西侧的继任执政官盖乌斯·弗拉米尼乌斯（Gaius Flaminius）如今一心遵照上头的指令，紧紧尾随在迦太基军队的后面。在伊特鲁里亚的特拉希梅诺湖北岸，汉尼拔诱使罗马人穿过一条位于群山和水道之间的窄路，钻进了位于平地的"口袋"内。他部署在地势较高处的伏兵隐藏在雾气之中，俯瞰着湖面。当罗马人与汉尼拔军正面交锋时，山坡上的伏兵突然横扫而下，抓住了罗马人仍在以纵队行军的时机，将其赶入湖中。罗马人被夹在湖水和伏兵之间，顿时陷入混乱和可怖的屠杀之中。两个军团被歼灭，弗拉米尼乌斯战死。接下来，迦太基人又利用伏兵战胜了另一位执政官的军队，此役中罗马人损

失了约4,000名骑兵。

罗马人意识到，他们现在不得不采取非常措施，以实现指挥权的统一。于是罗马人任命了一位独裁官昆图斯·费边·马西姆斯（Quintus Fabius Maximus）与一位骑兵统帅，以取代那位幸存的执政官。

与此同时，汉尼拔正急切地需要盟友。意大利北部的高卢人让他十分失望，尽管他已经从他们之中招募了大批新兵。前一年夏天，在迦太基入侵的希望的鼓动下，他们重新与罗马开战，分散了西庇阿的注意力，严重推迟了后者前往罗讷河的行程。但此时，这些部落的态度变得举棋不定乃至漠不关心起来。汉尼拔因而希望能与意大利南部的势力结盟，但他在那里的收获更小。他也企图引诱罗马独裁官出来交战，但费边采取的战略（这一战略后来以此闻名）令汉尼拔的希望落了空。

汉尼拔蹂躏了阿普利亚和坎帕尼亚，激

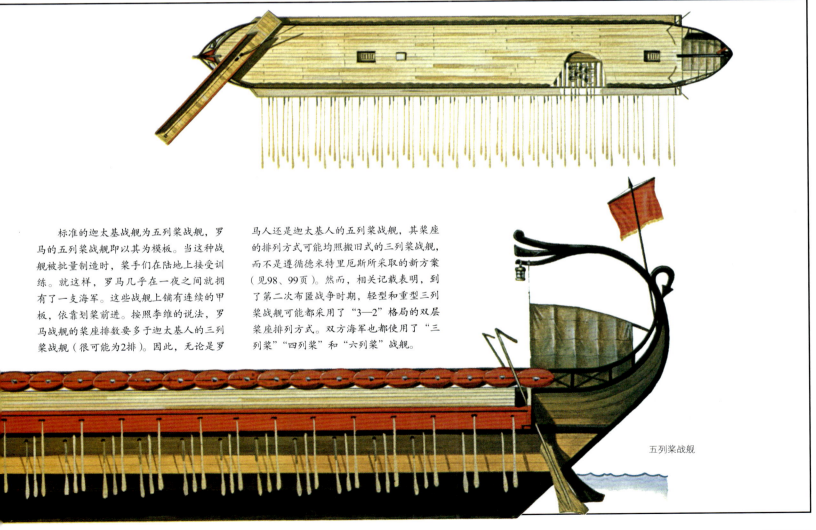

标准的迦太基战舰为五列桨战舰，罗马的五列桨战舰即以其为模板。当这种战舰被批量制造时，桨手们在陆地上接受训练。就这样，罗马几乎在一夜之间就拥有了一支海军。这些战舰上铺有连续的甲板，依靠划桨前进。按照李维的说法，罗马战舰的桨座排数要多于迦太基人的三列桨战舰（很可能为2排）。因此，无论是罗

马人还是迦太基人的五列桨战舰，其桨座的排列方式可能均按照搬旧式的三列桨战舰，而不是遵循德米特里厄斯所采取的新方案（见98、99页）。然而，相关记载表明，到了第二次布匿战争时期，轻型和重型三列桨战舰可能都采用了"3—2"格局的双层桨座排列方式。双方海军也都使用了"三列桨""四列桨"和"六列桨"战舰。

五列桨战舰

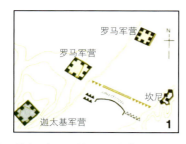

1

坎尼战役（公元前216年）

罗马人	汉尼拔
8个军团 40,000	非洲部队 10,000/12,000
同盟军大队 40,000	（轻装部队 4,000）
步兵	西班牙人 7,000/8,000
	（轻装部队 4,000）
	凯尔特人 20,000/25,000
	（轻装部队若干）
骑兵	努米底亚人 4,000
军团骑兵 2,400	西班牙人 2,000
同盟军骑兵大队	凯尔特人 4,000/5,000
3,500/4,000	

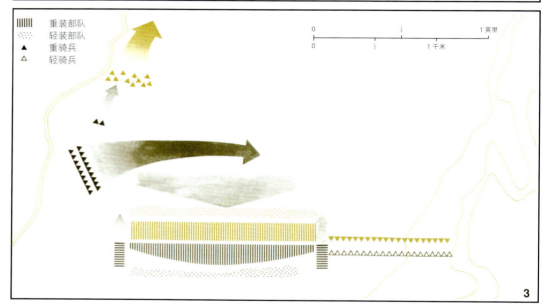

2

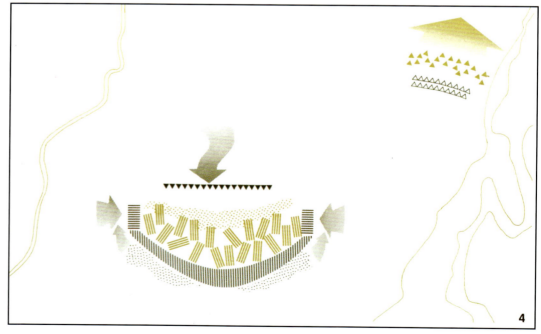

3

4

1 罗马人集结了他们的全部力量，并派遣两位执政官（瓦罗和鲍卢斯）与上一年的两位执政官（塞尔乌斯和阿蒂利乌斯）会师。阿蒂利乌斯的职位被米努西乌斯取代。汉尼拔将军营设在奥凡托河北部。罗马人将其总兵力的三分之二派往汉尼拔军营的对面扎营，其余人马则驻守在河对岸，以限制迦太基人搜寻粮秣。罗马人排出作战阵形，汉尼拔也摆出自己的阵形。由于战场所在的平原地势狭窄，罗马人额外加大了军阵的纵深。他们意欲击溃汉尼拔的中军。汉尼拔则寄望于己方骑兵，他将重骑兵部队部署在左翼，努米底亚骑兵置于右翼。他将自己的中央方阵排成一个前凸的弓形，也让它的纵深厚度超过侧翼部队，以阻滞罗马军团的推进。非洲步兵则被留作预备队，布置在这一新月形方阵的两翼之后。双方都留有兵力驻守军营——罗马人打算攻占汉尼拔的军营。

2 战斗以散兵突击的方式揭开了序幕。汉尼拔的左翼骑兵发起攻势，打击罗马军队的右翼，后者由于在数量上处于劣势而后撤。

3 双方的重装步兵方阵撞击在一起，西班牙人和凯尔特人被逼得节节后退。努米底亚骑兵与罗马同盟军骑兵交上了手，同时，哈斯德鲁巴指挥自己的重骑兵部队迂回，越过罗马步兵部队的后方，冲向罗马同盟军部队。这样一来，受到威胁的同盟军部队就崩溃了，并且裹挟着瓦罗一起逃跑。同时，迦太基新月形方阵坚守着自己的阵地，而非洲部队则从侧翼方向列队前进，而后掉转方向，形成向内包抄之势。

4 哈斯德鲁巴冲入罗马军队的后方阵地，同时，迦太基轻装部队转身向后方挺进，并出手支援己方的中军。鲍卢斯竭力让罗马军队继续奋战，甚至命令自己的卫队下马作战，但无济于事。45,500名罗马步兵和2,700名罗马骑兵战死，300名（一说500名）步兵和1,000名（一说2,000名）骑兵被俘。鲍卢斯、塞尔乌斯和米努西乌斯均命丧黄泉。7,000人逃入罗马军小营，2,000人躲进坎尼城，但他们被包围并遭到俘虏。汉尼拔将两座罗马军营全部攻占，抓到了更多的俘虏。他只损失了6,000名（一说8,000名）步兵。

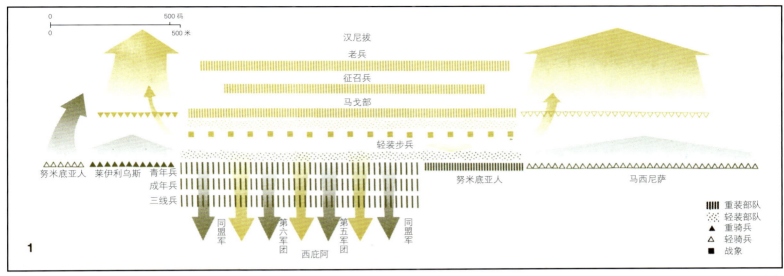

1

图例:
- ▐▐▐▐ 重装部队
- ⋯ 轻装部队
- ▲ 重骑兵
- △ 轻骑兵
- ■ 战象

标注（图1中）：
汉尼拔 / 老兵 / 征召兵 / 马戈部 / 轻装步兵 / 努米底亚人 / 莱伊利乌斯 / 青年兵 / 成年兵 / 三线兵 / 努米底亚人 / 马西尼萨 / 同盟军 / 第六军团 / 西庇阿 / 第五军团 / 同盟军

扎马战役（公元前202年）

	西庇阿	汉尼拔
步兵	第五、第六军团 10,000/11,000 同盟军 12,000/13,000 努米底亚人 5,000/6,000（由马西尼萨指挥）	意大利远征军老兵 12,000/15,000 马戈的意大利部队 5,000/6,000 迦太基人、非洲部队 10,000/12,000 努米底亚人、摩尔人（轻装部队）3,000/4,000
骑兵	努米底亚人（轻骑兵）4,600 罗马人、意大利人（重骑兵）2,000	努米底亚人、摩尔人（轻骑兵）2,000/3,000 迦太基人、非洲部队（重骑兵）2,000 战象80

西庇阿入侵非洲，迦太基将汉尼拔及其死去的弟弟马戈（Mago）的军队从意大利召回。汉尼拔募集了一支由土著士兵组成的队伍，在迦太基西南约105英里（170千米）处与西庇阿相遇。他将自己的军队列为3队：马戈部与轻装部队为前队，非洲征召部队为中队，从意大利归来的老兵为后队。骑兵部署在两翼，战象则列于步兵部队的前方。老兵被留作预备队，用于防止己方部队被拥有数量优势的罗马骑兵包

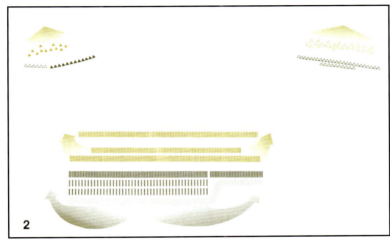

2

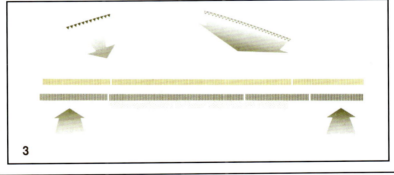

3

抄和阻击。西庇阿将成年兵中队布置在青年兵队列的后方，以便将暂时由轻装步兵占据的"战象走廊"掩盖起来。

1 轻骑兵接战。象军发动的冲锋被罗马人的叫喊声粉碎，它们搅乱了汉尼拔骑兵的队伍。罗马骑兵目睹了这一幕，动身追击迦太基骑兵，二者就这样双双离开战场。其他战象在罗马轻装步兵的打击和驱赶下进入"战象走廊"。

2 罗马步兵逼近，汉尼拔军的前队被驱赶着退往第二队的阵地，后者拒绝让他们进入。被激怒的凯尔特人和利古里亚人绕道侧翼，强行涌入中队阵地。

3 迦太基人的第二道战线崩溃，老兵部队拒绝让他们通过。西庇阿下令回师。两军均重整队形：汉尼拔军前队的残部被部署在两翼；作为应对，西庇阿将成年兵和三线兵调往两翼。罗马人无情地向前推进。战局呈现胶着状态，直至罗马骑兵返回战场，冲击敌军后方。大屠杀随之上演。汉尼拔遁走。他损失了20,000人（一说25,000人），有8,000人（一说10,000人）沦为俘虏。罗马损失了约2,000人，而马西尼萨的努米底亚部队有2,000人（一说3,000人）战死。

起了罗马人对费边现行战略的不满。他们再度任命了两名执政官，由这两人联合指挥的军队于公元前216年在阿普利亚的坎尼战役中遭到压倒性的失败。在这场战役中，汉尼拔的中央步兵方阵（主要由西班牙人和高卢人组成）排成楔形队列前进，汉尼拔亲自坐镇其中。罗马人将楔形方阵击退，并迫使它凹了进去，从而使迦太基人的战线从外凸形变成了内凹形。然而，这一切都在汉尼拔的预料之中。迦太基人的中军有序地后撤，已完成了迂回包抄的两翼部队则抓住恰当时

机，两下合拢，将罗马人彻底包围。

汉尼拔堪称一位伏击战大师。他部署的骑兵伏击队对特雷比亚战役的胜利居功至伟，而特拉希梅诺湖战役在本质上也是一场伏击战。坎尼的地形并不适于布置伏兵，他便用计来达到自己的目的。一支约500人的努米底亚部队佯装叛逃至罗马人处，并丢掉了自己的兵器。但他们的衣服底下另藏有兵器，因而这些人很快就给予罗马后卫部队以毁灭性打击。

汉尼拔同样极为擅长观测天气，因而很

快就占了天时之利。特雷比亚战役是在严寒中打响的，汉尼拔事先已让士卒饱餐一顿，并吩咐他们用油来摩擦肌肤，以保持身体的柔韧性。而罗马人却是在手脚冻僵且没吃早饭的情况下投入战斗的。在特拉希梅诺湖战役中，他的伏兵充分利用从湖面升起的晨雾来隐蔽自己。在坎尼战役中，他将自己的部队部署在背风位置，意在让扬起的尘土迷住罗马人的眼睛。

罗马人出于政治需要，将军队的指挥权一分为二，这种做法往往成为军事失利的诱

汉尼拔的军队

与绝大多数迦太基军队一样，汉尼拔军主要由雇佣军组成。按照波利比乌斯的说法，他在翻越阿尔卑斯山后拥有12,000名非洲步兵、8,000名西班牙步兵和6,000名骑兵（西班牙人和努米底亚人）。他也从凯尔特人和意大利人那里补充了兵力。

非洲人和努米底亚人

下图描绘的是一名努米底亚轻骑兵。这些强悍的骑兵在骑乘时是不用缰绳的，他们装备一面小型盾牌和一些大型标枪。在外观上，汉尼拔的西班牙骑兵与长盾兵（scutarii）和伊比利亚圆盾兵（caetrati）类似。努米底亚人在汉尼拔获得的一系列胜绩中起到了重要作用，他们叛投罗马一方间接导致了汉尼拔在扎马的败北。非洲步兵（右下角图）身上混杂了利比亚人和腓尼基人的血统。他们的装备原为希腊风格，在汉尼拔获得早期的一些胜利之后，他们用缴获的罗马兵甲中的上品来武装自己。因此，图中人与装备最为精良的罗马士兵一样穿着锁子甲。但他可能继续使用自己的希腊式盾牌，为的是避免被误认为敌人。

西班牙步兵

这支部队由巴利阿里掷石兵、伊比利亚圆盾兵（装备小型圆盾的轻型步兵）和长盾兵（装备扁平的斯格特姆盾的重装步兵，见彩图）组成。其兵器是一柄短剑、一支矛和一支重型标枪，标枪要么是派勒姆式，要么是萨乌尼恩式（一种纤细的纯铁制兵器）。波利比乌斯在详细描述这支部队的文章中提到，他们身穿一件带有紫色镶边的白色束腰外衣。外衣镶边的颜色并不是"真正的"紫色，而是靛青色和茜草色的混合物。他佩戴着典型的西班牙头饰——一顶用动物筋腱制成的帽子，他的靴子是自制的。他穿着从罗马人那里缴获的铠甲，并且还可能戴有一顶头盔。

公元前207年
汉尼拔的弟弟哈斯德鲁巴率援军翻越阿尔卑斯山

哈斯德鲁巴在梅陶罗河战败身亡

公元前206年
迦太基人的前盟友努米底亚国王马西尼萨加入罗马阵营

在中国，汉朝建立

公元前203年
汉尼拔被召回非洲

▲ 坎尼战役遗址照片，从中可以看到奥凡托河，这条河与汉尼拔大破两位罗马执政官联军的战场相距不远。

因。在特雷比亚和坎尼的战役中，都出现过一名执政官力求谨慎，而另一名执政官却一心主战的情况。在特拉希梅诺湖战役之前，弗拉米尼乌斯与他手下的军官就发生过类似的争执。费边的骑兵统帅米努西乌斯（Minucius），其职务并非按照传统惯例由独裁官指定，而是由公民大会委任的。因此，他认为自己与费边是平起平坐的关系，遂不断阻挠费边的战略计划，且频频违抗后者下达的命令。

或许这些意见分歧被过分强调了。罗马人在面临主动出击和谨慎行事的战略抉择时显得犹豫不决，李维的戏剧创作才华并不亚于他的史学才华，他频频将这类战略拟人化。我们还必须考虑到，李维依赖的史料来自早期的心怀偏见的元老历史学家。这些历史学家的作品永远带有为自己所处阶层辩护的倾向，因此罪名就不可避免地落到了那些平民领袖的头上。

罗马的幸免于难与大获全胜

坎尼战役之后，卡普阿和意大利南部的许多地区叛投了汉尼拔。罗马人包围了卡普阿，为了将这支军队从这一地区引开，汉尼拔虚晃一枪，进抵罗马城下。然而，罗马人并未中计。救援卡普阿的计划失败了，汉尼拔率军进入阿普利亚。

两位老西庇阿在西班牙先后击败了3位迦太基将领，但由于战争资源的缺乏，他们最终双双死于公元前211年战败被杀。第二年，小西庇阿（阿非利加努斯）在西班牙登陆，很快攻占了新迦太基城（卡塔赫纳）。然而，他没能阻止汉尼拔的弟弟哈斯德鲁巴·巴卡（Hasdrubal Barca），后者率领援军从比利牛斯山西部悄悄穿过，前去与意大利的迦太基军队会合。哈斯德鲁巴在山外高卢（今法国南部）安然过冬，等到气候变得更为温和时，他开始翻越阿尔卑斯山。哈斯德鲁巴的行动比他的哥哥更顺利，阿尔卑斯山的各个部落如今确信迦太基人意在南进，因而不再敌视他们。

然而，试图与兄长会合的哈斯德鲁巴在翁布里亚的梅陶罗河战役（公元前207年）中被两位罗马执政官率军击败并战死。汉尼拔对自己率先翻越阿尔卑斯山时遭遇的种种困难记忆犹新，而他的弟弟竟来得如此之早，出乎他意外，因此他未能提早北上。哈斯德鲁巴向他传出的消息被罗马人半路拦截。两位领兵的执政官马尔库斯·李维乌斯·萨利那托（Marcus Livius Salinator）和盖乌斯·克劳狄乌斯·尼禄（Gaius Claudius Nero）成功地在神不知鬼不觉的情况下合兵一处。尽管尼禄性情乖僻，他在这场战役中却难能可贵地主动出击，而更为难能可贵的是（对于一位罗马将军而言），他竟能与自己的执政官同僚通力合作。当哈斯德鲁巴突然发现自己同时面对两支罗马军队的挑战时，他大吃一惊，因为他本以为前方只驻有一支罗马军队。哈

斯德鲁巴试图撤退，但他被人多势众的罗马人追上了，被迫在不利的情况下接战。他的失败是罗马人的锦囊妙计和出色的战略机动性共同作用的结果。从长远角度来看，罗马人在这场战役中取得的战略成果是决定性的。从那时起，汉尼拔获援的希望便彻底破灭了。

在西班牙大获全胜之后，西庇阿回到了意大利。无论是在政治还是战略层面上，他的观点都与费边的战略构思相左。但此时，坚决果断的反击时机已经到来，西庇阿获准率军渡海进入非洲。但他出师不利，未能攻占位于迦太基西北部海岸的乌提卡。不过在海角地区过冬之后，他在位于北非内陆地区的"大平原"击败了迦太基人及其盟友努米底亚国王西法克斯（Syphax）。迦太基人陷入严重的困境，以至于汉尼拔最终从意大利被召回。尽管和平谈判正在进行，但汉尼拔的回归导致战火继续燃烧。

公元前202年的战役是汉尼拔军事生涯中最后一次壮烈演出，也是他遭遇的首次惨痛失利。人们普遍认为，这发生在扎马。但名为"扎马"的地点不止一个，也有人用其他名称来命名这场战役，或认为这场战役是在其他地点发生的。由80头迦太基战象发动的正面冲锋揭开了这场战役的序幕，一些战象被罗马人轰天震地的呐喊声和喇叭声吓破了胆，转身而逃。其余的战象在不受阻挡的情况下通过了罗马队列之间的缺口。为了达到这一目的，罗马人并未摆出惯用的由后队掩护前队间隔的五点形队列，而是将各个中队排在其他中队的正前方和正后方，形成一条条笔直的纵列。这样一来，罗马人便可以不受阻碍地将骑兵投入战场了。在西班牙时，西庇阿俘虏了年轻的努米底亚王子马西尼萨，并将他争取到了罗马人一方。马西尼萨如今是罗马人的盟友，因而西庇阿拥有了一支强大的努米底亚骑兵队，这支骑兵队与罗马骑兵一道，击溃了已因失控的战象乱作一团的汉尼拔骑兵。迦太基军队的前两排队列溃散了，他们被迫向身后的侧翼部队冲去，而后者拒绝让他们继续后撤。西庇阿没有放过敌人陷入混乱的时机，但他选择让部下休息一番，而不是加紧进攻。他将部队重新排列成一个单独的横队，将成年兵和三线

兵置于两翼，而青年兵则部署在中央，这可能是因为他担心自己会在接下来的步兵战中遭到包抄。与此同时，他焦急地等待着骑兵队的归来，后者为了追击敌人，已经与主力部队拉开了很长一段距离。当罗马人直面迦太基人的最后一道战线——被汉尼拔留作预备而至今尚未出击的意大利战争老兵——时，决定性的时刻到来了。然而，对于西庇阿来说，幸运的是，罗马和努米底亚骑兵及时赶回战场，令战争的天平倒向了他。两翼遭到包抄的迦太基军崩溃了。汉尼拔率领少数骑兵先是逃进了海滨城市哈德鲁米图姆，再从那里前往迦太基。入城后，他建议政府与罗马人议和。

军团与方阵的对决

当马其顿的腓力五世出于谨慎而与迦太基结盟时，他和罗马人发生了冲突。罗马人随后做出军事承诺，使得双方在互让的基础上和解。然而，扎马战役结束2年后，战事再起。罗马人不愿看到亚得里亚海沿岸的另一侧成为一位恶邻的天下，更何况这位邻居还经常以海盗的盟友和保护人的面目出现。介入希腊与马其顿事务的借口并不难找。自公元前273年起，罗马人与埃及的托勒密王朝始终保持着友好关系。如今托勒密王朝正为继承人问题所困扰，而贪婪的机会主义者腓力与叙利亚（塞琉古帝国的残余）的统治者安条克三世（Antiochus III）结盟，图谋夺占托勒密王朝的海外领地。倾向于中立的政权一如既往地在不情愿中被卷入继业者战争，罗德岛和珀加蒙（一个位于亚洲的文化发达且很有尊严的希腊王国，刚刚阻截了凯尔特人的入侵，对塞琉古王朝也并不放在眼里）向罗马提出了援助的请求。

最终得以处理希腊事务的罗马司令官是提图斯·昆西提乌斯·弗拉米尼乌斯（Titus Quinctius Flaminius），此人是一个狂热的亲希腊派。他在色萨利的赛诺斯克法莱战役（公元前197年）中彻底击败了腓力。"赛诺斯克法莱"（Cynoscephalae）在希腊语中是"狗头"的意思，当地山丘形如狗头，因此而得名。崎岖不平的战场地形严重制约了马

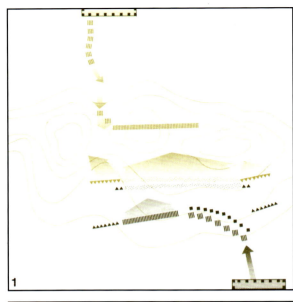

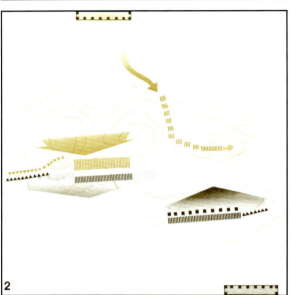

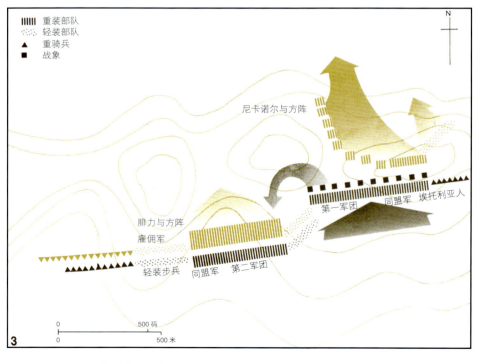

赛诺斯克法莱战役（公元前197年）

	罗马	马其顿
步兵	2个军团 8,400 同盟军 10,000（2个军团） 方阵步兵（埃托利亚同盟军）4,000 轻盾兵（埃托利亚同盟军）2,000	方阵步兵 16,000 雇佣军 1,500 轻盾兵 4,000（包括2,000名色雷斯人） 伊利里亚人（轻装步兵）2,000
骑兵	罗马人 400 同盟军 1,800 埃托利亚同盟军 400 战象 约20	马其顿人 1,000 色萨利人 1,000

双方的散兵部队在笼罩于赛诺斯克法莱山山脊上的薄雾中相遇。马其顿人一度占据上风，直到罗马援军赶来，击退腓力的部下。腓力的骑兵和雇佣军赶到，罗马人有序地撤退了。

1 两军一齐出动。腓力派遣半数方阵部队和色雷斯部队登上山岭，在山顶左侧列阵。弗拉米尼乌斯命令右翼部队坚守制高点，自己率领左翼部队（1个军团加上同盟军部队）前去支援轻装部队，击退了马其顿轻装部队，后者与罗马轻装部队一样，沿着山道撤退了。双方都重新组织了队形。腓力命令方阵步兵和轻盾兵将方阵纵深加大1倍，这样一来，他们的正面宽度就减小了一半，腓力军左翼可利用腾出来的空间，迅速列队前进。

2 腓力朝山下冲锋，击退罗马军。他的左翼依旧沿着山脊列阵。弗拉米尼乌斯命令自己的右翼部队和战象部队发动进攻。

3 排成梯次队形的马其顿军左翼被轻而易举地击退了，但罗马军左翼仍处于困境之中。一名军事保民官见状，从大部队中抽出20个中队，打击腓力方阵的背后，对毫无掩护的方阵步兵大加屠戮。马其顿人一边撤退，一边举起他们的长矛以示投降，但不解其意的罗马人将他们一一砍倒。马其顿一方有7,000人（一说8,000人）阵亡，4,000人（一说5,000人）被俘，罗马方面约有1,000人阵亡。

图例：
- IIIIII 重装部队
- ⋮⋮⋮⋮ 轻装部队
- ▲ 重骑兵
- ■ 战象

尼卡诺尔与方阵

腓力与方阵

雇佣军

轻装步兵　同盟军　第二军团

第一军团　同盟军　埃托利亚人

N

0　　　　　500 码
0　　　　　　500 米

公元前197年	公元前193年	公元前190年	公元前184年
马其顿的腓力五世在色萨利的赛诺斯克法莱被弗拉米尼乌斯率领的罗马军队击败	斯巴达僭主纳比斯被罗马人打败	罗马人在马格尼西亚打败了安条克三世（于公元前191年的温泉关战役胜利后）	西庇阿·阿非利加努斯去世

124　古典世界的战争

其顿步兵方阵的发挥，但当天清晨出现的浓雾同样对罗马人的机动战术造成了妨碍。双方的右翼都取得了胜利，但一位没有在历史上留下姓名的军事保民官的作为，使得战争的天平倒向了罗马人一方。他从胜局已定的地段抽调20个中队，奇袭了敌军方阵的后方。胜利的果实因而滚落到弗拉米尼乌斯手中，他以一位解放者的身份，在希腊大陆受到热烈欢迎。然而，随着时间的推移，他似乎已不再像以前那么宽宏大量。公元前183年，他试图将垂垂老矣的汉尼拔引渡回国，当时，汉尼拔以一名无害的流亡者的身份定居在亚洲的比提尼亚王国。汉尼拔最终服毒身亡。这一消息传开后，连一些罗马元老对弗拉米尼乌斯的做法也不以为然，他们指责他无事生非，冷酷无情。

罗马人与腓力签订了不算太过苛刻的和平协议，但战争的阴云已悄然向后者在东部的盟友安条克逼近。罗马军事扩张背后的逻辑已体现得足够清晰。为了确保国土不受威胁和贸易得以进行，罗马必须与地中海东部地区和平相处。但由于罗马无法依靠一个足够强大的政权来充当和平的调节者，遂不得不依靠自己的力量来担当起这一角色。安条克忽视了罗马人的力量，他将被放逐的汉尼拔招致麾下（这一做法或许并不明智），让他用自己的军事才华为安条克王国服务。在随之而来的战争中，安条克的舰队未能抵挡住罗马人利用抓钩和跳板战术发起的攻势（强大的迦太基海军就是这样被摧毁的）。在陆地上，他先是败北于温泉关（公元前191年），而后又在吕底亚的西皮洛斯山附近的马格尼西亚吃了败仗（公元前190年）。后一场战役是决定性的。在这场战役中，罗马军团就像在扎马时那样，得到了强悍的盟军骑兵的支援，这批骑兵是由珀加蒙国王欧迈尼斯提供的。为了将安条克的军队从防御阵地中引出来，罗马人故意暴露自己的右翼，但欧迈尼斯的军队抢先发动进攻，使得安条克重骑兵的迂回打击陷入混乱。安条克亲自统领亚洲骑兵发动冲锋，将罗马左翼部队击退，但获胜者的追击太过深入，结果导致中央的步兵阵处于无人支援的境地。排成密集队形的安条克方阵的队列中间留有一定间隔，并用

▲ 钱币上的头像是提图斯·昆西提乌斯·弗拉米尼乌斯。在击败马其顿人后，他获得了"希腊解放者"的头衔。事实上，罗马很快就取代了马其顿，成为希腊新的统治者。

战象部队来填补。当罗马人成功地令战象惊慌起来并冲垮了对方阵线时，方阵崩溃了。

马格尼西亚战役后签订的和平条约，令安条克在整个地中海地区都失去了影响力。但罗马人发动了第三次马其顿战争，打击对象是腓力五世的儿子珀尔修斯（Perseus）。最终确立罗马的地中海东部仲裁者地位的战役，是在马其顿的皮德纳打响的（公元前168年）。起伏不平的战场再度令马其顿方阵的长矛手在战斗中处于下风，罗马军团的剑手们得以对前者队列中出现的缺口加以利用。在这场战斗中，罗马人机动灵活的战术被指挥官卢修斯·埃米利乌斯·鲍卢斯（Lucius Aemilius Paullus）运用得出神入化，此人是坎尼战役中战死的执政官鲍卢斯的儿子。

公元前2世纪时笨拙的马其顿方阵与腓力二世及亚历山大大帝时代灵活而机动的方阵完全不是一回事，只有充分认识到这一点，我们才能理解罗马人为何能在东部地区的上述战役中胜出。由于马其顿人的兵器和铠甲日趋重型化，他们的方阵实际上又回到了公元前5世纪时以僵化死板著称的希腊方阵的老路上。在赛诺斯克法莱战役中，当方阵后方的士兵遭到弗拉米尼乌斯手下军事保民官的袭击时，他们甚至无法回身自卫。这种无能为力的表现，与亚历山大麾下的方阵士兵在高加米拉战役中展现出的敏捷身手形成了鲜明的对比——后者当时迅速掉转方向，将辎重部队从突入后方的波斯人手中解救了出来。

自从卡米卢斯时代罗马人开始采用以中

队为单位的作战队列时起，他们就与马其顿人走上了相反的道路，作战方式不断朝灵活风格发展。西庇阿·阿非利加努斯用自己的军事才华，为这一发展注入了强大的动力。那些在公元前2世纪与东部地区的对手作战的指挥官们完全吸收了他的战术原则。

兵器与战术

在军团与方阵的对决中，有一个问题浮现了出来——长矛与刀剑究竟哪个威力更大？长矛的攻击范围自然更大一些，但刀剑的可操作性更强，更为轻便，蕴含的使用技巧也更加丰富。

在皮德纳战役中，埃米利乌斯·鲍卢斯手下英勇无畏的意大利盟军不顾一切地扑向敌人的长矛，试图将敌军打倒，或砍断他们的矛头。但他们只是白白牺牲了自己的性命，矛头洞穿了他们的盾牌和铠甲，战局就此演变成一场可怕的屠杀。由于鲍卢斯做出的战术决策极为出色，马其顿方阵最终崩溃。鲍卢斯将自己的部队分为一个个小规模作战单位，命令他们寻找长矛阵列中的缺口并加以利用。马其顿军队列中间的缺口是由战场地形导致的，高低不平的地面使得方阵成员的步伐无法保持一致，也无法并排前进。军团士兵不断从缺口渗入，最终迫使方阵成员不得不抛弃长矛，与前者展开近战。此时马其顿人发现，他们那规格很小的刀剑和盾牌根本无法与罗马人的兵器相匹敌。

以方阵为军事支柱的马其顿王朝很清楚自己面临着什么样的威胁，这解释了他们为何一遭遇罗马军队就为是否开战而犹豫不决。当方阵静止不动时，它被认为是固若金汤的，因此罗马人会试图引诱方阵主动出击。但即便如此，他们还是不得不小心为上，以免引发一场令自己付出过高代价的战斗。

当然，罗马士兵的派勒姆是有可能在敌军队列中打开缺口的。我们可以预想得到，在通常情况下，罗马军团都是以重型标枪齐射来揭开战役的序幕。但方阵成员用沉重的铠甲来对抗这一战术。在皮德纳战役中，珀尔修斯的方阵被称为"铜盾步兵"，因为方阵成员的脖子上悬挂着一面小圆盾。在战斗

公元前183年
流亡中的汉尼拔在面临被罗马人引渡的危险时自杀身亡

公元前171年
罗马人与马其顿的珀尔修斯开战

公元前168年
珀尔修斯在皮德纳被埃米利乌斯·鲍卢斯统率的罗马军队击败

在巴勒斯坦，犹太人反对塞琉古政权的起义导致了马卡比王朝的建立

第8章　布匿战争与罗马的扩张　125

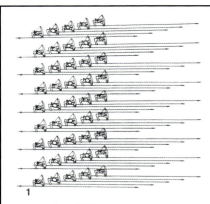

长矛对派勒姆

1 方阵排成16排纵深的编队，将长矛放平，以密集队列前进。罗马中队开始时，他们就把盾拿到身前。但乡村地区那林木繁茂、高低起伏的地形给了军团士兵对付马其顿式方阵的绝佳机会。早在与皮洛士在阿斯库伦作战时，罗马人就从中吸取了教训。在那场他们得以迅速撤退的战斗中，皮洛士的方阵队列一直保持齐整，只有在急速行进至有障碍的地段时，长矛方阵编队中才会出现现成的缺口。

公元前225年，在意大利发生的一场战役中出现了类似的刀剑与长矛的对抗。当时（两次布匿战争之间），罗马人在伊特鲁里亚的特拉蒙与入侵的高卢人交锋。这一次，罗马人用的是长矛，而高卢人则是使用刀剑的一方。事实上，罗马将军将一部分三线兵部署在前方队列中，这样他们的长矛也许可以将高卢人的剑刃弄钝。与皮德纳战役中的意大利士兵一样，高卢人试图将罗马人的矛头挡开或砍断。高卢人的剑有时是用非常柔软的铁制成的。事实上，波利比乌斯告诉我们，由于高卢人的剑过于柔软，以至于用剑者在一记重击之后，不得不用脚踏的方式将弯曲的铁剑弄直。（波利比乌斯的记载可能反映了这样一个事实：在某个时代，罗马人的长矛战术曾被视为对付高卢长剑的利器。后来，他们认为出色地应用罗马的"格雷迪乌斯"短剑才是正确的应对之道。至于凯尔特人的

则排成开放式队列，可能达12排或更多（视对手的情况而定）。在相距约35码（32米）时，他们一齐将轻型派勒姆掷出。这些派勒姆能够洞穿铠甲，或达到

铁器，某些古代文献对它们赞不绝口。当然，这些文献认为这些铁器优良的质量应归功于它们的原料产地，而非凯尔特人。）

顺便说一下，普鲁塔克向我们讲述了一个类似的故事，在他的《卡米卢斯传》里，他指出高卢铁剑在回火方面做得很差。高卢人依赖的战术似乎是将全部力量投入第一波攻势中；如果他们的剑很快就无法使用，这样是可以理解的。似乎只有某些冶铁技术尚未超越原始阶段或缺乏良好锻冶设备的部落，才会使用这种有缺陷的剑。在坎尼战役

另一种效果：当派勒姆的枪颈因与盾牌相撞而弯曲时，可增加盾牌的重量，令使用者无力举起。

2 当双方队列相互接近时，重型派

中，尽管汉尼拔麾下的西班牙人在作战时用的是短刺剑，但高卢人还是宁愿使用他们常用的劈斩型钝头剑。然而，相关记载中却没有关于他们使用软铁剑的记录。而高卢人在当下取胜无望时，非但没有陷入绝望，反而不顾罗马人的压力，顽强地边战边退，直到汉尼拔在时机成熟之际，将事先制订好的战术计划付诸实施。无论如何，我们都清楚，像汉尼拔这样精明强干的将才，是不会允许自己的部下使用软铁兵器的。（事实上，汉尼拔曾将缴获的大量罗马兵器发给士兵，但

勒姆也被掷出，青年兵拔出剑，排成密集队列。派勒姆的打击将造成伤害，毙命者的尸体会成为即将逼近的方阵的绊脚石，方阵士兵的盾牌也将因嵌入派勒

▶ 马萨达。罗马人设于此处的军营的建成年代可追溯到犹太人起义的公元66年。从这些军营中提取的信息显示，罗马人攻打此地时所用的攻城手段，与西庇阿和其他罗马将领于公元前2世纪在努曼提亚使用的攻城手段类似。公元前133年，这些罗马将军了8个月时间来攻占这座西班牙城镇。

公元前150年
罗马挑起与迦太基之间的又一场战争（第三次布匿战争）

约公元前147年
在西班牙，维利亚图斯将卢西塔尼亚人集结起来，反抗罗马的统治

公元前146年
起义反对罗马统治希腊的科林斯城遭穆米乌斯洗劫

罗马人攻陷迦太基，并将其夷为平地

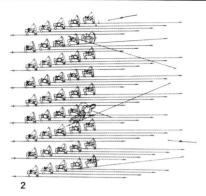
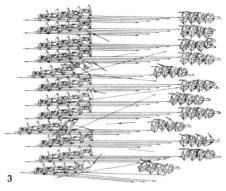

2

姆而变得难以举起。

3 倘若方阵继续前进，双方将在狂奔中汇聚到一起，军团士兵的斯格特姆盾将遭到长矛的撞击。战斗变成了一场

推挤竞赛，一般情况下，局势将逐渐有利于队列纵深更为厚实的一方。然而，无论方阵队列的哪个部分出现伤亡或自然障碍造成的缺口，与之相对的罗马士

兵都会试图贴上去。另一种战术是从侧翼包抄行动笨拙的方阵。无论在何种情况下，一旦老练的罗马剑手同方阵士兵交上了手，那么胜利一般都会属于罗马

人。因为方阵士兵既未受过剑术训练，其装备的盾牌也比罗马人的要小。

其中并无适合高卢人使用的劈斩型剑。）

波利比乌斯为我们留下了一段关于高卢人于公元前225年入侵的画面生动的历史记录。尽管高卢人的后队成员穿着斗篷和裤子，但前队的彪形大汉们依然遵循着他们由来已久的蛮干作风，除了金制的项圈和臂环，他们未着寸缕就踏上了战场。他们看起来十分可怕，但黄金战利品的诱惑还是驱使着罗马人将致命的长矛刺向这些赤裸的大汉。这些鲁莽的战士们携带的盾牌并不大，不足以保护他们的身体。他们的体形越高大，暴露在罗马派勒姆打击下的身体部位就越多。通常情况下，罗马军团的士兵携有2支派勒姆，其中一支比另一支更为细长，可能是为了便于握在持盾的那只手里。带有倒钩的长长的枪头被铆钉牢牢地固定在枪柄上，以至于它有可能断裂，但不可能脱离木柄。然而，后世的观点认为，枪头固定得如此之牢既有好处也有弊端。因为一个投射物在被掷出之后，如果并未损坏，就有可能被敌人重新加以利用。后来，意在消除这一隐患的技术工艺得到了应用。

城市的劫掠者

如果人们变得过于依赖某些优势，那么优势也就不再是优势了。罗马人对海外势力和财富的依赖，导致他们忽视了旧式的自给自足的意大利经济。罗马人发动海外战争是为了掠取资源，并非意在维护和平。公元前2世纪末战争的典型结局，就是一座座城市

惨遭无情的劫掠，而非决定性战役之后的和平谈判。当亚该亚同盟及其科林斯盟友反抗罗马人的希腊殖民政策时，科林斯人以粗暴无礼的方式对待由罗马元老组成的使团。随之而来的战争持续的时间并不长，战争结束后，科林斯被罗马执政官卢修斯·穆米乌斯（Lucius Mummius）夷为平地，居民们沦为奴隶。穆米乌斯很难称得上是一位亲希腊派，因为在希腊的艺术财富面前，他的表现更像一名狂热的收集者而非鉴赏者。

迦太基于同一年（公元前146年）化为一片废墟，为第三次（也是最后一次）布匿战争画上了一个更具暴力色彩的句号。迦太基人召回了遭放逐的将才哈斯德鲁巴（另一位哈斯德鲁巴），后者带领他们建起了固若金汤的防线。面对高45英尺（13.7米）的城墙，罗马人的进展十分缓慢。围攻该城的罗马军队一度陷入极为危险的境地，只是靠着西庇阿·埃米利阿努斯（Scipio Aemilianus，皮德纳战役的胜利者埃米利乌斯·鲍卢斯之子，击败汉尼拔的西庇阿·阿非利加努斯的养孙）出色的才干和智谋，他们才得以幸免于难。当迦太基人成功地突破了罗马人的海上封锁线时，西庇阿建起了一道横跨迦太基出海口的防波堤，从而切断了他们与外界的联系。迦太基人凿出一条从内港（海军军港）港池直通海岸的水渠，将一整支舰队送进了大海，但罗马人在海战中击败了他们。迦太基城墙最终被攻破了。哈斯德鲁巴举手投降，罗马人饶了他一命，为的是在西庇阿以一名胜利者的身份回到罗马时，将他作为

凯旋仪式上的装饰，但他的妻子和孩子们宁愿在火焰中化为灰烬（此时迦太基的卫城和神庙已为熊熊烈火所笼罩）。

另一场骇人的攻城战发生在公元前133年的努曼提亚。对于罗马人而言，攻陷努曼提亚意味着他们在这场十分野蛮且往往被认为极为可耻的战争中达到了成功的顶峰。（在迦太基被消灭后，罗马人打算将自己的统治强加给西班牙半岛的土著居民，因而发动了这场战争。）与迦太基围攻战一样，围攻努曼提亚的战役也是由西庇阿·埃米利阿努斯指挥的。

从某种程度上说，西庇阿是攻城战的专家。阿庇安说，他是第一位用围墙战术来对付意欲在开阔战场上开战的敌人的将领。或许有人会认为，这样的敌人是不可能被围困住的，但西庇阿制订的方案十分周密。

努曼提亚被7座要塞、一道壕堑和一道木栅团团包围。这些工事的周长是被围攻城市周长的2倍。一旦守军有打算突围的迹象，受到威胁的罗马防区便会发出信号，白天举红旗为号，晚上升火为号，援军便会紧急赶往危险地段。其后，罗马人在第一道壕堑的后方开凿了第二道壕堑，也围上了木栅，木栅后面建有一座8英尺（2.4米）高，10英尺（3米）宽（不包括胸墙）的城墙。一座座间距为100英尺（30.5米）的塔楼倚墙而立。在那些无法修建城墙的地段，罗马人绕着邻近的沼泽地建起了一排与城墙一样高但更厚一些的土木工事。

努曼提亚坐落在杜流斯河（今杜罗河）

河畔，这使得守军能够利用小划子、泅水者和潜水者来获取补给。因此，西庇阿在河流另一侧修建了一座塔楼，将大量浮木固定在这一河段内。这些浮木内嵌着刀子和矛头，在河水的推动下不断摆动。它们相当于一座拦河坝，有效地切断了这座城市利用河流获得外界补给的一切希望。

弩炮及各种各样的攻城器械被运上了西庇阿的塔楼，投射型兵器在胸墙边堆积起来，要塞中布满了弓箭手和掷石兵。在城墙的边缘，传令兵随处可见，这样无论昼夜，指挥部都能迅速掌握一切敌情。每座塔楼都配备了紧急信号装置，都做好了在必要时向另一座塔楼提供即时援助的准备。

如此围攻了8个月，努曼提亚陷入了饥荒之中。居民以人肉为食，最后，4,000名幸存者（当时他们只不过是一具具裹在褴褛衣衫中的肮脏骷髅罢了）无条件投降。

罗马军营

在努曼提亚的发掘令邻近地区的13座罗马军营重见天日。其中7座已确认是西庇阿留下的，其余的则属于他的前任们，他们在西班牙的表现并不是那么成功。舒尔滕（Schulten）在努曼提亚的发掘证实，波利比乌斯对罗马军营的描写大体上是正确的。但我们仍可以确认，在军营内部的布置和规格方面，文献与现实之间存在着某些显著差异。

罗马军营往往被设计成方形，可容纳由一名执政官统御的2个军团，及同等规模的意大利盟军部队。一条宽100英尺（30.5米）的主道（via principalis）将司令官、财政官（其职责包括发放军饷和口粮、分配战利品及将战俘卖给奴隶贩子）、幕僚和直属部队居住的指挥部与军团士兵及附属骑兵的营区隔开。大道两侧都通向营地的大门。指挥部的面积占军营总面积的三分之一，其余的三分之二被另一条宽50英尺（15.2米）的与主道平行的道路（via quintana）一分为二。"quintana"一词意味着，这条道路毗邻第五中队及其附属骑兵队的帐篷。第三条道路从最远的营墙大门一直延伸到将军所在的指挥部，从前两条道路中间横穿而过，与这两条

▲ 这枚钱币是为了庆祝罗马战胜马其顿而铸造的。公元前168年，埃米利乌斯·鲍卢斯在皮德纳战役中获胜，从而终结了马其顿王朝。

路形成几个直角。指挥部的另一侧与一条从较近的营墙大门延伸而出的短道相连。

军营壁垒与营内的帐篷区之间留有宽200英尺（61米）的空地。这一设计使敌人的投射火力（尤其是火焰标枪）无法伤及营帐。在特殊情况下，军营可以为额外的部队提供容身之所，营内也留有储存战利品的空间。在梅陶罗河战役之前，克劳狄乌斯·尼禄成功地将自己的军团偷偷运进了他的同僚李维乌斯的军营内，而敌人对此毫无觉察。哈斯德鲁巴直到听见集合号在这座军营里一连响起两次时，才明白他现在面对的不是一位而是两位执政官的部队。

一支罗马军队不会在完成设防营地的修建之前宿夜。军营的边界由一道壕堑构成，通常情况下，这道壕堑深约3英尺（0.91米），宽4英尺（1.22米）。掘出的泥土被堆积在壕堑内侧，用于构筑壁垒，壁垒的顶端装有一道由削尖的木桩构成的胸墙。为了修建这样一座军营，每一名士兵在外出作战时都必须携带一把铲子，以及其他工具和用于插入壁垒顶端的尖头木桩。

在战时，罗马军队会在一处经过挑选的场所安营过冬。在这种情况下，军营会被修筑得更为坚固。皮革制成的帐篷会被用稻草覆盖的临时军舍取代。每座帐篷或军舍内住有8个人，他们同伙吃饭。根据波利比乌斯的记载，这些军舍和帐篷被排成一条条长列，各列之间留有过道。但在努曼提亚出土的考古证据表明，各个中队的帐篷均环绕在一座广场的四周。

▲ 图拉真纪念柱上的浮雕。展现了罗马士兵正在建造一座用草皮覆盖，并以圆木搭建的军营的场景。尽管创作时间较晚，这幅浮雕作品仍可作为那些描述军营修建过程的文章（例如我们在罗马共和国时代作家的作品中读到的段落）的图像证据。

朱古达战争

非洲的境况与西班牙一模一样，罗马对迦太基的势力和影响的继承并非没有受到挑战。扎马战役之后，西庇阿的努米底亚朋友马西尼萨俘虏了迦太基的盟友努米底亚国王西法克斯。美丽的迦太基籍王后索芬妮斯巴（Sophonisba）也一并落入其手。马西尼萨对

公元前133年
在西班牙，罗马攻占努曼提亚
在罗马发生的政治暴动导致
提比留斯·格拉古丧命

公元前124年
提比留斯的弟弟盖乌斯·格拉古成为保民官

公元前121年
盖乌斯·格拉古在群体暴动中死于非命

128　古典世界的战争

非洲战争则突显了他们同时还在腐化堕落的事实。最终负责指挥对朱古达战争的盖乌斯·马略（Gaius Marius），是一名出身于非世袭阶层的"新人"。拥有全新军事观念的他，在很多方面都是对贵族所声称的优越和特权的活生生的反驳。然而，他在北非的胜利只是局部性的，最终结束战争的是他的财政官卢修斯·科尼利厄斯·苏拉（Lucius Cornelius Sulla）。尽管财政官干的是军需官和司务长的活，却也可以奉命承担起军事长官的职责，代替所在部队的司令官行使指挥权。就这样，罗马军队在苏拉的代行指挥下俘虏了朱古达。苏拉的成就或许是因朱古达的盟友毛里塔尼亚国王博库斯（Bocchus）的背叛而促成的。当苏拉与博库斯谈判时，他就面临着遭到出卖的危险，但博库斯恰恰做出了一个很有意思的抉择，他将朱古达出卖给了苏拉，而不是将苏拉出卖给朱古达。

朱古达其后死于罗马监狱，此前他被安排参加了马略的凯旋仪式（公元前104年），但那位野心勃勃的财政官毫不犹豫地将终结战争的功劳据为己有。与马略不同，苏拉出身于一个古老的贵族家族，但并不是什么显贵之家。或许有人会预见到，这种因同僚之间的猜忌而引发的敌意，将导致一场政治战争的爆发。但很少有人能猜到，这场战争会激烈到这样一种程度，不仅令政坛地动山摇，连罗马都将因此而分裂。

那些对罗马的政治及道德体系心怀敬意的人，可能会对朱古达是因人出卖而不是被罗马击败才落入罗马人之手的事实感到遗憾。类似的例子还有英勇无畏的卢西塔尼亚酋长维利亚图斯（Viriathus），他曾多次击败了在西班牙的罗马军队，直到罗马人唆使他信赖的伙伴，趁他睡觉时割断了这位英雄的喉咙。在上一个世纪，罗马式的名誉观曾赢得皮洛士的敬重，后者至少是一个有着骑士精神的人。然而，到了公元前2世纪末，罗马不得不与蛮族频频开战。这些蛮族不仅将庄严的信誉视为沉重的枷锁（那些文明世界的政客往往也这么认为），而且常常随心所欲地许下根本无意兑现的诺言。在更为广阔也更为邪恶的世界里，罗马人以嘲弄的姿态，用各种背信弃义的方式来对付自己的敌人。

她一见钟情。但西庇阿害怕她的影响力，坚持认为索芬妮斯巴应与其他战俘一道被带往罗马。马西尼萨无法摒弃自己与西庇阿之间的友谊，只好万分内疚地给索芬妮斯巴送去一杯毒药，好让她免受牢狱之苦。索芬妮斯巴二话不说就将毒药一饮而尽。

然而，即便是在罗马人借助马西尼萨之手，对已无还手之力的迦太基实施报复性政策时，他们也为马西尼萨那不断增长的实力而感到震惊。因此，马西尼萨去世后，在罗马的策划下，他的王国被分给了他的3个嫡子，以此消除统一的努米底亚带来的潜在威胁。然而不幸的是，马西尼萨的孙子朱古达（Jugurtha）在其统治期间再一次实现了努米

底亚的统一。当罗马派了一支军队去对付朱古达时，后者要么贿赂了这支部队的指挥官，要么利用了自己的罗马朋友的影响力，从而获得宽大处理，得以平平安安地前往罗马，为自己的行为辩解。在罗马，他不屑一顾地利用贿赂手段解决了所有问题。又一支罗马军队被派去对付他，但被他击败。后继的罗马将领们的表现要好一些，但无法终结战争。

令人感到悲哀的是，在罗马的伟大统治之下，周边地区可谓海不扬波，但其中心地带却陷入崩溃之中——在意大利是如此，在罗马也是如此。西班牙战争表明，统治罗马的少数军事阶层已无法再胜任其职，而

第 9 章　马略与苏拉

罗马统治着地中海东部，其军队经过马略的改革后变得更加强大，击退了进犯的蛮族。然而，罗马也饱受内乱的困扰。马略与苏拉之争体现了这样一个事实，即战功赫赫的将领手中掌握着巨大的政治权力。

原始资料来源

苏拉著有回忆录，这些回忆资料尽管带有个人偏见，但作为出自那个时代最为重要的一场冲突的主角之手的第一手记录，若能够留存下来的话，本可成为无价的历史资料。事实上，萨卢斯特与普鲁塔克的作品将苏拉的证言以二手资料的形式呈现在我们面前。萨卢斯特的《朱古达战争》(*Jugurthine War*)给人以前后矛盾的感觉。他笔下的英雄是盖乌斯·马略，他的政治倾向使他站到了平民派一边。普鲁塔克对苏拉同时代人的记载以及撰写苏拉传时自然充分利用了苏拉的回忆录。

不幸的是，萨卢斯特仅有另一部关于喀提林阴谋（这一发生于公元前63年的阴谋震惊了整个罗马，并引发了全面的内战）的专著得以留存至今。萨卢斯特另著有一部《历史》(*Histories*)，描述的是公元前78年至前67年间的历史，但这部作品已经散佚，仅有零星残篇在后世作家的作品中得以保留，其中部分残篇具有重要价值。

西塞罗(Cicero)的演讲作品提供了另一些关于公元前1世纪前期和中期的历史证据，我们从中获得了一名当时激烈政治冲突的参与者的证言。西塞罗是在苏拉死后崛起的，但他早年亲身经历过本章所关注的事件，他的辩论式演讲和政治演说中都间接提到了这一点。当然，我们不能指望西塞罗是一位公正客观的历史学家，但由于他提及当代和近当代事件时，代表的是一名温和派人士的看法，因而理应受到重视。

我们对那个时代的认知源于后世作家的作品，许多作家将李维已散佚的作品以概要形式保留了下来。这些人中包括维莱乌斯·帕特尔库鲁斯(Velleius Paterculus)，此人是1世纪初的帝国军队中的一名军官。他

的作品概述了直至公元30年的罗马历史。与其同一时期的作家瓦莱里乌斯·马克西穆斯(Valerius Maximus)撰写的修辞学教材，基本上是一部具有重大历史意义的演讲和战役的合集。在2世纪初的皇帝哈德良统治时期，卢修斯·安奈乌斯·弗洛鲁斯(Lucius Annaeus Florus)的历史作品概述了罗马直至帝国时代所经历的一切战争。其他历史概要的编撰者还有4世纪的欧特洛皮乌斯(Eutropius)和5世纪的基督教作家奥罗修斯(Orosius)。这些编年史作者均用拉丁文写作，他们的作品在利用各种来源的史料的同时，也在很大程度上保留了李维那已散佚的作品中所用材料的原貌。

阿庇安是一名来自亚历山大港的希腊人，活跃于2世纪早期。他后来迁居罗马，并在那里担任高官。他的罗马史主要按照地理和民族因素来谋篇布局。然而，《内战史》

▼ 这幅地图展示了离开故土日德兰半岛的日耳曼部落的迁徙路线，及他们与罗马军队之间的一系列激战。

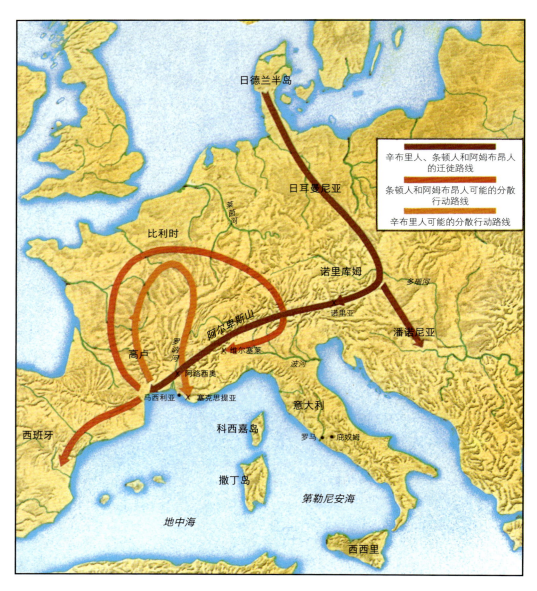

辛布里人、条顿人和阿姆布昂人的迁徙路线

条顿人和阿姆布昂人可能的分散行动路线

辛布里人可能的分散行动路线

公元前105年
辛布里人和条顿人在阿路西奥全歼罗马军队

公元前104年
马略第二次当选执政官（缺席当选）

马略担负起高卢战事的指挥职责，开始训练军队

130　古典世界的战争

（Civil Wars）构成了独特的五卷本，其中第一卷的后半部分与本章最为相关。可供阿庇安利用的材料有很多。值得注意的是，他使用的材料中包括萨卢斯特的作品，并且他同样利用了苏拉的回忆录。

迪奥·卡西乌斯（即卡西乌斯·迪奥·科切亚努斯）的某些早期作品和狄奥多鲁斯·西库鲁斯的一些晚期作品也涉及本章所关注的那个时代，但不幸的是，这些作品仅有残篇存世。

政治与社会背景

从某种意义上说，公元前1世纪的罗马内战迟到了200年。在半传说半史实的时代，享有特权的贵族阶层与大多数不享有特权的平民阶层之间的斗争，是围绕着平民要求拥有担任高级公职的资格而展开的。在最终赢得这些资格的同时，平民们还获得了使他们在理论上能够与贵族一道成为共和国统治者的其他方面的权利。因而，平民从此拥有了他们自己的官员——保民官（即"平民护民官"，切勿与军事保民官混淆；到公元前5世纪，保民官共有10人），并拥有了召开属于他们自己的具有法律效力的公民大会，并在大会上通过对整个国家具有约束力的决议的权利。保民官也有权否决罗马高级官员提出的任何意见。事实上，值得注意的是，他最终拥有了否决他的保民官同僚的意见的权力。

与之相反，元老院一直是一个顾问性质的机构，它做出的决议并不等于法律。但它可以向执政官与其他在正常情况下一年一任的高级官员提供建议。在共和国时代初期，元老院的成员人选基本上由执政官来决定，其中依然包括那些曾担任过执政官的人。元老的智慧和议政经验提供了一种连续性，因而元老院中的前任执政官们所起的作用是不可替代的。一年一度的选举制度意在预防出现潜在的独裁者，但倘若罗马人民不愿采纳元老院的指导意见和那些贵胄家族（元老院的核心成员均来自这些家族）的主导地位，这样的预防措施就只能导致对外政策的混乱和战争的失败。

事实上，罗马人是乐于接受元老院和贵

▲ 矗立在其家乡喀罗尼亚的普鲁塔克半身塑像。他对苏拉在当地胜绩的记载，在一定程度上取材于当地的传说。

族们的指导意见的——但在法律层面上，他们完全没有服从的义务。这意味着，共和国的前期几乎可谓是贵族政治的完美形态，就像雅典成功地在公元前5世纪将自己包装成民主政治的榜样那样。但随着这个地中海强权的迅速崛起，罗马的统治阶层面临着各种各样的问题和诱惑。这些诱惑对他们来说实在太大了，其结果就是，公众不再像以前那样相信他们都是睿智而正直的人了。

在公元前5世纪至公元前3世纪早期用于阶级斗争的宪法武器，最终在公元前2世纪成了高尚的贵族改革家提比留斯·格拉古（Tiberius Gracchus）手中的兵器。但这件兵器是一把双刃剑。正如我们之前注意到的那样，保民官既可以否决其同僚的决议，也可以否决高级官员的决议，对于寡头统治集团而言，要找到一位可以维护他们利益的保民官并不是一件困难的事。怒火被激起，提比留斯·格拉古在内乱中遭到谋杀。

格拉古捍卫的主要是无业农民的利益，这些人因罗马近年来开始进口廉价的海外谷物而破产。提比留斯的弟弟盖乌斯·格拉古（Gaius Gracchus）继续进行斗争。由于保民官的权力有限，盖乌斯找到了对付贵族的新手段。他鼓励富有但无权无势的骑士阶层起来反对排外的门阀贵族对元老职位的垄

断。骑士们来自古老的塞维安骑兵阶层，这一军事阶层主要以个人财产作为成员准入条件。但如今用于作战的骑兵则由盟国提供，努曼提亚战役是罗马骑士阶层最后一次以骑兵身份为国效力的例子。因而，他们仍只享有经济及社会方面的地位而已。由于盖乌斯·格拉古制定的法律，现今的法庭陪审团中方才出现骑士们的身影。行省总督通常由元老阶层成员担任，他们在卸任时，经常被前属民以"横征暴敛"的罪名告上法庭。但事实上，这类诉讼的陪审员均由元老阶层成员担任，其结果必然是被告得以无罪开释。如今这些人被交由骑士们来审判，无论过程公正与否，他们无疑都会被宣判有罪——除非陪审团受贿。但元老派在煽动人心方面比盖乌斯更胜一筹。罗马的内部政治环境变得越来越凶险。盖乌斯遭到陷害，名誉扫地，最终一群追捕他的暴民发现了他的尸体。可能是一名忠心耿耿的奴隶遵从他的命令杀死了他。

马略的军事成就

当马略第一次在北非服役时，贵族再次控制了罗马政局，虽然这种控制只是摇摇欲坠。至少，他们能控制对外战争了，虽然处置得一团糟。当身为骑士阶层成员的马略宣布自己有意竞选执政官时，他遭到了出身贵族的指挥官的侮辱。然而，能力、精力、财产、与显赫之家的交情以及策划阴谋的天赋，马略一样都不缺。公元前107年，他当选执政官，取代了那位曾对他无礼的将领。然而，如果不是马略在实践（朱古达战争和对蛮族的战争）中证明了自己是个实实在在的军事天才，单靠阴谋手段，他是无论如何都无法攀升到那个注定归他所有的傲视众生的位置的。

对土地怀着无限渴求的日耳曼辛布里部落与其他部落（其中包括条顿人，这一事件主要就是以他们的名字来命名的）一道，带着自己的全部家眷和可带走的财产，离开了生养他们的日德兰半岛而向南迁徙。罗马人警觉起来，一支由执政官统领的军队在阿尔卑斯山东北部的凯尔特-伊利里亚人定居区

公元前103年
马略第三次当选执政官
不安分的保民官撒图尔尼努斯成为马略在罗马的政治代言人

公元前102年
马略第四次当选执政官
马略在塞克思提亚击败条顿人

第9章　马略与苏拉　131

塞克思提亚战役（公元前102年）

统帅：一方为罗马指挥官盖乌斯·马略，另一方为迁徙中的蛮族游牧部落（条顿人和阿姆布昂人）。

兵力：罗马军团及意大利同盟军：约32,000人。

蛮族：约10万人，其中包括妇女和儿童。

1 马略尾随从西班牙东进至意大利的蛮族部落。

2 他在塞克思提亚遭遇其前锋部队（阿姆布昂人）。

3 阿姆布昂人与罗马取水部队的冲突导致全面战役提前爆发。

4 在河边的战斗中阿姆布昂人被击溃。

5 罗马人留在军营（尚未筑起防御工事）内，希望敌人发动夜袭。

6 阿姆布昂残部并未行动，而是等待着条顿人（主力部队）的到来。

7 白天，蛮族准备发动新的攻势。马略在山林中布下伏兵（3,000人）。

8 条顿人向山上发动进攻，但遭到挫败，混乱地退走。

9 伏兵于时机成熟之际从后方袭击条顿人，将其击溃。

10 蛮族混乱地逃走。

▲ 一具罗马石棺上描绘的战斗场面。同军团士兵交战的日耳曼部民，可能与马略的对手条顿及辛布里战士极为相像。

诺里库姆与这批迁徙者相遇。在随之而来的战役中，罗马人一败涂地。辛布里人及其盟友无疑发现，阿尔卑斯山是一道比罗讷河更为可怕的屏障，因而幸运地绕开了进军意大利的艰辛之路，向西进入当时处于罗马治下的高卢地区（今法国南部）。几支罗马军队试图消灭蛮族构成的威胁，但他们连遭败绩。罗马人的耻辱在公元前105年的阿路西奥（今奥林奇）战役中达到了顶峰，这次惨败在罗马造成了极大的震动。

我们可以将针对迁徙部落的战役视为一种攻击行为。日耳曼部落是为了保护随同自己迁徙的亲人而战，而罗马人却固执地拒绝与野蛮人谈判，或向蛮族移民出让任何权利，尽管这并非不明智。然而在阿路西奥战役后，通往意大利的大门已向日耳曼入侵者敞开，此时罗马无疑处于守势。罗马进入紧急状态，在这种情况下，刚从朱古达战场上凯旋的马略第二次当选执政官（公元前105年），并得以连任。按照法律，他本应在首次任期结束10年后方可再次当选。之前的宪法规定，执政官人选应由元老院提名。但作为共和国立法

机构的公民大会按照自己的意愿做出了选择。总而言之，在宪法细节与军事层面的权宜之计发生冲突时，罗马人很少拘泥于成规。

马略用巨大的荣耀证明，自己完全当得起罗马人的信任。幸运的是，日耳曼人并未立即试图入侵意大利，而是以西班牙为目标向西移动。这给了马略整军备战的时间。他的成功或许在很大程度上要归功于良好的军纪和出色的管理。在着手对付敌人之前，马略第三次被任命为执政官。他甚至抽空派自己的部下在罗讷河河口处开掘一条新的河道，从而进一步改善了部队的后勤状况。

后来，条顿人和阿姆布昂人（另一个日耳曼同盟部落）与辛布里人及提古林尼人（一个加入迁徙队伍的凯尔特民族）分道扬镳。当前者与马略在罗讷河迎头相遇时，后者翻过阿尔卑斯山，向意大利迂回行进。马略将部下禁足于军营内，让他们观察将其团团围困的蛮族，熟悉敌人的形貌。马略的想法是，一旦罗马士兵对日耳曼人不再陌生，那他们就会对这些人产生轻蔑之心。当条顿人绕过他的军营向意大利进发时，马略率军出营，在塞克思提亚（今普罗旺斯艾克斯）追上了敌人。在那里，他在占据地利的情况下与敌人开战，利用埋伏于山上的一支骑兵

彻底击溃了条顿人。他们的盟友阿姆布昂人已于两天前在一处水源地爆发的战斗中惨遭杀戮，一大批人死于非命。

马略的执政官同僚在意大利北部的日子则过得一点也不舒心。面对辛布里人的进犯，他被迫撤退到波河河谷，任由他们占据大片领土。公元前101年，马略的军团被派去支援该处，此时马略已第五次当选执政官。战役在维尔塞莱（可能位于今罗维戈附近）打响。蛮族的战术并非全无章法，因而取得了一些战果。他们的装备也并不差。日耳曼骑兵戴着头盔，顶端装有高耸的羽饰，形状怪异，看起来像是野兽的头颅。他们穿着铁制的胸甲，携带着闪闪发亮的白色盾牌。每人装备2支标枪和用于近距离作战的重剑。夏日的酷暑或许对罗马人有利，因为他们对这种地中海气候早已习以为常。战局因一场猛烈沙尘暴的到来而变得混乱。罗马人最终获胜，这或许应归功于他们那严格的训练和良好的纪律。在为普鲁塔克所使用的回忆录中，苏拉宣称：马略的战术安排的侧重点在于，以牺牲他的执政官同僚为代价，来为自己赢取战功。苏拉本人也是这场战斗的亲历者，但人人都认为他的证言带有偏见。无论如何，日耳曼部落被彻底打垮了，

公元前101年

马略第五次当选执政官　马略在维尔塞莱击败辛布里人

保民官格劳西亚与撒图尔尼努斯合作

公元前100年

马略第六次当选执政官　马略之前的长官梅特卢斯·努米蒂库斯遭放逐

132　古典世界的战争

罗马人躲过了一场可能对他们的政权造成致命影响的灾难。与3个世纪前在阿里亚打败罗马人的高卢入侵者不同的是，辛布里人的目标是土地，而不是黄金。北方蛮族的最可怕之处在于他们为数众多，据估计达30万人。一些古代历史学家认为，这一数字是被低估的。在维尔塞莱战役中，罗马军队的总数则为50,000人多一点。然而，从日德兰半岛南迁的蛮族的规模如此庞大，若无人领导的话是不可能办到的，更不用说还能在之后的日子里击败罗马人。但令人惊讶的是，日耳曼各个部落的领袖完全不像高卢酋长布雷努斯（Brennus）那样声名远扬。（辛布里国王皮奥瑞克斯在维尔塞莱战役之前曾与马略谈判，但他似乎不是什么显眼的人物。）

募　兵

关于对辛布里人及条顿人的战争的记录寥若晨星。在这几场战役中，马略以一名战略家、战术家、治军严明而勇敢无畏的领袖的形象出现在历史舞台上。然而，他最终成功的秘诀很可能在于他优秀的管理能力，并进行了明智的军事改革。

我们需要考虑的问题只有一个，即他的募兵手段。从宪法上说，马略的做法是离经叛道的，使得元老院对他越来越忌恨。但从社会学和战略学角度来看，他使用的手段正是罗马所需要的。自塞维安改革时代起，最贫困的"底层阶级"（proletarii）就丧失了成为兵团成员的资格，只有在全国进入极为紧急的状态时才例外。事实上，"proletarii"这一名称就意味着，这些人对社会的贡献仅限于增添人丁（proles）而已，而不是纳税或服役。普鲁塔克认为，只有有产阶级才负有当兵的义务，因为他们拥有的财产是某种令他们能够忠于职守的保证。无论如何，在有产阶级的价值观里，保家卫国与保卫自身利益之间的关系无疑更为紧密一些。

当马略第一次被"人民"委任为执政官时，罗马公民正经历着一次"无产化"的过程。在低廉的海外谷物的冲击下，农民们被迫将土地卖给富有的外居地主，大批沦为奴隶的战俘为这些地主提供了廉价的劳动力，

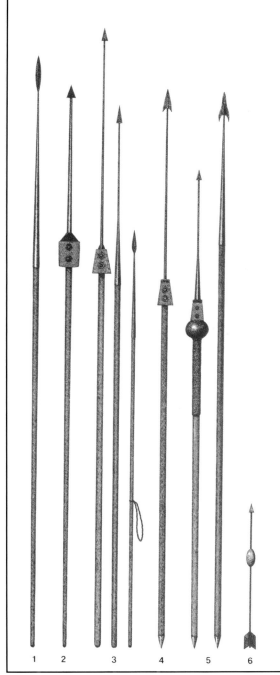

1　2　3　4　5　6

派勒姆的进化

派勒姆是一种重型标枪，可能是伊特鲁里亚人的发明，因为最早发现的标枪实物就来自公元前5世纪的伊特鲁里亚坟墓（图1）。

这种武器是由一枚细长的尖锐枪头和木柄构成的。枪头和木柄或是通过枪头末端的插槽，或是通过插入木柄的柄脚与木柄固定在一起（图2，公元前4世纪的实物）。派勒姆在凯尔特人入侵时期变得声名远扬。它的重量使其具备极强的穿透力，长长的枪柄由金属制成，因而不会被砍断。恺撒曾提到派勒姆与凯尔特人的盾牌连在一起的事，这意味着它刺穿了厚0.5～1英寸（13～25毫米）的橡木层与皮革层。派勒姆一旦成为盾牌上的累赘，这面盾牌便无法使用。恺撒记载了凯尔特人将这种碍手碍脚的盾牌丢掉，宁愿在无盾牌保护的情况下作战的事。此外，它那细长的金属柄会因撞击而弯曲或与盾牌连接在一起，这样敌人就无法将它掷回去了。图3是罗马人于公元前3世纪使用的派勒姆。他们对这种派勒姆的依赖与日俱增，它先是成为青年兵的装备，而后又相伴于成年兵身畔，到了马略时代则成为整个军团的装备。每个军团士兵携带2支派勒姆，其中一支较为细长而轻便。轻装士兵装备的标枪规格较小，被称为"verutum"，上面通常连着一根投索，长度约为4英尺（1.2米）。重型派勒姆的长度则超过7英尺（2.1米）。随着时间的推移，重型派勒姆的规格变得越来越小，而轻型派勒姆则日益巨型化，到1世纪时，这两种标枪已别无二致（图4）。到了公元100年，派勒姆变得越来越短，上面多了一个青铜砝码，以保证其破甲能力不会变弱（图5）。图中还展示了一种凯尔特式标枪，被称为"gaesum"，为凯尔特人出身的罗马辅军士兵所用。人们在哈德良长城附近发现了这种标枪的残骸。当然，凯尔特人很快就应用了派勒姆。到了3世纪末，罗马的大敌主要为游牧民族，因而派勒姆更适于阻击骑兵冲锋的长矛取代。维盖提乌斯还提到过一种名为"派勒姆巴塔"的兵器，显然是一种用铅加重的投掷型标枪，其射程超过其他任何一种人力投掷武器（图6）。

成为他们经营地产的助力。与此同时，小农们纷纷迁往城市，在那里，他们至少能享受到低价谷物的补贴——这类补贴往往被用于换取小农们的选票。

为满足朱古达战争的需要，元老院曾下令额外征召兵员。马略认为仅仅这样还不够，况且他也一直打算向元老院叫板。于是，他不仅将志愿者和服役期满的老兵（这批人是可以自由招募的）征召入伍，还向那些志愿当兵的"底层阶级"敞开了大门。由于作为入伍条件的财产资格愈发难以满足，

之前的征兵范围变得日益狭窄。与之形成鲜明对比的是，如今马略靠着自己的努力，不仅组建了一支强大的军队，同时也为缓解失业问题提供了一条解决之道。

只要公民大会和保民官支持马略，元老院就无法阻挠他的募兵计划。然而，马略的募兵法同样存在着不祥的一面。罗马军队如今虽然完全实现了职业化，但士兵们效忠于那些征募和雇佣他们的将领。这种忠诚纽带因存在于"保护人"与"被保护人"之间的半神圣关系（这种关系有时需要法律定义）

撒图尔尼努斯和格劳西亚发动叛乱。他们被逮捕，但被一名暴民杀死

尤里乌斯·恺撒约于该年出生

公元前99年（或公元前94年）
哲学家、诗人卢克莱修出生

公元前98年
马略在亚洲旅行

第9章　马略与苏拉　133

马略的军团

　　随着帝国的扩张，罗马军队的职业化变得越来越迫切，马略的改革不过是将这一日益明显的趋势加以正式化而已。每一名军团成员的装备都与彩图中这名士兵几乎一模一样。第109页展示过的头盔（特别是蒙泰福尔迪诺式头盔）很流行。衬衫式锁子甲虽然昂贵，却逐渐普及。护胫被弃用，只有百夫长才配备。派勒姆、斯格特姆和格雷迪乌斯等兵器仍在使用，此外，军团成员的兵器中又多了把匕首（普基奥）。马略的另一项改革是裁减了辎重部队的规模。这样一来，士兵们便不得不背负大量装备，因而得了个讽刺性的绰号——"马略的骡子"。图中刻画的是这名士兵行军中的姿态。除了右侧展示的装备，他还携带一套铺盖、一件斗篷、3天或更多份额的谷物及硬面饼以及一件掘壕工具——实际上与现代掘壕工具并无二致。据估计，包括兵器和甲胄在内的全套装备的重量为80～100磅（35～44千克）。每个由8人组成的小队还可携带一头骡子，它驮的是更重的物件，如这个小队的皮帐篷和石磨之类。

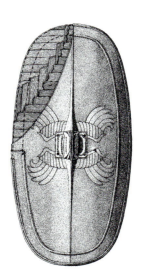

斯格特姆（上图）

　　在波利比乌斯笔下，这种盾牌为曲线形，宽24英寸（0.66米），长44英寸（1.1米）或更多，和"一只手掌一样厚"。出土实物证实了这段描述，但同时也表明各人所使用的盾牌厚度各不相同，可能为0.5～0.75英寸（12.5～19毫米）。波利比乌斯接下来是这样描述的："……将双层（有时会更多）木板胶合在一起……一道铁制镶边保护着它，使它不至于在劈砍打击下损坏……（此外）一块铁制盾心浮雕可令更多的致命打击偏离方向……"因而，其结构类似于现代的胶合板。其表面也覆有一层皮革。

公元前97年
苏拉在罗马当选裁判官

公元前96年
苏拉担任奇里乞亚总督　苏拉与帕提亚人建立外交联系

公元前95年
罗马向意大利人授予公民权

134　古典世界的战争

士兵们的工具

这里展示的是这些物件中的一部分。首先是一个青铜制军用饭盒和水桶（水罐）、一把用来收割谷物和草料的镰刀以及一只用来运送泥土的柳篮。其次是一把带护套的鹤嘴镐、一柄割草用的刀和一根尖木桩（修筑军营防御工事的材料）。（一般情况下，每人要携带2根尖木桩。在更早些时候，罗马人所用的只是修剪过并缠绕在一起的枝条。）尖木桩的中段有凹槽，这样就可以将它们用绳子捆在一起。每个士兵背负的工具或许各不相同，有的人携带一件掘壕工具和一把鹤嘴镐，有的人则携带一件掘壕工具和一柄割草用的刀。

锁子胸甲（上图）

这是军团士兵的标准铠甲，很可能是凯尔特人发明的。它由两种铁环构成，即封闭式铁环和开放式连接环，后者用两端对接或铆钉固定的方式接合。其防劈砍效果十分突出，也能很好地抵御捅刺，同时具备很强的柔韧性。图中的样品已被铺展开来，以清晰地展示其结构。

卡里加战靴（上图）

这种沉重的凉鞋异常坚固耐穿。鞋底由数层皮革构成，厚约0.75英寸（20毫米），表面布满铁钉。鞋帮被单独分割出来，缝合在脚跟部位。凉鞋的前半部分用带子来系紧。到了冬天，可以在表面包裹布匹或毛皮，用于保暖。盖乌斯皇帝在幼时曾穿过特制的卡里加，因而得了个"小靴子"（卡里古拉）的绰号。

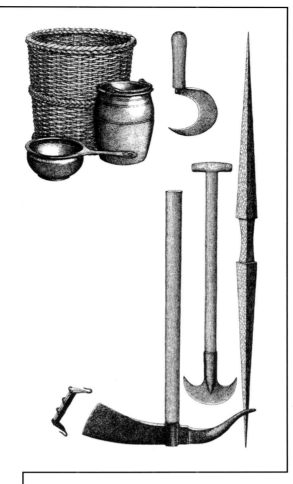

这一罗马的传统观念而得到进一步强化。无论如何，现在马略成了他所指挥的老兵们的保护人，他利用自己在政界的人脉，确保老兵们在退伍时能得到一块田地。士兵们的首要效忠对象成了他们的长官而非国家，军队私有化时代已不再遥远。

军队的重组

在塞克思提亚战役中，马略通过常见的指挥链传达命令：一旦敌人进入攻击范围，罗马士兵应立刻投掷标枪，而后用剑和盾击退敌人，将他们逐下险峻的斜坡。先掷标枪而后用剑和盾与敌人交锋的命令，与我们推测的装备派勒姆和格雷迪乌斯的军队收到的作战指令相似，但盾牌的进攻性用途以及将它应用到推挤战术之中的做法，看起来像是对公元前5至前4世纪应用于希腊和意大利的旧式方阵的复古。这很可能是因为，传统的以中队为单位的三线式五点形军阵已被普遍取代。在上一个世纪，罗马与形形色色的敌

人发生了冲突，这些敌人的装备五花八门，作战习惯也各式各样，而罗马人拥有极强的适应能力。他们很乐意做出临时调整，采用那些与战场地形相适应，并能够最有效地打击任何一场特定战役中所遇之敌的战术。一切万般皆准的战术均已不复存在。传统的三线式阵列中的基本单位中队是最早的战术单位（见112页）。一旦它已无法起到战术效果，也就没有继续保留的理由了。马略意识到了这一事实，因而重组了自己的部队。

为了管理起来更方便一些，就要使用比中队更大的单位，这样就必须做进一步的细分。因此，军团被划分为10个大队，每个大队下辖6个百人队，每个百人队由一名百夫长指挥。而"百夫长"的军衔包括首席百夫长、后列青年兵百夫长等，分别代表军衔拥有者在战场上不同的位置，及其不同的军阶与资历。在马略时代之前，大队往往作为纯粹的战术编队，用于应付某些特殊情况，这方面的著名战例是西庇阿在西班牙创造的（公元前134年）。另一方面，这一单位源于意大利盟友的步兵部队的行政单位。在不同情况下，大队的动员规模原为500或1,000人。每个大队设有一名统领。作为罗马军团作战单位的大队，则拥有500～600人。每个大队下辖6个百人队，这意味着每个百人队的规模稍少于100人，比旧式的中队百人队要大，后者有时仅实有60人。

马略取缔了轻装步兵（卡米卢斯时代的散兵部队），随着这支部队的废止，他们那富有自身特色的装备——轻型长矛和小圆盾——也随之消失了。派勒姆如今成了整个军团通用的兵器，并经过了马略的改造。马略用木钉取代了用于固定枪头与枪柄的铁制铆钉中的一根。当标枪刺穿敌人的盾牌时，木钉在撞击的作用下碎裂，枪柄随之松脱并下垂至地面，但由于剩下的一根铁制铆钉的存在，枪头仍旧与枪柄相连。这样一来，不仅这支标枪无法为敌人所用，还会妨碍到被它刺穿的那面盾牌的使用。按照普鲁塔克的说法，这一新发明是在维尔塞莱战役时为对付辛布里人而准备的。后来，尤里乌斯·恺撒时代的罗马军队进一步改进了这道工艺，派勒姆的长柄用软铁制成，因而当敌人的盾

军团士兵的头盔

图1是一种高卢制的用于满足罗马军队需要的青铜头盔，被称为"科奥吕"。这种头盔与蒙泰福尔迪诺式头盔的不同之处在于，它的尺寸更大，护颈部分更为平直，并带有高卢式的面甲。这些头盔于公元前50年前后得到使用，一直沿用到公元100年前后。它们的系法与那些老式头盔一样，是将一根带子由后面从耳朵下方伸过去，穿过面甲，而后在下巴下方打结。马鬃制的冠饰和羽饰仅在游行或作战时才被插在头盔上。图2是一种被称为"帝国–高卢式"的铁制头盔的早期样式，出现于公元前15年前后。它与高卢首长佩戴的阿让式头盔（见143页）之间有着密切的联系。这种头盔和科奥吕式头盔的盔顶都是使用者提供了额外的保护，使之免受劈头而下的打击的伤害。头盔上两根向外凸出的"眉毛"也起到了加固作用，这是高卢式头盔的普遍特征。图3则是这类铁盔的改进版本，其

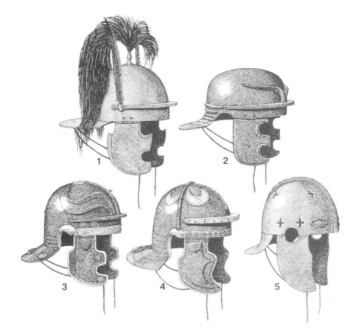

年代可追溯至1世纪下半叶。如今它的护颈变得更厚，多了一对向外伸出的护耳，在"眉毛"边缘的周围还增加了一条横带。护耳和横带均由青铜制成。面甲后端呈外旋状，以便让敌人的打击偏离方向。"眉毛"变得更为华丽，也更长了。这件实物配有冠饰托架，以及高卢风格的涂有瓷釉的青铜制凸饰。当时，战时头盔上已不再插有冠饰。总而言之，这种头盔在外观上比早期版本更为精致，在设计上也代表了军团盔的最高水准。图4是一种类似的头盔，其年代可追溯至公元100年前后。这种头盔产于意大利，仿照的是高卢式头盔的造型，但质量较次。盔顶嵌有向下弯曲的"L"形部件，盔碗上带有十字形的加固物。图5是一种4世纪初的廉价头盔。随着军队规模的激增，装备的简化成为迫切的需求。这种头盔由两个部分组成，以一道盔脊相连，护颈和面甲均为分离式。

牌被它刺穿时，枪柄甚至会处于弯曲状态。

为了确保每一名士兵都能适应军旅生涯并自食其力，马略可谓是煞费苦心。他通过自己的努力，让部下对长途征战与频繁的急行军习以为常。除了军事装备和挖掘壕堑的工具，马略还坚决要求士兵们携带厨具，每个人都必须能够自己煮饭。按照1世纪的犹太历史学家弗拉维乌斯·约瑟夫（Flavius Josephus）的描述，罗马军团的士兵需要携带一把锯、一个篮子、一只桶、一柄斧头、一根皮带、一把镰刀、一根铁链、3天的口粮以及其他装备。倘若这是马略改革的遗风，那么那些能够忍受这份负担的人拥有"马略的骡子"这一绰号也就不足为怪了。当然，在敌境或那些有遭到突袭危险的地方作战时，罗马人自是轻装简行，砺兵以待，那时士兵们的背囊是放在辎重车上的。据说，马略还为此引进了一套行李快拆装置。

军 旗

马略的另一项创新之举，是将一面旗杆上方装有一只银鹰的旗帜定为军团的军旗。要弄清这项改革的重要意义是很困难的，因为我们并不清楚罗马人之前使用的军旗究竟是什么样的。鹰是朱庇特专属的圣鸟。按照某份文献的说法，罗马军团之前使用的军旗

有5种。除了鹰，旗帜上的图案还有狼、熊、米诺陶洛斯（牛头人）和马，在作战时，它们分别被立在方阵各列纵队的前方。但自马略时代起，它们的地位一落千丈，成了次级部队和仪仗队的专用品。

后来，军旗上的鹰以黄金铸就，并用花环等物进行装饰。在和平时期，这些军旗被存放在罗马国库萨杜恩古庙内。在战时，它们随军而行，军营中划有一处小小的圣地作为它们的栖身之所。它们承载着准宗教崇拜的功能。

军旗承载的准宗教功能与其实际用途是彼此矛盾的。只要作为圣物的军旗象征的是一个军事单位的实际存在，它就有理由得到这个军事单位的成员的关心与保护，绝不能让它有落入敌人之手的危险。事实上，丧失军旗被罗马人视为莫大的耻辱。因此，军旗在战时必须放置在前沿部队的后方，由卫队环绕保护。

年轻的学生们对（或者说曾经对）恺撒的掌旗手的轶事耳熟能详：当恺撒的座舰在肯特靠岸时，他一面跳下船来，一面敦促踟蹰不前的军团士兵们跟着下来，如果他们不想眼睁睁看着军团之鹰落入敌人手中的话。普鲁塔克在关于皮德纳战役的篇章中记载了一个更早的寓意类似的例子。在这个故事中，一名意大利盟军的指挥官夺过所在部队

的军旗，将它掷向敌军方阵。眼看巨大的耻辱就要落到自己头上，这支部队在重压之下表现得倍加奋勇，一举击溃了敌军方阵。正如普鲁塔克所观察到的那样，这是因为在意大利人的价值观中，丢弃军旗是一件格外耻辱的事。

然而，即使军旗是一件必须用心守护的圣物，它也必须承担起其实际功能——将战士们聚拢到旗帜之下。因此，它被置于军阵的前方。军团成员不可能一边回头张望，一边确定他们应当在何处列阵。旗帜在拉丁语中被称为"signa"，这表明它们实际上被用作信号，并且随着作战方式变得越来越灵活和不拘一格，旗帜的作用也变得越来越重要。顺带一提，公元前5世纪的希腊人并未将军旗与他们的密集方阵配套使用。

对涉及军旗在战场上所处方位的古代文献的研究表明，它们可能直接紧贴着第一列后面。这样一来，这些旗帜就得到了保护，同时又能处于方队纵深中极为靠前的位置，从而成为绝大部分军队成员的风向标。另一方面，马略的这一创举的全部意义在于，授予军团一面单独的军旗以满足军团成员的情感需要，同时将较小单位的旗帜用作实际用途，而不用担心会影响士兵们的感受。与军团旗帜形成鲜明对比的是，旧式的中队信号旗上的神圣动物消失了。它们已经被一只位

辅军步兵盔

辅军既没有军团士兵那么优厚的薪饷，地位也不如后者高，这一点从他们的装备上便可看出。图6是辅军士兵自1世纪中叶起佩戴的一种头盔，由青铜制成，造型模仿的是军团士兵的头盔，但被大大简化了。图7同样是军团头盔的简化版，其起始时间为公元100年前后。在图拉真纪念柱上，可以见到使用类似头盔的士兵的形象。图8展示了公元100年前后的另一种头盔，为帝国东部的弓箭手部队所应用。其造型为典型的东部风格，呈圆锥状，通过将铁制、青铜制或角制盔瓣固定在金属框架上制成。装饰性的眉带、护耳和面甲均为罗马风格。由于制作方法较为简单，这种头盔得到了广泛应用。图9是一顶来自埃及的头盔，其年代为4世纪，出于简化的需要，盔瓣的数量减少了，但增加了一根护鼻。这是"黑暗时代"的一种名为"Spangenhelm"的头盔的原始版本。

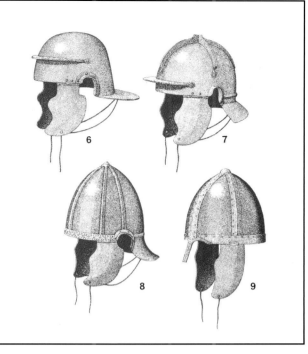

▲ 经过马略时代的军事改革，罗马从意大利以外的地区招募骑兵。然而如这件浮雕所示，他们的兵器和装备仍为罗马风格。

于高举的长矛顶端的五指张开的手掌取代，但后来，旗帜上又增加了几个花环和其他徽章作为装饰。在中队为大队所代替后，第一中队的指挥旗便由大队继续采用。

同样，由悬挂在一根木杆上的旗帜和辨识标志构成的骑兵队旗（vexilla）也将丧失更多的情感承载，而使用统一的军团标识。不迟于马略的时代，意大利骑兵就已大多为海外骑兵所取代，后者或许并不像意大利人那样对军旗心怀敬意。在此后几个世纪的军事发展历程中，鹰始终是罗马军队的永久象征。但罗马人也模仿本国边民的习俗，采用其他形制的军旗。其中最耐人寻味的是"龙旗"，这是一种用彩色丝缎制成的龙形风向标，龙头为银白色，龙口大张。

那位因在皮德纳战役中的行为而名垂青史的意大利将领是个佩里尼人。马略来自离佩里尼不远的庇奴姆，这座城市自公元前2世纪初起就享有完整的公民权，因而马略或许敏锐地意识到，军旗对于土著出身的官兵的个人情感有着重要意义。作为一名出色的实干派指挥官，他无疑清楚要建立这种情感是何等困难的事。因此，在军旗上装上银鹰徽章或许就是马略的应对之策。

同盟者战争及其结局

马略嗓门洪亮，行事也宛如时时置身校场一般，这种作风对治军极为有益，却完全无助于治国，踏入政坛的他因而沦为笑柄。在击败了蛮族之后，他被誉为罗马的第三位创建者、罗慕路斯与卡米卢斯当之无愧的接班人。但在他第六次当选执政官后，他被要求在国家管理岗位而非军事岗位上贡献自己的才能，此时他的声望一落千丈。那些煽动者曾使用暴力手段令马略得以连任，如今他们也在与暴民们的冲突中死于非命。在争取第七次连任的竞选失败后，马略离开罗马

前往小亚细亚，进行了一次私人旅行，当地已遭到实力日益强大的本都国王米特拉达梯（Mithridates）的威胁。马略可能从中发现了新的战机，可以通过这一战机，再一次缔造属于自己的军事神话。在亚洲旅行的过程中，他受到了米特拉达梯的精心款待，但马略却设计激怒这位国王。在这之后，这位前罗马将领回到了罗马，对于这座城市而言，他已不再是一位举足轻重的人物。

在罗马，旧式的政治暴力如今暂时停止了，但新的威胁正在形成。威严而不苟言笑的改革家马尔库斯·李维乌斯·德鲁苏斯（Marcus Livius Drusus）建议，意大利盟友应得到完整的公民权。在此之前，罗马对授予盟邦更多公民权这件事曾持欣然而慷慨的态度。然而随着时间的推移，海外地区成了罗马的骑兵和辅军的供应地，元老院觉得已经不再需要安抚意大利人了。德鲁苏斯最终遭到暗杀，他生前的帮助对象意大利人很快意识到，公民大会在罗马公民权问题上的排外态度与罗马贵族是一致的。尽管享有几乎全部公民权的拉丁人仍忠于罗马，但其他意大利部落（特别是马西人）的愤怒情绪爆发了，他们揭竿而起。起义者们的目标不再是获得公民权，而是建立一个独立的意大利国家。

在随之而来的所谓"同盟者战争"（即与"同盟者"发生的战争）中，马略再度为共和国奉献出自己的军事才华，与元老出身的指挥官并肩作战——倘若当时罗马人尚有余暇玩党派之争的话，他们本应是敌对关系。结果，他却只得到了最为有限的权力，被派到北部前线作战；同时，负责指挥南部战事的苏拉连获大捷。也许他的嫉妒是没有道理的，因为苏拉比马略年轻约20岁；马略当时已经67岁了。

又斗争了一年之后，罗马人在与意大利人的较量中占了上风，他们明智地决定乘胜议和。在罗马人的颜面并未受到太大损害的情况下，每一个意大利部落都享受到了完整的公民权，这一让步令意大利独立的极端思潮归于沉寂。或许有人会将这一安抚政策誉为政治智慧及适度原则得到成功应用的经典范例，但罗马人若能尽早做出这一决策，两

年来的血战本可避免。

罗马的军事体制与其宪法及社会体制始终密切相关。同盟者战争结束后，随之而来的宪法修正引发了一连串的军事上的后果。获得了公民权的意大利人如今有资格成为军团的一员了，独立的意大利盟军部队已不复存在。事实上，自从罗马人组建了海外辅军部队，意大利盟军对他们而言已成为累赘，而这无疑是同盟者战争之前引发意大利人不满情绪的根源之一。军事服役方面新的前景必定能有力地安抚满腹委屈的意大利人，而且我们必须考虑到，马略改革为底层阶级带来了入伍的机会，遑论那些退伍老兵也有望获得土地。如今，在上述种种因素的作用下，罗马必须发动一场新的战争，才能创造新的就业机会；必须进行一次新的征服，才能为老兵们争取更多的土地。由于米特拉达梯正在威胁地中海东部的国家，发动战争的借口已不必费力寻找了。在任何情况下，罗马都永远不会欢迎一个强大而统一的政权出现在自己的边境。

苏拉进军罗马

同盟者战争之后，苏拉声威大震。他于公元前88年当选执政官，元老院委任其指挥对米特拉达梯的战争，因为这场不可避免的东部战争此时已经爆发。然而，一等安抚了意大利盟友，党派之争在罗马便再度抬头，寡廉鲜耻的暴行又一次上演。在另一位保民官的煽动下，公民大会驳回了元老院对苏拉的任命，对米特拉达梯战争的指挥权被转交给马略，后者尽管已年迈，仍渴望依靠新的战功来重振自己那日薄西山的威望。

一等新法开始生效，苏拉便火速赶往坎帕尼亚，与自己的军队会合，在那里，东线战役的准备工作正在进行。他在各个军团中做了一次舆论调查，结果发现士兵们坚定地忠于自己。从罗马赶来的负责将苏拉的军队转交给马略的军官们遭到粗暴的对待，在一片骂声中被赶走了。有了6个军团的支持，苏拉抛弃了一切宪法程序，直接向罗马进军。经过几个小时的巷战，他控制了这座城市。沦为被放逐者的马略逃走了，那位用

法律手段公然支持马略的保民官被杀死。然而，尽管苏拉麾下的军官对这次行动持全力支持的态度（这也是这次行动得以实施的原因），但除了一人之外，他们对行动中出现的空前绝后的暴行感到震惊，并坚决拒绝参与其中。

在无情地清洗了城内的政敌之后，苏拉建立了一个由自己的党羽组成的政府，随后他离开罗马，再次前去完成对米特拉达梯战争的备战工作。他无疑认为，自己才是执行这一使命的绝佳人选。因为在辛布里战争和同盟者战争期间，他曾成功地保护了一位罗

罗马军旗

在整个罗马军事史中，罗马军旗都占有重要的地位。它们是每支部队的精神象征，人们以一种宗教式的敬畏对待它们。在某些特别的场合中，须用珍贵的油料和花环作为装饰。在战役中，军旗起着至关重要的作用，因为作战指令就是由此传达的。每个中队都拥有一面军旗，一般而言，这面旗帜是立在两个百人队之间的，由此产生了两个专有名词——"军旗前队"和"军旗后队"。大队旗由大队中资历较深的中队携带，而军团旗（旗帜上描绘的原为一只鹰、一头狼、一只牛头人、一匹马或一头野猪，这些图案可能来源于某些部落的图腾）则由资历较深的大队负责携带。马略将鹰定为军团旗帜上的徽章，但他也采用了其他形制的徽章，如金牛座、摩羯座或白羊座等带有占星学色彩的图案，这些图案与相关部队的成立日期有关。在帝国时代，军旗上绘有一幅小的皇帝肖像。从各个作战单位中抽选出来的小分队也携带被称为"vexilla"的旗帜。

掌旗手

彩图中描绘的是一名身穿阅兵式服装的禁卫军掌旗手，他在铠甲外面穿着一件绯红色束腰外衣。他扛着一面中队旗，旗帜顶端的"手"是中队的徽章。皇帝与皇后的肖像、各式各样的勇气奖章以及传统风格的、具有象征意义的丛生植物（原为草或树叶），构成了这面旗帜的其余部分。紧接着他的是一名分队旗手，他在衣服上别着自己的奖章和饰环，这些都是表彰其勇气的奖品。按照惯例，分队旗手和鹰旗手都不戴帽子，而禁卫军旗手则戴着狮皮兜帽，军团旗手戴着熊

皮兜帽，辅军部队的旗手戴的则是无头的熊皮兜帽。下图展示的分别是（从左至右）辅军部队掌旗手、军团大队旗手和在铠甲外披着一件皮制束腰外衣的辅军大队旗手。这些旗手都隶属于作战序列。图中人均为1至2世纪的人物。上图展示的是2世纪末的鹰旗和中队旗，另外还有一面龙旗，这是一种风向标，于4世纪时成为最常见的军旗。

公元前88年				公元前87年
苏拉成为执政官	苏拉向罗马进军，马略逃往非洲	在东部，80,000名罗马人被米特拉达梯下令屠杀	苏拉率领5个军团在伊庇鲁斯登陆，围攻米特拉达梯的雅典盟友	马略的盟友科尼利乌斯·秦纳成为执政官

138　古典世界的战争

◀ 图拉真纪念柱上的浮雕，展现的是行进中的军队。其中，军团军旗和禁卫军军旗都十分显眼。尽管这幅作品完成于罗马帝国时代，但其中的军旗仍取自马略改革后的形制。

马在小亚细亚扶植的统治者。

为了解决罗马国内的政治斗争，苏拉公然诸诉武力，这无疑又是一次离经叛道之举。但从某种意义上来说，这只是马略已使用过的手段和政策的必然后果。向退伍老兵授予土地的做法，必然导致军队的效忠对象变成他们的将军而非他们的国家，这一点无疑是可以预见的。军人们确信，他们的长官有能力操纵法律来保障他们的物质利益，因而他们很乐意给予长官坚定的支持。除此之外，这位长官只需保证始终有仗可打，就能不断征服新的土地用于分配，并赢取新的战利品。作为一名富有才能的领袖，苏拉无疑有能力满足部下的上述需求。

政权与军权之间的关联变得越来越清晰，二者构成了一种循环往复的关系：将领依靠自己的赫赫战功，得以在政坛掌握大权，反过来又能利用手中的政治权力，来保证军队忠于自己。在这种情况下，尽管罗马人（抛开感情因素）很愿意将罗马的国祚延续下去，也希望罗马政权在对阵蛮族政权时占据上风，但军队效忠的却是他们的将军而非共和国政府——或者实实在在地说，并非共和国本身。值得注意的是，在苏拉进军罗马后，过了一代人的时间，恺撒的军旗手的故事便上演了。当旗手跳进悬崖遍布的肯特海岸的海水中时，他高喊着自己至少要为共和国和将军尽到自己的责任。对于一名宪政主义者而言，宣布自己的效忠对象无疑必须按照正确的优先原则。然而，这种优先原则在公元前1世纪的军人们的普遍想法中完全得不到体现，正如在马略与苏拉之间的长期冲突中所体现的那样。

苏拉在希腊的征战

米特拉达梯治下的本都王国位于黑海南岸，曾是波斯帝国的总督辖区，但在亚历山大时代之后，当地的统治者就建立了独立的政权。当地居民可能包括色雷斯人、西徐亚人和凯尔特人（如之前从北方迁徙而来的凯尔特人），但统治这里的是伊朗封建主和祭司阶层。该国国王的思想和价值观其实是希腊式的，或者至少受到希腊文化的熏陶。米特拉达梯六世将自己装扮成希腊文明的捍卫者，为此，他向黑海北岸的希腊城市提供军事保护，牢牢地控制着这一地区。这样一来，他就得以将肥沃的农业产区和富饶的希腊沿海城邦的资源（包括一支强大的海军）收入囊中。

然而，当米特拉达梯将注意力转向南方的小亚细亚时，他与一些政权发生了冲突，而这些政权与罗马是友好或同盟的关系，即罗马的缓冲国与受保护国。为此，他已于公元前96年与苏拉（当时罗马任命其为奇里乞亚总督）打过交道，后者已经让他领教过自己出色的外交手腕。米特拉达梯并非不警惕，但朱古达战争、辛布里战争和同盟者战争已令罗马人无暇他顾，更不用说罗马国内各派还在相互倾轧，这给米特拉达梯带来了绝好的机会。公元前88年，一位才智逊于苏拉的罗马指挥官试图利用傀儡国的军队来对付米特拉达梯——几乎是罗马人利用马西尼萨来对付迦太基人那一幕的重演。本都国王予以有力的还击，他不仅让傀儡国的军队蒙受了耻辱性的失败，还让罗马军队也吃到了同样的苦头。随即，他迅速将自己的势力范围扩大到整个小亚细亚和爱琴海地区，那里的众多希腊城市厌倦了罗马人的巧取豪夺，起初对米特拉达梯持欢迎态度。本都国王将这些城市中的罗马商人屠杀殆尽，无论男女老少都难逃厄运，据称有80,000人被杀。随后，他将自己的军队交由希腊将领统率，开进了希腊地区。此时雅典已为一位声名狼藉的僭主所统治，他很乐意在本都国王手下当一名傀儡。马其顿的罗马总督及其任命的官员展现了自己的能力与决心，在希腊北部海湾挡住了本都军队，但苏拉及其麾下5个驻扎在伊庇鲁斯（公元前87年）的军团及时赶到了。

苏拉将雅典团团围困，一度令这座城市陷入饥荒，最终依靠强攻将其拿下。这次行动的代价是高昂的，但苏拉砍倒了圣林的树木，用于制造攻城器械，并掠取希腊神庙中的财富，用于支付战役开销。他迷信地认为，自己是受命运之神垂青的，他和他的部下因而信心十足，但他显然并不担心神灵的想法。复杂的坑道战是雅典围攻战中的特

▲ 这枚钱币上展示的是罗马的宿敌——本都王国的米特拉达梯六世。他十分长寿，但他年轻时的肖像让人想起亚历山大大帝。

色。当罗马人的坑道造成地面沉降时，被围攻者们立刻明白发生了什么事，并挖掘了反制坑道。双方工兵于地下迎头相遇，在一片黑暗的地底空间中用长矛展开了一场你死我活的厮杀。

苏拉容许部下洗劫雅典的部分地区，其后出于对这座城市过往历史的敬意而下令禁止。米特拉达梯的大将阿奇劳斯（Archelaus）依旧控制着海域，而岩石丛生的阿提卡地区是无法为罗马军队提供粮食的。苏拉移师粮食充盈的波奥提亚平原，而本都援军也已朝那里进发。在喀罗尼亚和奥尔霍迈诺斯爆发的两场战役，均以苏拉的胜利而告终。

米特拉达梯军是一支典型的混杂了希腊和东方元素的军队。被国王投入战场的除了马其顿式的方阵，还有一支庞大的卷镰战车部队。此外，米特拉达梯军中还有这样一支部队，它拥有一个源远流长的名号——"铜盾步兵"。这支部队人数众多，可能装备着璀璨夺目的金银兵器及铠甲，最初令罗马人深感恐惧。因此在喀罗尼亚战役中，苏拉将阵地设在易守难攻之处，并命令部下挖掘壕堑，以保护己方侧翼。正如他所希望的那样，士兵们很快就厌倦了挖掘工作，表示愿与敌人决一雌雄。在随之而来的战役中，本都的方阵部队似乎始终显得疏于操练，而卷镰战车部队则遭到彻头彻尾的惨败，罗马士兵们禁不住放声大笑，并赠以讽刺的掌声。战役的伤亡数字来自苏拉的私人记录，看上

去极不可信。他宣称杀敌10万，而罗马军的损失仅为14人失踪，其中2人于次日被找到。但无论如何，这场战役是以罗马人大获全胜而告终的。

阿奇劳斯灵活的统军之道是无可指摘的，这支规模庞大但毫无经验的军队（其中一部分是临时征募的被释放奴隶）在他手中得到了充分利用。当方阵在罗马人的标枪和弹丸的打击下崩溃时，本都的骑兵和轻装部队通过迂回包抄继续威胁着罗马军队。但苏拉和罗马军官们的警惕性极高，再加上他们的部队拥有强大的机动能力，因而罗马人得以逃过一劫。

阿奇劳斯逃离了战场，他在优卑亚岛上度过了随之而来的寒冬，驻扎在那里时，他依靠海军来抵御罗马人的进攻。苏拉及其所部则在雅典过冬。第二年（公元前85年）春天，在波奥提亚地区，两军于奥尔霍迈诺斯附近的一片胜地再度相遇。苏拉再次使用了壕堑战术，但这一次被激起战斗意志的却是他的敌人，因为他们面临着被苏拉用土木工事围困在科派斯湖四周的沼泽地内的危险。本都骑兵最初取得了一些战果，但苏拉以身作则，率先冲锋，从而挽回了局势。本都军队重新对罗马人的壕堑发动进攻，结果反遭罗马人的痛击。阿奇劳斯的弓箭手发现他们冲得太快，结果与罗马军团迎面相撞，被迫将自己的箭支拔出来当剑使用。苏拉的部下继续挖掘着壕堑，第二天，当敌人全部出动前去阻止他们作业时，罗马人发动了突袭，攻占了阿奇劳斯的军营，对散布在沼泽地中的敌军大加屠戮。阿奇劳斯本人则再一次逃走了。

旧战未去，新战又来

在苏拉突然于公元前88年进军罗马之后，马略曾试图通过海路逃亡，但他在意大利西部海岸搁浅了，渴望在这场斗争中押对宝的当地人不知该保护他还是该背弃他。据普鲁塔克记载，为了摆脱这只烫手的山芋，一名高卢志愿者被秘密派去暗杀他。但马略用他那特有的大嗓门朝着刺客怒吼，那个意欲行刺的高卢人慌慌张张地逃走了。这个故

事或许并不真实，但很符合马略的性格。

最终，马略来到了北非。当地移民由其麾下的退伍老兵组成，因此马略在那里备受欢迎。第二年，当苏拉忙于米特拉达梯战争时，罗马再度爆发了政治冲突，马略从中发现了可乘之机，遂在伊特鲁里亚（迁居当地的马略旧部为数更多）登陆。在其政治伙伴组织的武装力量的协助下，马略洗劫了奥斯蒂亚，攻占了罗马。一段由马略主导的恐怖统治随之来临，其政敌遭到无情的屠杀。但马略意识到苏拉实力犹存，并且仍在东部与自己分庭抗礼，这令他感到惴惴不安。他纵情酗酒，结果死在了第七次执政官任上。

然而，平民派依旧控制着政局，并向希腊出兵——那几个军团被称为真正的共和国军队。如今苏拉被剥夺了法律权利，遭到了谴责，他的部下也被勒令与其划清界限，并承认合法的罗马司令官的权威。然而，前往希腊的新军团对苏拉的赫赫战功心存敬畏，心甘情愿地抛弃了他们的合法司令官，自己也成为法外之徒。他们在出色的指挥下，穿

▲ 毛里塔尼亚国王博库斯正在将自己的女婿朱古达交到苏拉手中。马略于公元前 106 年战胜了朱古达，但苏拉却将功劳独揽。

过马其顿和色雷斯，全力对付赫勒斯滂对岸的米特拉达梯。此时，统领着这支军队的是能干而狡诈的盖乌斯·弗拉维乌斯·费穆波利亚（Gaius Flavius Fimbria），正是他一手促成了导致前任指挥官被杀害的兵变。

苏拉在罗马的朋友遭到杀害，他的房屋被烧毁，妻子和孩子逃得一命，前往希

腊与他会合。为了返回罗马清算总账，他正准备与米特拉达梯讲和，为此，他与阿奇劳斯在位于波奥提亚海岸的一座近便的神庙内谈判。阿奇劳斯建议苏拉与米特拉达梯结盟以对抗其政敌。苏拉的答复是，阿奇劳斯应背弃米特拉达梯。阿奇劳斯表示了震惊，而在这类谈判中游刃有余的苏拉也宣称，他同样为阿奇劳斯让他背叛罗马的提议而感到震惊。最后双方达成协议：米特拉达梯可以保有自己的王国，但必须放弃所征服的土地与海军力量的大部分，并支付一笔赔款。

这份折中协议激怒了苏拉的部下。尽管他们对现政府并不关心，但他们热爱自己的祖国，此外，在米特拉达梯的大屠杀中死于非命的罗马冤魂也并未被遗忘。苏拉用相当虚伪的借口来安抚他们，说自己无法同时与费穆波利亚和米特拉达梯作战。公平地说，如果苏拉信赖的军官卢修斯·李锡尼乌斯·卢

▼ 米特拉达梯于公元前 88 年发动的战争迅速引起了罗马人的回应。苏拉介入希腊事务，他在喀罗尼亚和奥尔霍迈诺斯的胜利迫使米特拉达梯与其讲和。

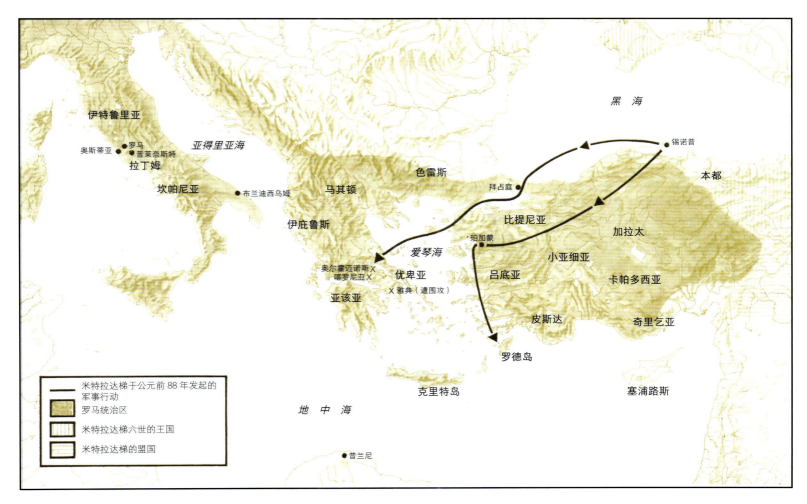

黑 海

锡诺普

本都

色雷斯

拜占庭

比提尼亚

加拉太

伊特鲁里亚

亚得里亚海

罗马
奥斯蒂亚 普莱奈斯特
拉丁姆

坎帕尼亚

布兰迪西乌姆

马其顿

伊庇鲁斯

珀加蒙

小亚细亚

爱琴海

吕底亚

卡帕多西亚

奥尔霍迈诺斯 ✕
喀罗尼亚 ✕

优卑亚

✕ 雅典（遭围攻）

皮斯达

奇里乞亚

亚该亚

罗德岛

克里特岛

塞浦路斯

地 中 海

昔兰尼

米特拉达梯于公元前 88 年发起的军事行动

罗马统治区

米特拉达梯六世的王国

米特拉达梯的盟国

公元前 84 年
秦纳第四次当选执政官
尤里乌斯·恺撒与秦纳的女儿科妮莉亚结婚
秦纳遭变兵杀害

公元前 83 年
苏拉的部将穆雷纳重新挑起对米特拉达梯的战争
阿奇劳斯叛投罗马（第二次米特拉达梯战争）

第 9 章　马略与苏拉　141

库鲁斯（Lucius Licinius Lucullus，他现在集结了一支舰队）没有故意放走米特拉达梯，费穆波利亚是可以成功抓住他的。

本都人的威胁暂时解除之后，苏拉移师费穆波利亚位于吕底亚的军营附近，开始专心致志地挖掘壕堑——这是他特有的军事策略。身着杂役服装的费穆波利亚士兵很快投奔了苏拉，帮着挖掘壕堑；费穆波利亚明白自己大势已去，自杀身亡。苏拉立刻接管了这位将军生前统御的部队。他罚那些对米特拉达梯的大屠杀行动持默许态度的希腊城邦交出一大笔钱，而后者倘若无法从罗马放贷人那里得到更多帮助的话，是无力支付这笔罚金的。苏拉将费穆波利亚的军团留下，戍守东部，接着率领自己的军团西返，将复仇的怒火燃进了意大利境内。

当苏拉的军队在布兰迪西乌姆（今布林迪西）登陆时，他们的人数要比平民派的军队少得多，但苏拉的部下对他忠心耿耿，而敌军士兵则缺乏作战热情。许多部队的指挥官，特别是被马略杀害的人的儿子们和马略的政敌，也赶来投奔苏拉。其中就包括格奈乌斯·庞培（Gnaeus Pompeius），他后来被苏拉授予"伟人"的称号，并以此名垂青史。然而，苏拉还是慢了一步，当他赶到罗马时，他的支持者已惨遭屠杀。他很快也遭到了萨莫奈意大利人的排斥，后者在同盟者战争中曾与苏拉交战。这些人与平民派联起手来，对苏拉构成了更为严重的威胁，然而，苏拉最终在罗马城的科利涅门爆发的激战中击败了他们。不久之后，马略的儿子被围困在拉丁姆的普莱奈斯特，自杀身亡。

苏拉将战俘成批屠杀。完全控制了罗马和意大利后，他拟定了一长串政敌的名单，剥夺了这些人的法律权利，于是他们就被一一处决了。他通过合法程序自封为独裁官，但即使在他放弃了正式的头衔之后，他仍是现代意义上的独裁者，直至他于公元前78年因病去世。

卢库鲁斯和他的海军

尽管卢库鲁斯放走了米特拉达梯，但他在苏拉麾下对抗米特拉达梯时建立的功勋仍

然值得一提。此人与苏拉有着姻亲关系，为这位大军阀卖命似乎是他的人生主旨。卢库鲁斯在同盟者战争期间有着卓越的表现，在公元前88年进军罗马的事件中，他显然是苏拉军队里唯一一名赞成政变的军官。他有着出色的文学与学术才能。苏拉将自己的回忆录题献给了他，遗稿也交由他保管。在之前我们暗示过的卢库鲁斯与费穆波利亚的协商中，他已经极为鲜明地表明了自己的立场。倘若米特拉达梯无法通过海路逃走——这正是他们被要求的，那么卢库鲁斯和费穆波利亚就能共享俘虏本都国王的功劳，而苏拉将被排除在外。无论是从私人利益还是为国之心的角度出发，都无法解释卢库鲁斯为何拒绝费穆波利亚的提议。事实是明摆着的，他只服从于苏拉一人。

当苏拉围攻雅典时——尽管他自己的补给线被敌人的海军切断了，卢库鲁斯被派往地中海东部地区，从那些反抗米特拉达梯的海洋城邦处征集一支舰队。仲冬时节，他乘坐一艘小型帆船，在3艘轻型舰船和3艘罗德岛桨帆船的护卫下，冒着被本都人和海盗的袭扰的危险，从希腊启程前往亚历山大港。在克里特，他赢得了当地人的支持；在昔兰尼，公民们认为他对该城内部纷争做出的仲裁十分公正。他多次换乘船只，让敌人的情报落空。在从海盗手中侥幸逃脱（为此他付出了不止一艘船的代价）后，他最终抵达亚

▲ 卡帕多西亚山区。在公元前1世纪，米特拉达梯介入这一地区的事务，结果被罗马击败。

历山大港。但年轻的托勒密王朝君主不愿承担这一义务，他对罗马人的支持仅限于给予卢库鲁斯王室成员级别的迎接和极为殷勤的款待，并赠予大量礼物。

在塞浦路斯一带，敌人的桨帆战舰正严阵以待，卢库鲁斯只得偷偷摸摸地溜过去，他在夜间才举帆，白天则划桨前行。但幸运的是，罗德岛人对本都的军事威胁予以坚决回击，他们将自己的精锐舰队交给卢库鲁斯指挥。卢库鲁斯由此击败并征服了其他希腊岛屿，舰队规模得以逐步扩大。在这一过程中，他小心翼翼地不去接触那些已经变成海盗巢穴的城市。这是因为他对法律与秩序怀着与生俱来的敬意。此外，一旦卢库鲁斯与这些城市建立起联系，则必将激怒他的罗德岛盟友。

其后，卢库鲁斯在爱琴海东北部两度击败米特拉达梯海军。在忒涅多斯岛战役中，他将一艘罗德岛五列桨战舰作为自己的旗舰。然而，敌军海军将领全速冲向这艘船，意欲从正面进行撞击。此时，旗舰舰长做出了一个不同寻常的决定。由于担心遭到敌舰的正面撞击，他让战舰迅速回转，以舰尾对敌，并命令水手逆向划桨，以便让己方舰尾先与敌舰舰尾接战。显然，罗德岛人的战舰舰体就是为此而设计的，因而毫发无伤。

公元前82年
苏拉返回意大利，针对马略党人和萨莫奈人的科利涅门战役爆发

苏拉成为独裁官，大肆屠戮自己的政敌；尤里乌斯·恺撒侥幸逃脱

在东方，穆雷纳被米特拉达梯打败；战争在苏拉的努力下暂时中止

公元前81年
在爱琴海，密提勒涅因罗马征税而发生暴动

尤里乌斯·恺撒从尼科米底斯那里募得一支舰队，用于同密提勒涅作战

恺撒与尼科米底斯之间的关系变得臭名昭著

高卢人

这些凶猛的战士是罗马最顽强的敌人之一。他们征服了意大利北部，并将那里变为殖民地，在这一过程中，他们消灭了伊特鲁里亚人。罗马制伏他们的过程分为三个阶段：先是在意大利北部，然后是在法国南部，最后由恺撒在法国北部将其征服。在这一时期，凯尔特人和意大利人自由地进行着思想交流和武器贸易。凯尔特人是那个时代出色的铁匠，他们率先使用铁制头盔，并可能于公元前300年发明了锁子甲。意大利人则发明了斯格特姆和头盔上的面甲。彩图展示的是一名来自法国南部（公元前1世纪）的凯尔特酋长或贵族。凯尔特骑兵用的是一种带有角状凸起的马鞍（以及小勒衔铁），这些都为罗马人所吸收。这名骑兵的铁锅形头盔被称为“阿让”。他足够富裕，有能力购置最新式的锁子甲。他戴着一只金项圈，手上戴着金手镯。他的兵器是一柄凯尔特长剑和一支长8英尺（2.4米）的矛。长矛的矛头为典型的凯尔特风格，十分粗大，且带有凹边，这一点与狄奥多鲁斯的描述一致。他的挽具上布满了绘有人头的装饰物。它们具有宗教意义，象征着凯尔特人是凶猛的猎头者。他穿着短裤式的马裤和皮鞋。长裤则是法国北部的服饰（见黑白图）。凯尔特骑兵无论是与罗马人作战，还是在为罗马人效力时，都由如图中人一般的酋长统率。大多数骑兵只有很少的甲胄或干脆没有任何甲胄，有些人装备的是圆盾，而非图中展示的平直型长盾。

凯尔特步兵（下图）

图中描绘的是一名典型的穿着方格布或格子花呢布裤子的凯尔特部落民。他携带的是常见的兵器——长盾和剑。这名凯尔特人像罗马人那样，将自己的剑佩戴在自己的右侧。他的头发上覆有一层泥土和石灰（见165页）。

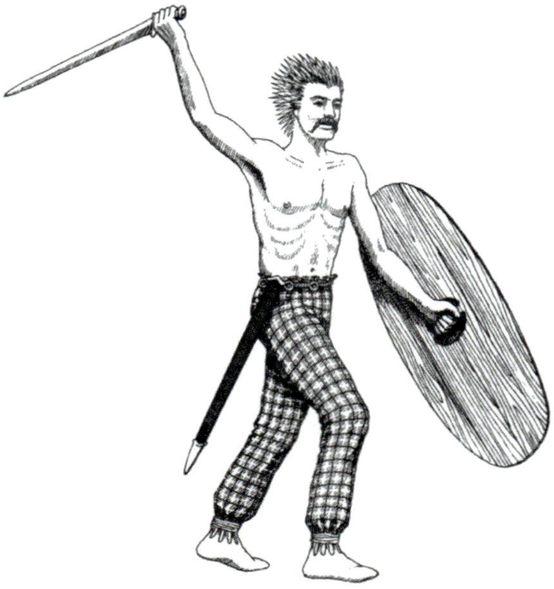

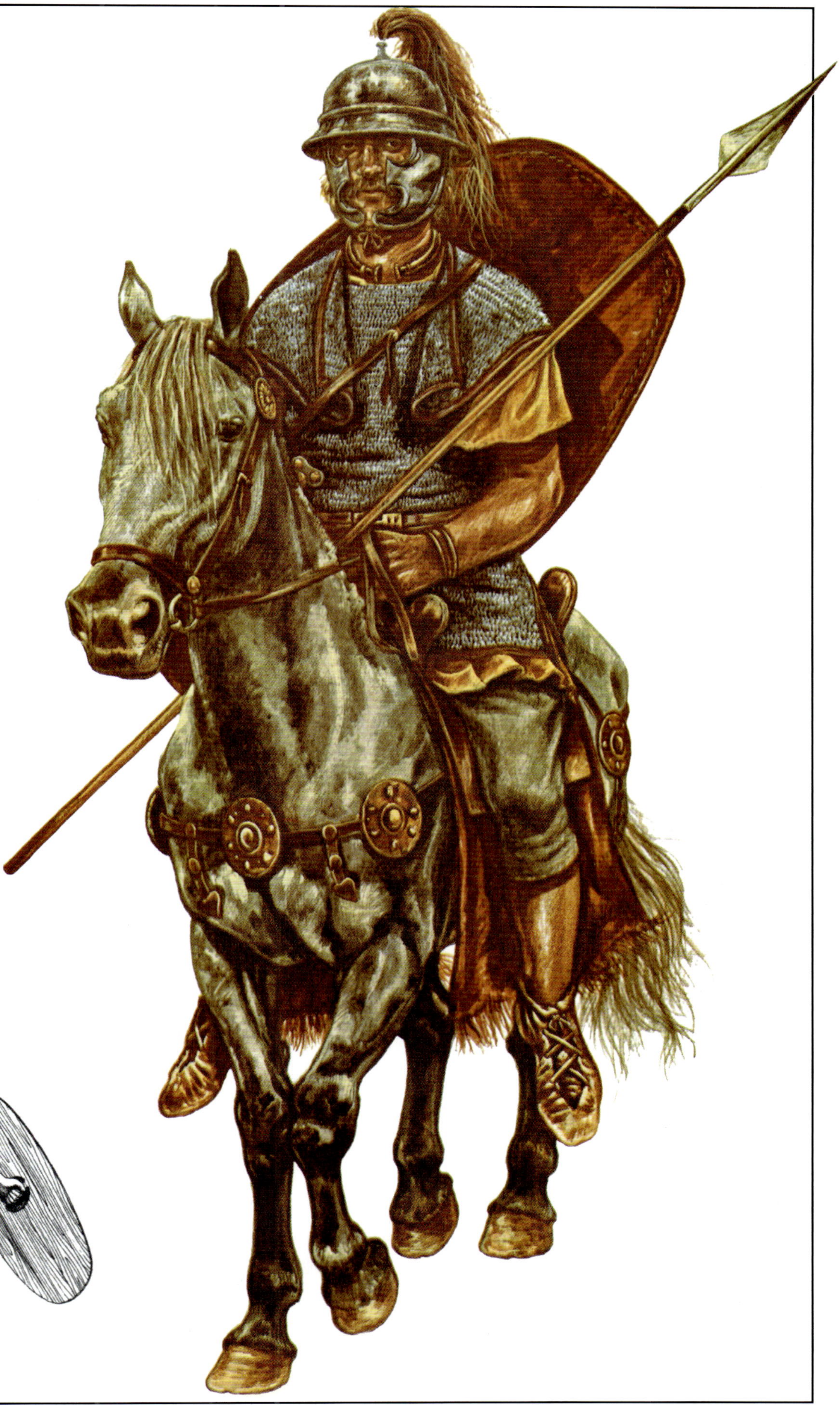

公元前 80 年
苏拉成为执政官　庞培（“伟人”庞培）镇压了西西里和非洲的马略党人　密提勒涅被攻陷

公元前 79 年
苏拉退休闲居

公元前 78 年
苏拉去世

第 10 章　庞培及其时代

格奈乌斯·庞培的胜利令罗马人在东方的统治得以延续，令地中海地区的海盗势力土崩瓦解。与此同时，在意大利，克拉苏（Crassus）镇压了奴隶起义，喀提林的阴谋也被粉碎。克拉苏后于卡莱一役中战死，大权遂落入庞培手中——但他不过是暂时替恺撒保管罢了。

原始资料来源

在苏拉死后一代人的时间里，罗马共和国的政坛起初由格奈乌斯·庞培支配，其后恺撒为这个时代画上了休止符。这段历史在普鲁塔克的《希腊罗马名人传》中得到了生动的描述。尽管普鲁塔克坚称自己是一名传记作家而非历史学家，但若将庞培、卢库鲁斯、赛多留（Sertorius）、克拉苏、加图（Cato）、西塞罗（Cicero）和恺撒的传记组合到一起，我们便能从这些人在共和国末年的活动中，窥见这一时期发生的一系列政治及军事事件的概况。尽管普鲁塔克罗列的轶闻往往并不可信，但在很多情况下，他只是巧妙地以实例来说明某位历史名人的性格而已。这一时期的罗马历史，在很大程度上就是由一群性格鲜明的人物支配的，这段历史也关乎他们的冲突。

西塞罗与庞培出生于同一年（公元前106年）。尽管他毫无军事经验，也没有当过兵，但这位伟大的演说家仍令人惊讶地于公元前63年当选执政官。从某种程度上说，西塞罗是一位与马略完全不同而又能互相协作的执政官。马略始终是一名军人，需要一名政界代言人来兑现他对民众许下的承诺。而身处日益动荡不安的政界的西塞罗，也需要来自军方的支持。从这方面来看，他所能依靠的对象除庞培外别无他选。现存的西塞罗演讲稿，令其所处年代的军事现实跃然纸上。在赞同马尼留（Manilius）制定的法律（马尼留法使庞培得以成为对米特拉达梯战争的最高统帅）的演说中，他以富有表现力的形式承诺自己将支持庞培，真实地反映了那个年代的温和主义观点。在无法无天的暴行在罗马愈演愈烈的时期，西塞罗本人对这位名将的倚仗，在他为被指控为杀人犯（这一谋杀事件发生在血腥的政党战争

▲ "伟人"庞培。他很乐意为无助的、只能依靠他的军事力量的宪政政府效劳。

在罗马及其邻近地区再度上演之后）的麦洛（Milo）做辩护时体现得淋漓尽致。为穆雷纳（Murena）所做的辩护暗示了喀提林阴谋，这表明，揭发和粉碎喀提林的阴谋最有可能归功于西塞罗，不过指挥战事的则另有其人。西塞罗对卸任的西西里总督弗里斯（Verres）的指控同样极具历史价值，它令人惊讶地证明了，罗马海军在面对往往组织十分完善的海盗的威胁时是无能为力的。最终，庞培奉命应对这一威胁。得益于西塞罗，我们可以轻而易举地用越来越多的例子，来证明公元前1世纪时罗马的政治和军事势力之间相互依存的关系。

关于喀提林战争，萨卢斯特著有专著。他也是在书写自己活着时发生的一系列历史事件。但他的记载有时很难与西塞罗和普鲁塔克的记录保持一致，倘若萨卢斯特依据的是自己的回忆，那么他的版本或许未必是最准确的。例如，我们从普鲁塔克援引的加图在要求判处喀提林同党死刑时所说的话中

得知，加图的演说从头到尾都被西塞罗的书记官以速记（当时还是一项发明）的形式记录了下来，其结果是加图的演说稿仅有这一篇存世。对此，萨卢斯特的记录与普鲁塔克截然不同，无论萨卢斯特的记忆是否出了差错，这篇记载很可能是他自己虚构的。

这一时期的其他权威历史学家曾在前面的篇章中出现过。其中，阿庇安的记载对重现米特拉达梯战争和罗马在东方的军事行动具有格外重要的意义。

军权与政权

苏拉试图利用武力，强制实行宪政政府。这一企图本质上是注定要失败的，因为宪政政体得以运作的重要因素是人民的同意与共识。而在苏拉时代，这一要素是不存在的，于是苏拉试图通过立法来弥补这一缺失，但他的做法在很多方面并不符合这个时代的潮流。他或许有理由剥夺盖乌斯·格拉古授予骑士阶层的特权与荣誉，但他制定的法律削弱了公民大会自贵族派与平民派相争时期起就获得的地位。他计划重新强化旧式的执政官选举条例，以此来保证这个国家不再为下一个马略所控制。如今，任何一位行政长官的任命都必须严格按照晋升顺序来进行。一个人必须先担任财政官，再担任裁判官，然后才能当选执政官。年龄方面的资格要求保证了，一个人在担任某个职位一段时间后方能担任下一个职位。而想要再次担任某个职位，则由于时间上的规定而更不可能了。

然而，现有体制面临的新威胁并非像苏拉所预料的那样来自执政官和裁判官，而是来自代执政官和代裁判官。迫在眉睫的海外战争令行政管理权不可避免地被下放。例如，距离上的因素使得战事不可能因选举活动而中断，而中途换将乃兵家大忌，这一点是显

而易见的。除此之外还有一个原因，即执政官共有两名，而当时罗马的统治区域已极为广袤，区区两名行政官员根本管不过来——即使让裁判官从旁协助也是如此。与之形成鲜明对比的是，之前的宪法并未对代政务官的数量做出限制。

作为执政官的权力扩展的代执政官首先出现在公元前326年。这是一项为了适应军事形势的需要而特别设置的职位。为了限制这一职位，苏拉规定代政务官的任期为1年，但他们接到的任务却往往需要很长的时间来完成。庞培在这方面开创了一个先例，他得到了3年的任期。海外战争的特殊要求使得加诸执政官任期的限制无法正常实行。就算一个人根本不是政务官，也有可能以"私人身份"向一个行省发号施令，这类命令往往带有军事及民事性质。无可否认的是，代执政官的权力受限于某个特定的地区。但这个地区的范围可以很大，例如庞培于公元前67年率军与海盗作战时就享受过这种待遇。

苏拉立法规定，被派往海外担任代执政官职务者，必须有1年的本土执政官经历。但事实上，身在罗马的执政官是可以通过手下的使节（legati）来控制海外行省的。无论是在担任现职还是从远方操控，庞培都曾

充分利用过这一手段。这类官员原为将领的幕僚，由元老院任命，人数为3～4人。但庞培在与海盗作战时，身边有24名使节供其差遣。在公元前55年担任西班牙代执政官及于公元前52年出任执政官期间，他委任这些使节为自己的代理人，以此遥控行省事务。但到了这个时候，苏拉所建立的宪政体系已被腐蚀殆尽。

尽管行政权以种种不同方式下放的做法只是一种权宜之计，也并未正式立法，却在事实上加速了共和国的衰亡。从中获益最大的是庞培，在很多方面，他的处境和苏拉一样，陷入了自相矛盾之中。当然，庞培的性格更为温和，他只是支持用武力来捍卫，而非强制推行宪法。

庞培的早期生涯

公元前82年，庞培自己被委任为苏拉的使节，他以此身份参加了西西里战争，接着又前往北非作战。平民派的领袖们（他们如今几乎已是输无可输）试图在这两地重整旗鼓，反对独裁者苏拉和他建立的政府。在这两处战争舞台上，庞培都交出了极为优异的答卷。苏拉性格中妥协退让的一面并不亚于其冷酷无情的一面（有时甚至达到令人吃惊的地步），他允许这位级别不高的将领享受凯旋式的待遇。

▲ 屹立于亚历山大港最高点的庞培之柱。尽管它是被奉献给戴克里先的，但它依旧让我们想起庞培死于埃及之事，并被认为是庞培陵墓的标志。

当一名将领得胜而归时，凯旋式便在等着他。他将带着自己的军队、战利品和战俘，在游行队伍的簇拥下前往朱庇特·卡庇

▼ 这幅地图展示了，庞培、恺撒和克拉苏是如何继公元前59年的第一次划分协定之后，于公元前55年再次瓜分罗马各行省的。

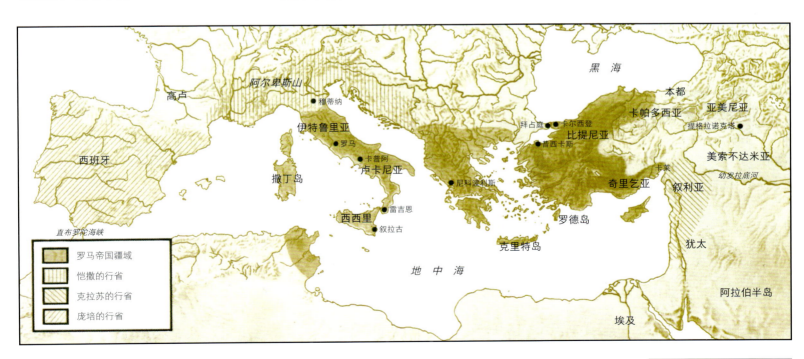

图例：
- 罗马帝国疆域
- 恺撒的行省
- 克拉苏的行省
- 庞培的行省

地名：黑海、阿尔卑斯山、高卢、穆蒂纳、本都、卡帕多西亚、亚美尼亚、伊特鲁里亚、罗马、拜占庭、卡尔西登、比提尼亚、提格拉诺克塔、普西卡斯、美索不达米亚、西班牙、卡普阿、卢卡尼亚、撒丁岛、卡莱、奇里乞亚、叙利亚、幼发拉底河、尼科波利斯、罗德岛、犹太、西西里、雷吉恩、叙拉古、克里特岛、地中海、阿拉伯半岛、直布罗陀海峡、埃及

庞培奉命前往西班牙，协助梅特卢斯·庇护对付赛多留

公元前76年
庞培在西班牙走马上任

在巴勒斯坦，持扩张主义政策的犹太国王亚历山大·詹尼亚斯去世

亚历山大·詹尼亚斯的遗孀亚历山大·萨洛米继位，并对法利赛人采取安抚政策

托林努斯神庙，元老、政务官、行政官员、祭牲、旗帜和满怀敬意的人群也会加入他的队伍。但只有在某些特定情况下，将领才能获此殊荣。平民派军队在北非的指挥官设法与一位非洲国王结为同盟，因而庞培的胜利可以被视为在对外战争中取得的胜利。但凯旋式是执政官、裁判官和独裁官享有的特权，而庞培并未担任过其中任何一项职务。即便如此，苏拉虽然是一名狂热的宪政主义者，却并不一味地试图证明自己的决定是否符合宪法的规定，也丝毫没有降低庞培凯旋式的规格。事实上，庞培本想用非洲象来牵引他的凯旋战车，但它们的体形过于巨大，无法通过城门，遂只好用马匹来代替。

苏拉死后，有人企图再次重整意大利平

▼ 角斗士在与野兽搏斗。角斗活动是罗马人日常生活的一部分，它被认为有助于提高罗马人的士气，公众应习惯于面对死亡。

民派的力量，这些人是庞培亲手提拔的。然而，庞培立刻用实际行动表明，自己是现状的捍卫者。他将异见者及其军队包围在穆蒂纳（今摩德纳），在接受了他们的投降后将其无情地屠杀。这一事件的主谋雷必达（Lepidus）逃往撒丁岛并死在那里。此时，庞培拥有的军事实力和威望让元老院警觉起来，他们很乐意把他派往西班牙，在那里，另一位平民派的前支持者昆图斯·赛多留（Quintus Sertorius）经过苦心经营，其地盘已与独立国家无异。

自马略去世后，平民派麾下就只剩赛多留这一员良将了。当位于意大利的平民派受到苏拉的威胁时，赛多留似乎已意识到：要想与苏拉抗衡，唯一的希望在于建立一座海外基地。他了解西班牙，因为他之前曾在那里担任过财政官。与凯尔特伊比利亚部落的战斗证明了，他在铺谋定计和游击作战方面

的能力丝毫不亚于那些部落居民。在苏拉重新掌权后的那些年中，赛多留频频击溃罗马元老院的军队。他迎合当地人的想法，将自己装扮成一位西班牙民族领袖，而非罗马政党的首脑。在应对赛多留使用的混合了罗马与西班牙元素的游击战术和战略时，庞培遇到了极大的困难，要不是某个叛徒，他可能永远也无法取胜。赛多留被其副将佩尔彭那（Perpenna）阴谋杀害。但佩尔彭那对游击战术的运用不像赛多留那么纯熟，庞培很快设计将其俘获并处决。

至少在其军事生涯的早期，庞培像苏拉一样备受幸运之神的关照。在他前往西班牙作战的5年间，意大利持续笼罩在大规模奴隶起义所带来的恐怖氛围之中。奴隶们数次力挫罗马军队，但最终被马尔库斯·李锡尼乌斯·克拉苏（Marcus Licinius Crassus）镇压。此人曾效力于苏拉麾下，如今是一名

公元前75—前74年
尼科米底斯四世将比提尼亚遗赠给罗马，由此引发了第三次米特拉达梯战争

公元前74年
卢库鲁斯成为执政官　卢库鲁斯获得奇里乞亚及亚洲战事的指挥权　普罗庞提斯的希腊城邦普西卡斯起兵反抗米特拉达梯

野心勃勃的政治家兼将领。即便如此，仍有5,000名幸存者从大获全胜的克拉苏手上成功逃脱，并北撤至伊特鲁里亚，他们在那里与从西班牙归来的庞培军团相遇，并遭到歼灭。庞培毫不犹豫地独揽这场胜利的首功，这种做法很难改善他与权重望崇的克拉苏之间的关系。庞培的野心并没有大到目无法纪的地步，但他极为看重自己的公众声誉，这种心理有时会导致他变得肆意妄为起来。

斯巴达克斯起义

在古代世界，战俘的下场（如果方便留住其性命的话）往往是沦为奴隶。在公元前1世纪初之前，罗马人的一系列军事胜利令意大利和西西里的奴隶人口达到饱和，就其规模而言，这一群体已对罗马构成明显的威胁。在公元前139年和公元前104年，西西里已爆发过两次激烈的奴隶起义，而且均持续数年之久。在这类起义中，最为猛烈的一次就是我们在上文已提到的那一次（发生于公元前73年）。这场起义的领导者是斯巴达克斯（Spartacus），他是一位品格高尚、才智过人并拥有某些希腊气质的色雷斯角斗士。他与一群伙伴一道从一所位于卡普阿的私人创办的角斗士训练营中逃出。这些逃亡者用从当地一家餐馆中得来的刀和烤肉叉武装自己，后来又补充了一些库存的角斗士装备。卡普阿的一支军队与他们交战，但逃亡者们击溃了敌人，并夺取了他们的装备——这些战利品对于奴隶们而言是很有价值的。

这时，罗马出动了为数3,000人的部队，在一名裁判官的统御下前去与这些暴动者作战。斯巴达克斯与其追随者曾一度被围困在一座由沉积岩堆成的山的山顶，但他们将野生葡萄藤的枝条扭绞成一条条软梯，从陡峭的岩壁上攀爬下来，得以逃出生天。来自各个民族的逃奴从意大利各地投奔斯巴达克斯的军队，这支队伍的规模似乎达到了90,000人——这一数字解释了他们为何能在与罗马军队的战斗中连获胜利。身在意大利的执政官们仍旧按照惯例，共享着4个军团的指挥权，同时，驻扎在海外的代政务官却统御着雄厚得多的兵力。然而，奴隶起义军由于缺

▲ 这些角斗士浮雕的年代为公元 3 世纪，但关于角斗活动的记录则可追溯至公元前 3 世纪。

乏具备将才的人物，加上民族成分复杂，因而尽管其人数众多，却无助于在队伍内部建立良好的秩序与纪律。斯巴达克斯率部北进，希望能翻越阿尔卑斯山，将队伍解散，让战士们回到自己的家园。但很多人宁愿留在意大利打家劫舍，斯巴达克斯被说服了，遂再度挥师南下。

当克拉苏受命剿灭这支叛军时，他没能立刻交出一份令人满意的答卷。他麾下一名统御着2个军团的将领违反命令与敌军交战，结果一败涂地，损失惨重。与此同时，许多军团士兵在逃离战场时丢弃了自己的兵器，使得敌人已在不断增长的实力得到了进一步的加强。克拉苏用库存的兵器重新装备自己的军团，并明令执行古老的罗马军事刑罚"十一抽杀律"——受罚士兵每10人分为一组进行抽签，每组一签，中签者将被活活打死。而处罚对象是对溃败负有首要责任的那支大队。

斯巴达克斯打算折回南方，不仅是为了满足追随者们的愿望，他还想进入西西里。自先前的几次暴动被扑灭后，奴隶起义的余

烬仍在那个岛上暗中燃烧，斯巴达克斯想把这团烈火重新鼓动起来。当地的许多奴隶本是希腊人，说的是希腊语，或许斯巴达克斯希望能利用某种民族认同感来更好地控制自己的队伍。他与一伙奇里乞亚海盗进行谈判，这群海盗当时自由自在地出没于远离己方大本营的地中海西部地区。但他们并未履行将斯巴达克斯的队伍运往西西里的诺言，也没有退还斯巴达克斯预付的定金。

克拉苏精心构筑了一道长达4英里（6.4千米）的横贯雷吉恩地峡的土木工事和壕堑，最终成功地将斯巴达克斯军封锁在这一地区的一处狭小的半岛上。但在一个风雨大作的寒夜，斯巴达克斯设法填平了壕堑，率领大部分部下突围而出。奴隶们似乎在向罗马进军，但在卢卡尼亚，他们中的一部分发生哗变并自立一营。在完成了一些准备工作后，克拉苏发兵攻打这支奴隶军，杀死了12,000人。然而，斯巴达克斯和奴隶军主力仍旧"逍遥法外"。克拉苏手下的财政官死死咬着斯巴达克斯，一直追进了山区。他被打得大败，本人也负了伤，但幸运地被手下救走了。然而，奴隶军的纪律依旧一塌糊涂，而斯巴达克斯也无法拒绝追随者们提出

公元前 73 年
意大利爆发了奴隶起义，其领袖为斯巴达克斯

弗里斯任西西里总督，直至公元前 71 年

赛多留被佩尔彭那谋杀

的与罗马人再战一场的要求。而此举正中克拉苏的下怀。他害怕分别从西面和东面赶来的庞培和卢库鲁斯会窃走胜利果实，而他曾发誓要将这一荣誉留给自己。在一场决定性的战役中，斯巴达克斯阵亡。那些在战场上的屠杀中逃得一命的奴隶们被克拉苏或庞培俘获，并被钉死在十字架上。

克拉苏在雷吉恩附近挖掘的壕堑工事值得一提。对壕堑战（不一定用于封锁城市或防守军营）的借助，是罗马人不同于希腊人的一个发展。这一战术或许正符合人们对一个擅长修筑道路、水渠和排水系统的工程师民族的期待。这可能是罗马人在建设军营时自然而然发展出来的想法，或者我们可以将克拉苏之举，视为对西庇阿·埃米利阿努斯在努曼提亚战役中使用的要塞战术的合理继承与发展。正如阿庇安评论的那样，西庇阿是第一位用围墙将那些想要在野战战场上开战的敌人围困起来的将军。后世的罗马将领们无疑用行动表明，他们很乐意以西庇阿为榜样。这让人想起这样一件事：之前苏拉在东方作战时，壕堑战战术发挥了重要的作用。

海　盗

在公元前1世纪早期的地中海世界中，海盗势力是无处不在的，斯巴达克斯与海盗谈判一事，只是众多证明这一事实的实例之一。罗马人并不愿在和平时期保留一支专为维护治安之用的舰队。在布匿战争的危急关头，罗马海军是在匆忙中建成的。在米特拉达梯战争中，无论是苏拉还是费穆波利亚，都不曾从罗马方面得到过一支由战舰组成的舰队。卢库鲁斯只能通过购买或租借的方式弄来一支舰队。在地中海东部地区，罗德岛一直担当着抵御海盗的坚固防波堤的角色，但罗马人出于对罗德岛人在马其顿战争末期表现出来的态度的不满，恶意地将自由贸易权授予提洛岛，从而摧毁了罗德岛的贸易地位。由于提洛岛成了极具竞争力的贸易中心，罗德岛这座海洋城邦的实力遂一落千丈。这使得罗德岛人从此无力制伏在公海和爱琴海沿岸出没的海盗。更糟糕的是，提洛人和罗德岛人正相反，他们向海盗敞开市场，后者的战利品可以在这里卖个好价钱，

掠来的战俘也能在这里被卖为奴隶。没有人在乎这种做法是否合法。

这件事很自然地让人回想起发生在尤里乌斯·恺撒的军事生涯前期的几段著名插曲。恺撒出身于尤里乌斯家族，这表明他是一个古老的贵族家族的后裔，但他的姑母嫁给了马略，因而恺撒在很年轻时就上了苏拉的"通缉犯"名单。恺撒躲藏到乡下，不停地搬家，最终被苏拉的搜查官捕获。他贿赂了主事的官员，而后逃往位于海外的比提尼亚，那里的国王尼科米底斯（Nicomedes）亲切地收留了他。在东方时，年轻的恺撒曾落入奇里乞亚海盗之手，后者在收到一笔赎金后就释放了他。恺撒在米利都装备了几艘船，而后追上并逮捕了海盗，并将他们钉死在十字架上——他在被扣押期间经常这样愉快地威胁这些海盗。然而，就恺撒能够筹集到赎金这一点而言，他已经是一个幸运儿，更不用说他还能组织一支远征队来惩办这些海盗。按照普鲁塔克的记载，一些罗马公民在被海盗用"敬重之礼"取乐一番后，最终得到将被释放的承诺，然后他们就被掷出船

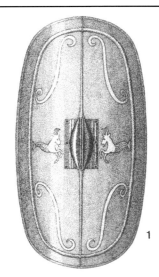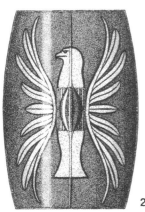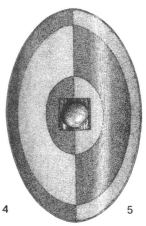

军团士兵的盾牌

这些图片追溯了军团用盾（斯格特姆）的发展历程，其基本尺寸和结构在134页已做过介绍。图1展示的是传统的曲面盾，自公元前7世纪起在意大利得到应用。波利比乌斯曾描述过这种盾牌。在布匿战争之前，它有时会被包上青铜或铁制的镶边，盾心浮雕上覆有一块用于强化的金属片，使之可被用于推

挤，这样盾牌便拥有了杀伤效果。在奥古斯都时代，它渐渐被淘汰，但直到公元150年，它仍被保留为禁卫军的仪式用盾。这里展出的样式是奥朗日凯旋门上的拱形门，可能是奥古斯都第二军团的徽章。图2是这种盾牌的首个改进版，这次改进发生在公元前10年前后。盾牌的顶端和底部都被去掉，以减轻重量。它的服役期一直持续到公元175年之后。盾牌上的图案是根

据美因茨的一幅浮雕作品（约公元75年）上的盾牌图案绘制的。图3为这种盾牌进一步的改进版。老式的木制纺锤形盾心浮雕被去掉（也是为了减轻重量），握把孔上仅覆盖着一块用青铜或铁制成的圆形盾心浮雕。其出现年代约为公元20年，盾牌上的图案为著名的"雷电"徽章。各个军团用着这一图案的不同变体。这一图案出现于奥古斯都统治时期，到了公元100年，

几乎成了罗马军团的通用徽章。图4描绘的是下一个改进版本。盾牌的两侧变直，四角各增加了一块"L"形的加固物。这种盾牌于公元40至50年投入使用，直至公元200年后才退役。图中的盾牌图案来自图拉真纪念柱上的浮雕。图5中的盾牌被重新设计成了椭圆形（约公元150年），其服役期一直持续到帝国终结。盾牌图案由红褐色和黄色构成，是巴拉丁的军团使用的徽章。

公元前72年
卢库鲁斯在本都击败米特拉达梯　　斯巴达克斯在意大利连战连捷　　庞培在西班牙俘杀佩尔彭那

外，丢进海里。

罗马派出去惩治海盗的部队，并不一定都能像恺撒的远征队那样成功。奇里乞亚海盗是一支不可轻视的武装力量，他们并非只是一两艘出没无常的船只而已，有时也会以整支舰队的形式出现。他们经常与那些国家力量进行平等谈判，仿佛他们在一个世界性的海盗社群里获得了某种形式的公民地位一般。米特拉达梯迫切希望得到他们的帮助，而赛多留则真的这样做过。当一艘海盗船落入弗里斯（公元前73—前71年任西西里总督）之手时，船员们靠着各式各样的本领成了弗里斯的部下，而船长则获准用一笔钱为自己赎身。这种做法委实与恺撒那冷酷无情的处理方式形成了鲜明对比，但话说回来，恺撒与那些曾把他当人质抓起来的海盗之间毕竟是有一笔账要算的。

后来，在弗里斯仍然在任时，一整支海盗分舰队袭击了西西里海岸。按照西塞罗的说法，统领总督舰队的希腊指挥官当时喝得醉醺醺的，一看到海盗出现，就率先驾着自己的四列桨战舰逃之夭夭了。这支行省海军处于缺编状态，船员们没有薪饷，食不果腹，但若不是他们的指挥官带头逃跑，他们或许也会奋勇作战。然而，那艘四列桨战舰（其庞大的体积对付轻型的海盗船本是绰绰有余的）抢在其他船只的前头，飞也似的逃进了附近的一座港口，惊慌失措的指挥官和水手们猛冲上岸，在陆地上寻找自己的避难所。海盗们追上了这支小小的政府舰队中落在最后的一批船只，于夜间将它们连同那艘四列桨战舰及其他被抛弃的舰船一起在海岸上烧毁。第二天，他们在毫无阻拦的情况下驶入了叙拉古海港。海盗们利用这次机会，在弗里斯的总督任内完成了一次旅游似的远征行动——正如西塞罗所讽刺的那样。

西西里军队之所以一触即溃，主要原因在于用于支付桨手和海军士兵薪水的税金被总督大人转手装进了自己的腰包。尽管这个例子极为恶劣，但同类事件绝非个例。此外，在某种意义上，这件事从行省层面上反映了共和国政府的整体政策。对于仅仅为了治安需要而设立的海军舰队，似乎并不值得动用财政拨款作为其维护经费。但在弗里斯所处的时代，不断增长的压力已注定要改变公众的态度。

庞培征讨海盗

发生在伊利里亚和马其顿的战争，一度迫使爱奥尼亚海的海盗向北进入亚得里亚海。在公元前1世纪初，海盗的威胁主要来自奇里乞亚，当地荒无人烟的海岸线和腹地为海盗们提供了偏僻的活动基地和隐秘的藏身之所。罗马设置了奇里乞亚行省，它实际上是反海盗活动的指挥部。政府的计划属于典型的陆军思维而非海军思维，主要战略依赖于某种由来已久的权宜之计——攻占敌人的海港，从而利用陆战方式来赢得一场海上战争的胜利。然而，在地中海的其他地区，特别是克里特岛，海盗问题显得更为棘手。

公元前67年，意大利发生了一次谷物短缺事件。人们认为，这次事件与海外地区动荡局面日益加剧而导致的粮食供应问题有关，于是海盗问题变得尖锐起来。经一名小政客提议，公民大会做出决议，由庞培负责应对海盗的威胁，为此他被授予了广泛的权力。此时，海盗团伙的凝聚力和组织性已达到一定高度，部分原因在于得到了米特拉达梯的鼓励。在一定程度上，他们已然成为一支海陆两栖的武装力量。这些人向沿海城市勒索贡金，在己方军械库和港口所在的海岸建造灯塔和瞭望塔，雇用老练的领航员为己所用。统御他们的是前行政官员和军事长官，他们非但不秘密行事，反而明目张胆地招摇过市。根据普鲁塔克的记载，海盗们拥有镀银的船桨、镀金的帆桁以及用紫色布匹制成的船帆，至于他们闲暇时在自己控制的海岸地区欢歌载舞、纵情宴饮的事，就更不用提了。他们中的很多人是在东方流行的密特拉教的信徒，但历史更为悠久的天神和女神的庙宇并未因此免遭他们的劫掠。意大利的海岸也逃不过海盗们的目光。有一次，他们俘虏了两名罗马裁判官，其幕僚和随从也被一并俘获。在另一场袭击中，他们绑架了一位著名的罗马将军的女儿，并向她父亲勒索赎金。普鲁塔克宣称，到庞培走马上任时，海盗集团已拥有1,000艘船，控制着400座城市。

庞培的权力范围包括赫拉克勒斯之柱以内（即直布罗陀以东）的全部海域，此外，距海岸线50英里（80千米）范围内的所有内陆地区也处于他的节制之下。庞培得到授权，可自行委任24名直接听命于他的使节，这些人均被列入裁判官行列。庞培有权征募125,000名人员和500艘战舰，而决议批准划归此次战事之用的巨款，完全足以承担这样一支大军所需的费用。结果，庞培并未将自己得到的这笔专款全部花光。此外，他远远没有用尽罗马政府通过特别立法授予他的3年破敌之期，而是在数月之间就圆满完成了使命。

他的工作以井然有序的方式开展着。清

▼ 在这幅刻画罗马战舰的作品中，海军登舷作战部队的形象清晰可见。在征讨海盗的战争中，庞培展现了自己运用这一海军兵种的能力。

▲ 这枚钱币由赛克斯图斯·庞培的铸币人 Q. 纳西蒂乌斯于公元前 44 至前 43 年铸造。其正面刻的是"伟人"庞培的肖像，背面图案则是一艘那个时代典型的桨帆战舰。

剿海盗的行动首先在地中海西部地区展开。罗马海军被分为 13 队，每一队分别负责一片地区的剿匪任务。接下来庞培将兵锋东转，用 60 艘最好的舰船前去进攻敌人的主要据点。西部海域的海盗在仅仅 40 天后就被肃清了。而东部海域的海盗巢穴，也于 3 个月内在猛烈的攻势下接连陷落。在一场大规模的海战中，敌方舰队折损大半，那些带着家眷前往内陆地区要塞避难的海盗被围困在茫茫群山之中，而后束手就擒，被俘者达 20,000 人之多。在众多被俘获的船只中，有 90 艘战舰连同装备一道落入了罗马人之手。

如果说庞培曾有过可以无愧地接受"伟人"这一称号的时刻，那就是在这时了。他不但没有简单地将战俘全部钉死了事——这种做法在当时的情形下是很正常的，还意识到海盗的威胁不仅来自陆地和海洋的麻烦，更是社会环境所导致的。这批海盗是一些因一无所有而铤而走险的人，残酷的战争和血腥的政治导致他们无家可归，穷困潦倒。在这种情况下，对于海盗而言，奋战而死要强于活活饿死，他们认为值得冒被钉死的危险。为了向俘虏们展示自己的仁慈，庞培赦免了那些尚未落入法网的海盗，而这样做的结果就是，大批海盗主动前来投降。这些原来的海盗和他们的家眷被顺利地安置在经过精心挑选的地中海东部的各个农业型殖民地内。

不幸的是，庞培的伟大战果因政治倾轧而蒙上了一层阴影。显而易见，从这场面对

神出鬼没、来去如风的敌人的战争拉开序幕时起，庞培手中号令沿海地区的权力就与那些之前就任于当地并负责内陆地区事务的总督们的权威发生了冲突。克里特总督梅特卢斯（Metellus）决心用无情的手段将海盗们斩尽杀绝，而很多海盗都期盼能借庞培实行大赦之机留得一命。庞培手下一名奉命率领别部前往克里特的军官最终与海盗联合起来，同梅特卢斯作战。这件事让庞培的做法看起来愚不可及，而梅特卢斯最终达到了自己的目的。

卢库鲁斯与米特拉达梯作战

剿灭地中海海盗是庞培军事生涯中最辉煌的成就，他几乎是完全凭借自己的能力达成这一成就的。捷报很快就传到了罗马，在庞培得以重返意大利之前，新战场的最高领导权就交到了他的手中。他将负责指挥对米特拉达梯的战争。然而，这场战役与庞培一生中指挥的其他几场战役一样，在很大程度上只是接收前任的现成功绩而已。

米特拉达梯充分利用罗马专注于意大利和西班牙之机，与海盗势力结盟，并从赛多留那里获得了一批军事顾问。米特拉达梯不仅重建其被苏拉摧毁的军事实力，还做得更多。苏拉在亚洲行省（即小亚细亚西部）的副手对这位国王的企图起了疑心，遂在没有获得罗马方面批准的情况下，对本都王国重启战端。他最终战败，而直接后果就是罗马的声望遭到打击。

当米特拉达梯入侵比提尼亚（其末代君主于公元前 75 年将它遗赠给了罗马人，使其变为罗马的一个行省）时，全面战争再度爆发。没有人比卢库鲁斯更适合在这座战争舞台上一展身手，但为了确保自己在担任执政官期间（公元前 74 年）掌握奇里乞亚和亚洲方面战事的指挥权，卢库鲁斯觉得有必要和一位政敌的情妇进行狡诈的密谋。很快，他就被迫前去救援身在比提尼亚的同僚，后者恨不能立刻击败本都人，从而将功劳全部据为己有，结果在陆战和海战中双双落败。

米特拉达梯可能同样从自己以往的经历和赛多留的军事顾问团那里吸取了经验

教训，对自己的陆军和海军进行了改编。事实上，规模庞大的本都亚洲部队中仍存在一批累赘，如卷镰战车，它们在战场上往往效率不高，因为要跑上很长一段路来积蓄冲击动能。尽管如此，他还是仿照罗马军队的模式，为自己的步兵配备了短剑和长盾，并效仿了罗马人的战术编队。总体而言，比起之前仪仗队般的行头，如今本都军队的装备显

复那些因遭苏拉课税而至今残破不堪的亚洲城市的经济。亚美尼亚国王拒绝交出米特拉达梯，卢库鲁斯便进军亚美尼亚。在一场展现其灵巧战术的战役中，卢库鲁斯击败了提格拉涅斯麾下的大军。他旋即占领了新建的亚美尼亚首都提格拉诺克塔，并发兵东进，再次击败了提格拉涅斯和米特拉达梯。然而，战争的危险无休无止地向东方延伸，如今卢库鲁斯似乎有可能卷入与里海南面的帕提亚人之间的冲突。他的部下发生了哗变，他已无力再征服任何一寸土地。

事实上，不仅卢库鲁斯中止了自己的胜利步伐，驻在亚美尼亚的罗马军队也因军纪败坏而陷入瘫痪。此外，已有人反对延长卢库鲁斯的指挥权了。在这种情况下，非常有韧性的米特拉达梯迅速恢复了实力，他募集了新的军队，重新占领了本都。与此同时，提格拉涅斯也重启攻势，进入位于小亚细亚东部的卡帕多西亚。本都的罗马军队战败的消息传来，令亚美尼亚的罗马军队大吃一惊，这支哗变的队伍终于听从将军的指令向西折返，前去救援之前留下驻守本都的军团。但他们的情绪极为低落，以至于局势根本不可能得到扭转，这种不幸的情形一直持续到庞培赶来执掌指挥权为止。

卢库鲁斯是个非常有独立思想的人，在这个溜须拍马和蛊惑人心的手段已成为成功的先决条件的世界中，他始终坚持依靠自己的能力和正直来成事。结果，他不但失尽军心，连他的幕僚也不支持他，同时也给了那些身在罗马的政敌们以反对他的机会。他执行军纪极为严格，但这并不够。或许，士兵们对他最大的不满之处就在于，他禁止他们劫掠友好城市和那些臣服于罗马的人们，而苏拉无疑会在一定限度内容忍士兵们的行为。

公元前63年，卢库鲁斯终于享受到了他应得的凯旋式待遇，此后他从军界和政坛引退，过上了锦衣玉食的奢靡生活。不幸的是，他在垂垂老矣之时变得精神失常。为庞培所取代这件事无疑对他造成了极大的刺激。两人自从同在苏拉麾下效力起就竞争不休。但苏拉总是不可理喻地偏爱庞培，尽管他更信赖卢库鲁斯。

然更适用于实战。

米特拉达梯将罗马人围困在卡尔西登（位于拜占庭对面），并沿着普罗庞提斯（即马尔马拉海）南部海岸继续向西进逼，攻打昔西卡斯。然而，卢库鲁斯在陆地和海上双双获胜后，不仅为这两座城市解了围，驱散了米特拉达梯的侵略军，更反手攻入本都境内。他很快突破了由要塞城镇组成的用于守

▲ 奇里乞亚的罗马建筑遗址。在消灭了该地区的海盗后，庞培奉命接替卢库鲁斯，前往更北之地指挥对米特拉达梯的战争。

卫本都西部领土的防御链。在一场激战中，米特拉达梯再次败北，他向东逃往自己的女婿亚美尼亚国王提格拉涅斯（Tigranes）处避难。卢库鲁斯遣使前往亚美尼亚，要求引渡这名逃亡者。在等待答复期间，他努力恢

米特拉达梯的结局

在顽强抵抗卢库鲁斯的过程中，米特拉达梯和提格拉涅斯不仅最终耗尽了罗马人的力量，自己也已精疲力竭。卢库鲁斯的军队发生了哗变，而专制独裁的本都和亚美尼亚内部同样在上演着一幕幕宫廷阴谋和同室操戈的好戏。米特拉达梯的一个儿子在今天俄罗斯南部地区建立了一个独立政权，并且已经得到卢库鲁斯的承认。提格拉涅斯的儿子很快加以效仿，也走上了独立之路。庞培只要利用自己手中掌握的庞大资源，将这两个亚洲国家内部已经存在的压力推向爆发点，就能对战事走向产生决定性的影响。

卢库鲁斯曾击败规模为己方兵力许多倍的敌军。普鲁塔克引用李维的记载，宣称在提格拉诺克塔被攻占之前的大战中，罗马军队的数量不到敌人的二十分之一。较之那些半传说性质的古代史（甚至第二次布匿战争

▼ 凯旋式上的罗马军队（法国格拉嫩纪念牌）。庞培凭借其在东部的胜利，得到了举行凯旋式的权利，这使得尤里乌斯·恺撒学习他，也为自己的高卢大捷举行了一次凯旋式。

也不例外），李维对与自己所处时代相近的历史事件的推测应该更准确一些。然而，如今的情形已经大大不同了。庞培手中拥有大笔尚未动用的财政拨款，而且由于从海盗那里获得了大量战利品，他的财力变得更为雄厚，遑论他还缴获了一批舰船。亚洲王国的专制君主们在人力方面损失惨重，而庞培不仅带来了用于对付海盗的大军，还收编了卢库鲁斯的军队。庞培充分利用了自己的海军力量，他派遣战舰前去戍守从叙利亚到博斯普鲁斯海峡之间的亚洲海岸，为的是预防本都海军突袭自己的后方。随后，他离开位于奇里乞亚的大本营，前往北方与米特拉达梯作战。他那支威武雄壮的部队并不算过于庞大。可以肯定的是，这支队伍并不笨重，其规模正符合庞培的需要。因为他已经通过精明的外交手段，让提格拉涅斯陷入与帕提亚人的战争之中，以便单独对付本都国王。

米特拉达梯及其幕僚似乎并非始终对自己的机会保持警觉。本都军队起初驻扎在固若金汤的山中据点内，但由于缺水，他们撤至一处不那么坚固的所在。庞培占领了被丢弃的据点，根据该地的植被状况推断出

水源就位于地下不算太深的地方，并成功地掘出数口水井。然而，尽管其后庞培计划用壕堑困住敌人，米特拉达梯却率领实力尚存的军队悄悄向东溜掉了。庞培追蹑其后，直至幼发拉底河，双方借着月光在该地大战一场——庞培于战后在战场附近建起了尼科波利斯城（意为"胜利之城"）。当晚，低垂在夜空中的月亮在背对着它作战的罗马军队前方投下一道道长长的影子，扰乱着敌军射手的视线。米特拉达梯的军队被击溃了，但他本人则率领800名护卫骑兵突破了罗马军队的阵线。最后，他只带着几名忠诚的随从逃走，他那名性格坚强的小妾也在其中，身穿波斯骑兵服装并手执兵器。庞培一度怀疑进行夜战的决定是否明智，但他在手下将领的压力下妥协了。18年后，在法萨卢斯与恺撒对阵时，他再度屈服于部下的压力，但这一次幸运之神已不再眷顾他。

提格拉涅斯拒绝再为自己的岳父提供避难所，米特拉达梯渡过幼发拉底河的源头，进入黑海地区。他仍希望夺回自己的一切，甚至打算从陆上入侵意大利，但他的另一个儿子造反了（此人或许代表着民意），令他的

公元前68年

卢库鲁斯在亚美尼亚作战

在 P. 克洛狄乌斯的煽动下，卢库鲁斯的军队发生哗变

米特拉达梯收复大片失地

在巴勒斯坦，亚历珊德拉的儿子赫卡努斯和阿里斯托布鲁斯发生争执

全部计划都化为泡影。已经68岁的米特拉达梯平生第一次陷入了绝望。据说，由于害怕遭人暗害，米特拉达梯曾不断服用小剂量的毒药，以获得对毒药的免疫力。如今他决定结束自己的生命，对毒药的抗性却成了障碍，但他的一名卫士遵从他的命令杀死了他。

与此同时，庞培与提格拉涅斯达成了十分宽大的和平协议。他并未尝试北进追击米特拉达梯，而是陷入了与高加索部落的苦战。而后他继续南进，将战火烧至叙利亚、犹太和阿拉伯地区。他的举动令他成为万众瞩目的焦点，也为他招来了非难——他不该忽视本都人的威胁。收到传达米特拉达梯死讯的信件时，他正身处这一地区。显然，军营中没有覆盖草皮的平台——率军作战的罗马将领通常是站在这种平台上面向部下发表演说的。但庞培登上一堆驮鞍，公布了这一消息，随之引发了欢乐的浪潮，接下来就是盛大的献祭和酒宴，令人如同置身于胜利庆典一般。

喀提林的阴谋

当庞培在东方作战时，意大利因卢修斯·塞尔吉乌斯·喀提林（Lucius Sergius Catilina）的阴谋和武装叛乱而地动山摇。我们获知的相关史实几乎全部来自萨卢斯特和西塞罗的著作。萨卢斯特绝不是政治中立的，而西塞罗是喀提林阴谋暗杀的对象，又曾下令处决喀提林的同党，因而显然不可能做到不偏不倚。这些家喻户晓的历史事件的

后马略时代的罗马军队

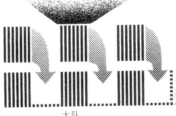

中队

罗马军团自始至终都没有停下发展的脚步，但马略改革提供了一个方便考察的时间点。自布匿战争之后，罗马的扩张行动使其军队不得不在更为遥远的战场上度过不止一个"作战季"。这一现实招致了负有服役义务的有产阶级的极大不满，因为他们有自己的产业要打理。此外，由于财富的集中化，义务兵役人员的规模出现缩减，新兵的数量不足。马略解决这一困境的办法是，将军队的大门向全体公民（无论财产多寡）打开。这样一来，自然出现了许多无力购置兵器和甲胄的兵员，他们的装备由国家来提供。这导致了军团的标准化与旧式的骑兵、轻装步兵、三线兵等阶层的消亡。大队下辖中队的全体成员开始统一配备派勒姆投矛、格雷迪乌斯剑和斯格特姆盾。在第二次布匿战争行将结束之际出现的更大规模的百人队，如今成为罗马军团的标准编制。每个军团由10个大队组成，每个大队下辖3个中队，每个中队下辖2个百人队，每个百人队的编制为80人左右，于是每个军团的总规模就变成了约4,800人。经过标准化建设的军团，也废除了将步兵大队排成三线式阵列的习惯，代之以每个横队中包含若干个大队的编组方式。最前面的横队包含4个大队，宽度为10列，纵深为8排，正面

宽约240码（220米）。其余两个横队均由3个大队组成，每个横队宽度为12列，纵深为6排，其正面宽度与前面的横队相同。

恺撒根据不同情况，将自己的军团列为1个、2个、3个或4个横队，但较为常见的是三线式阵列。每个横队的纵深与队列间的间隔都各不相同，军团因而变得极为灵活。一个横队穿过另一个横队完成轮换的制度化战术，已不像以前那样频繁使用，但百人队仍像最初那样一个接一个地排在对方后面列阵，以便留出空隙供轻装部队和骑兵部队通过。同盟者战争的结果也导致了同盟军大队的消失，因为他们中的大部分成员如今获得了成为军团一员的资格。这一情况的出现，加上轻装步兵部队由于冗员而遭到裁撤，意味着罗马轻装部队和骑兵部队将不得不由辅军部队来提供。这两支部队的兵员募自不享有公民权的行省或盟邦。在恺撒任行省总督时，其麾下的军团是这一时期的罗马军队的很好的例子（下图）。他拥有4个军团（分别为第七、第八、第九和第十军团），以及规模为2,000～3,000人，被编为若干个大队的巴利阿里掷石兵和克里特弓箭手部队。此外还有可编为4支骑兵翼部队的2,000名西班牙和高卢骑兵。在一般情况下，这支队伍占据的正面宽度约为1,500码（1,370米）。由于恺撒的高卢战争的波及范围进一步扩大，其

部队规模也增加到10个军团。将"账面"数字与实际数字做比较是很有趣的，由于受到疾病、拆分、伤亡等因素的影响，恺撒军团的战时平均规模为3,000～4,000人。在经过格外艰苦的战斗后，军团的平均规模会下降至2,800～3,000人（相关实例见171页的法萨卢斯战役）。

中队

大队

军团

骑兵　第十军团　第九军团　第八军团　第七军团　骑兵

轻装步兵、掷石兵和弓箭手

过程大致如下。

喀提林先前曾于公元前65年参与过一起试图颠覆宪政政府并夺取政权的阴谋。他拥有很高的威望和广阔的人脉，因而当时并未遭到控告。由于在政坛再度失意，加上十足的恶念的驱使（史料试图诱导我们相信这一点），他策划了第二起阴谋，而时机于公元前63年成熟了。原计划是让暴乱在整个意大利境内同时蔓延开来，而主要的暴动地点则集中在伊特鲁里亚，那里的老兵已成为依赖国家供养的破产农民。当时任执政官的西塞罗得到了这次密谋的消息时，阴谋家们在镰刀匠大街召开了一次紧急会议，并采取了更为铤而走险的方案。他们决定于次日谋害西塞罗，在罗马纵火，并煽动奴隶们参与叛乱，洗劫城市。与此同时，位于意大利其他地区的叛乱支持者将立刻举事，而伊特鲁里亚的叛乱者们则将向沉浸在恐怖氛围中的罗马城进军。消息渠道一向灵通的西塞罗立刻得到警告，自己正处于危险之中。在元老院中，西塞罗当着喀提林的面控诉其罪行（喀提林也是元老院的一员）。此后，喀提林逃离罗马，并与伊特鲁里亚的军队会合。

然而，其他阴谋家仍留在罗马。他们希望从高卢人那里找到更多支持者，因而与几名当时身在罗马的高卢部落特使进行了接触。西塞罗的消息渠道再次帮了他的大忙。通过在高卢人那里的办事人员，他获得了阴谋家们在足以作为其罪证的文件上的签名，并逮捕了为首的5个人。他们的命运被提交给元老院进行讨论。恺撒请求将他们处以无期徒刑。但得到加图（备受尊敬的监察官加图的曾孙）支持的西塞罗，不经审判就下令将这批阴谋家处决。他的理由是，当前国家已处于紧急状态，但并非所有人都认可他的说法。罗马的阴谋失败后，伊特鲁里亚那支装备低劣的喀提林主力军便几无成功的希望了。罗马方面派出正规军对付他们。喀提林的北撤路线被切断了，在比斯多利发生的一场战役中，喀提林兵败身亡。

喀提林那愚蠢的阴谋几乎不能算是一场战争，但这一事件具有极为重要的军事意义。从战略角度而言，意大利在地中海世界居于中心地位，但它同时也是其中最为脆

帕提亚人

"帕尼人"（Parni，即帕提亚人）是一个西徐亚血统的民族，是达赫三部落之一。达赫人既与亚历山大作战过，也曾为亚历山大效力。在公元前250年至前130年间，他们征服的土地从亚美尼亚一直延伸到阿富汗，并在这片土地上建立了自己的帝国。在接下来的3个世纪中，他们频频与自己的西邻罗马爆发冲突，原因在于罗马的领袖们试图继续向东征服新的土地。

帕提亚铁甲骑兵（左图）

在以下三大因素的共同影响下，帕提亚贵族在发展具装骑兵的道路上走得比其他民族都要远：这一兵种是邻近的马萨格泰人发明的；与帕提亚敌对的继业者王国已对骑兵的装备进行过改良；新建立的帝国提供了发展具装骑兵所必需的资源。左图展示了一名生活在约公元前50年的贵族的形象。他和他的坐骑均包裹在一层青铜或铁制鳞甲内。其他帕提亚士兵装备的则是锁子甲。这名贵族四肢部分的护甲是皮革的——很久以后才出现金属的。他的兵器是一柄康托斯长矛、一把剑或一柄斧头，往往还带着一张弓。图中的马甲是开放式的，以便通风。

公元前66年

庞培奉命取代卢库鲁斯，与米特拉达梯作战

米特拉达梯战败，但得以逃脱

提格拉涅斯的儿子逃往罗马人处

提格拉涅斯投降

纳巴泰（阿拉伯）国王阿雷塔斯在赫卡努斯的求助下出兵对抗阿里斯托布鲁斯，包围了耶路撒冷

帕提亚军队

帕提亚人原为游牧骑射手，但随着帝国的扩张，他们也和其他继业者国家一样开始使用雇佣军（主要为步兵）。爆发于公元前128年的雇佣军之乱改变了局面，自此之后，帕提亚人只从附庸城市中征募民兵，在作战时则主要依靠自己的骑兵。事实上，在某些战役中（其中尤为著名的例子是卡莱战役，见156页），他们的军队由清一色的骑兵组成。

帕提亚骑射手（左图）

帕提亚骑兵大多为本国贵族的仆役和奴隶，他们担任的是轻装骑射手。左图中的人正在使用"帕提亚射法"，这一说法已经变成了一句谚语。带有精美刺绣的服饰、头饰的风格以及传统造型的弓套，揭示了他的西徐亚出身。为了保护带刺绣的裤子，他穿着极为宽松的绑腿，仅靠后半部分的结束维系，这使得绑腿的前半部分形成了一道道富有特色的褶层。这名骑射手的两股上均系有一把长匕首或短剑，就像牛仔的手枪那样。公元100年时，帽子在帕提亚人中是较为罕见的，它的替代品仅仅是一块头巾。他们的流行服饰是一件及膝的束腰长外衣，圆筒形的箭袋取代了弓套。图中的弓箭手用一枚扳指来拉开自己的复合弓的弓弦。这种扳指由金属或骨制成，起源于公元前200年之前的欧亚大草原，经由波斯传播到叙利亚，于公元100年前后得到应用。使用扳指时，必须将箭置于弓的右侧，而非按照传统射法那样置于左侧。据说，其主要优点在于能让开弓变得略为轻松一些。

骑射手的战术

如左图所示，轻骑兵排成松散的队列，在一般情况下，其正面宽度约为6英尺（2米）。据说，图中的楔形阵是西徐亚人发明的，其他民族（如色雷斯人和马其顿人）则是依样画葫芦。当骑射手发动进攻时，他将一支箭搭在弓弦上，并将更多的箭握在持弓的那只手里。他随后一路小跑着前进。当推进到距敌约100码（90米）时，他突然开始疾驰，并射出2~4支箭。在相距50码（45米）时，他开始转向，一般是转向右侧（因为骑射手只能从左侧放箭），并沿着敌军列一路飞奔，同时继续射击。这批骑射手轮流控制并阻挡坐骑的步伐，并如图所示的那样转向，而后一边撤退，一边向身后放箭。尽管所有的亚洲游牧民族都会使用这一动作，但它仍被冠以"帕提亚射法"之名。与成群结队的骑手从如云般的尘埃中疾速进出一样，这种冲锋和齐射战术的目的在于打击敌人的士气。帕提亚那群山连绵、沙丘遍布的地形特别适合实施"打了就跑"的战术，罗马人被这套战术震撼得目瞪口呆，因为这与他们之前遇到过的任何一种战术都截然不同。

弱的地区。军事独裁的威胁如同梦魇一般萦绕在罗马人的心头，因而元老院宁愿看到罗马军团被部署在偏远行省及海外行省。而在任何一位拥有武装又有能力获得心怀不满者集中支持的冒险家眼里，驻军相对较少的意大利都是一只充满魅力的猎物。喀提林之前已有类似的先例，即公元前77年的雷必达之乱。在庞培的及时支援下，雷必达的叛乱野心遭到了粉碎。喀提林选择在庞培不再驻于罗马附近地区时起事。而庞培率领复仇大军从东方赶回——就像曾经的苏拉那样，是阴谋家们不得不加以考虑的一种可能性，因而他们计划将庞培的孩子们扣为人质。除此之外，任何一个有能力控制意大利的军事政权都拥有内部通讯方面的优势，这方面的重要性在罗马后来的历史中仍有所体现。我们很难弄清喀提林为何能够最终下定决心，企图成为罗马的独裁者。我们无法精确考证他的计划和意图，但有一点是毫无疑问的：要不是西塞罗的"情报机关"的出色工作，喀提林在被制伏之前将在罗马造成巨大的破坏。

帕提亚人

在东部战争的进程中，罗马人曾多次与帕提亚人发生接触。苏拉在推进至幼发拉底河时，曾与他们进行过友好协商。卢库鲁斯不相信他们能成为自己的盟友，曾打算发动进攻。庞培为了向他们求援，曾许诺将亚美尼亚的边境地区送给他们，但在提格拉涅斯屈膝投降后就背弃了自己的诺言。与其他亚洲国家一样，帕提亚是塞琉古帝国的继承国，帕提亚人的首领阿萨息斯（Arsaces）于公元前3世纪中叶建立了独立王朝。与罗马人打交道的正是这个阿萨息斯王朝。

帕提亚文化在不少方面都带有亚历山大东征遗产的典型特征，是一个自相矛盾、有时又显得颇为怪异的希腊–蛮族传统元素的混合体。但帕提亚人在作战方式上则极少借鉴马其顿人，他们并不像米特拉达梯那样东施效颦般地照搬方阵战术。帕提亚军队是一支骑兵部队，它的骑兵分为两类。贵族出身的骑兵与中世纪的骑士很像，他们手执长矛，以锁子甲外套护身，骑着身强体壮且同

50码
（45米）

100码
（90米）

公元前65年
喀提林首次策划阴谋　诗人贺拉斯出生

公元前64年
西塞罗与安东尼乌斯当选下一年度的执政官

样身披铠甲的战马。这些重骑兵被希腊作家称为"铁甲骑兵"（cataphratoi），该词的字面含义为"全身披挂"。但更具代表性的帕提亚战士是不穿甲胄的弓骑兵，他们依靠自己的机动力，在敌军弓箭的射程范围内一边快速移动，一边用致命的飞箭攻击敌人。在手中的箭支射出之后，他们立刻调转马头逃开。现代的"帕提亚射法"一词就是对这种极富技巧的作战方式的纪念。在拥有起伏的山峦或沙丘以及蜿蜒曲折的地平线的亚洲地区，骑兵的行动可以很好地被隐藏而不受阻碍，帕提亚人的战术对于机动能力弱的敌人来说是个可怕的威胁。另外值得一提的是，他们的弓的张力和箭的穿透力均极为强劲，能够将盾牌钉在使用者持盾的那只手臂上，或将敌人的脚钉在地上。

在与帕提亚人发生冲突之前，罗马人曾有过几次与铁甲骑兵作战的经验。提格拉涅斯的军队中有17,000名重甲骑兵。卢库鲁斯注意到，这些人除了长矛别无其他进攻型兵器，且沉重而僵硬的铠甲也妨碍着他们的行动。于是他命令麾下的色雷斯和加拉太骑兵用剑击落敌人的长矛，并在进攻时与敌人保持一定的距离。同样，他命令军团士兵不要

▲ 这枚钱币上刻的是帕提亚国王奥罗德斯一世（公元前80—前76／前75年在位）的头像，他是阿萨息斯王朝的君主之一。罗马人从未彻底制伏过这个王朝。

把时间浪费在投掷标枪上，而是贴上去用剑攻击敌人，攻击披甲骑兵的腿部，砍断其战马的脚筋，因为他们的铠甲并未覆及腰以下的部位。这种迅速贴近敌人的做法还有一个目的，就是让敌人无法动用他们的弓箭手。在多山的亚美尼亚，帕提亚弓骑兵的战术是无论如何也施展不开的。

帕提亚人精通各种作战策略，尤其擅长假装撤退和伏击战术。他们的国土位置偏远，外界对其知之甚少（至少罗马人是这样）。他们有能力培养自己的间谍，当入侵

者不得不雇用当地向导时，他们也能够向敌人提供假情报。他们集结军队时使用的并不是军号，而是一种透着不祥气息、令人胆战心惊的隆隆鼓声——可能与手鼓的击打声相似。他们也会驱马疾驰到敌军队列的近旁，扬起阵阵乌云状的沙尘，以起到烟尘遮断的效果。他们的作战方式与罗马人之前在本都和亚美尼亚遇到的敌人完全不同，罗马人在遭受过一次沉重的打击后才发现了这一点。

惨败卡莱

罗马人始终未能制伏或控制帕提亚人。公元前53年，他们在马尔库斯·克拉苏的指挥下，于美索不达米亚的卡莱附近与这个之前从未交过手的敌人首次交锋，结果以惨败收场。与庞培和卢库鲁斯一样，克拉苏在青年时代曾为苏拉效力。他靠着侵吞那些被苏拉剥夺法律权利的人的财产而发家致富。同盟者战争和镇压斯巴达克斯的军事行动证明，克拉苏是一位真正的将才，但纵观其漫长的军事生涯，金钱始终是他的头号武器。只是在庞培的赫赫战功和近年恺撒在高卢取得的胜绩的刺激下，在沙场建功立业的雄心

卡莱战役（公元前53年）

	克拉苏	苏雷纳
步兵	7个军团 25,000/28,000 轻装部队 4,000	无
骑兵	高卢骑兵 1,000 叙利亚、卡帕多西亚、阿拉伯骑兵 3,000 （外加数量未知的非战斗人员）	铁甲骑兵 1,000 轻装骑射手 6,000/8,000 骆驼 1,000（辎重部队） 马车 200（辎重部队）

战役概况

渴望扬名沙场的克拉苏制订了入侵帕提亚的计划。在前往塞琉西亚的途中，他与一支帕提亚骑兵队发生了遭遇战。克拉苏在一条小溪附近安下阵地，并摆出防御性的方阵。许多罗马人想要在这里休息，但在其子普布利乌斯的催促下，克拉苏决定进军。他很快遇上了帕提亚军队的主力，帕提亚射手们将克拉苏军团团包围，并用155页介绍的那种战术袭扰着罗马人的防御方阵。

第一天：克拉苏试图用轻装部队来压制这些骑射手，但他们被迫退回方阵的队列之中。帕提亚人通过辎重车队获得箭支补给。普布利乌斯随即试图用8个大队、500名弓箭

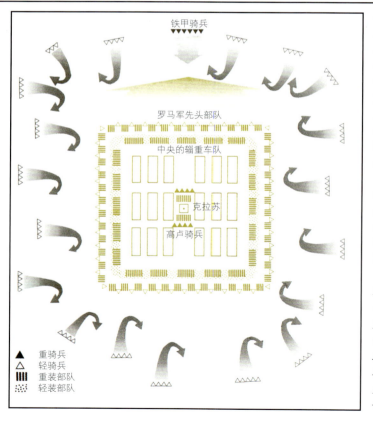

铁甲骑兵

罗马军团先头部队

中央的辎重车队

克拉苏

高卢骑兵

▲ 重骑兵
△ 轻骑兵
▮ 重装部队
▦ 轻装部队

手和包括高卢骑兵在内的1,300名骑兵发动一次大规模的突击。帕提亚人退却了，普布利乌斯进行追击。但帕提亚人随即将矛头指向普布利乌斯，他们的弓箭手和铁甲骑兵将普布利乌斯的队伍团团包围。尽管高卢骑兵英勇奋战，但普布利乌斯的军队还是被打垮了，只有500人被生俘。普布利乌斯自尽，他的头颅被挑在一支长矛上，用以羞辱克拉苏。夜幕降临，帕提亚人撤退了；罗马人决定撤军，并不顾伤员的乞求而将他们丢下。

第二天：大部分罗马士兵抵达了卡莱。掉队者和伤员（约4,000人）遭到帕提亚人的屠杀，另有4个大队（约1,500人）在行军时迷失了方向。卡莱遭到围困，由于食物出现短缺，克拉苏决定乘夜撤往山区。在一片混乱的行军过程中，又有许多人掉队。

第三天：克拉苏同500名骑兵回到卡莱，从那里逃往叙利亚。5,000名罗马士兵据守着山上的一处坚固据点。然而，为了帮助落在后面的克拉苏及其部下，他们折了回去。苏雷纳意识到罗马人可能要逃掉了，便诱使克拉苏前来谈判。克拉苏和他手下的军官在谈判地点被杀。部分罗马士兵投降，其他人逃走，后被阿拉伯人捕杀。罗马方面的损失总计为20,000人阵亡，10,000人被俘。

罗马人的队伍由于连夜行军而四散，彼此失去了联系。克拉苏手下的军官盖乌斯·卡西乌斯（Gaius Cassius，他因在9年后的3月15日策划刺杀恺撒而广为人知）率领10,000人平安返回。在没有更详细的信息的情况下，我们无法确定是该称赞他拯救了部下的生命，还是该责备他抛弃了自己的将军。其他军官则在士气低落的士兵们的施压下，同克拉苏一道前去与苏雷纳谈判。而会谈的建议是苏雷纳提出的，这显然是他的奸计。在帕提亚人精心设计的混战中，罗马方面的谈判人员被害。克拉苏的首级被帕提亚凯旋队伍送往该国国王处，后者此时正与亚美尼亚人缔结和平协议。据称，在整个战役中，罗马军共有20,000人被杀，10,000人被俘。帕提亚人将罗马俘虏送往更遥远的东部行省服苦役。

尽管克拉苏遭遇惨败，但帕提亚人并未尝试乘胜追击。他们与高卢人和日耳曼人不同，并不因迫于生存压力而时时迁徙——这种生活方式是以侵害其他民族的利益为代价的。或许他们也意识到，这片克拉苏曾鲁莽地冒险闯入的国土是他们最宝贵的军事财富，他们的作战方式放到其他任何地理环境下，都无法取得同样的战果。多年来，罗马人一直将他们在卡莱遭遇的惨败视为奇耻大辱。即便其他情况一概不提，他们的军旗可是落入了敌人手中。但这并未引发罗马人的危机意识。帕提亚人对他们构成的威胁，还比不上米特拉达梯或奇里乞亚的海盗。

除了诈术，帕提亚人的胜利还应归功于苏雷纳的才干。但据我们所知，苏雷纳的作风无法让人将他与一位伟大而刚毅的军事领袖联系到一起。在他私下出游时，总会有一支庞大的随从队伍同行，其中包括200辆载着其姬妾的大车。他对在罗马败军的辎重车队中发现的淫秽读物表示反感，这让他显得十分虚伪。然而，他的个人能力是毋庸置疑的。事实上，苏雷纳的战功招致了国王的猜忌。在卡莱战役结束后不久，他就被处决了。

壮志才在克拉苏心中复苏。在他与庞培、恺撒一道达成的三方政治协议中，叙利亚和埃及成为克拉苏治下的行省，这让他找到了为自己博取威望的机会——与帕提亚开战。

克拉苏的战争行为既没有得到罗马方面的认可，也不是因为帕提亚人的挑衅。然而，由于庞培违背其对帕提亚人许下的诺言，他在叙利亚的副手又向一位帕提亚王位的觊觎者提供支持，两国之间已产生了对立情绪。在克拉苏占领了几座位于美索不达米亚的边境城市后，他遇到了帕提亚国王派来质问他的使团。双方都使用了挑衅性的言语，于是两国立刻进入战争状态。

将大本营设在卡莱（即《圣经》中的"哈兰"，今哈兰镇）后，克拉苏率军朝着继业者设在巴比伦尼亚的都城塞琉西亚进发。罗马军团很快就成了敌方射手的靶子，他们的轻装散兵部队数量太少，无力阻挡敌人的进攻。帕提亚将领苏雷纳（Surena，苏林家

族的领袖，因而被冠以"苏林的苏雷纳"的称号）为了确保手下弓箭手的弹药供应源源不绝，让一支高效的驼队不断地向前方运送箭支。

克拉苏派自己的儿子普布利乌斯（Publius）率领8个大队、500名弓箭手和约1,300名骑兵前去交战。这些高卢人与普布利乌斯一样，曾在恺撒手下有着优异的表现，并且他们在与帕提亚铁甲骑兵的交锋中取得了一些战果。他们敏捷地抓住敌人的长矛，从下方刺入敌人坐骑那未受保护的腹部。但最后，普布利乌斯的部队与罗马军队主力的联系被切断，并遭到歼灭。得意扬扬的帕提亚人当着克拉苏的面，将他儿子的头颅挑在长矛上来奚落他。

罗马人被迫乘夜撤退，但此时他们已是精疲力竭，4,000名被抛弃的伤员遭到敌人的屠杀。在夜间，帕提亚人很乐意按兵不动，但到了白天，追击便再度开始。与此同时，

第 11 章 尤里乌斯·恺撒

在一连串辉煌的战役中，恺撒制伏了一个个高卢和日耳曼部落，并入侵不列颠。建功立业的欲望与移天易日的野心在他的内心世界中相互交织。公元前 49 年，他率领自己的军团渡过卢比孔河，将庞培逐出罗马。

原始资料来源

如今我们翻阅到了这样一幅时代篇章：这段时期相关人物的传记和自传可以轻而易举地与历史等同起来。恺撒的《高卢战记》（Gallic Wars）是其最为知名的一部作品，英国读者对这部著作尤为感兴趣，因为它描述了罗马人首次远征不列颠的历程。七卷本《高卢战记》的记述时段为公元前58年至公元前52年，每一卷的篇幅分别对应一年的战史。恺撒手下的军官奥卢斯·希尔提乌斯（Aulus Hirtius）为这部作品续写了第8卷，

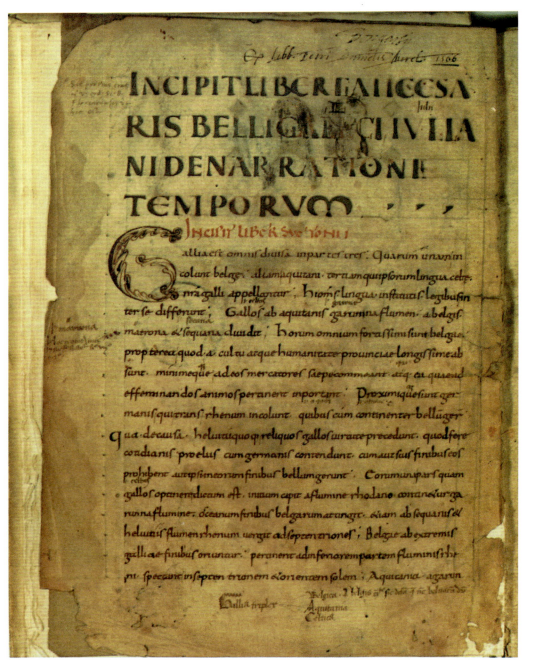

将时间轴推进至公元前50年。恺撒将自己从高卢返回后与庞培交战（公元前49年）的记录列于三卷本的《内战记》（Commentaries on the Civil War）中。后来，他的军事传奇在一部记载其在东方作战的情况（以公元前47年在捷拉与米特拉达梯之子的交锋为结局）的佚名历史作品中得到延续。这部作品有可能也出自希尔提乌斯之手。另一部佚名作品则记录了恺撒在北非（加图就是在那里加入另一支庞培残军的）的胜利（公元前47—前46年）。第三部出自佚名作者之手的著作讲述了恺撒的最后一战——他在西班牙与庞培的儿子们对阵，并于公元前45年率军在蒙达赢得了最后胜利。不幸的是，《西班牙战记》（Spanish War）的叙事手法并不高明，情节也不够清晰，尽管作者（可能是一名低级军官）或许见证过他所描述的那些战斗。

除了普鲁塔克的传记，我们手中还有出自盖乌斯·苏维托尼乌斯·特兰克维鲁斯（Gaius Suetonius Tranquillus）之手的恺撒传记。此人可能出生于公元69年，并一直活到了2世纪后很久。他在哈德良皇帝手下担任秘书，或许是因为获得了另一位身份高贵的作家小普林尼（即盖乌斯·普林尼·切西利乌斯·塞孔杜斯）的助力，他才能得到这一职务。《罗马十二帝王传》（Lives of the Caesars）几乎是其作品中仅存的一部。此书包括12份传记，以尤里乌斯·恺撒传为首，之后按顺序介绍恺撒之后的罗马专制君主的生平，并以图密善（Domitian）传收尾。

关于恺撒在被任命为高卢战事总指挥之前的政治生涯，我们主要的了解渠道是西塞罗和萨卢斯特的作品。但尽管我们拥有普鲁塔克和苏维托尼乌斯的传记著作，恺撒青年

◀ "整个高卢地区分为三个部分……"恺撒《高卢战记》的第 1 页，来自一份收藏于阿姆斯特丹的 9 世纪的手稿。

公元前 61 年
恺撒成为在西班牙的罗马军团的司令官

公元前 60 年
庞培、克拉苏与恺撒结为政治同盟

时代的信息仍是支离破碎、模糊不清的。当苏拉将主要精力放在报复意大利的马略党人上时，被短暂制伏的米特拉达梯又开始活跃起来。当时身在东方的恺撒怀着满腔热情，参与到针对米特拉达梯的军事行动之中。当他在比提尼亚组建一支舰队时，有人怀疑他与比提尼亚国王有同性恋关系，但这件事的报道者苏维托尼乌斯显然特别喜欢收录这类丑闻。当恺撒还是一个毛头小子时，他就在东方的战事中立功受勋，在密提勒涅的一场战斗结束后，他因救了一名战友的命而被授予一项公民橡叶冠。与克拉苏一样，他似乎也曾弃武从政。他很快意识到，在他所在的

那个世界里军权和军功是通往政治舞台高处不可或缺的阶梯。

除了军事与政治，恺撒还将大量精力投入文坛耕耘中。为了在罗德岛从事文艺研究，他中断了自己的早期军事生涯。他著有数本文学批评作品，今已散佚。在这些作品中，他提出一个著名的建议：避免使用罕见、晦涩的词汇。他自己的战记系列的文笔清晰易懂，就是他以身作则的结果。

政治背景

尤里乌斯家族的历史据说比罗马城还要

古老。另一方面，恺撒与平民派的领袖有着姻亲关系，因而他可以得到暴民们的支持。当他与贵族谈话时，双方处于平起平坐的地位。必须承认的是，实际上无论是贵族派还是平民派都不信任他。他的早年事迹无疑并不会使他赢得信任。他是一个政治暴力活动的操纵者、一项声名狼藉的事业的辩护者、一个罗马已经见识过了很多的那种寡廉鲜耻的煽动家——只是他的拉丁语无可指摘。他对服饰极为挑剔，平日的衣着显得矫揉造作，因而每个人都不免对他与比提尼亚国王

▼ 在仅仅13年的时间里，对罗马之敌、庞培及其继承人的战争引领着恺撒踏遍了整个帝国的疆土。

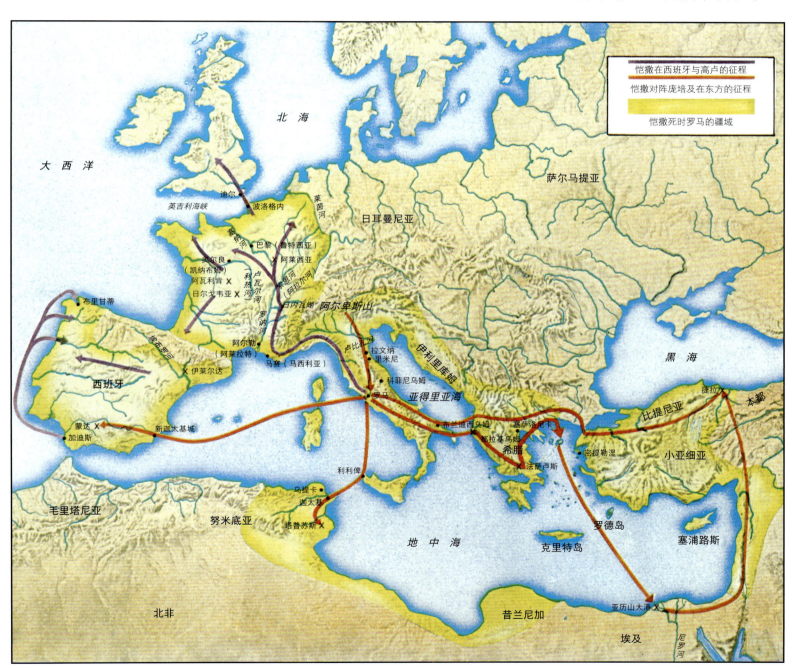

公元前59年
恺撒首次任执政官

恺撒被任命为意大利高卢、伊利里库姆和山外高卢的代执政官

恺撒迎娶凯尔普妮亚，他的女儿朱莉娅与庞培结婚

之间的传闻信以为真。尽管如此，苏维托尼乌斯还是罗列了一份据说曾被恺撒诱奸过的罗马贵妇的名单，这份名单令人印象深刻，其中包括庞培和克拉苏的妻子。

为了促成自己的政治计划和维持个人生活标准，恺撒向克拉苏借了一大笔钱——这是后者经营的一种政治性的金融生意。这样做的后果自然是令恺撒这个煽动专家为克拉苏所制，使得他很容易就被卷入某些以他的天生睿智本会避而远之的煽动事件中。喀提林阴谋或许就是这类例子之一。与此同时，恺撒对现实的洞察力令他意识到，罗马的真正统治者是庞培和他麾下那支随时能够召集起来支持他的军队——这一事实是西塞罗不能或不愿认清的。一切以陈规陋习的形式留存至今，或苏拉以极端手段建立的宪政政体不过是些空架子而已。如果这种宪制的幻象能够继续存在下去，那也只是因为庞培不愿在其中扮演他的政治角色而已。这位名将的野心仅限于军界，他的心愿是成为罗马的最高军事长官，而非罗马的独裁者。

在克拉苏的资助下，恺撒于公元前61年被委任为西班牙驻军的指挥官。这个已被镇服的罗马行省仍需抵御西北部山地部落的侵袭，因而获取战功的机会比比皆是。恺撒用行动证明了一个无疑曾为他所怀疑的事实：他年轻时在东方展示出的军事才华，即将迈入中年门槛的他并未失去。战利品和奴隶成了这名得胜之将惯常的额外津贴。我们还需考虑到，强征勒索对于一名罗马总督而言是一件稀松平常的事。因而当恺撒回到罗马时，他又成了一位富翁，并清偿了克拉苏的债务。此时他无疑也意识到，他已经有资格成为一名伟大的将领（至少不亚于庞培）了。

公元前60年，身为执政官的恺撒平静而自信地践踏了共和国宪法，任由几名对手报以虚弱无力的抗议。权力如今落入了庞培、恺撒和克拉苏之手，他们掌握的军权、暴民力量和金钱，是这些或由他们自己，或通过代理人来实施的权力的源泉。由于元老院拒绝向他们中的任何一人做出合情合理的让步，本可能成为政治对手的三人被迫结为同盟。诚然，任何让步都将被轻而易举地证明是践踏宪政政体的开端。至少三头同盟的存

在也意味着和平局面的存在。倘若宪政支持者们决定离间这些挑战宪政权威的人，他们或许会保持一定程度上的独立，同时意大利将再一次成为冒险家们利用武力争权夺利的舞台。从西塞罗或加图这样的共和主义者的角度来看，当前的局势无疑已不可能找到圆满的解决之道。

赫尔维提人与阿里奥维斯图

或许有人会问：从罗马国家利益的角度出发，恺撒对高卢的征服是一项实实在在的伟大成就，还是只不过增强了他的个人威望和在本土的政治权力？同样的问题或许也可以用来质疑公元前1世纪初众多罗马将领的战功。就克拉苏那以惨败告终的帕提亚远征而言，其动机显然是出于私利的。而在这一时期的所有罗马军事长官中，庞培或许是最愿意静待机会上门，而非主动寻求军事冒险的一个。恺撒征伐高卢的直接目的显然更多是保卫罗马的安全，而不像克拉苏东征那样纯为一己之私——尽管恺撒并未落得同样的悲惨下场。

恺撒于公元前59年被任命为代执政官，他的管辖范围起初仅限于意大利高卢地区（罗马人称意大利北部的高卢地区为山内高卢，即内高卢，阿尔卑斯山以北则属于山外高卢）及伊利里库姆，后扩大到阿尔卑斯山以外的高卢地区。罗马在这一带驻兵有着充分的理由，因为日耳曼和高卢部落又开始迁徙了，而罗马人关于辛布里战争的回忆也才过去半个世纪而已。在恺撒出任代执政官时，赫尔维提高卢人由于受到日耳曼苏维汇部落的压力，已被迫向南进入瑞士北部。当介入高卢部落之间争端的苏维汇人进入莱茵河西部地区时，赫尔维提人面临着与其他高卢部落之间相互隔绝的危险，于是他们决定向西迁徙，并于公元前58年提出申请，要求和平地通过罗马的行省（今法国南部）。按照他自己的解释，恺撒无法想象这批人可能会在何处停下迁徙的脚步，而且他也想起赫尔维提人曾与辛布里人是同盟，令罗马军队遭到耻辱性失败，因而驳回了他们的请求，并在日内瓦湖和侏罗山脉精心修筑了一道长达19罗马里（28千米）的土木工事，以及一批要塞和战地指挥所，以堵死赫尔维提人的南迁路线。这道防线的范围和构筑速度进一步证明了这样一个事实：在这一时期的罗马军事战略舞台上，军事工程学扮演了一个日趋重要的角色。

▼ 这尊举世闻名的雕像刻画的是一个即将死去的高卢人，他戴着一个项圈。公元前3世纪，入侵小亚细亚的凯尔特人被珀加蒙的阿塔罗斯一世击败，此事在珀加蒙艺术中也有所体现。

公元前58年
赫尔维提人（日内瓦湖北部的凯尔特部落）西迁　　恺撒击败赫尔维提人　　恺撒击败由阿里奥维斯图统率的日耳曼人　　在罗马，P. 克洛狄乌斯出任保民官，迫使西塞罗流亡

恺撒利用与高卢部落谈判（这是一招极为奸诈的缓兵之计）的机会，争取到了时间，因而得以赶在被他的日内瓦防线挡住的赫尔维提人，在艰难地越过侏罗山脉和索恩河谷之前，将5个军团集结于意大利北部。他向赫尔维提人发动进攻，击败了正等着跟随主力渡过阿拉尔河（即索恩河）的赫尔维提部落后卫部队。他以极快的速度在河流上架好桥梁，之后循着赫尔维提人的踪迹一路追赶。追踪持续了约两周，直到赫尔维提人因罗马军队遭遇谷物供应困难而很不明智地主动发起进攻。战斗一直持续到夜间，赫尔维提人最终被击败了。这场战役的结果是，其他部落因害怕遭到恺撒的报复，拒绝向赫尔维提人供应谷物。饥饿迫使他们举手投降，恺撒让他们重新回到位于瑞士的家园。如果恺撒的想法不够长远的话，他本可以将这些人卖为奴隶，这样既省心又有利可图。但他命令赫尔维提人（除了在其原籍，这些人无论在何处都是个麻烦）重返故土，那里起到的是抵御日耳曼人的缓冲国的作用。

当然，除非日耳曼人进入高卢地区的步伐于同一时间暂时停止，这一举动毫无任何意义。恺撒与苏维汇国王阿里奥维斯图（Ariovistus）举行了一轮外交对话，后者的态度极为强硬，在此之后，恺撒发现自己已投身于一场新的战争——事实上，这一情况无疑在他的预料之中。恺撒部下的士兵是从未接触过日耳曼人的一代人（如果不考虑与斯巴达克斯的日耳曼追随者作战的经历的话），新对手那魁梧的体形和尚武的名声令他们不寒而栗。恐慌情绪一度几近爆发。但恺撒用自己那神赐般的领袖魅力和无畏气概感染了全军。其中尤以精锐部队第十军团为甚，

▲ 古不列颠凯尔特人的金制项圈。对于凯尔特人而言，这种饰品是一种财富；对于同意大利高卢人作战的罗马征服者而言，这则是一种光荣的战利品。

▲ 尤里乌斯·恺撒。除了在军事方面取得的成就，他还是一位杰出的作家，而且他推行的历法改革在欧洲沿用了1,800年之久。

军官与士兵很快均重新燃起了斗志。恺撒那言辞粗野、慷慨激昂的演说能够煽动起暴民们的情绪，同样也能激发一支军队的士气。在阿尔萨斯平原爆发的一场大会战中，罗马人击败了阿里奥维斯图，逼着他退回莱茵河的另一侧——他再也没有越过这条河流。在这场战斗中，普布利乌斯·克拉苏（他在6年后的卡莱战场上英年早逝）负责统御恺撒的骑兵队。在危急关头，他率领这支预备队主动出击，支援陷入困境的己方部队左翼，令尚不明朗的胜利天平彻底倒向了罗马一方。

恺撒与比利时高卢人

在战胜了阿里奥维斯图后，恺撒前往南方，以意大利高卢行省总督的身份行使自己的司法职能。与此同时，他将自己的军团交由副手带往侏罗山脉以西扎营过冬。但北方的凯尔特—日耳曼混血的比利时高卢人正准备开战。

第二年夏天，在安排与罗马人友好的埃杜伊高卢人实施了某些牵制性行动后，恺撒遭遇了一支比利时部落联军，这支部队约有40,000人，双方交锋于艾克桑纳河（即埃纳河）。恺撒已在军营所在的一座为河弯所环

绕的小山上修筑了防御工事。谷物的供应再度出现问题，而罗马人之所以选择在此扎营，不仅是出于战术防御的需要，也是为了阻止敌人从后方实施包抄，从而导致他们与邻近的友好部落（其粮食的供应来源）之间的联系被切断。恺撒预料战斗会在军营前方的平地上爆发，而己方在数量上将处于严重劣势，因而在小山的两侧各挖掘了一道壕堑，以保护己方侧翼。这些壕堑从罗马军营的一头延伸开来，壕堑的末端筑有配置了弹射器的碉堡。战场就这样被布置得如同某种竞技场一般。

然而，尽管恺撒的骑兵在小规模的接触战中占得上风，但双方均不打算冒险越过横亘于两军之间的沼泽发动攻击。此时，比利时人发现了位于河边的浅滩，于是他们打算渡河，以便从后方切断罗马人的交通。恺撒立刻派出骑兵与轻装部队，攻击正涉水而过的敌人，令其伤亡惨重，从而挫败了这一计划。比利时人在进军过程中企图攻占一座与罗马结盟的高卢城镇，但在恺撒的及时增援下已宣告失败。如今，他们发现自己陷入了粮食匮乏的境地，因而变得沮丧起来。他们

恺撒对决阿里奥维斯图（公元前58年）

兵力：

恺撒：约21,000名军团士兵，加上高卢骑兵（约4,000人）及其他辅军部队。

阿里奥维斯图：大批日耳曼部落征召兵（征自拥有12万人的日耳曼族群），其中包括6,000名骑兵、6,000名步兵和16,000名轻装步兵。

1 阿里奥维斯图在距恺撒2罗马里（3千米）处设营，切断了后者的补给线。

2 恺撒试图进行会战，但阿里奥维斯图没有接受。由骑兵引发的前哨战随之而来。

3 恺撒越过日耳曼军营。他建起第二座军营，恢复了补给线。

4 2个军团被部署在新军营内，4个军团驻守在旧军营。

5 次日，日耳曼军进攻新军营，战斗从中午一直持续到日落时分。

6 次日，恺撒将军队排成3个横队，从旧军营出击。

7 日耳曼军迎击。双方均没有使用标枪，而是展开肉搏战。

8 日耳曼军左翼被击败。

9 普布利乌斯·克拉苏将第三横队调去支援处于困境中的罗马军左翼。

10 日耳曼军溃败，惨遭屠戮。

做出决定，部落联军应解散并重返故土，若任一部落遭到进攻，所有部落应重新集结起来加以抵御。然而，他们的撤退毫无秩序和计划可言，以至于罗马人得以逐一进攻各个部落，并对乱作一团的敌人大加屠戮。

如今，绝大多数比利时部落均乐意与恺撒和谈，但实力最强的内尔维人却仍在挑衅罗马人。在获得了关于罗马人常规行军队列的情报后，他们决定发动一次奇袭。大多为步兵部队的内尔维人从一座林木繁茂的山头冲出，猛攻位于他们前方的恺撒骑兵前锋部队，而后迅速渡过萨比斯河（即桑布尔河），冲上山去，进攻正准备挖掘环绕营垒的壕堑的罗马人。6个罗马军团走在辎重部队的前头，后者由担任后卫的2个军团保护。这一安排与内尔维人根据情报所设想的情况并不相同，因为在不存在立时发生战斗的可能性时，每个军团所属的辎重部队都是夹在这个军团与下一个军团中间行进的。

即便如此，这次奇袭还是取得了巨大的成功，以至于罗马人几乎来不及戴上头盔、揭去盾罩。恺撒从他身后的一个人手中夺过一面盾牌，赶往前线亲自调集部队。此时正值战斗进行到最为激烈的时刻。罗马人伤亡惨重，但并未遭遇惨败，这很大程度上是因为他们训练有素，而且无论官兵都能自觉各司其职。内尔维人依靠的则是出其不意的效果和数量上的优势，因而当担任后卫的罗马军团赶到时，他们就处于下风了。许多内尔维人战死，其他人在豁出性命的勇气的支撑下继续抵抗，但此时罗马人已经掌控了局势。自那一天起，内尔维部落作为一个战斗单位就不复存在了。

经过与阿杜亚都契人（一个与辛布里人常年保持联系的日耳曼部落）的一次短暂交锋，恺撒完全征服了比利时高卢地区。阿杜亚都契人是前来援助内尔维人的，但他们来得太晚，没能赶上战斗，如今他们发现自己成了一支孤军。恺撒勒令他们交出武器，但一些人偷偷把兵器藏了起来，试图凭借武力

▶ 奥林奇（阿路西奥）凯旋门（建于约公元前 30 年）上方的浮雕细部。公元 25 年，尤里乌斯·恺撒时代过去半个世纪后，提比略在门上加上了自己的铭文。就浮雕的兵甲战利品部分而言，那些盾牌格外引人注目。

乘夜从己方城镇向外突围。恺撒对此早有防备，他事先下令，一旦阿杜亚都契人突击，就举火为号。在随之而来的战斗中，恺撒令阿杜亚都契人死伤惨重，幸存者（共计35,000人）全部被卖为奴隶。

潮汐海洋

普布利乌斯·克拉苏于同一作战季节之内，被派去迫使位于大西洋沿岸的高卢国家屈服。这一任务很快就完成了，并且值得一提的是，如今恺撒对任何一个不前来向他求和的部落都加以怀疑。然而就在第二年，维内蒂人（居住在布列塔尼南部地区）率领邻近部落反抗罗马人，并将罗马派往他们那里征集粮草的军官扣押起来，意在迫使罗马人释放他们先前交出的人质。被这一背信弃义之举激怒的恺撒准备发动一场针对沿海高卢部落的战争，这意味着他必须动用一支海军。他在利热河（即卢瓦尔河）河口打造船只，并到山外高卢（今法国南部）招募桨手，雇用水手和领航员。

布列塔尼南部海岸因一系列河口的存在而呈锯齿状，直到今天，这些河口仍妨碍着机动车辆的行进。维内蒂人与邻近部落将他们的要塞建在海角顶端，涨潮时那里就成了

岛屿，而当潮水退却后，那里就成了半岛。上涨的潮水会挫败任何经陆路进攻要塞卫城的企图；反之，若敌人想用海军进攻，则等到潮水退去，他们的船只就会搁浅在岩石上。罗马人做了巨大的努力，建起了一道道防波堤，并构筑围攻工事作为他们自己的进攻平台。但当守军受到严重威胁时，他们的海军往往就会赶到，将人和财物一起带走，而罗马人就只能在别的地方不辞辛劳地重复同样的工程。

因此，歼灭敌军舰队成了唯一的解决之道。但罗马人在海战方面再度处于下风。高卢人的船以橡木制成，粗大的横梁用拇指粗的铁钉固定，以结实的皮革风帆为依托。这些船只被用于同大西洋的风浪抗衡，它们也能扛得住罗马桨帆战舰撞角的撞击。同时，较为高大的船身使得它们很难被钩住，因而也无法使用登舷战术来对付。而当双方在海面上用投射型兵器对攻时，高卢人再一次得以占据上风，因为他们是站在更高的平台上开火的。尽管罗马人将小型塔楼装载到甲板上，但还是无法高过敌舰那高大的舰尾。此外，高卢船的底部更为平直，因此在浅滩上搁浅的风险较低，而且他们的领航员对这一带的海岸和潮汐情况了如指掌。

然而，靠着坚韧的毅力、精巧的兵器

以及良好的运气，由德西姆斯·布鲁图斯（Decimus Brutus，他注定要在日后成为恺撒谋杀案的凶手之一）指挥的罗马军队最终在一场关键性的海战中赢得了胜利。他们将一种镰刀状的钩子安装在长长的竿子上，用它来攻击敌舰的索具，割断升降索。帆桁和船帆随之滑落，敌舰也就失去了动力，因为高卢人是不用船桨的。这样一来，罗马人就可以用2~3艘桨帆船去攻击1艘高卢船，从而以各个击破的方式来摧毁敌方舰队。这种情形也发生在风力减弱时，逃跑的高卢船只由于无风而无法前进，因而被罗马船只追及。由于沿海高卢部落所能依赖的只有他们的海军，因而等到他们的舰队以上述方式被歼灭后，恺撒立刻毫不费力地降伏了大西洋沿岸的各个城邦。在高卢人协商投降之后，恺撒以十分残忍的手段对待他们，因为他认为扣留自己的军官是一种违背国际法的行为。维内蒂人的领袖全部被处决，其余人等被卖为奴隶。

在日耳曼和不列颠的战事

恺撒的高卢战争是以防御性的作战行动为开端的，此举意在防止日耳曼势力进入高卢。倘若罗马人没有充分利用高卢各部落处于政治不稳的局面而介入它们的争端，那么日耳曼人无疑很乐意也有能力代劳。而且，在经历了对辛布里人和条顿人的战争之后，罗马人绝对不可能眼睁睁地看着西欧落到渴望土地的日耳曼人侵略者手中而无动于衷。因此，罗马以不时在公共场合举行感恩活动的方式，来纪念恺撒及其僚属在高卢各地取得的一连串胜绩。

然而，在高卢北部和西部，罗马人的行动不再是纯防御性的了。这一点从《高卢战记》的论调中就可以清晰地看出，恺撒在书中将自己和自己的军团视为文明的传播者。他还认为，应该用传播罗马式的法律和秩序的办法，来改变高卢人那动辄进行部落战争的习惯，还有从莱茵河以西到英吉利海峡以南的全部地区，都应当向罗马人的商业、实业和公共工程开放。他希望能让上述边境地区永远不受侵犯，这一想法导致他于公元前55年与居住在这些地区以外的民族发生了战争（在北部和东部同时开战）。

这一年，日耳曼各个部落已威胁到了默兹地区，他们在苏维汇人的压力下渡过了莱茵河。恺撒与这些迁徙者谈判，但他意识到，他们只是在玩缓兵之计而已。他最终发动突袭击败了他们，屠杀甚众。然后，他用了10天时间在莱茵河上架起一座木桥，率军渡河，进行了一次武装侦察，这次行动持续了18天。他没有尝试与苏维汇人交战，而是再度撤回高卢地区，并拆毁了木桥。这次行动震慑了敌人，也鼓舞了盟友们的斗志。

当恺撒着手远征不列颠时，已是当年的夏末。不列颠人对与他敌对的高卢部落施以援手，这给了恺撒发动战争的借口。但抛开个人野心的因素，恺撒之所以发动这次远征，部分是因为他想对不列颠考察一番。他派自己信任的军官盖乌斯·沃卢塞努斯（Gaius Volusenus）前去侦察海岸地区，并让与罗马人为友的高卢部落首领卡米乌斯（Commius）前去与当地人进行和平协商（如果可能的话）。一些不列颠部落已经派出使团前往高卢，同恺撒商谈和解事宜。

当准备工作完成之后，恺撒率领2个军团，乘坐80艘运输舰，在战舰的护送下渡过英吉利海峡（可能是从邻近波洛格内的某个地点出发的）。当恺撒到来时，不列颠人聚集在峭壁之上，但峭壁的存在已足以让恺撒无法登陆。他沿着海峡行进了7英里（11千米），才发现了一处开阔的海滩（可能位于沃尔默与迪尔之间）。罗马士兵在极为不利的条件下于此处登陆，他们冒着不列颠骑兵、战车兵和步兵的攻击，背负着全套装备涉水而过。幸运的是，不列颠人似乎从未见过桨帆船，因而被罗马战舰吓到了。在不列

罗马骑兵盾

骑兵究竟是从何时开始使用盾牌的，这一问题的答案并无定论。一些同亚历山大作战的印度骑兵可能配备了小型盾牌，但公元前400年前后意大利南部的塔伦图姆钱币上的图案，是这一方面已知最早的实例。这些小圆盾可能如波利比乌斯笔下那些早期罗马骑兵盾一样，以牛皮制成，形如一块凸起的蛋糕。著名的"净化之泉"浮雕上刻画的盾牌，可能就属于这种类型。骑兵盾的使用于公元前250年前后变得广泛起来。意大利骑兵使用的似乎是源自希腊地区的大型木制圆盾。钱币图案和波利比乌斯的著作再一次为我们提供了资料。按照惯例，罗马骑兵部队成员多来自罗马的盟邦，以意大利人为主，但凯尔特和西班牙骑兵也在征募之列。

图1中带有盾脊的平直型盾牌的年代可追溯至约公元前200年，可能是意大利人的发明，但通常为凯尔特骑兵所用。盾牌上的双翼飞马是一种流行的图案，与鹰、狼、熊和米诺陶洛斯一道构成了这一时期的罗马军

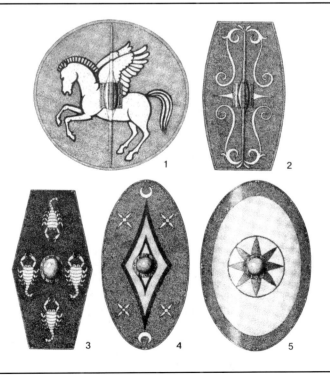

团徽章。盾牌的直径约为40英寸（100厘米）。图2描绘的是凯尔特人和日耳曼人（公元前1世纪的恺撒骑兵队的兵员大多由这两个民族提供）使用的盾牌。这只是一种平直型的凯尔特式椭圆盾，顶端和底部均被削去，罗马军团大约在这一时期也采用了这种做法。盾牌图案为典型的凯尔特主题。图3中的盾牌呈六角形，于1世纪下半叶在日耳曼人中得到了广泛应用。盾牌上的蝎子图案曾出现在图拉真纪念柱上，由日耳曼人组成的禁卫军骑兵部队使用的盾牌上印的可能就是这种图案。图4展示的是1至2世纪时典型的椭圆骑兵盾，其尺寸约为48英寸×27英寸（122厘米×68厘米），呈平直状。与军团步兵盾一样，其制作方法是将数层木板胶合起来，再在表面蒙上皮革，装上金属镶边和金属盾心浮雕。盾牌上的图案来自图拉真纪念柱。图5展示的是公元300年前后盾牌的标准造型。这一时期的盾牌略呈碟状，形状变得更圆，其尺寸为41英寸×36英寸（104厘米×91厘米）。盾牌二的图案为一支无名骑兵部队所使用，相关记载来自《百官志》（Notitia Dignitatum）。

公元前55年
恺撒与日耳曼人交战　恺撒渡过莱茵河　恺撒首次远征不列颠　庞培与克拉苏成为执政官

颠人眼里，船桨划动的样子或许就像摆动的海怪腿一般。恺撒还利用了战舰放下的舢板与轻型侦察舰，当自己的部下在海浪中奋战时，他派这些船去支援他们。登陆行动最终成功，不列颠人被击退。但另一支装载罗马骑兵的运输舰队因遇上恶劣天气，被迫退回欧洲大陆。没有了骑兵，恺撒特有的疾追败敌战术便无法实施了。

罗马人立刻筑起了一座带有防御工事的营垒。战败的不列颠人向恺撒遣使请降，而已被不列颠人戴上镣铐的卡米乌斯如今也被释放了。然而出人意料的是，春季的涨潮将停靠在沙滩上的罗马桨帆船灌满了海水，再加上一场猛烈的暴风雨的打击，整支舰队都无法航行了。在这种情况下，不列颠人立刻振作起来，重新与罗马人对抗。然而，深谋远虑的恺撒已经储备了一批谷物，并用从12艘完全损毁的船上收集来的木料和青铜材料，修复了那些受损程度较轻的船。他再度强迫不列颠人屈服，使得后者保证将人质送到高卢。他于秋分到来之前再次渡过英吉利海峡。只有两个部落如约送来了人质。

第二年，尽管高卢人爆发了骚乱，但恺撒还是踏上了远征之路。他率领5个军团、2,000名骑兵以及一支规模相应扩大了的舰队，前往上一次在不列颠登陆的地点。这一次他进入了内陆地区，罗马人涉水渡过泰晤士河，降伏了统治整个赫特福德地区的不列颠国王卡西维劳努斯（Cassivellaunus）。在被迫再次修复遭风暴损毁的舰船后，恺撒于冬季到来之前又回到了欧洲大陆。两次不列颠远征相当于两次长途奔袭，而非两次入侵行动。令人惊讶的是，在这两次远征中，不

恺撒的敌人们

早期日耳曼部落民

下图展示了约公元前100年至公元100年间日耳曼战士的形象，他们从左至右分别是：

卡乌基贵族

他装备了一面巨大的平直型盾牌、一支长12英尺（3.6米）的长矛（如塔西佗所述）和一柄本地出产的罗马短剑的仿制品。他身穿紧身束腰外衣和裤子，头发扎成"苏维汇结"。

年轻的卡蒂战士

此人出身平民，他仅有的服饰是一件毛皮制的短斗篷和一条缠腰布。在完成杀死一个敌人的誓约之前，他是不能修剪自己的头发和胡子的。他的兵器是一支富有民族特色的适于捅刺或投掷的短矛，以及一些带有坚硬的木制矛头的标枪。

伊斯特部落民

这名战士携带一面六角形盾牌和一支大头棒。图拉真纪念柱上刻有这些部落民与罗马人作战的场景。前两幅人像是根据在德国和丹麦发现的武器和服装还原的。这些日耳曼人主要为步兵，作战时排成庞大的楔形编队。骑兵队列中央杂着步兵。

凯尔特战车

上面这幅还原图是根据各式各样的钱币，一块来自意大利帕多瓦的墓碑，狄奥多鲁斯、斯特拉波和恺撒的记述，以及考古发现绘制的。在所有文明的发展进程中，一旦有庞大的骑兵队伍可供使用，战车兵往往就会迅速消失。在欧洲大陆上将战车兵用于实战的最后一份记录是公元前225年的特拉蒙战役，但根据斯特拉波的记载，某些高卢部落晚至恺撒时代仍在使用这一兵种。不列颠人无疑是拥有战车部队的，据记载，他们当中的皮克特人直到3世纪仍在使用战车。这些战车的体积很小，车轮直径为3英尺（90厘米），因此极为轻便、灵活。按照恺撒的记载，它们能够在陡峭的山丘上疾驰和转向，这些战车似乎给他留下了深刻的印象。战车挽马为2匹矮种马，依靠车轭和缰绳（一端可能连在车轴上）来牵引战车前进。

列颠舰队均未尝试干扰罗马人的登陆行动。难怪他们会在人员数量上被严重压制。原因可能是不列颠舰队在援助维内蒂人时损失惨重，也有可能是因为他们吸取了那些不幸的维内蒂人的教训，没有贸然出击。

另一件令人感兴趣的事是不列颠人动用了战车部队。在恺撒时代，高卢人并未在战争中使用这一兵种。与之形成鲜明对比的是，恺撒在战记的不列颠部分中，用充满敬意的笔调来描绘战车部队的军事价值。驭手的控车技术极为娴熟，即使从陡峭的斜坡上直冲而下，也能做到完全不失控。在战斗刚刚打响时，驭手们驾驶战车冲进敌军骑兵队列中，以制造混乱。战车乘员可以一边投射兵器，一边依靠一种绷紧的绳子（如果有必要的话），稳稳地站在马轭与战车相连的一端之上。车轮制造的声响起到了惊吓效果，但从战记来看，不列颠战车的车轮上并未装配镰刀。接下来，车上的战斗人员跳下来步行作战，同时驭手们则在一定距离以外等候，预备在必要时载着战斗人员全速撤离战场。这一事实让我们想起了荷马史诗中对战车部队作战方式的描写。

恺撒大战韦钦及托列克斯

恺撒第一次征服高卢的过程看似相当轻松，但高卢人并未被驯服，暴动接连不断，而罗马人也加以报复。就这样，暴动与报复不断交织，事态很快朝着恶性循环的方向发展。在恺撒的不列颠远征结束后不久，比利时部落就揭竿而起。恺撒手下的两名高级军官被诱出军营并遭到杀害，他们的部属也几乎被全歼。与此同时，另一座罗马军营也遭到围攻，幸好恺撒于千钧一发之际赶到，方得幸免于难。日耳曼人再度介入高卢局势，新的一轮渡河（莱茵河）远征变得势在必行。恺撒用比上一次更快的速度将桥架了起来。但当他制伏了东北部的高卢人后，他将他们的一名首领活活打死。由此引发的愤恨和恐惧情绪，成了新一轮暴动的导火索。

在高卢战争期间，恺撒每年冬天都是在意大利北部度过的。除去其他因素，在那里他可以与罗马政治活动保持关系。公元前52年，当他回到山外高卢时，他发现全面暴动的烈火燃遍了这片与罗马接壤的地区。在凯纳布姆（今奥尔良）发生了针对罗马商人的大屠杀。情形变得如此危急，以至于当恺撒抵达法国南部的罗马行省时，既不敢将自己的军团从更为遥远的北方的驻地召集到自己的麾下——以免他们在自己尚未亲自指挥时遭到攻击，也不敢在没有军团随行的情况下穿过高卢地区。

然而，恺撒还是在山外高卢集结了一批部队，冒着冬雪进入赛文山脉，而后将部下留下以吸引敌人的注意力，同时他本人则向东北进发，穿过那些曾经的友好地区。他的行动十分迅速，以至于那些昔日的高卢盟友甚至来不及组织叛乱——尽管他们本想这么做。恺撒就这样与他的军团重新会合，之后攻占了几座叛军要塞，并为那些在凯纳布姆惨遭屠杀的罗马人报了仇。但他如今面对的是一位拥有非凡勇气和能力的敌军领袖，他的名字叫韦钦及托列克斯（Vercingetorix），是高卢中部的阿尔维尼部落的酋长。在阿瓦利肯（今布尔日）围攻战中，罗马人和高卢

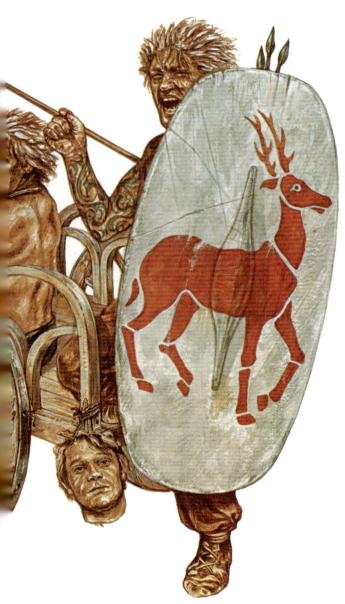

凯尔特战士

图中的战车乘员为典型的凯尔特战士。他们赤裸着上身，有时甚至一丝不挂。为了突显自己可怕的外貌，他们往往在头发上覆上一层黏土和石灰，并梳理成僵直的尖刺状。不列颠人偶尔还会文身，或用绛蓝染料在身上画上图案。皮克特人（被彩绘者）即因此而得名。文献记载表明，战车上的驭手一般是坐着而不是站着，战士则位于他的身后。无论是驭手还是战士，都能在战车上自由走动——恺撒曾记载过驭手在车轭上跑动的事。如图所示，凯尔特战士同样是下车作战的，而战车则留在附近，在必要时会迅速撤离。凯尔特盾牌似乎仿制自大小相同的意大利斯格特姆，但它们是扁平的而非圆形的。它们以橡木或菩提木板制成，厚度从中间部分的0.5英寸（13毫米）到边缘部分的0.25英寸（6毫米）不等，表面覆有皮革。

公元前53年
恺撒将战火烧过莱茵河，并与高卢酋长昂比奥里克斯作战

在帕提亚战争中，克拉苏和他的儿子普布利乌斯战死于卡莱附近

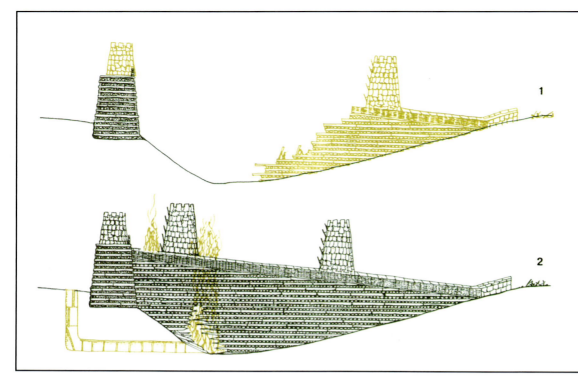

强袭阿瓦利肯

恺撒军：8个军团（约30,000人），外加骑兵及辅军部队（约8,000人）。

守军：经过挑选的10,000名高卢人。城中共40,000人。

这座高卢城市坐落在一座为沼泽环绕的山丘之上，因此无法以传统方式攻取。唯一的道路是沿着山的脊刺前行。强袭也是必要的攻击手段，因为攻城槌无法对经过加固的城墙造成损害。因此，恺撒筑起了一道高约80英尺（24米）、宽330英尺（100米）、长250英尺（75米）的土木工事。工事由泥土和碎石构成，以交叉放置的木料为基座。基座上可能仅有两座横向放置的"堤坝"，用来将工事挤压在一起。工事的两侧各有一座攻城塔，被置于堤坝的上方。随着这些工事不断逼近城墙，高卢人匆忙筑起几座表面覆有皮革的塔楼，作为反制措施（图1）。侧面的掩蔽物保护着推动攻城塔的人员，使他们免受敌人投射火力的伤害，而工匠则由一排排棚屋保护。

人均吃尽苦头，因为韦钦及托列克斯的焦土战术令敌友双方都陷入了物资匮乏的可怕境地。与此同时，高卢人已经学会了如何对付罗马人的攻坚手段。守军纵火焚烧恺撒的攻城塔，并利用地道来破坏恺撒筑起的正对着城墙的斜坡的地基。许多高卢人在后一行动中发挥了他们开采铁矿的特长。但罗马人最终还是攻陷了阿瓦利肯。恺撒宣称，城内的40,000人中只有800人逃脱，逃到韦钦及托列克斯那沼泽环绕、难以攻取的军营中。此

时，韦钦及托列克斯撤至另一个易守难攻的地点，这一次他下令将部众部署在位于阿尔维尼地区的日尔戈韦亚城前方的一处多山高地上。恺撒占据了日尔戈韦亚对面的一座高耸的山丘，并在那里建起一座小型要塞。他利用一道对内和对外的双重壕堑-壁垒工事，将大本营与要塞相互连接。此举切断了敌人

▶ 韦钦及托列克斯头像。这位高卢首长有能力将彼此攻伐不休的凯尔特部落统一在自己麾下，并于公元前52年公开同尤里乌斯·恺撒的军队对抗。

阿莱西亚围攻战（公元前52年）

恺撒	韦钦及托列克斯
10个军团 40,000	步兵 80,000
骑兵及辅军部队 10,000	骑兵 15,000
	援军：步兵 250,000
	从阿莱西亚逃出的骑兵 8,000

恺撒尾随韦钦及托列克斯的部落军来到阿莱西亚，开始执行封锁这片高地的艰巨使命。当封锁工事正在修筑时，高卢骑兵试图突围。在付出了沉重的代价后，他们被击退了，但他们最终在工事完成之前乘夜逃走，并招来一支援军。这支队伍发起的第一轮攻势被击退。最后，60,000名经过精心挑选的战士从可俯瞰罗马防御工事的雷亚山附近向恺撒军发起进攻。尽管阿莱西亚方面同时出击，但这次攻击还是失败了。援军随即一哄而散，韦钦及托列克斯投降。

（地图标注：围攻工事、罗马军营、罗马军要塞、雷亚山、高卢援军、第一道壕堑、阿莱西亚、劳姆平原、布雷讷河、弗拉维涅山、奥斯河、佩内维内、奥塞尔兰河、0 1英里、0 1千米）

公元前52年

韦钦及托列克斯成为高卢城邦联盟的领袖

恺撒攻取阿瓦利肯

在进攻受挫后，恺撒去日尔戈韦亚之围

韦钦及托列克斯在阿莱西亚投降

在罗马附近，P. 克洛狄乌斯被与其敌对的匪徒麦洛杀害

166 古典世界的战争

这道工事的修筑用了25天。作为反击，高卢人（其中包括一批铁矿的矿工）挖掘了数条坑道，在其中填满了沥青和木料，而后将它们连同坑道支柱一并点燃。他们希望以这种方式来弄塌工事。浓烟于接近午夜时分升起，这让恺撒警觉起来，将攻城塔撤了回去。高卢人发起的突击被击退，到了拂晓时分，火势得到了控制（图2）。恺撒下令修复工事受损之处，并将一座攻城塔再次推向前方。高卢人满足于夜间取得的战果，放松了警惕。在一场瓢泼暴雨的掩护下，罗马人悄悄进入棚屋内。罗马人突然发动攻势，飞快地架起梯子，登上城墙，歼灭了岗哨。这座城市被攻陷了，只有800人得以逃生。平面图（图3）展示了这个土木工事、两座攻城塔和一排排棚屋。其后方是由防弹盾保护的弩炮、投石机和标枪发射器。我们可以清楚地看到，右侧的攻城塔是靠装置驱动的，但图中也展示了以人力推动的攻城塔（左侧）。

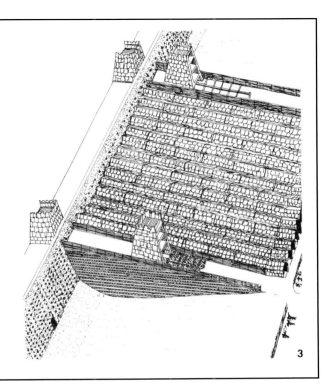

3

阿莱西亚的战斗

日尔戈韦亚之战是恺撒在整场高卢战争中遭遇的最为严重的挫折。在经过一段时间的深思熟虑后，他决定撤退，去应对高卢其他地区的叛乱。然而，仅仅是恺撒的撤军这个事实就令叛军阵营士气大振，还导致了埃杜伊人的背叛，这个昔日的盟友因韦钦及托列克斯连战连捷，之前一直摇摆不定。在北方，有几个部落并未参与全面的叛乱，而比利时人则在鲁特西亚（今巴黎）附近的塞纳河被恺撒的副手拉比努斯（Labienus）击败。韦钦及托列克斯如今已集结起一支庞大的骑兵部队，向位于罗马行省边境地带的高卢人发动了进攻。然而，恺撒已获得了日耳曼骑兵的助力，这批骑兵是由之前与他达成协议的莱茵河部落提供的。韦钦及托列克斯大败，撤至由埃杜伊人控制的阿莱西亚地区（几乎可以肯定在今阿利斯圣兰）。

高卢领袖希望能让日尔戈韦亚的那一幕重演，但他发现恺撒如今在一心一意地构筑一道巨大的封锁线。在被罗马人的长墙围困之前，他将骑兵部队的各个分队打发回各自的部落，好让他们组织的援军从四面八方赶来。恺撒立刻与这些援军交手。但他构筑的双层围墙极为坚固，因而得以将来自墙外和墙内的攻势尽数挡下，直到韦钦及托列克斯和他的部众在饥饿的困境中投降。韦钦及托

的粮食及饮用水的供应，但并不具备决定意义。而当恺撒在日尔戈韦亚对阵韦钦及托列克斯时，他就无法抽身前往别处作战。等到他因形势所迫而暂时离开此地，前去处理埃杜伊叛乱者造成的威胁时，敌人立刻向恺撒留下的军队发动突击，罗马人在军营中艰难地守御着。

在战斗中，韦钦及托列克斯大量使用弓箭手和其他远程火力部队，致使罗马军营遭到严重损毁。罗马人用弩炮进行强有力的回击。最终，罗马人向设在高地上的要塞发起的一波攻势被挫败了，尽管相关计划是由恺撒精心制订的。军团士兵突破了防御墙，试图攻入城内，但被击退并且损失惨重。他们杀红了眼，将命令抛诸脑后，幸存者因此遭到恺撒的责骂。但倘若他们能取胜的话，他无疑会对他们的积极进取精神称赞有加。为了顾及自己的威望和部队的士气，恺撒按兵不动，直到骑兵部队取得了一些小胜，他才撤离日尔戈韦亚。

阿莱西亚的围攻工事

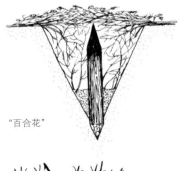

"百合花"

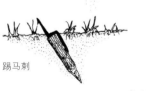

踢马刺

我们对这些工事了如指掌，因为恺撒在著作中进行了详细的描述，并为考古发现所证实。罗马人先是在河流起点处挖掘了一道宽20罗马尺（5米）的巨大壕堑，用于保护正在修筑这道复合型工事主体的人们。工事由两道宽15罗马尺（4.4米），深8罗马尺（2.4米）的壕堑组成。罗马人利用令河流改道的方式，尽可能地将靠近阿莱西亚的那道壕堑中注满水。在两道壕堑的后面，矗立着一座高12罗马尺（3.6米）的壁垒和栅栏，上面插着向外凸出的带杈的树枝。在这道工事的周围，每隔一段距离就建有一座

木塔。在主壕外的几道深5罗马尺（1.5米）的壕堑内，有5排尖木桩纵横交错排列，以防被连根拔起。在这些壕堑以外，是一批呈五点形排列的深3罗马尺（0.9米）的陷坑，下面埋藏着用火熏硬的尖木桩——罗马人给它们起了个"百合花"的昵称。左图展现了其复杂的结构。再向外是"踢马刺"，这是一种长1罗马尺（0.3米）的木块，上面嵌有铁钩。恺撒另外修筑了一道布局相似的防线，开口向外。罗马人的军营设于两道防御工事之间，这样无论是阿莱西亚守军还是城外那支规模庞大的援军，所发起的攻势都无法伤到他们了。

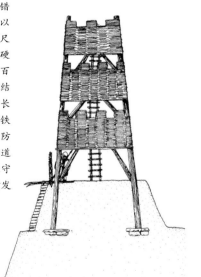

骑兵盔

在共和国时代，出身富裕阶层的罗马骑兵大多已用上了阿提卡式头盔，而非量产的蒙泰福尔迪诺式头盔（见109页）。恺撒时代的辅军部队佩戴的是本民族风格的头盔。到了帝国时代，正规的骑兵翼部队使用的是设计精巧的头盔，以阿提卡式头盔为蓝本。

图1展示的是这类头盔中的一种，其应用年代为公元40年前后。铁制盔体上覆有一层形如头发的花纹浮雕。与步兵盔不同的是，骑兵盔的覆盖范围包括人耳，但仍连有带凸缘的护耳。图2是一顶带冠饰的头盔，其应用年代为公元75年前后，可能是一顶军官的头盔。它是铁制的，并以青铜材料加固和装

饰。阿里安在著作中称这种头盔的羽饰是黄色的。图3是一顶公元120年前后的青铜头盔，带有一片帽舌和十字形的加固物。当时也存在相同形制的铁制头盔。图4是一种用铁和青铜制成的结构精巧的头盔，应用时间为公元200年前后。盔顶的圆球上钻有一个孔，用于嵌入一根下垂的羽毛。图5中的头

盔（公元250年前后）可能是用铁或青铜制成的，不带有铰接式的面甲，而是连着一片用一根皮带维系的单体式面甲。图6是一顶应用于约公元350年的铁制头盔，上面附有分离式护颈。它由两瓣盔片组成，通过中央的盔脊连接。这种头盔在外观上深受波斯风格的影响。

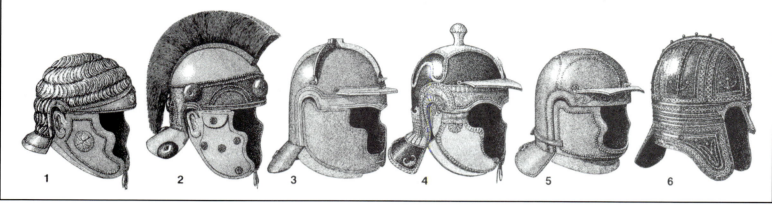

列克斯被囚禁了6年，并成了恺撒在罗马的凯旋式上的展品。按照惯例，他在庆祝活动结束后就被处决了。如果是庞培，他在同样的情况下会表现得更具有骑士风度一些。

恺撒在战记中极为详细地描述了位于阿莱西亚周边的工事。罗马人的壕堑与一连串呈环绕状的军营与要塞相连。内侧壕堑宽20罗马尺（6米），壕堑两侧为垂直状（并非从顶到底逐渐收缩的锥形结构），主墙被构筑在这道壕堑后方的400步处。（1步等于5罗马尺，1罗马尺合296毫米，400步合592米。由于该数据均由恺撒提供，计量单位均为罗马尺。）该处掘有两道壕堑，每道宽15罗马尺（4.4米），深8罗马尺（2.4米）。河流被改道，以便尽可能地将河水注入内侧壕堑中。壕堑后面是一排高12罗马尺（3.6米）的土木工事和栅栏，上面插有向外凸出的鹿角状树枝。工事周围每隔80罗马尺（23.6米）便筑有一座塔楼，保护着胸墙和防护墙。恺撒还在工事四周埋下一批尖木桩和挖下各式各样的陷阱，他直观而风趣地将它们称为"百合花"和"踢马刺"。之后，他在外围又修筑了一排与城墙平行的防御工事，起到了外墙的作用，用来对付必然会出现的敌方援军。内墙的周长为11罗马里（16.3千米），外墙则长14罗马里（20.7千米）。

按照恺撒的记载，当高卢援军抵达时，

▲ 这枚钱币是为庆祝恺撒战胜韦钦及托列克斯而铸造的，后者以战俘的形象出现，他的上方印着一件高卢铠甲，是一件战利品。韦钦及托列克斯在恺撒的凯旋式上出现后，在罗马被处死。

他们拥有250,000名步兵和8,000名骑兵。比利时人的队伍是由恺撒的老朋友卡米乌斯召集起来的，如今他们在自由和公民权中选择了前者，因而最终站到了韦钦及托列克斯一方。与此同时，阿莱西亚城中的非战斗人员被高卢守军驱逐出城。可以想见，若他们留在城中，只能落得被屠杀或同类相食的下场，这样做或许是更好的选择。这些无家可归的可怜人恳求罗马人将他们收作奴隶，并赐给他们相应定量的食物。但恺撒只储备了30天的军粮，因而禁止部下这样做。

当罗马人同时遭到庞大的援军和绝望中的阿莱西亚守军的攻击时，双方一度杀得难解难分。但恺撒显然并未动用作为预备队的

日耳曼骑兵队。到了日暮时分，他将这张牌打了出去，击溃了敌军骑兵，大肆屠戮随同骑兵一道行动的弓箭手和轻装部队。

被围困的守军于当晚夜袭罗马军营。高卢人的攻城手段如今已更为先进，他们装备了云梯和抓钩。无数投射兵器在黑夜中交织在一起，而恺撒在战记中似乎暗示，双方都有人被这种"掩护火力"意外伤及。与此同时，罗马士兵已经占住了自己的既定位置，高卢人的攻势先是被遏止，而后被击退。

决战在罗马人的围墙处打响。围墙同时遭到来自内部和外部的进攻。在这场战役中，骑兵再度起到了决定性作用。恺撒悄无声息地派出了一支骑兵队，运动到了正在壁垒处激战的外部敌军的后方。到了这个时候，阿莱西亚无疑像是嵌套的盒子，而位于中心的就是城镇。韦钦及托列克斯在附近的高地上筑起了一道高6罗马尺（1.8米）的防御墙，用于保护中央的营垒。防御墙以外是罗马人的双层围墙，如今它的外部正遭受着高卢援军的攻击。但援军最终被从他们背后杀出的恺撒骑兵打了个措手不及。

这次战役结束后，阿莱西亚被迫投降，许多高卢领袖落入了恺撒手中。但卡米乌斯在再度冒险一搏后，逃到了不列颠。在那里，他成了迁居到今汉普郡的一个比利时分支部落的统治者。

公元前50年

恺撒回到意大利　恺撒的政治伙伴和政敌在罗马爆发争吵

战术方面的考虑

在高卢战争中，恺撒军团的组织体系和装备制式实际上是马略的杰作。他们无疑采用了中队时代的五点式队形。这支队伍在作战时往往排成3个完整的横队。对于任何一个军团而言，由4个大队组成的前队和由3个大队组成的后队都是标准的人员配置。有时，军团本身也会作为战术单位来使用，例如在与内尔维人的战斗中，恺撒命令手下的军事保民官堵住被孤立的第七军团与战线其余部分之间的缺口，以免己方遭到迂回攻击。有时，这支军队可能会采用双排式作战队列，普布利乌斯·克拉苏在与阿基坦的高卢人作战时就是这样做的。

恺撒似乎充分发挥了山腰阵地的优势，尤其是在高卢战争的前期。然而，倘若敌人拥有一支在射程上胜过罗马重型标枪部队的强大的弓箭手部队，山腰阵地的优势便不复存在了。在卡莱战役中，统御其父麾下那支不幸的先遣队的普布利乌斯·克拉苏，就以自己的生命为代价证明了这一点。在一座沙丘上，小克拉苏军的后队所处位置要高于前队，这只会让他们更容易成为帕提亚弓箭手的靶子。

恺撒的部队在与高卢人作战时使用的罗马式重型标枪（派勒姆），体现了马略的"碰撞-弯曲"构想。这并非是通过一枚易碎的木钉，而是通过用熟铁制成的枪柄实现的，这种枪柄柔软易弯，且难以扯脱。当高卢人采用密集编队作战时，他们的盾牌显然是层叠在一起的，因而多次出现数面盾牌被同一支派勒姆钉住的情况。这样一来，高卢人就得抛掉盾牌，在毫无保护的情况下战斗。然而，在之后一场与内尔维人的战斗中，我们听说了这样一个细节：派勒姆被敌人截获，并被敌人丢了回去。这可能是因为，这些标枪在没有正面击中敌人的情况下就直接落到了地面上。也有可能是因为标枪与敌盾撞击时产生的动能不足，使得铁柄没能弯曲到无法回收的程度。无论如何，被"截获"的标枪几乎不可能是在空中飞行时被一把抓住的！

三线或双线式阵列的应用选择，无疑在很大程度上是由地形因素决定的。在恺撒与比利时部落联盟的战斗中，预备作为战场的那片平原所提供的战斗前线与邻近军营的那道围墙处于同一水平线上。然而，在与一贯拥有数量优势的敌人战斗时，被迂回包围的危险始终存在。因此，恺撒除了和往常一样动用了部署在两翼的骑兵，还机智地利用了防御工事。在与比利时部落联盟作战时，他用军营两侧的土木工事保护己方部队的侧翼。事实上，将防御工事纳入战术体系之中的做法是公元前1世纪初罗马战争的一个显著特征。恺撒之所以能够进一步发挥防御工事的效用，是随军的工程部队以惊人的速度和效率工作的结果。我们可以比较他们在桥梁及舰队建造工程中展现出的速度和效率。

恺撒用一支由能工巧匠组成的队伍，来完成那些需要专业知识的工作。但军团士兵仍负有挖掘壕堑与在营地周围构筑土木工事的职责。然而，虽然携带了镐，但经常在敌境内作战的罗马士兵往往轻装行进，而将他们的装备交给夹在各个军团之间的庞大辎队来运载。这样一来，军团士兵就能随时随地做好预防和抵挡敌军突袭的准备。他们有时会排成4列相互平行的纵队，从而能够出其不意地转身，并以战斗队列的形式面向道路两侧。当他们被包围时，也能采用环形阵（可以说是19世纪英军作战方阵的古代版）来应对。

当恺撒被任命为山外高卢地区的指挥官

▼ 阿路西奥的凯旋门。公元前105年，罗马军队在此地被日耳曼部落击败。赫尔维提人（他们于公元前58年同恺撒交战）随后与日耳曼人结盟。

公元前49年

恺撒拒绝解散军队，向南渡过卢比孔河

庞培命令军队在布兰迪西乌姆登船，并在马其顿进行动员

恺撒在西班牙（伊莱尔达）打败庞培部将

恺撒担任了11天的独裁官

▲ 阿路西奥战役场景，它让人回想起征服之路上的血腥战争，而非日后罗马治下的和平时光。

时，当地只驻有1个军团。而当他终结高卢战争时，他的麾下已有10个军团。但这些军团的兵员数量均没有达到马略制定的标准（5,000人），恺撒指挥的军团一般不会超过3,500人。从这一点上我们可以意识到，在整个高卢战争中，罗马军的人数劣势是何等巨大。恺撒自己也承认，要不是精心构建的防御工事助了他一臂之力，阿莱西亚围攻战是无法进行的。若没有壁垒、壕堑、塔楼和陷阱的辅助，他根本没有足够的军队来围困高卢人的城镇。

罗马军队传统上是以步兵为核心的。然而，骑兵对于恺撒而言是必不可少的，他们不仅能掩护队伍的侧翼，还能以极快的速度追击残敌。事实上，疾追逃敌是恺撒特有的作战方式，在恺撒的历次胜绩中起着极为关键的作用。自马略时代起，罗马人经常使用外籍（非意大利人）骑兵。恺撒的骑兵主要募自西班牙和高卢的各个部落，他也雇用克里特岛和努米底亚的弓箭手和巴利阿里掷石兵。但在对阵韦钦及托列克斯时，他也充分利用了日耳曼部落骑兵（来自被他争取到自己一方的莱茵河对岸的部落）。他之所以这样做，不仅仅是因为高卢人在这场战役中不容易得到或不够可靠。日耳曼骑兵是很能吃苦耐劳的骑手，他们不屑于使用鞍褥。他们的马匹在体格上要劣于高卢人的坐骑，但受过极为严格的训练。日耳曼骑兵与步兵协同

作战，以一名骑兵配一名步兵的形式进行组合，这让人联想到骑士与侍从的关系。（这是一种效仿日耳曼模式的，由骑兵和步兵组成的混合战术单位，日后成为罗马辅军部队的常规组成部分。）如果有必要的话，步兵可以紧紧抓住战马的鬃毛，将自己固定在战马身上，以此完成长距离的快速移动。恺撒注意到了这种步骑联合作战方式所具备的优势；不列颠战车部队的优点之一，就是将骑兵的机动性与步兵的稳定性结合在一起。此外，作为一个典型的罗马人，恺撒尊重各种军事传统，因而恺撒并没有尝试将外国的作战方式强加给自己的部下，而是雇用以本族传统方式作战的外国军人，在实现自己目的的同时，也很好地弥补了罗马军队的不足。

这场战争中的另一个值得注意之处是，恺撒招募了一个军团的高卢步兵，这批人后来获得了罗马公民权。他们的作用是替代恺撒于公元前51年奉元老院之命送回庞培处的2个军团——按计划它们将被投入帕提亚战争，但这一计划从未实施。高卢军团被命名为"阿劳德"（Alaudae，意为"云雀"）军团。这可能与他们头盔上的羽饰有关。这一绰号或许是高卢军团的成员自己起的，因为"alauda"（参见法语中的"alouette"一词）这个词来源于古高卢语，而非拉丁语。

恺撒与庞培的对决

阿莱西亚的陷落并未自动终结高卢人的

抵抗，而是令高卢人失去了统一、协调的领导层。第二年（公元前51年），罗马人得以逐个对付自己的敌人，就像他们在韦钦及托列克斯站在高卢战争舞台上之前所做的那样。在恺撒的总督和司令官任期行将结束之际，他可以正当地宣称自己已经战胜并降伏了那些桀骜不驯的高卢战士。

罗马的政治舞台上充斥着各式各样的利益之争，自身则处于微妙的平衡状态下。在这样的环境中，恺撒在罗马的政敌（他们身在罗马，就等于掌握了决定性的一票）成功地将一个毫无妥协余地的选择摆在了他的面前：要么解散他的军队，在不带任何卫士的情况下孤身返回罗马；要么以共和国之敌的身份率领一支侵略军袭击罗马。前一种选择无异于政治自杀，或者说得更为实在一些，也就等于肉体自杀。公元前49年，恺撒率军渡过意大利高卢地区与罗马地区的分界线卢比孔河（位于拉文纳和里米尼之间）。在踌躇一番后，庞培决定将自己与恺撒的昔日盟友之情让位于自己对国家的忠贞。如今，他也有资格喊出"骰子已掷出"了。两人都是在外界压力之下艰难地下定决心的。奉命接替恺撒总督职务的卢修斯·多米提乌斯·阿艾诺巴尔布斯（Lucius Domitius Ahenobarbus）拒绝了庞培的劝告，试图在科菲尼乌姆（今科尔菲尼奥附近）抵挡恺撒，结果被恺撒俘虏。恺撒将他释放，并接管了他的军队。接下来罗马并未发生苏拉或马略式的大屠杀，但恺撒未能制止庞培军在布兰迪西乌姆登船

公元前48年
恺撒第二次当选执政官　　恺撒将庞培封锁在都拉基乌姆的企图以失败告终　　本都的米特拉达梯之子法纳克斯向庞培提供支持　　在埃及，克里奥佩特拉被其弟的狂热支持者废黜　　恺撒在法萨卢斯击败庞培，庞培逃往埃及，但被谋杀　　恺撒再次被任命为独裁官（缺席任命）

170　　古典世界的战争

出海。在老练的领航员的指引下，庞培突破了恺撒设下的重重壕堑和防波堤的阻拦，穿过亚得里亚海，在希腊建立了一个新的核心基地。东部的统治者和总督们靠着庞培的友谊和赏识方有今天的地位，因而他可以获得他们的财政和军事支持。

恺撒手上没有舰队，因而无法立刻追击庞培。他转而将目光投向西班牙，罗马政府将设在那里的行省交给了庞培，此时由他的使节管理。在穿越法国南部的途中，恺撒发现马西利亚人的态度举棋不定。在恺撒与他们谈判时，多米提乌斯·阿艾诺巴尔布斯忘恩负义，滥用了恺撒在科菲尼乌姆对他的仁慈，带着几艘商船赶到，号召当地人支持庞培。恺撒在罗讷河三角洲的阿莱拉特（今阿尔勒）建造了12艘船，并将它们留给德西姆斯·布鲁图斯（就是他击败了维内蒂人），以

封锁马西利亚。从砍伐木料到船只下水仅花了30天时间。当然，他使用的木材不够干燥，但罗马人的舰队往往是在匆忙之中打造的，只为临时应急，并不需要考虑长期使用的问题。此时，其他部队也从陆上开来，将马西利亚人团团围住。

西班牙战事集中在希卡利斯河（即塞格雷河，埃布罗河的一条支流）畔的伊莱尔达（今莱里达）。庞培的军队惯常使用游击战术（正如赛多留在西班牙用的战术那样），以灵活而松散的编队出战，这一状况起初令恺撒军惊慌失措。谷物供应再一次成为极为致命的问题。由于所处纬度与海拔的原因，这里的庄稼总是在季末才成熟。卢库鲁斯先前在亚美尼亚山区也遇到过类似的麻烦。春雪融化导致河水反常上涨，将恺撒架起的桥梁尽数冲走，恺撒军的粮食供应便被切断了。其

后，恺撒用牵引马车将一批轻型木制蒙皮划子运到河边，并靠它们渡过河去。根据其战记中的说法，他是在不列颠作战时学会这种造船技术的。

最后，庞培的使节阿夫拉涅乌斯（Afranius）和佩特莱乌斯（Petreius）由于供应断绝而被迫屈服。经过长时间的战斗，马西利亚也投降了。恺撒返回意大利，准备进攻庞培本部。尽管庞培派遣舰队前去阻止恺撒渡海前往希腊，但恺撒还是于冬季出其不意地将军队运过了亚得里亚海。由于船只不足，恺撒将另一个支队留给马尔库斯·安东尼乌斯（Marcus Antonius，即马克·安东尼），后者于冬末在没有遇到更多困难的情况下渡过了亚得里亚海。

恺撒与庞培的军队相遇于都拉基乌姆（今都拉佐）。恺撒军的规模较小，可能为庞

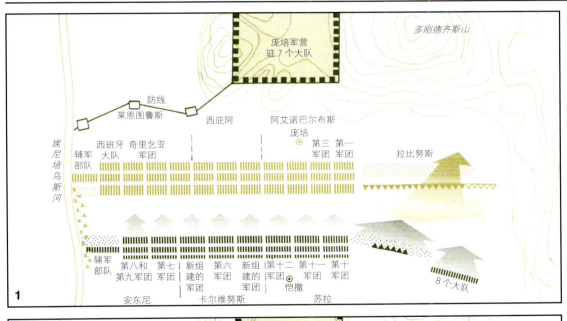

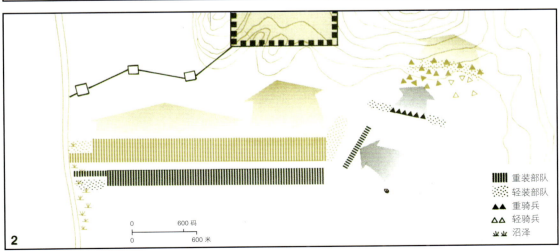

图例
- ▓▓ 重装部队
- ⋯⋯ 轻装部队
- ▲▲ 重骑兵
- △△ 轻骑兵
- ⚡⚡ 沼泽

法萨卢斯战役（公元前48年）

	恺撒	庞培*
步兵	9个军团（82个大队，其中很多未满员）23,000	12个军团加7个西班牙大队（部分大队未满员）50,000
	同盟军部队及辅军部队 5,000/10,000	同盟军部队及辅军部队 4,200
骑兵	高卢骑兵、日耳曼骑兵 1,000（外加轻装步兵400人）	同盟军部队 7,000

*可能要扣除作战损失的3,000人（一说7,000人）。

恺撒在色萨利的埃尼培乌斯河北部扎营，庞培则将军营设在恺撒军营西北方向3英里（4.8千米）外。为了寻找一处更好的位置，他频频移动军营，然后筑起数道防线。庞培意欲使用其优势骑兵包抄恺撒军的右翼。恺撒预先用轻装部队加强了己方骑兵队的实力，后又调集8个大队前去支援骑兵队。

1 两军推进至相距约150码（137米）处。庞培并未下令冲锋，而是希望通过这种战术创新，让恺撒的部下将因为要跑上比常规冲锋距离多一倍的路程而精疲力竭。然而恺撒看穿了庞培的计谋，自发在途中停下脚步，进行重新调整。队列旋即聚拢在一起。庞培军骑兵击退恺撒军骑兵，前述的8个步兵大队随即发动冲锋，击溃了庞培军骑兵。恺撒军轻装部队和骑兵展开追击。

2 恺撒军的8个大队包抄庞培军侧翼，恺撒命令自己的第三列横队加入战斗。面临着被包围危险的庞培逃走了。看到主将逃走，处于来自四面八方的压力之下的庞培军崩溃了。在2个小时内，庞培军有6,000人（一说10,000人）被杀，恺撒军约有1,200人阵亡。

公元前47年

克里奥佩特拉在寻求恺撒帮助的过程中成了他的情妇　　托勒密十三世在亚历山大港同恺撒作战时被杀　　恺撒将克里奥佩特拉重新扶上王位，她与自己的另一个弟弟托勒密十四世（很快就死掉了）共同执政　　恺撒在捷拉击败法纳克斯　　克里奥佩特拉之子恺撒里亚（托勒密·恺撒）出生

培军的四分之三，但在素质方面更胜一等。庞培明白这一点，因而很明智地不去与恺撒军正面对决，而是选择在位于亚得里亚海沿岸一处周长为15罗马里（22.2千米）的孤立地区筑垒坚守。恺撒则以自己惯用的方式，在该地的外部筑起一道长墙，将其围了起来。

最后的胜利者

一般而言，军事史常给我们这种感觉，战役的胜负在某个命定的日子被决出，其中的战场总让我们想到操场。与之形成鲜明对比的是，恺撒对以土木工事和壕堑为依托的作战模式的应用，让人想到20世纪那些在精心构筑的阵地中旷日持久的战争。在都拉基乌姆战役中，从各个方面来看，庞培不进行正面对决的决定都是明智的。他利用海路来运送补给和援军，而恺撒并无海军，他与意大利之间的联系被切断了。围攻者缺乏粮草的状况日益严重，甚至比被围攻者更甚，但他们将从地下挖出的植物根茎与牛奶混合，制成食品。

最终，兵势日炽的庞培在恺撒的封锁线上一个位于近海地带的薄弱点打开了缺口。作为还击，恺撒攻打庞培的一座军营，结果付出了极为惨重的代价，并且几乎沦落到惨败的地步。恺撒的大队在朝军营（其内部岔路纵横，占地面积又极广）进发时，在壁垒

<table>
<tr><td colspan="3">都拉基乌姆战役（公元前48年）</td></tr>
<tr><td>统帅</td><td>恺撒</td><td>庞培</td></tr>
<tr><td>兵力</td><td>约25,000名军团士兵、少量骑兵及辅军部队</td><td>约36,000名军团士兵及一支庞大的骑兵部队</td></tr>
</table>

1 庞培在东方展开动员（500艘战舰及数目不详的其他舰船）。

2 在制伏了西班牙的庞培军团后，恺撒于冬季率领7个军团渡过亚得里亚海。

3 恺撒用一道围墙将规模更为庞大的庞培军包围在都拉基乌姆。

4 庞培通过海路不断地获得增援和补给。

5 早春时节，马克·安东尼率领4个军团渡过亚得里亚海，增援恺撒。

6 庞培成功突破恺撒的包围。

7 恺撒的反击被击退，损失惨重。

8 庞培未能乘胜追击。

9 恺撒撤围，东进色萨利。

10 庞培轻率地尾随恺撒来到法萨卢斯。

▲ 梅特卢斯·西庇阿。庞培死后，西庇阿掌管了北非的庞培党军队。他在塔普苏斯被恺撒击败，随后自杀。

附近迷失了方向，误将一道把军营和邻近的一条河流连接在一起的壕堑认作营区的一部分。为了越过壁垒，他们将它拆毁，在这项工作的进行过程中，他们遭到了庞培军的突袭，结果陷入一片混乱和恐慌，近千人被杀。倘若庞培乘机追击逃敌的话，这场战争可能在这一天就结束了。

恺撒在都拉基乌姆的战略计划就这样以惨败收场。他随后进军色萨利，可能是为了威胁塞萨洛尼卡，也可能主要是为了搜集谷物。如果他同时也希望庞培能受到形势的鼓励而前来进攻，那么他的乐观想法终将被证明是对的。庞培手下那些有影响力的贵族军官劝他主动求战，庞培勉强答应了，但我们不应因此而指责他意志薄弱。庞培的幕僚们身居高位，可以轻而易举地影响他麾下的军团。在法萨卢斯战役中，恺撒将8个大队留作预备队，用于应对敌人那规模庞大但毫无经验的骑兵队的进攻。这几个大队以不可抵抗之势挺进，将他们的标枪投向那些年轻骑兵的面部。一等骑兵队被击溃，庞培军团在恺撒的第三横队（此时作为生力军被投入战场）的打击之下立即支持不住了。庞培逃走了，并取道前往埃及，他一到那里就被托勒密王朝的君主杀害，后者可不敢热情招待一位失势者。

来到亚历山大港后，恺撒立刻强迫托勒密王朝承认克里奥佩特拉（托勒密王朝现任国王的姐姐和妻子，这是托勒密王朝的先例）为埃及的共同执政。然而，这使得托勒

密十三世立刻对恺撒产生了敌意，结果他被溺死在尼罗河里，他的弟弟托勒密十四世以克里奥佩特拉配偶的身份登基，不料却被后者下令杀死。此时，克里奥佩特拉已经成为恺撒的情妇。在这位征服者离开埃及后，她诞下一子，名为"恺撒里亚"（即小恺撒）。

与此同时，米特拉达梯之子法纳克斯（Pharnaces）利用罗马陷入内战之机，欲重建其父的帝国。恺撒在本都的捷拉击败了这位野心勃勃的统治者，为自己战败的副将报了一箭之仇。他用一句简洁的话，将这一事件永远铭刻在历史的碑柱上——"我来，我见，我征服。"

在意大利进行了短暂的政治活动后，恺撒渡海前往北非料理庞培余党，他们中的一些人于两年多前在努米底亚人的帮助下，击败了恺撒的部将库里奥（Curio）。在塔普苏斯爆发的战役（公元前46年）是决定性的。恺撒获胜后，加图放弃了毫无希望的乌提卡守御任务，以哲学家的姿态自尽了。佩特莱乌斯与努米底亚国王朱巴（Juba）签订了一份自杀协议，其中包括餐后决斗而死的内容。塔普苏斯战役的指挥官梅特卢斯·西庇阿自杀身亡。阿夫拉涅乌斯被俘，通常不会对再犯宽大为怀的恺撒将他处死。多米提乌斯·阿艾诺巴尔布斯则已在法萨卢斯战役中身亡。

然而，恺撒的敌人在西面集结了起来。之前在高卢战争中担任副指挥的提图斯·拉比努斯已叛投庞培。这个在希腊和非洲的战役中逃得一命的人，如今在西班牙南部的蒙达爆发的背水之战中协助着庞培的儿子们。再也没有人比拉比努斯更了解恺撒的想法和手段了。但事实上，在蒙达之战中，对阵双方对各自盟友的了解程度尚不如对敌手的了解程度。拉比努斯的战术机动被盟军误认为是在逃跑，结果引发了逃离战场的浪潮，而拉比努斯最终被杀。在庞培两兄弟中，格奈乌斯被追上并杀死，但赛克斯图斯（Sextus）活了下来，并伺机东山再起。恺撒于公元前44年被刺之前，正计划再次东征，但他在解决尚未平复的西班牙局势之前，几乎无法将相关计划付诸实践。由于赛克斯图斯·庞培并未落网，蒙达战役的胜利仍是不彻底的。

百夫长

自马略改革之后，百夫长不再是军选长官，而变成了职业军官。其重要性与日俱增，到了恺撒时代，他们成了军队的实际指挥者。与此同时，依旧为非职业军人出身的年轻军事保民官（他们在名义上是百夫长的长官）则主要担任参谋一职。在帝国时期，每个军团共有59名百夫长，其中第一大队有5名百夫长，其余大队则共有54名百夫长。第二至第十大队的百夫长的军衔是一样的，不同之处仅在于其各自的资历。资深百夫长的军衔要高于他们，每人指挥一个隶属于第一大队的双倍规模的百人队。第一大队的这种编制（见187页）可能源于恺撒时代，因为他曾提到一名资深百夫长统辖着两倍规模的百人队，并经常记述有关资深百夫长的事。恺撒记载了许多有关自己部下的百夫长的勇毅及指挥才能的故事，这反映了他对这些人的尊敬。彩图描绘的是一名1世纪时的百夫长，由于他的头盔属于较早时期的类型，因而也体现了恺撒时代百夫长的标准形象。横向排列的冠饰反映了他的地位，图中的冠饰可能是用马鬃或羽毛制成的。他手中的藤制"轻便手杖"也体现了他的地位，这根手杖有时会被用来进行体罚。他的铠甲为锁子甲或鳞甲，与军团士兵不同的是，这件铠甲经过精心装饰，有时会镀银。这名百夫长的短剑的位置与军团成员相反。在作战时，他会像自己的部下那样携带盾牌和派勒姆。

军团的指挥体系

在以一名新兵的身份加入百人队，开始自己为期20年（恺撒时代为16年）的服役生涯后，这名普通士兵就得接受一名卫队军士、一名副指挥和他的百夫长的管束。第二至第十大队拥有54名这样的百夫长。由于这些百夫长的军衔彼此相同，因而他们由各个大队的资深百夫长来管辖。如图所示，每个百人队的番号都反映了早期共和军团的作战编队情况。第一大队的资深百夫长的军衔比其他百夫长的军衔都要高。其中衔位最低的是后列青年兵百夫长，最高者则被称为"首席百夫长"。普通士兵是有希望跻身高阶的首席百夫长之列的，但成功者寥寥无几。佩特洛尼乌斯·福图纳图斯（Petronius Fortunatus）的军旅生涯为我们提供了一个典型的实例。他加入的是第一意大利军团，并于4年后被擢升为百夫长。在接下来的42年中，他曾为12个不同的军团效力，但从未被擢升为资深百夫长。军团中的第三号人物是军营长，在他之上是军事保民官，军事保民官队伍中有5人为骑士军事保民官。在过去的日子里，每名骑士军事保民官统率着2个大队，但如今他们担任的是参谋职务，指挥作战之责被留给了百夫长们。另一名军事保民官出身于元老阶层，他还很年轻，未来将成为一名军团长，此时则是以见习军官的身份服役。他扮演的是副军团长的角色。在他之上是军团长，是一名完全成年的元老阶层成员，年龄通常为30多岁。军团司令部里还有一名副官、几名书记官和几名传令兵。由于军团是一个独立作战单位，因而其中包括大量技术人员。他们人数甚众，无法一一罗列，其中包括勘测人员、工程人员、兵甲匠、军医、弩炮炮手、兽医、建筑师、铁匠、军乐手等。他们可以免服各种杂役及其他差使。

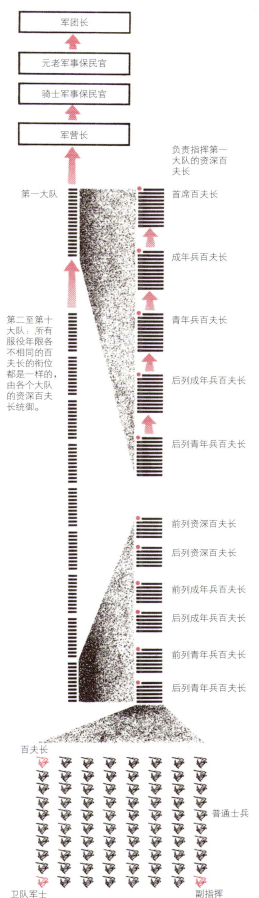

军团长

元老军事保民官

骑士军事保民官

军营长

负责指挥第一大队的资深百夫长

第一大队

首席百夫长

成年兵百夫长

青年兵百夫长

后列成年兵百夫长

后列青年兵百夫长

第二至第十大队：所有服役年限各不相同的百夫长的衔位都是一样的，由各个大队的资深百夫长统御。

前列资深百夫长

后列资深百夫长

前列成年兵百夫长

后列成年兵百夫长

前列青年兵百夫长

后列青年兵百夫长

百夫长

普通士兵

卫队军士

副指挥

第 12 章　三头同盟时代的战争

公元前44年，恺撒死于渴望保留共和政体的阴谋家的匕首之下。然而，权力之争随之而起，并在安东尼于亚克兴被击败时达到高潮。
共和国时代落下了帷幕，屋大维（Octavian，即未来的皇帝"奥古斯都"）成了笑到最后的那个人。

原始资料来源

如今我们即将论及的时代，囊括了自尤里乌斯·恺撒被刺至公元前31年的亚克兴战役之间的岁月。将这场战役视为罗马共和制的终结是很适宜的。当时的证据（例如可从后世的古代史学家那里获得的证据）主要来自这一时期一名重要的军事和政治人物。这个名叫盖乌斯·屋大维乌斯（Gaius Octavius）的人出生于公元前63年，当他成为其舅外公盖乌斯·恺撒的养子时，按照当时的惯例，他改名为盖乌斯·尤里乌斯·恺撒·屋大维努斯（即屋大维）。亚克兴战役后，屋大维认为自己是一手缔造了罗马帝国的仁慈之主，于是给自己加上了"奥古斯都"（意为"尊贵的"）的头衔。当人们研究帝王时期的屋大维时，往往以这一头衔来称呼他。他于公元14年去世。

奥古斯都著有回忆录，并为李维所用。由于迪奥·卡西乌斯对今已散佚的李维著作加以利用，因而这部回忆录又为他提供了史料。幸运的是，他的《罗马史》（Roman History）中的相关部分完整地留存了下来。奥古斯都回忆录的原本已无处可寻，但一份记述其生平的重要官方记录（是奥古斯都写给自己的后代的）以铭文的形式留存了下来，铭文的最佳副本于1555年在安凯拉（今安卡拉）被发现。这份无价的历史记录通常被称为《行述》（Res Gestae）。

在论及某一历史事件时，同一时期的见证者拥有明显的优势，至于亲身参与者就更不用说了。但由于他们的个人利益在一定程度上受到影响，他们的倾向性往往比后世的史学家更为明显。即使屋大维愿意，他也不大可能对他的手下败将安东尼大度。由于他不仅是一位作家，而且是包括维吉尔、贺拉斯和李维在内的一批当代天才文学家的保护

▲ 身着便服的西塞罗。他是少数并非依靠军功跻身政界的罗马政治家。在安东尼的教唆下，他被剥夺了法律权利，并最终被处决。

人，他可以利用一切手段来保证，传达给自己子孙的历史观点都是有利于自己的。

幸运的是，修史者不仅有屋大维，还有盖乌斯·阿西尼乌斯·波利奥（Gaius Asinius Pollio），此人是尤里乌斯·恺撒手下的军官。在恺撒死于布鲁图斯、卡西乌斯及其同谋之手后，战争随之而来，此时波利奥效力于安东尼麾下。安东尼与屋大维在腓立比获胜（公元前42年）后，波利奥为他的诗人同行求情，使维吉尔的财产免于被划归至一名为击败布鲁图斯和卡西乌斯军队出过力的老兵名下。甚至直到腓立比战役的胜利者们彼此挥刀相向，安东尼于亚克兴败绩后自尽，波利奥也未完全承认奥古斯都的帝位。在其历史著作中，他往往对那些较为片面的观点（这些观点本可成为其独家看法）加以纠正。不幸的是，除了几封致西塞罗的信，波利奥的作品均没能留存下来。但阿庇安大量引用了他的著述，普鲁塔克在他的《安东尼传》（Life of Antony）中亦是如此。此外，普鲁塔克还利用了其他一些很有意思的见证

者作品，其中包括于公元前40年以安东尼部下军官身份与帕提亚人作战的昆图斯·德里乌斯（Quintus Dellius）和以克里奥佩特拉的医学顾问身份为人们所铭记的奥林匹斯（Olympus）的记载。

同一时期的另一份历史证据来自西塞罗的《反腓力辞》（Philippics），在这份由14篇演说组成的系列演说辞中，安东尼遭到猛烈的抨击。这些演讲稿的标题，让我们不由得将其与德摩斯梯尼那段将矛头对准马其顿的腓力的演说进行类比。当然，这些属于恶语与谩骂，毫无自命公正之意，但它们与西塞罗的同期书信一样，使人们更容易了解这一时期的政治活动。

在几乎同代的作家之中，历史学家维莱乌斯·帕特尔库鲁斯或许也是值得我们关注的对象。此人生于公元前19年，此时奥古斯都已牢牢巩固了自己的权力。维莱乌斯无疑是无法做到客观公正的，而他也从未试图这样做过。

苏维托尼乌斯的《奥古斯都传》（Life of Augustus）为我们保留了更多的历史证据。苏维托尼乌斯拥有大量今已散佚的官方文件。他对各类丑闻有着明显的兴趣，但这不是因为他怀有任何政治偏见。苏维托尼乌斯的著作写于2世纪，当时相关事件过去已久，他并未遭受任何特别的压力。然而，他也并不是一位出色的军事史学家。

政治史

在公元前44年的元老院集会上刺杀了恺撒的阴谋分子，是一群老派的共和政体支持者。他们是一些无可救药的蠢人，不明白完全由军队支持才成立的宪制并非真正的宪制。庞培的弱点在于他为徒有其表的宪政政府做了太多的让步，而恺撒之所以被谋杀，

公元前44年
恺撒被谋杀　屋大维来到罗马

是因为他做的妥协太少了。但在公元前1世纪的罗马，军权是权威的唯一的真正基础。

阴谋分子们惊讶地发现，他们的做法并不得人心。然而，恺撒在追求他的政治目标时，一直非常慷慨大度，即便在他向克拉苏举债度日的那些岁月里也是如此。在征服世界的过程中，相关收益源源不断地落入他的手中，因而他变得更加挥金如土。由于恺撒立有遗嘱，这种慷慨之举并未随着他的死亡而终结。遗嘱中除了其他的公开捐赠行为，还有向市民发放一笔现金的计划。

在恺撒遇害事件中死里逃生的安东尼，令恺撒的遗嘱得以公之于众，并成为遗嘱的执行人。他之所以能够这样做，是因为马尔库斯·埃米利乌斯·雷必达（Marcus

Aemilius Lepidus，恺撒担任独裁官期间的骑兵统帅）有能力调动驻在距罗马不远处的军队。安东尼获得了雷必达的支持。阴谋分子如今完全处于守势，他们很乐意为恺撒举办一场规格极高的公共葬礼，以换取对自己的赦免。

由于我们站在后世的角度，因而很容易就能得出结论，卡西乌斯的判断是正确的——他坚决认为必须将安东尼和恺撒一起杀掉。但如果只杀恺撒一人，那阴谋家们的行动或许看起来还像是在诛杀暴君，倘若他们将两位执政官一并谋杀，那么对于对苏拉的暴行记忆犹新的当代罗马人而言，这种做法或许就成了一场新的大屠杀即将开始的信号，不但无法消除对立情绪，反而可能引发

更为强烈的反弹。布鲁图斯似乎准确地料到了这一点。毫无疑问，安东尼凭借其能力，充分利用了当前的局势，这一情况是阴谋分子所无法预见的。安东尼曾利用自己出色的军事才干为恺撒立下汗马功劳，但他在恺撒不在的日子里对意大利进行的行政管理，并没有使他广受欢迎。

与此同时，恺撒的遗嘱也令安东尼大失所望。其中指定恺撒的甥外孙盖乌斯·屋大维为主要继承人，后者如今正在伊利里库姆接受军事训练（他已被派驻到军事据点阿波罗尼亚去了，该地是罗马在

▼ 图中展示了三头同盟是如何将罗马的土地划分为各自的势力范围的。至于公元前39年授予赛克斯图斯·庞培的土地，他们后来凭借武力手段赢了回来。

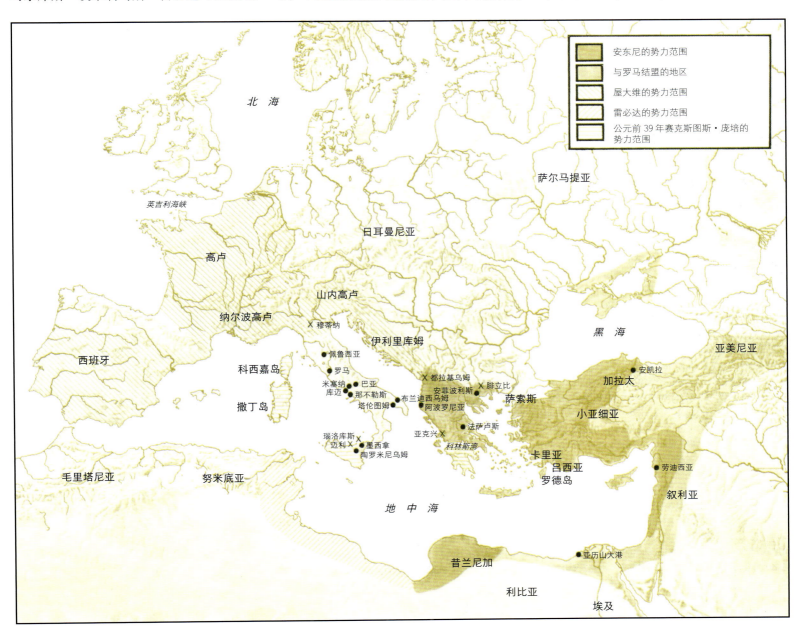

公元前43年
三头同盟建立

昆图斯·拉比努斯受卡西乌斯派遣，以使者的身份前往帕提亚

穆蒂纳战役爆发

卡西乌斯攻占罗德岛

第12章 三头同盟时代的战争 175

亚得里亚海东岸的登陆点，此时与塞萨洛尼卡之间已有埃格纳提亚大道相连），为恺撒制订的帕提亚战争计划做准备。恺撒死后，这个完全没有任何政治经验的年轻人大胆地回到了意大利。他的勇气得到了回报。然而，如果他不具备与生俱来的政治及军事能力，即使是最为庞大的财力和恺撒的显赫名头（按照遗嘱，这些都归他所有了），也保不住他的性命，更不用说让他成为罗马的主宰了。屋大维是一位天生的政治家和军事家，这超出了安东尼、阴谋分子和西塞罗（他虽然不是刺客集团的一员，但对他们拥护宪政的主张颇为赞同）的意料。

继之而起的冲突呈现出四方混战的局面，最终导致了在穆蒂纳附近爆发的一场恶战。以西塞罗为代表的、反对使用暴力手段的共和派已与阴谋分子结盟，他们暂时得到屋大维的支持，因为在公元前43年，安东尼（他有可能成为比恺撒更令人难以忍受的独裁者）出于对屋大维得以继承恺撒遗产的嫉恨，以极为冷淡的态度对待后者。然而，安东尼和屋大维的未来均取决于他们对逝去的恺撒的敬重。在穆蒂纳战役结束后（安东尼在这场战役中败北，而屋大维则展示了自己的实力），两人握手言和，将共和派排斥在权力中心之外。时任高卢总督的雷必达一度摇摆不定，但最终加入了他们的阵营。如今三头同盟之势已成，他们共享着独裁专断的权力，并以正式立法的形式得到了承认。他们成立了一个三人委员会，负责制定宪法。

现代历史学家有时会将此三头同盟称为"后三头同盟"，而将恺撒、庞培和克拉苏组建的非正式同盟称为"前三头同盟"。但安东尼、屋大维和雷必达于公元前43年拥有的权威，与当年苏拉掌握的权威在模式上更为接近，他们对权威的运用同样与苏拉类似。他们所使用的剥夺人权的手段（先剥夺其公民权，而后系统地加以屠杀）显得极为残酷。三人的亲友一个个因其他两人的怨愤、猜忌和个人利益而无情地沦为牺牲品，屋大维的友谊也无法保护西塞罗免受安东尼那酷毒根意的侵害。

▲ 罗马的奥古斯都戎装雕像。这位皇帝身穿金属胸甲。根据雕像人物衣着的不同，可将雕像分为"戎装"（loricatae）和"便服"（togatae）两类。

穆蒂纳之战

穆蒂纳战役中包含的战略和战术，几乎与其政治背景一样复杂。再起的内战呈现出多边权力斗争的态势，当安东尼设法取代了德西姆斯·布鲁图斯（恺撒手下的前海军指挥官）的意大利高卢总督职位时，这一态势变得明朗起来。德西姆斯背信弃义地参与了刺杀恺撒的行动，并且得到了元老院的信任。此时，他拒绝将自己管辖的行省交给安东尼。安东尼率领忠于自己的军团向德西姆斯进军，将高卢行省的重要城市一一攻占。德西姆斯佯装南撤罗马，却出其不意地攻占了穆蒂纳，并杀牛腌肉，准备应对即将到来

公元前42年

西塞罗去世　　　克里奥佩特拉支援恺撒党人　腓立比战役爆发，卡西乌斯
　　　　　　　　的努力在恶劣天气的阻挠下　与布鲁图斯自杀
　　　　　　　　宣告失败

的围攻战。此举是明智的。安东尼旋即将德西姆斯堵在了穆蒂纳，用围墙和壕堑围困这座城市。双方相持不下，直至德西姆斯的供给开始不继。

与此同时，新当选的当年执政官希尔提乌斯（Hirtius）和潘萨（Pansa）带着元老院的命令从罗马出发，北进解围。在西塞罗的影响下，元老院仍将刺杀恺撒的行为视为对宪制的捍卫。在这种情况下，西塞罗也考虑与屋大维结盟——即使只考虑他现在与安东尼处于对立关系的话。有能力动用恺撒私人资源的屋大维，已经得到了代裁判官的职位，率领忠于恺撒的军团与希尔提乌斯一道出发。在向穆蒂纳进军的途中，两位指挥官的骑兵与安东尼的骑兵发生了小规模的冲突，后者占有数量上的优势，但他们的行动受到纵横交错的激流河床的阻碍。潘萨率领几个由老兵组成的军团和一些毫无经验的征召兵，前去支援自己的执政官同僚。屋大维的指挥部直属大队被派去引导和护卫他。然而，潘萨的军队与他们的护卫队在途中遭到安东尼军队的伏击，于是一场激战爆发了，双方均将自己的敌人视为叛国者。这实际上是一场三重混战。由于高耸的路堤使得路面高过了沼泽，道路一侧的作战人员无法看到另一侧的作战人员。同时，屋大维和安东尼两人的指挥部直属大队在地基高于对垒两军间整片战场的道路上捉对厮杀。

屋大维的大队最终被彻底击溃了，潘萨的老兵军团则撤至军营坚守，毫无经验的征召兵们（出于谨慎，他没有让这支部队参战）此时已撤回。潘萨本人受了致命伤。

此时，希尔提乌斯率领他的生力军挺进到距离他穆蒂纳附近的军营8罗马里（13千米）的地方，并击败了精疲力竭的安东尼军。夜幕降临了，陷入沼泽之中的危险使得希尔提乌斯没有去追击敌人，同时，安东尼的骑兵救回了很多迷路或负伤的战友。他们中的一些人被放置在有主或无主的战马的背上，另一些人则紧紧抓住马尾，就这样被带着走。

安东尼的围城部队仍在围攻穆蒂纳。当希尔提乌斯和屋大维似乎即将在封锁线的最薄弱处打开缺口时，安东尼用从围城的其他地段撤下来的2个军团来对付他们。但他再

▲ 位于亚历山大港的马克·安东尼巨型头像。这尊头像与我们在罗马钱币上看到的带有厚实双下巴的头像形成了有趣的对比。

▼ 托勒密王朝的末代君主克里奥佩特拉。比起钱币上她的其他头像，这尊雕像要更为美化。

度战败了。希尔提乌斯攻入安东尼的战场指挥部，并战死在那里。

此时，安东尼不顾幕僚的劝阻，撤去了围城部队。他担心刚刚赶到的敌军会反过来将自己包围。安东尼撤走后，德西姆斯·布鲁图斯小心翼翼地向从河流的另一侧赶来的屋大维致谢，但屋大维冷冷地表示，他是来同安东尼作战，而不是来帮助杀害恺撒的凶手的。安东尼历经千辛万苦，总算北进至阿尔卑斯山，最终如愿与纳尔波高卢（位于今法国南部）的总督雷必达结为同盟。

德西姆斯的兵权得到了元老院的确认，但他部下的官兵却另有想法，并叛投到屋大维一方。德西姆斯的势力逐步式微，最终沦落到孤身出逃的地步。当他试图穿越未经开

发的地区，前往马其顿投奔马尔库斯·布鲁图斯时，落到了一名高卢酋长手中。这名酋长是安东尼的朋友，因而处决了德西姆斯。

卡西乌斯攻打罗德岛

元老院对刺杀恺撒的行为始终持支持态度。在宣布安东尼为公敌后，元老院将马其顿行省授予马尔库斯·布鲁图斯。之前，元老院曾试图用这个行省来交换安东尼的意大利高卢行省，但遭到拒绝。卡西乌斯获得了叙利亚，同时奉命讨伐普布利乌斯·科尼利厄斯·多拉贝拉（Publius Cornelius Dolabella），后者原为已故执政官恺撒的接替者。他在罗马时曾支持过宪制派，但他被委派到行省任职后，就改变了自己的立场，并背信弃义地谋杀了3月15日阴谋的参与者、亚洲总督盖乌斯·特雷伯纽斯（Gaius Trebonius）。多拉贝拉很快被卡西乌斯击败，并于叙利亚的劳迪西亚自尽。

布鲁图斯和卡西乌斯最初可能并不认为，与安东尼之间的战争是不可避免的，更不用说与屋大维开战了。但他们审慎地加强着自己的军力和财力，相关措施包括对不向他们纳贡的国家采取的敌对行动。在这些国家中，无所畏惧、威望极高的罗德岛是个显眼的角色。事实上，罗德岛人以无畏而独立的精神抵御着卡西乌斯的进攻，他们的祖先在抵御"围城者"德米特里厄斯和米特拉达梯的战争中，曾经展现过同样的精神。令人悲伤的是，这一次罗德岛人那英勇奋战的决心没能挽救他们的命运。

与劳迪西亚一样，罗德岛也曾支持过多拉贝拉，因而卡西乌斯有着充分的理由对它加以洗劫。罗德岛人希望凭借自己的轻型战舰，用古老的希腊式"突破战术"和侧面撞击的办法，来对付卡西乌斯的重型战舰。卡西乌斯曾在罗德岛接受教育，并未低估敌方舰队的实力。在卡里亚海岸的穆图斯岛设立基地后，他谨慎备战，使舰队处于满编状态，并对船员加以训练。

罗德岛人用33艘桨帆船迎击卡西乌斯的舰队，双方在穆图斯岛附近的开阔海面交战。卡西乌斯在海岸边的一处制高点观战。

起初，罗德岛海军那机动灵活的希腊式战术显得卓有成效，但卡西乌斯舰队占有数量上的优势，因而得以将罗德岛人围困。罗德岛人由于身陷包围圈，很快就发现自己所依赖的机动战术无从施展。无论采用冲撞战术还是登舰接敌战术，体形更为庞大、配有更多人员的罗马战舰都占有优势。2艘罗德岛战舰连人带船一起被俘，2艘遭撞击后沉没，其余舰船逃往罗德岛。

此时，卡西乌斯将指挥部设在了亚洲大陆。随后，他用运输舰将一支军队送往罗德岛，让他们从陆上进攻这座城市，同时亲自率领80艘船驶向那里。罗德岛人试图再次在海上与罗马人一决雌雄，但后者的数量优势实在太大，在又损失了2艘船后，罗德岛海军被迫撤入港口，随即遭到封锁。罗马舰队携有分件预制的攻城塔，但此举在这场战役中被证明是毫无必要的。卡西乌斯带着一队精心挑选的士兵，突然出现在这座城市中，人们没弄清他们的身份就打开了城门。很显然，罗德岛完全没有做好应对围攻战的准备。

卡西乌斯将50名公民领袖处死，并将他能找到的黄金白银尽数掠走。这次海上大捷固然在很大程度上应归功于卡西乌斯的谨慎和经验，但也是罗马人占有数量优势之故。罗德岛人用较小型的战舰与卡西乌斯作战，这一不争的事实表明，重型桨帆战舰不再理所当然地被视为更具威力的作战兵器。用轻型战舰来对付重型战舰这种做法的合理性，将为12年后的亚克兴战役所证实。在那场战役中，屋大维的舰队击败了机动性较差的安东尼舰队。

腓立比战役之前的战略

卡西乌斯准备与曾经帮助过多拉贝拉的克里奥佩特拉开战。之前，克里奥佩特拉与她的儿子被恺撒安置在罗马，但在恺撒被害后，她就回到了埃及。她自然被归入恺撒一党之列。但在卡西乌斯得以向埃及发动一次惩罚性远征之前，他就收到了布鲁图斯——

巴利斯塔（投石机）

恺撒手下的专家维特鲁斯在写于约公元前25年的著作中详细描述了这种攻城器械。图中的巴利斯塔的规格为最常见的60磅（27千克）。与过去的器械相比，这种投石机的弹簧架略微前倾，呈浅"V"字状，使得弩臂能够通过绞盘调整到更深的角度。这样一来，投石机就需要一个更为复杂的框架，用来发射火箭被认为并不值得。另一处重要的改进是应用了椭圆形而非圆形的扭力轴孔和垫片，这样就能在不必增大投石机整体规格的同时，在机器内缠入更长的绳索。图中的巴利斯塔处于静止状态。在装弹时，须将滑块向后推，直至弩机扣住弓弦，而后用杠杆将它倒卷回去。在棘轮的作用下，弓弦在发射的那一刻到来之前是不会向前弹出的。

斯格皮奥（标枪发射器）

维特鲁斯也记述过此类装置，图中实物的规格是最为常见的。如左图所示，一台3拃宽的机器发射的是长27英寸（67厘米）的弩箭。它应用了椭圆形的扭力轴孔和曲线形的弩臂，以获得更大的扭转角度（见左图）。在这种机器上使用的弩箭，留存至今者为数甚多，它们往往带有尖塔形的箭头和3拃木制或皮制的箭尾。

蝎弩

金属框架在公元100年之前的某个时段得到了应用，这是对弩炮的又一次重大改进。它们比木制框架更坚硬，而且可以让弹簧的拉伸幅度更大，弩臂的扭转角度也更大。投石机也采用了金属框架。弹簧被装入青铜制的圆筒内，以防因天气变化而受到腐蚀。由于弩架变得更大，瞄准起来也更容易，弩炮上还装有一个小小的拱形装置，用于帮助瞄准。（现代测试的结果显示，这类器械的精准度令人印象深刻。）

机械效率

如左图所示，从上到下分别为希腊火箭发射器、斯格皮奥和蝎弩。图中展示了前述的改进措施是如何增大了它们的扭转角度，进而使其威力增大的。

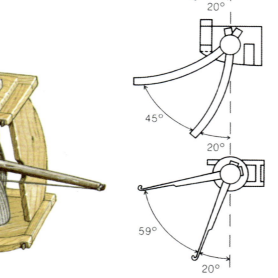

巴利斯塔
（约公元前 50 年）

斯格皮奥
（约公元前 50 年）

蝎弩
（约公元 100 年）

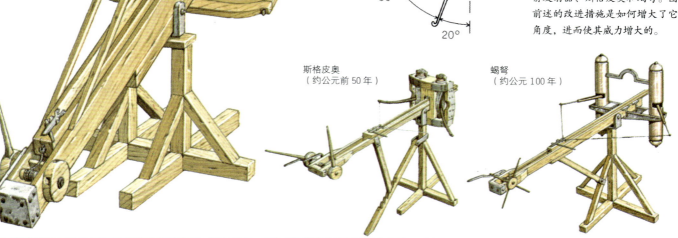

公元前40年

卢修斯·安东尼乌斯在佩鲁西亚投降

希律王从帕提亚人处逃出，前往罗马避难

安东尼的妻子富尔维娅在希腊去世

屋大维与安东尼在布兰迪西乌姆订立协议，屋大维娅嫁于安东尼

雷必达成为非洲总督

他很绅士地表达了自己对洗劫吕西亚（位于小亚细亚南部）诸城的悔恨之情——的警告：安东尼正准备从布兰迪西乌姆出发东征。布鲁图斯与卡西乌斯会合，并将军队集结在位于爱琴海东北角的梅拉斯海湾，他们可以从那里以最快的速度穿过色雷斯地区，迎击即将入侵的安东尼军。无疑，三头同盟已明智地夺取了主动权。在三头同盟这些粗暴的剥夺权利行为之后，布鲁图斯和卡西乌斯或许会被视为救世主——如果他们的军队能够在意大利登陆的话。

当前集结起来与三头同盟对抗的军队拥有19个不满员的军团。这些军团大多由前任军官带来，但布鲁图斯从安东尼的弟弟盖乌斯（在马其顿战败后被杀）那里接管了一个军团。随同军团前来的骑兵和辅军部队中有高卢人、西班牙人、色雷斯人、伊利里亚人、帕提亚人、米底人和阿拉伯人；这些人是跟随各个盟国君主的部队前来参战的。依靠前文提到过的手段，两位"解放者"将军充作军费的资金已是绰绰有余。

与此同时，克里奥佩特拉正考虑用海军支援安东尼。事实上，这一计划具有极高的军事价值，因为三头同盟的海军力量甚为薄弱。但克里奥佩特拉的舰队在利比亚海岸失事，她历尽艰辛才回到亚历山大港，而且得了重病。卡西乌斯的海军指挥官一直待在伯罗奔尼撒海角的最南端，等着截击克里奥佩特拉。在此之前，他已花了些时间洗劫希腊，获利甚丰，如今他扬帆起航，前去阻止安东尼横渡亚得里亚海。安东尼已不是第一次面对这样的特殊挑战了，之前他就曾冒着敌人的阻拦，将援军运过亚得里亚海，以支援正在都拉基乌姆作战的恺撒。

屋大维已完全将注意力放在与赛克斯图斯·庞培的海上对决上，在蒙达战役之后的岁月里，后者以从事海盗活动为生，恺撒被刺杀后，他被元老院任命为共和国舰队司令。在西西里海域，他与屋大维的部将爆发了冲突，并取得了一些海战的胜利。然而，三头同盟的舰队如今在布兰迪西乌姆合兵一处。他们乘着强劲的顺风，张起了船帆，在速度

晚期弩炮

在希腊化时代，弩炮的结构变得越来越复杂，技术也在不断改进，射程和威力有了显著提升。根据阿格西查图斯（Agesistratus）的记载，当时射程最大者可以超过880码（800米）。善于发明的希腊人还创造过一种可连续发射的"加特林机枪"，但由于缺乏常规器械所需的动力，遂未能成功应用于当时的实战中。在其他发明实验中，金属弹簧得到了应用，但这些实验同样以失败告终。图中展示的是应用于罗马时代的主要弩炮。它们与早先的器械（见78、79页）之间最大的不同处，就是以棘轮、棘爪装置取代了之前的直推式棘轮。这一点在野驴弩炮上体现得最为明显。图中的弩炮均按相同比例绘制，以便读者弄清它们的相对尺寸。

野驴弩炮

早在公元前200年，贾隆的著作中就提到过这种单臂式弩炮，到了公元100年前后，它又一次出现在阿波罗多罗斯的记载中。但直到4世纪（此时它出现在了维盖提乌斯和阿米亚努斯的著作中），它并未得到普遍应用。它的主要用法类似于家用捕鼠器。下面的插图展现了这种弩炮被扭绞到最大角度并准备发射时的情形。大图中的野驴弩炮的规格为180磅（80千克）。像这种大型器械，需要8个人才能将发射角度扭绞到最大。弩机装置在图中清晰可见，机簧一般用一柄大锤来击发，以确保扭力得以完全释放。这种器械必须稳稳地安装在地面上，或用砖块铺成的平台上，由于强大的后坐力会令弩架剧烈颤动，因而无法安装在墙上。与双臂式弹射器相比，它的结构较为简单，不需要"调弦"。但另一方面，它也无法加大仰角，瞄准起来也不像双臂式弹射器那么轻松。

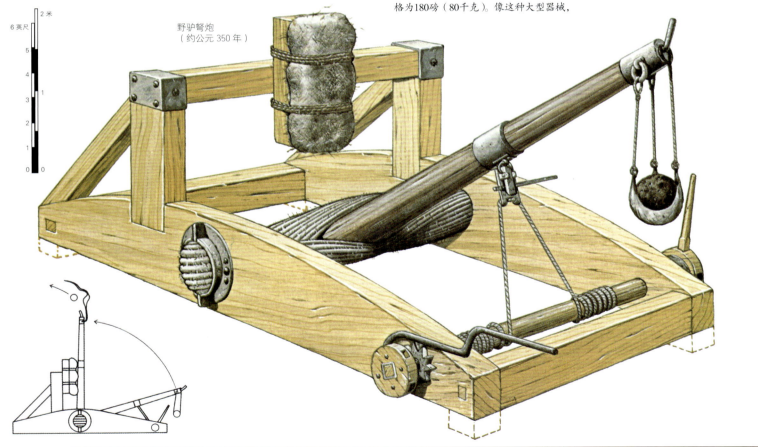

野驴弩炮
（约公元 350 年）

6英尺 2米

上，即使是流线型的友方护航战舰和试图拦截的敌方战舰也追之不及；他们最终成功渡过亚得里亚海，完成了运载兵员的任务。他们甚至躲过了敌人的拦截，顺利返回，并第二次渡过海峡，将更多的军队运了过去。安东尼和屋大维就这样，将三巨头麾下43个军团中的28个运进了马其顿。雷必达则率领其余的军团镇守意大利。

在都拉基乌姆，屋大维病倒了。安东尼向东推进，去面对布鲁图斯和卡西乌斯。粮食供应是他的重要问题。克里奥佩特拉舰队的失事，令其敌人无可争议地掌握了制海权。当埃及因庄稼歉收而发生饥荒时，情况变得更糟了。因此，对于安东尼而言，尽可能多地占领产粮区就成了极为必要且必须尽快敲定的决策。他派一支前锋部队前去把守色雷斯山区的隘口，阻止布鲁图斯和卡西乌斯通过，从而确保能够将西面的庄稼地控制在手里。

这一战略意图引起了布鲁图斯和卡西乌斯的注意。他们派遣一支舰队沿着色雷斯海岸航行，从侧翼包抄安东尼的前锋部队，迫使这支部队的指挥官放弃了自己的前沿阵地。他们随即率军穿过隘口。当他们遇到第二条由安东尼的部下把守的隘路时，一位与他们交好的色雷斯贵族带着他们走上了一条难行而危险的迂道。但那位贵族的兄弟支持的是另一方，因而将敌军动向告知守将，使后者得以在遭包围之前撤至马其顿的安菲波利斯城。"解放者"的军队随后与海军舰队合兵一处，并在马其顿边境以内位于腓立比海域不远处的地区修筑了带有工事的据点。

腓立比的防御工事

安东尼火速推进至安菲波利斯，令他感到欣喜异常的是，这座城市已被他的前锋部队占据。到了公元前42年9月末，马其顿和色萨利供应的谷物已相当有限。除了其他的困难，赛克斯图斯·庞培与其舰队的活动令三头同盟无法将谷物从西班牙或非洲运来。决战的需求越来越迫切。

布鲁图斯和卡西乌斯的大营相距1罗马里，横跨于通往亚洲的大道的两侧。两座军

▲ 屋大维的姐姐屋大维娅。她是一位广受尊敬的人物，她像对待自己的家人那样对待安东尼幸存的子女（由克里奥佩特拉所生）。她于公元前11年去世。

营以按常见军用规格修建的壕堑、壁垒和木栅相互连接，这些工事将大道拦腰斩断，工事中央有一扇大门：两座军营内的驻军可通过这道大门向敌军进发，并在营门前方的平原上列阵。这片平原的一侧为群山和岩石丛生的峡谷所环绕，另一侧则被向南延伸至大海的沼泽包围。无路可通的山区令敌人无法从北面包抄布鲁图斯的军队，而卡西乌斯的军营与沼泽地之间则只隔着一小片开阔地。当安东尼以比预想中更快的速度赶到，并在布鲁图斯和卡西乌斯军营前方仅1罗马里处筑垒设营时，卡西乌斯迅速将军营左侧那个易受攻击的缺口封住，从而使壁垒从沼泽一直延伸到山区。

显然，安东尼渴望交战，并且是在非自己选择的地点交战，这令布鲁图斯和卡西乌斯感到意外。然而，即使他一心求战，他在腓立比还是受到了一系列战术及战略因素的制约。只要敌人按兵不动，他就只能仰攻固若金汤的敌军据点。而敌人并没有任何主动行动的理由。他们在萨索斯岛上拥有一座储备充足的基地，而这座后方岛屿离他们仅有区区几海里。海岛的对面是一片位于海滨地带的海湾，他们的桨帆船可以很方便地停泊在那里，而一条沿着他们的工事奔腾而过的河流，又令他们可以轻而易举地获得水源补给。而安东尼却不得不掘井找水。

事态变得明朗起来：除了小规模的骑兵接触，布鲁图斯和卡西乌斯并不打算主动进攻。此时，安东尼凭借自己的力量和智慧行

动起来。当敌人的注意力为他发动的一波正面攻势所吸引时，在卡西乌斯一无所知的时候，他在高高的沼泽芦苇的掩护下修筑了一条堤道，贯穿了那片沼泽地区。他以迅雷不及掩耳之势，率军沿着堤道穿过沼泽地区，随即占领了一处位于卡西乌斯军后方的坚固制高点。然而，后者予以积极回应，铺设了另一条横穿沼泽的堤道，并用栅栏加固，与安东尼的堤道几乎形成垂直之势，从而将与制高点相连的交通线全部切断。

然而，在采取这些行动的过程中，卡西乌斯的兵力不可避免地分散了。安东尼突然朝卡西乌斯军营与沼泽之间的壁垒发动了一波猛烈的攻势，他架起梯子，填平壕堑，捣毁木栅，占领了这道工事。随后，他将矛头转向几乎毫无防备的军营，并将其攻占。与此同时，驻扎于北面山区的布鲁图斯军获得了一个极佳的机会——由于安东尼进攻卡西乌斯，他的侧翼完全暴露了。他们不等命令下达，就从高地上冲了下来，从背后使安东尼的部队陷入慌乱。突然，他们发现自己与屋大维的军团正面相对，但他们也将其击溃，并一鼓作气攻占了此时已由三头同盟的军队共同据守的军营。

当这几场战斗正在进行时，战场上腾起了大片乌云般的沙尘，局势因而变得混乱起来。卡西乌斯似乎以为，布鲁图斯的军营与自己的军营一样皆已落入敌手。毫无疑问，他并不知道布鲁图斯的部下已攻占了敌营。事实上，我们并不能肯定布鲁图斯本人是否清楚这一点，因为他从未下达过攻击的指令。卡西乌斯随后自杀了，关于这一错误做法的确切性质有着各式各样的解释。一个在古代历史学家中流行的说法是，他是被自己的一名奴隶杀死的，此人将现场布置得如同自杀现场一般。

如今，双方都从自己占领的敌军据点内撤出，都意识到他们的大本营正处于危险之中。然而，根据阿庇安的说法，他们看上去更像是脚夫，而非军人，一心要将能够抢到手的东西全部搬走。在令人头晕目眩的漫天沙尘中，敌方和友方变得无法辨认。布鲁图斯的军队在没有得到许可的情况下就开始作战，他们觉得自己可以想什么时候停止就停

公元前38年
屋大维指责赛克斯图斯破坏协议

赛克斯图斯在库迈和墨西拿爆发的海战中击败了屋大维

弗拉特斯四世在谋害其父奥罗德斯二世后成为帕提亚国王

高卢总督阿格里帕镇压了阿基坦人之乱

帕科鲁兵败身亡

止。但当尘埃散去后，安东尼和屋大维回到了自己的军营。尽管屋大维的健康状况仍然不佳，但他及时赶来参战，并在部下的陪同下进入战场。与此同时，布鲁图斯收复了卡西乌斯丢掉的据点。

腓立比战役的决定性时刻

就在卡西乌斯命丧腓立比的那一天，由其部将指挥的分舰队在亚得里亚海取得了一场重大的胜利。为了运送援军，布兰迪西乌姆的三头同盟方海军将领试图再一次利用风帆，迅速穿越亚得里亚海。当风势衰减下来时，他们被追上了。护送他们前行的小型战舰根本不是130艘桨帆战舰的对手。当运兵舰上的部队发现自己无路可逃时，他们就用绳索将船彼此捆扎在一起，这样既可作为作战平台使用，也可避免出现孤舰落单的情况。然而，敌军不断朝他们射来火箭，因此他们只得彼此分开，以免火焰从一艘船蔓延到另一艘船上。许多人最终投降，其他人则随着被抛弃的废船四处漂流，死于饥饿、干渴和灼烧。

消息传到腓立比，对于三头同盟而言，这显然是一记沉重的打击，而布鲁图斯则精神为之一振，他现在同时拥有卡西乌斯军和己方军队的指挥官头衔。他很愿意继续按兵不动，但他部下官兵的想法则相反。他们已经在没有得到他许可的情况下赢得了一次胜利，因而觉得自己完全有能力再来一次。三头同盟的部下想尽一切办法来诱使敌人出战，他们来到布鲁图斯军阵地附近，用嘲讽和侮辱的言语挑衅敌军士兵。这种办法十分幼稚，但在古代战争中经常得到应用。除此之外，政治攻势也开始了。消息越过布鲁图斯军的壁垒传到军营内：三头同盟承诺将对逃兵给予奖赏。布鲁图斯以不定期的夜袭作为报复，有一次他将河流改道，使河水灌入敌军军营。但他仍没有与敌人会战一场的想法。

三头同盟已经派了一个军团南进伯奔尼撒，前往亚该亚地区搜寻粮秣，但谷物供应对他们而言仍是个严重的问题。他们试图打破僵局，并取得了一些有限的战果。有一

座山丘与卡西乌斯的军营距离甚近，但由于这段距离处于弓箭的射程之内，因而敌军很难在山上坚守。而现在布鲁图斯已撤走了军营里的部队。屋大维瞅准机会，迅速派出4个军团占领了这一位置，这批士兵用柳条和皮革编成的盾牌使自己免受箭支的伤害。有了这一战略要点的依托，屋大维就可以建起一连串一直向南延伸至大海的前哨据点链，从而再一次越过沼泽，包抄敌军侧翼。然而，布鲁图斯针锋相对，在正对着所有可能变为攻击发起点的据点方向上都建造了驻有兵员的碉堡。

与此同时，布鲁图斯军（特别是新接收的卡西乌斯败军）的士气与纪律依旧很糟，而且有恶化的趋势，其结果是士兵们变得碌碌无为起来。在幕僚的压力下，布鲁图斯最终同意与敌人激战一场。与庞培在法萨卢斯时一样，他也是在极不情愿的情况下同意的。随之而来的战斗既没有以常见的标枪互射拉开序幕，也未曾出现任何战术机动的尝试。双方短兵相接，除了用剑取代长矛，战况与古典时代的希腊方阵对决没什么两样。阿庇安宣称，屋大维的军团像某种重型机械中正在运转的转轴一样，逐渐将敌人包围起来。布鲁图斯的步兵起初以整齐的队列步步退却，但在无情的重压下，他们最终崩溃了。队列中出现了缺口，前队与后队相互混杂。士兵们彼此挤在一起，队伍乱成一团，最终导致了全面的溃逃。屋大维的部下冒着从壁垒处射来的远程火力，攻占了敌方工事的中央大门，彻底堵死了这条退路。安东尼的部下对逃向大海和群山的敌人穷追不舍，直到将其

歼灭为止。与此同时，屋大维监视着尚未落入三头同盟之手的敌营。布鲁图斯本人受了重伤，带着不到4个军团的兵力北撤至山区，并在那里度过了这个夜晚，他希望利用夜色的掩护返回自己的军营。但他的归途被安东尼堵住了，部下官兵的士气极为低落，甚至不敢尝试突破敌军的封锁线。布鲁图斯意识到，即使他活下去，败局也已注定，因而说服一名忠心耿耿的幕僚将自己杀死。

腓立比战役之后

腓立比战役结束后，三头同盟对权力进行了一次重新分配。屋大维继续统治意大利，并领有大部分西部行省，而安东尼尽管得到了高卢，却必须承担起重建罗马在东方权威的责任。雷必达被怀疑与赛克斯图斯·庞培有所勾结，尽管他的地位下降了很多，但最终还是被承认为非洲行省的统治者。随着权势的提升，许多问题也摆在了屋大维面前。老兵们要求兑现之前许诺的作为他们服役酬劳的土地，而要满足他们的要求，只能采用异常不公正的手段——将土地的现任主人驱逐出去。此外，屋大维理所当然地必须优先照顾自己部下的老兵，而非身在意大利以外的安东尼的部下。在这种情况下，安东尼的弟弟卢修斯·安东尼乌斯（Lucius Antonius）试图以执政官的身份来维护宪法与那些受到损害的群体的利益。由于

▼ 图拉真纪念柱上的浮雕，展现了军团士兵正在前沿急救站接受看护的场景。得到治疗后，伤员将被转移到专门的野战医院。

公元前37年

阿格里帕将卢克林湖改造成海军训练基地

屋大维和安东尼在塔伦图姆会面，并重建三头同盟

在罗马的军事支援下，希律王在耶路撒冷登位

帕提亚国王弗拉特斯四世兴建泰西封

安东尼承认克里奥佩特拉所生的双胞胎（亚历山大·赫利俄斯和克里奥佩特拉·塞勒涅）为自己的骨肉

卢修斯是共和国名义上的领袖，我们很难断言他是在"谋反"，但从政治和军事方面的事实来看，他的所作所为其实与造反无异。卢修斯的行为引发了一场小规模战争。屋大维将他围困在佩鲁西亚（今佩鲁贾），用饥饿战术迫使其投降。为了进行劫掠，胜利方特意保持佩鲁西亚完好无损，但这座城市却被一名绝望的居民纵火烧毁。比起其他那些已被分配给胜利方军队的安分守己的意大利地区，这座城市适合当作敌人来对待。但屋大维仍试图避免与安东尼发生冲突，卢修斯

因而得到赦免，并被派到西班牙去当总督。

更为严重的威胁是由赛克斯图斯·庞培造成的。作为有史以来在镇压海盗方面最为成功的罗马将领的海盗儿子，赛克斯图斯如今占领并控制了西西里地区，从腓立比战场逃出的败兵在那里加入了他的队伍，由卡西乌斯部将指挥的亚得里亚舰队也赶来投奔他。意大利的海外谷物供应就这样被赛克斯图斯切断了。在佩鲁西亚事件之后，马克·安东尼亲自赶赴意大利，两大巨头之间的战争因公元前40年在布兰迪西乌姆签订的协议而勉

强得以避免。接下来，罗马方面于第二年在那不勒斯附近的米塞纳与赛克斯图斯·庞培签订了另一份协议。按照协议的规定，赛克斯图斯被任命为西西里、撒丁、科西嘉和亚该亚的总督，作为谷物得以输入意大利的代价。但协议被撕毁，海上战争爆发了。在库迈和墨西拿附近发生的海战中，屋大维两度被击败，但赛克斯图斯从未主动发起过进攻，也从未尝试着成为地中海的霸主。

屋大维之所以能成为最后的胜利者，秘诀之一在于他能够将权力下放。他手下有

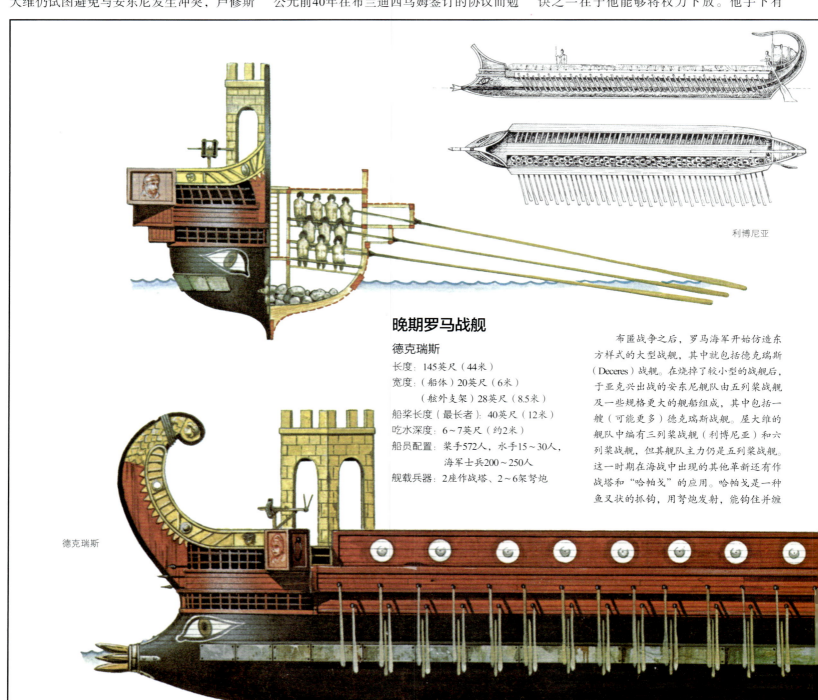

利博尼亚

晚期罗马战舰

德克瑞斯

长度：145英尺（44米）

宽度：（船体）20英尺（6米）
　　　（舷外支架）28英尺（8.5米）

船桨长度（最长者）：40英尺（12米）

吃水深度：6~7英尺（约2米）

船员配置：桨手572人，水手15~30人，
　　　　　海军士兵200~250人

舰载兵器：2座作战塔、2~6架弩炮

德克瑞斯

布匿战争之后，罗马海军开始仿造东方样式的大型战舰，其中就包括德克瑞斯（Deceres）战舰。在烧掉了较小型的战舰后，于亚克兴出战的安东尼舰队由五列桨战舰及一些规格更大的舰船组成，其中包括一艘（可能更多）德克瑞斯战舰。屋大维的舰队中编有三列桨战舰（利博尼亚）和六列桨战舰，但其舰队主力仍是五列桨战舰。这一时期在海战中出现的其他革新还有作战塔和"哈帕戈"的应用。哈帕戈是一种鱼叉状的抓钩，用弩炮发射，能钩住并缠

公元前36年
安东尼兵败帕提亚

赛克斯图斯·庞培在迈利和瑙洛库斯海战中被击败

克里奥佩特拉为安东尼生下第三个孩子（托勒密·菲拉德尔弗斯）

雷必达被执政团免职

一名极为优秀的部将，名叫马尔库斯·维普萨尼乌斯·阿格里帕（Marcus Vipsanius Agrippa），此人在年轻的屋大维还在伊利里库姆接受训练时就成了他的战友。阿格里帕之前在高卢战争中便有过出色的发挥，在佩鲁西亚击败卢修斯·安东尼乌斯的战役中又立过大功，现在他证明了，自己在海上能够和在陆上发挥得一样出色。尽管屋大维在陶罗米尼乌姆（陶尔米纳）附近海域又吃了一场败仗，但阿格里帕却在迈利击败了赛克斯图斯的舰队。随后，他在瑙洛库斯又获胜

利，这场胜利是决定性的。在雷必达的帮助下，屋大维已经通过陆战占领了西西里岛的敌军供应中心。赛克斯图斯逃往亚洲，他最终在那里被俘，并被安东尼下令处决。

阿格里帕显然拥有很强的技术革新意识。为了建造一座合格的海军基地以供对战赛克斯图斯·庞培之用，他开凿了一条贯穿狭长的海滨地带（即赫拉克勒大道位于巴亚和普提奥利之间的路段）的水道，从而将卢克林潟湖和那不勒斯海湾连接起来。第二条水道则把卢克林潟湖和阿佛那斯湖以外的水

域连接在一起。这几处融为一体的海湾，为屋大维的舰队提供了一片随时可用于机动及战术训练的区域。

在西西里和意大利南部海域进行的战争中，赛克斯图斯·庞培自始至终都是靠大量使用比敌舰更为轻便、小巧的桨帆战舰来取胜的。在卡西乌斯攻略罗德岛的战役中，有迹象表明，较为轻便的桨帆船再度受到了青睐，机动及撞击战术也再次被用来对付重型战舰——后者被用作抓钩及跳板战术的实施平台。从战略角度来看，轻型战舰有着易受

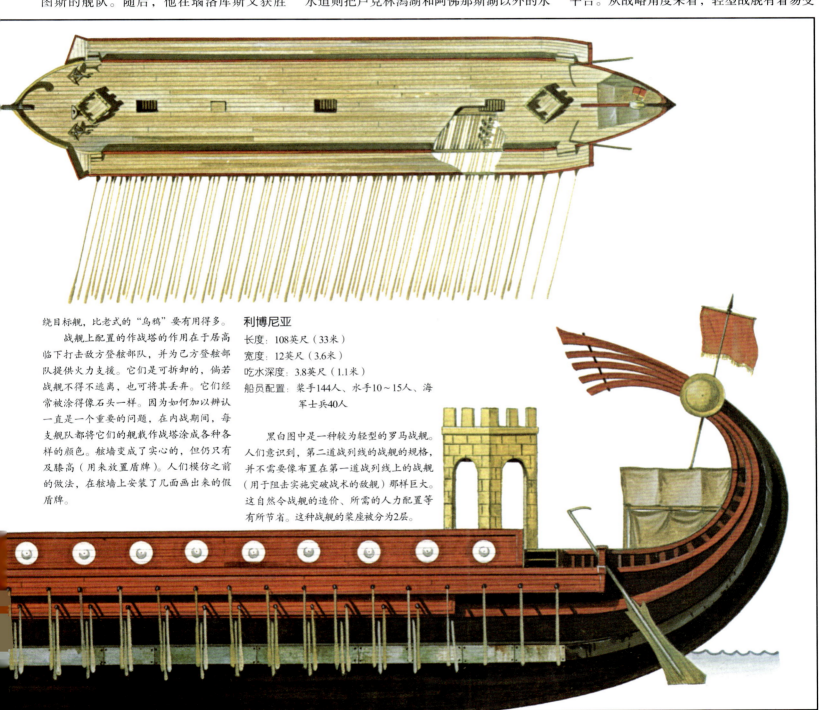

绕目标舰，比老式的"乌鸦"要有用得多。

战舰上配置的作战塔的作用在于居高临下打击敌方登舷部队，并为己方登舷部队提供火力支援。它们是可拆卸的，倘若战舰不得不逃离，也可将其丢弃。它们经常被涂得像石头一样。因为如何加以辨认一直是一个重要的问题，在内战期间，每支舰队都将它们的舰载作战塔涂成各种各样的颜色。舷墙变成了实心的，但仍只有及膝高（用来放置盾牌）。人们模仿之前的做法，在舷墙上安装了几面画出来的假盾牌。

利博尼亚

长度：108英尺（33米）
宽度：12英尺（3.6米）
吃水深度：3.8英尺（1.1米）
船员配置：桨手144人、水手10～15人、海
军士兵40人

黑白图中是一种较为轻型的罗马战舰。人们意识到，第二道战列线的战舰的规格，并不需要像布置在第一道战列线上的战舰（用于阻击实施突破战术的敌舰）那样巨大。这自然令战舰的造价、所需的人力配置等有所节省。这种战舰的桨座被分为2层。

风暴等天气影响的弱点。但在狭窄的近海地区爆发的战斗中，它往往能证明自己的战术价值。当战斗在波涛汹涌的海域展开时，轻型战舰能够借助海浪的力量，让自己变得更为机动灵活。赛克斯图斯甚至在腓立比战役之前就已经做到了这一点。如果他的船只不幸被敌舰钩住，船员们就会立刻跳进海里，弃船逃生。其后，他们会被友方的救生船救起，这些救生船会在战役结束后前来搜救那些弃船者。

毋庸置疑的是，阿格里帕使用了一种新型的鱼叉形抓钩（见182、183页），从而能够更容易将难以捕捉的庞培军战舰钩住。但很显然，他自己在一定程度上也采用了机动和撞击战术。

再战帕提亚人

在东方，安东尼面临的使命似乎比那些即将落到屋大维肩上的担子要轻一些。至少，比起剥夺意大利农民的财产来，劫掠异国的国库所致的不满情绪要少一些。但安东尼同样面对着一个来自罗马的敌人。恺撒部将的儿子昆图斯·拉比努斯（Quintus Labienus）已经加入了布鲁图斯和卡西乌斯的阵营。在腓立比战役之前，他被派去执行一项使命——向帕提亚国王请求军事方面的援助。当他得知腓立比战役的情况时，他仍在帕提亚。他没有火速赶回如今已落入政敌之手的故土，这几乎是无可指摘的。但昆图斯·拉比努斯并未就此彻底远离那个世界。他加入了帕提亚王子帕科鲁（Pacorus）入侵叙利亚的部队，并击败了那个行省的罗马总督，后者在腓立比战役中曾是安东尼前锋部队的指挥官之一。

叙利亚的军团投奔到了拉比努斯帐下。拉比努斯与帕科鲁继续侵占着小亚细亚的土地，但他们最终为安东尼的部将文提狄斯（Ventidius）所阻，在接下来的战役中双双战死。这些战役是值得注意的，因为它们反映了帕提亚人不在自己适应的地形（比如在他们自己国家找到的地形）作战时是何等虚弱无力。对于一支几乎完全由骑兵组成的军队而言，这不过是意料中的事而已。拉比努斯

和那支投奔到他那里的军队很可能满足了帕科鲁对步兵的迫切需求，但帕提亚人和罗马盟军之间的沟通很差。在多山地区，帕提亚骑射手无法施展他们特有的机动战术，就连身披锁子甲、手持长矛的重骑兵在这种情况下也处于不利地位。帕提亚人在曾对阵克拉苏而赢得胜利的回忆的鼓舞下，朝位于山上的文提狄斯军团发动仰攻，结果一败涂地。

文提狄斯大获全胜时（公元前39年），安东尼仍在意大利处理自己与屋大维和赛克斯图斯·庞培之间的事。但出于政治需要的考虑，他打算用军事行动来表明自己的爱国之心。一回到东方，安东尼就计划向帕提亚发动一场进攻性战争。在克拉苏那次以悲剧收场的战役中，有一批罗马军旗和士兵落到了帕提亚人手里，安东尼的战争借口就是夺回这些军旗和俘虏。

帕提亚人再一次在本土作战中占了上风。他们运用传统战术来作战，安东尼被迫撤退。在整个撤军过程中，由于疾病和敌人的打击，罗马人一直在蒙受惨重的损失。这次重大失利的最大责任人是安东尼。他希望赢得一场闪电式的胜利，为此牺牲了太多东西，抛弃了一批宝贵的攻城器械，其中包括一具珍贵的80英尺（24米）的攻城槌。不可否认的是，克拉苏那次噩梦般的经历中蕴含的教训并未被完全遗忘。安东尼事先安排了一支庞大的亚洲骑兵队与自己同行，但在不情愿中与罗马人结盟的亚美尼亚国王（他本应是这支军队的提供者），却在战役的关键时刻抛弃了安东尼。安东尼的高卢和西班牙骑兵无法与帕提亚骑兵匹敌。尽管这些骑射

手一再被击退，但他们却极少在逃走途中被追上。在几乎无人被俘或被杀的情况下，他们一次接一次地重新折回并再度发动攻击。安东尼的部下就像克拉苏军在卡莱时那样，排成方阵队列前进，随时准备立刻投入战斗，而且他们最终发现了一个在帕提亚人那穿透力极强的箭支打击下生存的办法。一部分军团士兵单膝跪地，另一部分站立的军团士兵则将自己的盾牌挡在前者的面前。这样一来，层叠起来的盾牌的厚度就增大了2~3倍，足以提供必要的保护。罗马人有时还通过诈死或诈伤的办法，来诱使轻装的敌人前来进行短兵相接的交锋，这是他们能够给敌人造成重大伤亡的唯一手段。比起克拉苏，安东尼对帕提亚人的诈术做了更为充分的心理准备。他足够明智，回绝了帕提亚人提出的让他们安全通过平原地区的建议——那里为帕提亚射手提供了极为理想的作战环境。他决定将行军路线选在艰险的群山之中，这个唯一可行的替代方案拯救了他的部下的性命。

另一方面，帕提亚人也从中吸取了一些经验教训，他们克服了自己对夜间行军的普遍抵触情绪，整夜整夜地追踪着罗马人。安东尼和他的部下最终抵达安全的亚美尼亚山区，这让他们如释重负。他们既没有夺回一面军旗，也没有夺回一名俘虏，但没有让敌人得到更多的军旗和俘虏，就已是一件值得庆幸的事了。这场战役再次证明了，帕提亚人在"自己家里"是天下无敌的。

军阀与他们的女眷

当卡西乌斯开始将他的注意力转向亚历山大港时，他被召去迎击三头同盟的军队，埃及的金银珠宝因而躲过了卡西乌斯那"发痒的掌心"。公元前41年，安东尼盯上了这笔尚未被人动用过的财富，他对克里奥佩特拉加以斥责，因为据说她对恺撒党的事业的支持半心半意。安东尼召她去小亚细亚见自己。还在恺撒麾下效力时，安东尼就已经知道她了，那时克里奥佩特拉还是个女孩。但她自那时起就发生了变化。安东尼与她在亚历山大港一起度过了冬日时光，战争、政治

▲ 这枚钱币上印的是昆图斯·拉比努斯的头像。值得注意的是，他自称"帕提亚库斯"。

公元前34年
阿格里帕参加了屋大维的伊利里亚战争　安东尼吞并亚美尼亚　安东尼将亚历山大的旧有领土全部赠予克里奥佩特拉和她的孩子

尽管得到了克里奥佩特拉的支持，以土买人（以东人）仍未能从希律王的治下获得独立

亚克兴战役（公元前31年）

	安东尼	阿格里帕/屋大维
战舰	230（并未 全部满员）	400
舰队	运输舰 30/50	
海军 士兵	军团士兵 20,000 弓箭手 2,000	军团士兵 40,000

安东尼的埃及补给线被阿格里帕的舰队阻断，屋大维则不断袭击他的陆上补给线。安东尼倾向于在陆上开战，但屋大维并未为其挑拨所动。安东尼的桨手因疫病和饥饿而成批死去，索西乌斯（Sosius）企图率领舰队从海上突围，但失败了。安东尼将部队尽数撤回南部海角处，打算用一场海上的全面会战来打破敌人的封锁线，以突围至埃及。7个军团正在那里等候着他。

1 为了利用西北风并肃清莱夫卡斯岛上的敌人，安东尼非出海不可。他将贮藏起来的风帆搬上了船，这一罕见的策略表明他的目的是逃跑，而非决战到底。他的3支分舰队与商船一道排成2道战列线，载有军用资金的船只和克里奥佩特拉的舰队紧随其后。屋大维的舰队也排成2道战列线，在原地等候，不想被敌人引诱至近海海域。

2 安东尼于正午时分出击，其左翼舰队向前挺进，希望能歼灭屋大维的战列线，打开南下的航路。屋大维向后退却，将这支舰队引至开阔海面，这样他的数量优势就能体现出来了。两支舰队开始交战，投射型兵器如雨点般落下。阿格里帕把自己指挥的第二道战列线向北侧和南侧延伸，作为反制，安东尼将战列线的中段（那里部署的是他的大型战舰）伸展开来。安东尼的侧翼舰队正在走向失败，但缺口却出现其战线的中央——克里奥佩特拉的舰队冲了出来，并将风帆升起。接下来，安东尼军能逃跑的部队（70或80艘战舰）也都停止战斗而逃走。安东尼也换乘一艘五列桨战舰逃走。剩下的部队被包围并投降。这支部队叛投了屋大维。

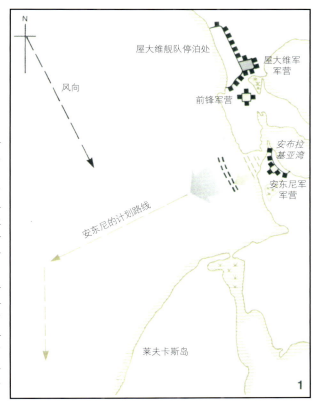

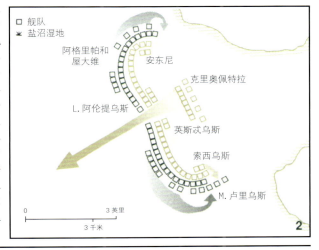

□ 舰队
✖ 盐沼湿地

阿格里帕和屋大维
安东尼
克里奥佩特拉
L. 阿伦提乌斯
英斯忒乌斯
索西乌斯
M. 卢里乌斯

0　　　3英里
3千米

甚至金钱对他来说都已不再重要。

自己的弟弟卢修斯在意大利的冒失行动，以及帕提亚人在拉比努斯的教唆下入侵的消息，最终激发了这位巨头的斗志。他整装出发，前去与帕提亚人交锋，但在接到妻子富尔维娅（Fulvia）的信后，他转而率领200艘船踏上了意大利的征途。富尔维娅是个有主见的女子，也是个天生的政治阴谋家。卢修斯·安东尼乌斯之所以以武装斗争的手段来捍卫自己哥哥的利益，很大程度上就是出自她的教唆。有一种说法认为，她也希望利用这一危机来迫使安东尼从克里奥佩特拉的怀抱中回到她的身边。佩鲁西亚在

屋大维精心构筑的围墙工事网的围困下投降后，富尔维娅逃往希腊。安东尼由于已相信了当下流传的对富尔维娅鼓动造反的动机猜测（即前文所说的迫使安东尼离开克里奥佩特拉的说法），因而以不是很友好的态度对待她。富尔维娅病倒并很快就死去了。在随后于布林迪西举行的友好协商中，与会各方都很乐意将责任推到已死的富尔维娅身上。在人们的安排下，屋大维的姐姐、庄重而富有魅力的年轻孀妇屋大维娅（Octavia）成了安东尼的新任妻子。她自然接替富尔维娅，成了克里奥佩特拉的私敌与政敌。要阻断那个亚历山大港女人与安东尼之间的私下往

来，屋大维娅的细腻并不比富尔维娅的果决更有效。她为安东尼生下的是两个女儿，而非维吉尔在写给波利奥的诗歌中所充满希望地预言的和平时代的继承人。与此同时，屋大维娅竭尽所能，维持着丈夫与哥哥之间的和平关系。

紧张局势在持续加剧。公元前37年，两大巨头（此时雷必达已是个可有可无的人物了）在塔伦图姆集结舰队和陆军，相互对垒。但在屋大维娅的努力下，双方不久即举行和解谈判，战争再一次得以避免。她的调解方案是，她的弟弟应拨给安东尼2个军团，用于与帕提亚人作战，作为交换，后者应交给屋大维100艘桨帆战舰。在她的继续恳请下，屋大维还得到了20艘轻型战舰，用来对抗赛克斯图斯·庞培，而她的丈夫得到的回报则是另一支由1,000人组成的步兵分队加入了他的陆军军团。安东尼随后回到东方，将屋大维娅留下，让她与她的弟弟一道照顾自己的孩子。

安东尼抵达叙利亚后不久，克里奥佩特拉就来到了他身边。为了取悦她，安东尼将罗马的一些受保护国的领土划归到她名下，并正式将她的孩子认作自己的骨肉。在安东尼惨败于帕提亚之后，屋大维娅再一次试图前往雅典去见他，此时他正在策划下一次进攻东方的战争，为自己的败绩复仇。除了以妻子身份提出的要求，她还带来了装备、储备物资和补给，以及2,000名装备精良的军团士兵以充当卫队士兵。按照普鲁塔克的记载，为了不让安东尼的心就此被屋大维娅勾去，克里奥佩特拉尽情地施展自己的魅力和诡计。结果安东尼不仅抛弃了屋大维娅，也将自己的东征计划抛诸脑后，他回到亚历山大港，去度过又一个假期。从另一方面来看，屋大维娅带来的贡献之物实在太过微薄，这或许可以解释安东尼对她的厌恶之情，以及他为何推迟了自己的战争计划。

屋大维立刻用自己姐姐受到的无礼对待来做文章。这件事给了他一个堂堂正正的开战借口，尽管屋大维娅在回到罗马后，仍继续扮演着维和者的角色。但她的弟弟如今通过自己精明的政治眼光意识到，将克里奥佩特拉定位为外敌，比将安东尼定位为朋友更

公元前33年
屋大维与达尔马提亚人媾和
阿格里帕成为罗马有影响力的人物，在他的努力下，这座城市更加熠熠生辉

奥古斯都的士兵

在内战接近尾声时，奥古斯都已接管了大批军团、辅军及同盟军部队。他将它们削编为28个军团及一个同等规模的辅军部队。彩图描绘的是一名公元20年前后的军团士兵。他戴着一顶科奥吕式头盔（见136页）。到了这一时期，这种头盔在战时仍装有羽饰，但不久之后，这种做法就被废止了，它们只在阅兵式上才会被插上羽饰。他的铠甲是锁子甲，这种铠甲直至公元100年仍为军团士兵所使用，或许它从未被其他铠甲彻底取代。他的军用腰带（cingulum）上已经挂有一条甲裙，并且是可选的。他的第二条腰带上挂有一把匕首（普基奥），它现在已经成了军团士兵的标准配备。老式的斯格特姆已得到改造（见148页）。他的兵器是2支规格相似的派勒姆（见133页）和一柄带有很长的尖端的短剑（格雷迪乌斯）。这一时期的所有兵器和甲胄均带有由白银和黑色的珐琅镶嵌物制成的精美装饰。他的脚上穿着一双标准的卡里加战靴，他的束腰外衣是暗红色的，由羊毛制成。自马略时代罗马共和国开始给士兵配发兵器和服装起，这种束腰外衣或许就已经成为制式装备了。

辅军步兵

右上角这幅士兵的画像来自1世纪初的墓碑。他戴着一顶样式简单的军团头盔，并在锁子甲外穿着一件可能用软皮制成的束腰外衣。他的盾牌是凯尔特风格的斯格特姆，造型为平直型。下图展现的是一名中东弓箭手，他的形象来自图拉真纪念柱。他穿着相对廉价的鳞甲，戴着标准的东方式头盔。他用一枚扳指来开弓。这类扳指的出土地最北可至哈德良长城的卡沃兰堡，那里是一支叙利亚弓箭手部队的驻地。

有利。他单方面做出裁决，剥夺安东尼的三头同盟之一的地位。并不出人意料的是，为了罗马的利益，与克里奥佩特拉开战成了屋大维的最终理由。

决战亚克兴

这场不可避免的战争注定要在海上打响，因为克里奥佩特拉希望如此。安东尼似乎如同屋大维所宣称的那样，完全屈从于克里奥佩特拉的想法。至少，如果在海上开战，被击败后得以迅速逃走的可能性最大。这场战役之前有一系列戏剧化的个人挑战，凸显了这一时期战争的个人化特质。屋大维向安东尼提供了一处位于意大利的滩头阵地和一处驻营地，为的是可以在这里和对方来一场会战。安东尼的第一反应是邀请屋大维来一场一对一的决斗，而后又要求在法萨卢斯这片昔日恺撒获胜的战场上进行会战。这两个提议都被屋大维拒绝了。5年前，他接受了由赛克斯图斯·庞培发起的类似的挑战，双方约定了交战的时间和地点，屋大维随后赢得了一场决定性的胜利。但如今他的舰队大多由轻型战舰组成，因此他可能不愿意冒险在外海作战。无论如何，他可能挑选了一个顺风顺水的夏日渡过了海。

屋大维甚至可能只是在假装不愿在希腊开战，他可能希望让敌人放松警惕。安东尼将海军和陆军部署在希腊北部的安布拉基亚湾的亚克兴，预备迎击从意大利方向来的敌人。当屋大维的舰队到达他驻地北面不远处的伊庇鲁斯海岸时，他无疑被打了个措手不及。安东尼在各个方面都未做好准备，舰上的人员尚未配齐。他急中生智，下令将船只排成战列，并将船桨伸出，甚至在并无桨手操作的地方也这样。这招空城计生效了，屋大维暂时撤退。

然而，在随后的海上机动作战和小规模的陆上冲突战中，安东尼无法将敌军驱离自己的阵地。同时，由阿格里帕指挥的屋大维舰队在爱奥尼亚群岛和科林斯湾占领了一些有利位置，从而切断了安东尼来自伯罗奔尼撒的补给线。他的部将和东方盟军的士气已然下降，有些人叛投了敌方，其中有一

公元前32年
安东尼与屋大维娅离婚　屋大维对克里奥佩特拉宣战

公元前31年
亚克兴海战爆发，安东尼和克里奥佩特拉逃往埃及

个名叫多米提乌斯·海诺巴布斯（Domitius Ahenobarbus）的著名人物，是恺撒部将的儿子。但即便是在那场决定性的海上会战即将到来的时刻，安东尼依旧坚守着自己的防线，这样一来，只有将他围困起来才能对他构成威胁。

战术和战略一样，展现了轻型战舰与重型战舰之间的较量。屋大维那纤细灵活的舰船（被称为"利博尼亚"）能够以3或4艘为一组，围住一艘巨大、笨重的安东尼战舰，用投射型兵器对射。但它们一旦被钩住，这

些海中巨兽上搭载的士兵就会成群结队地登上他们的战舰，出于对这种可能性的恐惧，他们不敢靠敌舰太近。在这种情况下，我们可以预料到，决出胜负的时刻不会太快到来。但不知为何，当位于右翼的安东尼旗舰与阿格里帕的分舰队正在交锋时，安东尼舰队的中军和左翼却奇怪地开始撤退。历史学家认为，这是由于克里奥佩特拉丧失了勇气。她的舰队位于战线的后方，满载着金银财宝——这是安东尼军费的主要支柱。埃及舰队利用一阵突然到来的顺风，扬帆逃离了

战斗现场。无论这些事件背后的动因究竟如何，有一件事是可以肯定的，那就是安东尼追随其情妇的脚步，一起逃离了战场。他的大部分战舰都被丢给了敌人，因群龙无首而乱作一团，结果被全部歼灭。

当屋大维于第二年入侵埃及时，安东尼和克里奥佩特拉已经丧失了一切自卫的希望。安东尼被自己的部将和士兵所抛弃，选择了自杀。克里奥佩特拉被屋大维俘虏，但她在沦为这位征服者凯旋式上的展品之前，成功地结束了自己的生命。

早期帝国军团

自马略时代起，军团中的主要变化是第一大队的规模。如今它下辖5个双倍规模的百人队，每个百人队由一名资深百夫长统辖。这一制度可能早在恺撒时代即已实行，因为恺撒在关于法萨卢斯战役的著作中曾提到过这样一个双倍规模的百人队。如今的军团由9个480人的大队和1个800人的大队组成，再加上编外人员，总人数约为5,200人。其中120人被抽调出来，执行侦察和传令任务。其他人则担当弩炮手，因为此时军团的每个大队都配有一台巴利斯塔（投石机），每个百人队配有一台斯格皮奥（标枪发射器）。但在实际情况下，一个军团通常

拥有的弩炮总数为50台左右。早期的罗马军队也拥有用于攻坚的弩炮，但直到恺撒时代，这些器械才频频出现在野战战场上。军团兵员依旧募自罗马公民群体，但到了公元100年，绝大多数士兵都不是意大利人了。他们得到了一个同等规模的辅军部队（见193页）的支援。军团之所以能够打胜仗，关键因素在于其灵活性。因此，小规模的突袭行动将由离突袭地点最近的辅军大队负责应对。类似于公元60年的布狄卡战争这样的叛乱，可能要用1~2个军团以及随行的辅军部队来应付。而例如科尔布罗于公元59年至63年间发动的针对帕提亚人的这样惩罚性的战争，可能要动用3~4个军团。至于一场全面的入侵战争，如图拉

真征达契亚之战（公元101年），或许需要8~10个军团及50,000名辅军、骑兵和同盟军部队。这一时期罗马陆军的总兵力为30个军团，外加相同数量的辅军部队，共拥有25万~30万人马。到了公元100年，将一个满编的军团投入战场已是极为罕见的事了。一般情况下，会有1~2个大队留在后方，担任要塞守备队。标准的作战序列如图所示。

公元66年镇压犹太人起义的克斯提乌斯·加卢斯的军队序列

第十二军团（8个大队，约4,000人）
第三军团（4个大队，约2,000人）
第二十二军团（4个大队，约2,000人）
6个辅军大队（4,800人）
4支500人的骑兵翼部队（2,000人）
盟邦国王统御的部队：
　康马格纳的安条克：2,000名骑射手、3,000名弓箭手
　犹太的阿格里帕：1,500名骑射手、3,000名弓箭手
　埃米萨的索阿厄穆斯：1,200名骑射手、1,500名弓箭手和1,000名掷枪手

如图所示，一支排列成队的军队所占据的正面宽度将达到2,400码（2,250米）。（这一时代的军队一般排列为2个横队。有时前队由辅军部队组成，军团大队在后方单独列为一队。）

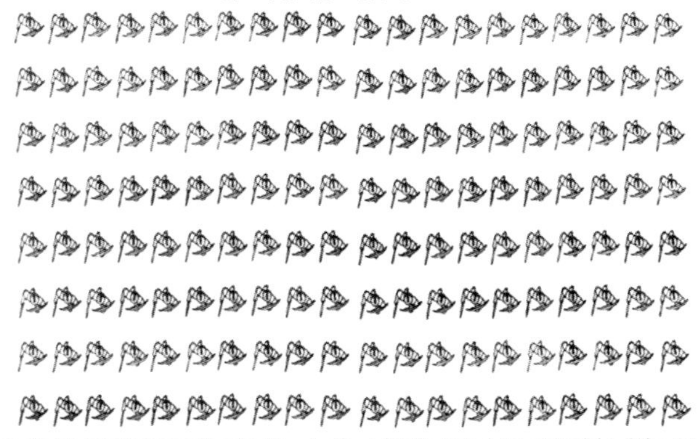

第一大队的双倍规模百人队

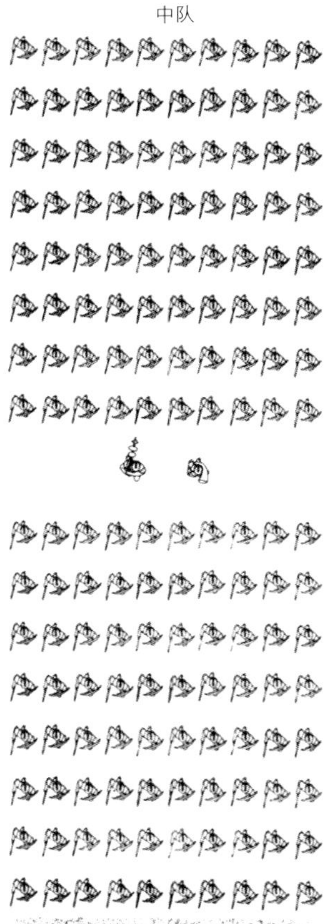

中队

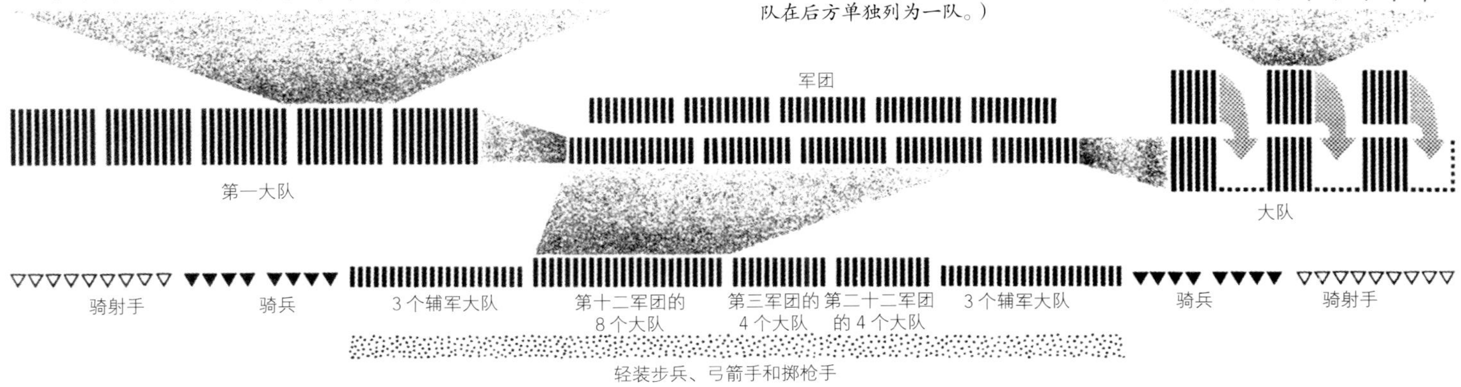

军团

大队

骑射手　骑兵　3个辅军大队　第十二军团的8个大队　第三军团的4个大队　第二十二军团的4个大队　3个辅军大队　骑兵　骑射手

轻装步兵、弓箭手和掷枪手

第13章 帝国时代的罗马军务

在奥古斯都的统治下，帝国的时局较为稳定，但某些继任者的虚弱无力导致了得到行省军队支持的帝位觊觎者的粉墨登场。在公元早期，罗马的军事力量既在保卫着帝国，也在分裂着帝国。

原始资料来源

关于我们当前关注的这段漫长历史的前期阶段，许多前文提到过的作者提供了宝贵的证言。事实上，这些史料所涉及的与作者所处年代相近的主题，往往具有更大的价值。

奥古斯都（屋大维于公元前27年开创性地为自己加上了这个头衔）缔造的帝国政体意味着，记录当时事件的历史学家如果严格遵循公正的原则，那这一美德常会给他招来危险。另一方面，皇帝们往往很乐意与自己的前任做对比，好把后者比下去。致皇帝涅尔瓦（Nerva）的慷慨颂词，就这样成了科尼利厄斯·塔西佗（Cornelius Tacitus）拒绝美化前任皇帝形象的借口，他以此来间接宣泄自己的共和主义情结。这类情结在同一时期的文人群体中极为常见。维吉尔、贺拉斯和李维对此则不抱任何幻想。

塔西佗生于约公元56年，去世的确切时间不详，但他曾于公元97年当选执政官，并于公元112年至113年间担任代执政官。由一位身居高位之人提供的、关于同一时期历史事件的证据，自然具有重要的历史价值。塔西佗的两部重要著作被命名为《历史》（Histories）和《编年史》（Annals），两者都以手稿形态部分保存了下来：前者的完整形态可能记载了从公元69年至96年的历史；后者的原稿则无疑完全涵盖了从奥古斯都去世的公元14年至尼禄之死的公元68年这一时期的历史事件。《历史》的前4卷和第5卷的部分章节留存至今。《编年史》显然有16卷，其中7至10卷已散佚，而第5、第6和第16卷则已残缺不全。

塔西佗还写过一本关于日耳曼尼亚和日耳曼人的专著，在这本民族研究著作中，他略微流露出对这个民族所具备的古朴美德的羡慕之情。但对于本章主题而言，更有意义

▲ 多瑙河下游的达契亚人向罗马投降（图拉真纪念柱上的浮雕）。在德塞巴鲁斯统治时期，达契亚人一直威胁着帝国，直到被图拉真制伏。

的作品是他的《阿格里可拉传》（Agricola）。格奈乌斯·尤里乌斯·阿格里可拉（Gnaeus Julius Agricola）在不列颠立下过赫赫战功，为政亦功绩卓著，他曾在苏维托尼乌斯·保利努斯（Suetonius Paulinus）的军队中担任军事保民官，后者于公元60年镇压了博阿迪西亚（布狄卡）的起义。而塔西佗则是阿格里可拉的女婿，这对于一位历史研究者而言实为幸事。

与塔西佗生活在同一时期的人物中，有一位背景与之截然不同的著名历史学家。生于公元37年的弗拉维乌斯·约瑟夫是一位极具爱国精神的犹太人，尽管他在原则上反对暴力抗争的做法，但他却于公元67年指挥犹太反抗军与未来的帝国皇帝韦斯巴芗（Vespasian）作战。在被俘后，他先是得到了宽恕，后来成为后者的被保护人，他还幸运地言中韦斯巴芗将夺取帝位（公元69年）。除了记录亲身参与的战争，这部战争史的冗长前言（原文以阿拉米文写就，我们看到的则是希腊文版本）还向我们介绍

了作者故乡的历史。他的历史著作以创世史为开篇，并试图将《圣经》的内容与希腊-罗马史相互联系起来。后世的基督教作家如公元313年的恺撒利亚主教尤西比乌斯（Eusebius）继承了他的事业，他的《教会史》（Ecclesiastical History）和《编年史》（Chronicon）涉及的主题丰富了我们对1至3世纪的罗马帝国的认识。

历史学家佐西莫斯（Zosimus）和奥里利乌斯·维克多（Aurelius Victor）的作品写于基督教被定为帝国国教之后，但他们在观点和情感上更倾向于异教。尽管他们（尤其是佐西莫斯）的证言对于4世纪的历史事件而言更具价值，但他们对基督教被定为国教之前的帝国的概括性记述同样令我们获益匪浅，特别是关于克劳狄乌斯·哥特库斯（Claudius Gothicus）和奥勒良（Aurelian）统治时期罗马军事复兴的内容。

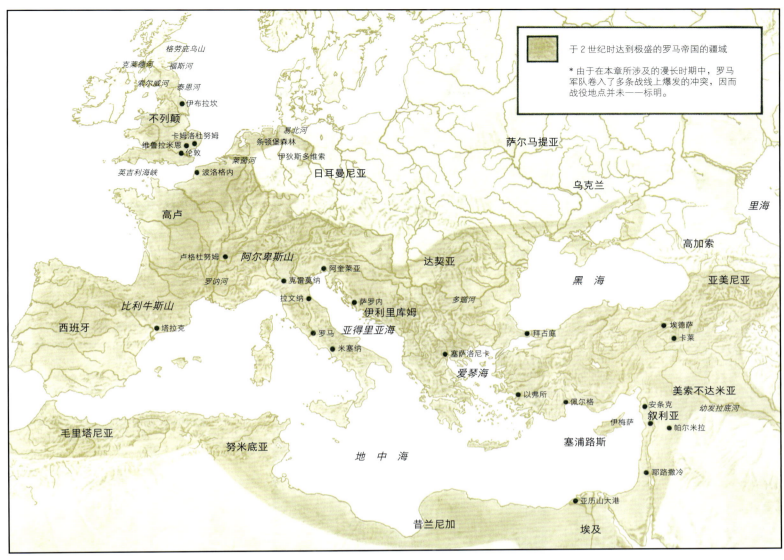

地图标注：

格劳庇乌山 克莱德河 福斯河 索尔威河 泰恩河 伊布拉坎 不列颠 卡姆洛杜努姆 维鲁拉米恩 伦敦 英吉利海峡 波洛格内 莱茵河 条顿堡森林 伊狄斯多维索 易北河 日耳曼尼亚 萨尔马提亚 乌克兰 里海 高卢 卢格杜努姆 阿尔卑斯山 阿奎莱亚 达契亚 高加索 罗讷河 克雷莫纳 拉文纳 萨罗内 黑海 亚美尼亚 比利牛斯山 伊利里库姆 多瑙河 埃德萨 西班牙 塔拉克 罗马 亚得里亚海 卡莱 米塞纳 塞萨洛尼卡 爱琴海 美索不达米亚 以弗所 佩尔格 安条克 幼发拉底河 毛里塔尼亚 努米底亚 地 中 海 伊梅萨 叙利亚 帕尔米拉 塞浦路斯 耶路撒冷 亚历山大港 昔兰尼加 埃及

于 2 世纪时达到极盛的罗马帝国的疆域

* 由于在本章所涉及的漫长时期中，罗马军队卷入了多条战线上爆发的冲突，因而战役地点并未一一标明。

▲ 图拉真于公元 117 年去世时正值巅峰时期的罗马帝国。罗马从未同时统治过所有被征服地区。

罗马帝国实行独裁体制，这自然导致历史著作与皇帝的个人传记无异。不幸的是，关于 3 世纪中许多时期的历史，我们不得不严重依赖《罗马皇帝传》（Historia Augusta）的记载，这部由法国学者伊萨克·卡索邦（Isaac Casaubon，1559—1614）命名的罗马帝王的传记合集，讲述的是公元 117 年至 218 年间的事情。6 位历史学家以不加批判的方式来编写这部历史记录，而他们宣称的参考资料往往被认为并不可信。

在终于要涉及公元纪年（AD，Anno Domini，即我主纪年）事件的一章开始时，或许我们应该注意到一个编年上的异常现象。在帕提亚人入侵叙利亚和巴勒斯坦之后，以土买人（以东人）的统治者希律王（Herod）被马克·安东尼立为犹太国王，他在罗马

建城 749 年后去世。6 世纪时，基督教修道院院长戴奥尼索斯·伊希格斯（Dionysius Exiguus）将基督诞生之日定在罗马建城后的第 753 年。我们所处时代的年份，是在伊希格斯的推断为实的前提下编号的。然而，福音书中说得很清楚，基督是在希律王去世前不久出世的，按照公认的戴奥尼索斯算法，时间应为公元前 4 年（或者稍早一些）。

政治与军事方面的考虑

奥古斯都之所以能够建立一个独裁政权，使罗马赖以在广阔的疆域内维持其法律和秩序，主要是因为他从年轻时起就大权在握，并像这样一直活到了近 77 岁。无论在任何时代，长寿都是一种幸运。而无论是在共和国时代还是帝国时代的罗马政界，长寿都是一件极为走运的事。这位连续掌权达 44 年之久

的唯一国家元首，能够保证国家的统一和国祚的延续，委实是整个罗马世界的福分。

奥古斯都从未打算废除历史悠久的共和国政务官制度，他只是将一切重要头衔均加诸己身而已，包括执政官、保民官、代执政官以及祭司长（在昔日同为执政团成员的雷必达死后）。他自称"第一公民"（Princeps），除此之外还有另一个官方头衔——首席元老（Princeps senatus）。他掌管着一个元气耗尽的世界，这个世界中的人们很不情愿地意识到：法律与秩序比自由更有价值，而且无论这个世界采用何种政体，在可见的未来里它的权威注定是要建立在武力基础上的。尤里乌斯·恺撒在晚年担任独裁官时，对徒有其表的共和国政权怀有的敬意，已非早年那个煽动家恺撒可比。或许，正是他早年的事迹而非晚年的行为激怒了那些共和派，从而导致他被谋害。无论如何，

卫皇帝。

公元前2年，两名军官被授予禁卫大队的指挥权，作为禁卫军统领，提比略（Tiberius，奥古斯都的继任者）的参谋赛扬努斯（Sejanus，即卢修斯·埃利乌斯·塞努斯）获得了危险的权力。在随后的日子里，禁卫军意识到，皇帝非常依赖他们。他们拥有了废立皇帝的大权。

有3个都会大队（urban cohort）驻扎在城内，其职责也是维护城市的治安。他们听命于自己的长官，每个大队由一名保民官统率。事实上，他们所肩负的政治意义与禁卫军相当，但薪饷待遇并不高。

此外，还有7个被称为"消防军"（cohortes vigilum）的大队，肩负着救火与维护夜间治安的任务。其他常驻意大利的部队还有部署在米塞纳和拉文纳海军基地的海军。这些单位有时会被派去干与杂役和工兵一样的苦力活，提供军事支援或援建公共工程。

帝国的边境

在这个罗马海军的身影可以说无处不在的时代，其地位却总是低人一等。然而，奥古斯都为了维持海军的存在可谓是煞费苦心，因为他需要保证意大利与各个行省之间交通畅通。在安东尼和克里奥佩特拉被击败后，相当多的海军转而效忠于屋大维，因而他得以在地中海的东部、西部以及黑海建立一支支舰队。其他海军分队则在多瑙河、莱茵河和英吉利海峡执行任务。由奥古斯都的指定继承人提比略指挥的伊利里库姆战役，确保了经埃格纳提亚大道和塞萨洛尼卡前往东方的道路的安全，而设在拉文纳的海军基地则进一步确保了亚得里亚海免遭海盗侵扰。在奥古斯都统治时期，地中海的治安状况通常是良好的。他是罗马最后一位能够有效遏制海盗势力的管理者。

全力控制海路的政策，是帝国时代行省道路工程的自然产物。共和国时代的意大利拥有良好的道路体系。除此之外，前文提到的埃格纳提亚大道和从罗讷河延伸至比利牛

为了维护这个政权的表面形象，奥古斯都可谓是殚精竭虑。

奥古斯都的权力源泉并不仅仅是如今已承认他的最高统治权的军队。从他舅外公被刺那天起，他就立刻明白了财政对政权的重要性。腓立比战役之后，他曾深受资金匮乏的困扰，但随着克里奥佩特拉的败亡，埃及那堆积如山的财富（卡西乌斯和安东尼因种种原因都未能将其据为己有）落到了他的手里。他的私人金库（fiscus）与罗马国库（aerarium）在管理上是相互分离的，但事实上，他同时掌控着这两笔资金。同样，在行省的管理上，也存在着帝国体制和宪制的差别。罗马军团驻守的边远行省显然更多处于皇帝的控制之下；而在不存在战争可能性的本土，管理工作则更多由国家和元老院来执行。

如果我们要强调奥古斯都政权的宪制方面，或许可以称之为"元首制"，但"帝国"一词却永垂青史。"皇帝"（emperor）一词来源于"凯旋将军"（imperator）——在罗马共和国末年，当一位将领凯旋时，庆祝人群往往会在欢呼声中将这一头衔加在他的头上。

除了部署在罗马世界周边的军事行省的军团，皇帝所能倚仗的驻在帝国中心的一支核心武装力量，对他而言也具有重要意义。护卫大队（praetorian cohort）是共和国时代将领的卫队单位，到了帝国时代演变为享有特权的精锐部队——禁卫军（Praetorian Guard）。禁卫军驻守于罗马城附近，原由9个大队组成，每个大队的规模可能为1,000人，下辖步兵和骑兵作战单位。他们的职责是保

公元54年	公元60年	公元68年	公元69年	公元70年
克劳狄乌斯去世，尼禄继位	布狄卡（博阿迪西亚）起义爆发	尼禄自杀，加尔巴成为皇帝	这一年中先后有4位皇帝登基，最后掌权的是韦斯巴芗	耶路撒冷被提图斯统率的罗马军队攻陷

190 古典世界的战争

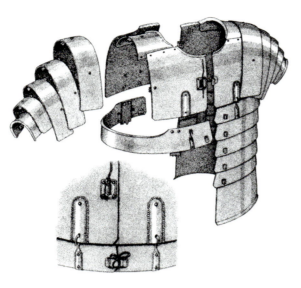

1世纪的军团士兵

　　彩图中描绘的是一名公元75年至100年间的普通士兵的形象。他头戴典型的被称为"帝国-高卢式"的头盔，身穿分段式铠甲，这种铠甲于公元30年至40年间投入使用。斯格特姆盾如今有了两条直边，我们可以在图拉真纪念柱上的一幅浮雕中见到这种造型的盾牌。这种盾牌可能为禁卫军大队所用。两支分别增加了不同重量的派勒姆，在公元80年之前得到了应用。格雷迪乌斯的造型已略有改动，如今剑身的两侧呈相互平行状，剑尖也变短了。他穿着传统的羊毛束腰外衣和卡里加战靴，还戴着一条领巾，以免脖子被护颈甲片磨伤。领巾很快在辅军部队中流行开来，尽管他们穿的是锁子甲而非板甲。军用腰带仍得到使用，但腰带配件已不像以前那么精致。这种简约之风将持续到2世纪，精美的饰钉随之消失，腰带变得越来越短，并最终被一种穗状垂带取代。铠甲的造型也日益简化。军团士兵也开始像辅军士兵那样，在束腰外衣下穿一条马裤。图中人穿的分段式铠甲属于早期版本，带有精致的青铜铰链片和固定用的扣式皮带。

片甲

　　上图展示的是造型较为简单的"纽斯特德式"铠甲，自约公元75年至80年起开始得到应用。青铜铰链片已被普通的铆钉取代，固定用的扣式皮带则被坚固的钩子取代，底部的两片带状甲片被一片宽大的甲片取代。我们可以清晰地看到，个别甲片是用装在内侧的皮带连接在一起的。小图则展现了甲片前端的扣件的细节。这种铠甲一直被应用到3世纪或更晚。必须强调的是，我们所知的"淘汰"概念在古代世界是不存在的，因而这种铠甲的早期版本一直与新版本并行。

公元79年		公元81年	公元89年	公元96年
韦斯巴芗去世，提图斯继位	维苏威火山爆发，庞贝城被毁	提图斯去世	撒图尔尼努斯在上日耳曼地区起兵反叛	图密善遭遇刺杀，涅尔瓦继位

斯山的多米蒂亚大道也是共和国时代的成就。在奥古斯都统治时期，新修建的阿尔卑斯山山道令罗马与多瑙河之间的交通更为通畅。这些带有典型罗马式平直特征的道路尽可能地依附于高地之上，是为了满足军事需要而修建的。但与此同时，它们也自然而然地为商旅打开了往来通道，对不同文明间的正式接触也起到了促进作用。

1世纪时扩大了帝国的疆域，然后守卫着帝国的边疆的各军团，按照番号和编号分组，但某些军团的编号有所重复。军团取名是为了纪念军团的保护人或创建者，例如奥古斯塔军团，或是涉及军团历史上的某些事件，抑或是为了表明它们的驻地，如马其顿军团或高卢军团。奥古斯都的军队原由28个军团组成，但其中3个在公元9年的那次惨败中全军覆没。当时，奥古斯都手下的将领普布利乌斯·昆克蒂利乌斯·瓦卢斯（Publius Quinctilius Varus）在条顿堡森林遭到了奸诈的日耳曼酋长阿米尼乌斯（Arminius）的伏击。因此，这3个不幸的军团的编号此后再也未曾出现在罗马军团的序列中。

管辖一个帝国行省的罗马总督，往往

▲ 罗马皇帝克劳狄乌斯。最初被认为是个懦夫，但他用能力证明了自己是一位伟大的军事家和帝国建设者。

就是皇帝手下的一名使节（legatus）。除了军团，包括骑兵部队在内的辅军部队也是行省驻军的重要组成部分。在奥古斯都统治时期，辅军部队（在公元前1世纪初由外国军队组成）再次开始招募罗马公民入伍。部分原因在于，到那时为止，许多意大利以外地区的社区和个人都得到了罗马公民权。阶层差异消失了，辅军部队趋于与军团融为一

体。永久性边境驻地的辅军骑兵和步兵部队起初是从边远行省派驻的，但为了方便起见，辅军部队逐渐变成以就地征募的形式组建，军团成员与辅军士兵之间的区别因而再度变得模糊不清。然而，军事政策更偏好独立的骑兵战术。自图拉真（Trajan）统治时期起，由未罗马化的部落组成的作战单位（被称为"numeri"）被征召入伍，在某种程度上，它们扮演的角色与更早时期的辅军部队是一样的。

瓦卢斯统领的罗马军队在日耳曼地区遭遇的惨祸，是罗马人试图将边界向东推移至易北河的结果。这一事件的后果是，罗马历代帝王开始满足于依靠惩罚性和报复性的军事行动，来维护位于莱茵河地区的势力范围，就像尤里乌斯·恺撒之前所做的那样。奥古斯都在其生命的最后阶段明确表示，他的领土野心并不是永无止境的。然而，立足于守势往往意味着将遭到敌人的主动进攻，因此奥古斯都为保卫帝国的多瑙河疆界可谓是费尽心机。

边境线设在何处最合适？这个问题留下了不确定的空间，在某位头脑不正常的皇帝

由4个军团组成
辅军部队　　的分遣队　　辅军部队　　　　　　大森林

2个军团　　日尔曼尼库斯　　2个军团

弓箭手和掷石兵

高卢、巴达维亚、日耳曼及瑞士辅军部队

阿米尼乌斯和切鲁西部落

威悉河

重装部队	▓▓▓
部落军	
轻装部队	
重骑兵	▲▲▲
轻骑兵	△△△

0 ———————— 1英里
0 ———————— 1千米

伊狄斯多维索战役（公元16年）

	日耳曼尼库斯	阿米尼乌斯
步兵	禁卫军 1,000 8个军团 约28,000 辅军部队 30,000 日耳曼部落盟军 4,000/6,000	日耳曼部落军 40,000/50,000（其中包括一些轻装的枪骑兵）
骑兵	重骑兵 6,000 轻骑兵（骑射手）1,000/2,000	见上

两军在威悉河以北展开阵列。日耳曼军的右翼一直延伸进森林，中军（切鲁西部落）位于一片高地上，左翼则占据位于河畔的平原地区。辅军部队组成罗马军的前列，并得到轻装部队的支援。第二列横队由禁卫军部队和4个军团组成，其余部队组成第三列横队，而骑兵部队则被部署在侧翼的开阔地带。罗马人向前推进，而日耳曼中军则发动了冲锋。日耳曼尼库斯命令自己的骑兵迂回至敌军后方及侧翼。日耳曼人的冲锋仅攻克了罗马军前列的中央部分，这一地段的日耳曼人几乎突破至弓箭手阵地。然而，日耳曼军的两翼却朝着相反的方向逃跑：其中一翼从河流逃往森林，另一翼则从森林逃往河流。日耳曼中军在斜坡处被击退，日耳曼军随即全线崩溃，许多人被杀，阿米尼乌斯逃走了。罗马人撤回莱茵河。

早期帝国辅军部队

随着帝国扩张的步伐放缓、固定疆界形成，新的战略被制定出来，以保障边境地区的安全。巡逻、阻击突袭者以及各式各样的边境部队所担负的职责，落到了辅军部队的肩上。（军团被部署在边境以内，既可作为战略预备队使用，又能对可能发动叛乱的行省起到震慑作用。）辅军部队被编组为一个个步兵大队、骑兵翼部队和步骑混合大队。步兵大队下辖6个百人队（每队80人，共480人），外加军官团和其他编外人员，名义上拥有500人，因而被称为"五百人大队"（cohors quingenaria）。其他步兵大队由10个百人队组成，被称为"千人大队"（cohors milliaria）。骑兵部队也建立了"五百人"（quingenaria）和"千人"（milliaria）两种大队，前者下辖16个中队（每队32人，共512人），外加军官队伍和编外人员，后者则包括24个中队。混合兵种大队（cohortes equitatae）的编制仍存在一些不明之处，但它的两种单位可能分别包括480名步兵加128名骑兵（4个中队）及800名步兵加256名骑兵。在作战时，拥有马匹的人员被编为骑兵队。他们可以看作后世的"龙骑兵"的对应物，因为他们的马匹数量不足，其装备也不像骑兵翼部队那样精良。

辅军骑兵（右图）

图中人的所处年代可追溯至公元100年前后。他头戴最新型号的头盔，盔碗处带有十字形加固物。他的铠甲为锁子甲，但也穿鳞甲。一面椭圆形的平直型盾牌，构成了其护具的最后一块拼图。他的兵器是一柄由凯尔特人发明的长剑（斯帕达），以及一支适用于投掷或过肩直刺（罗马骑兵一般不会将他们的标枪平夹在自己腋下）的轻型标枪（兰西亚）。历史学家约瑟夫也曾提到，他们的马鞍上系着一袋标枪（轻型标枪）。这一点得到了阿里安的证实，据他关于骑兵演习的著作记载，骑兵在一轮冲锋中会掷出多达20支标枪。

辅军步兵（左下角图）

图1展示了辅军的标准装备，包括一面扁平的椭圆盾、两支轻型长矛和一柄格雷迪乌斯。图2是被称为"Hispanorum scutata"的大队中的一名西班牙士兵，装备一面斯格特姆。图1和图2展示的均为公元100年前后的士兵。图3描绘的是被称为"gaesatorum Raetorum"的大队中的瑞士辅军士兵。身上穿的是公元250年前后的冬装。他穿鳞甲，装备着重型标枪（gaesum），他所在部队也因此得名。步兵部队大约就是在这一时期弃用格雷迪乌斯，换用斯帕达的。

1 **2** **3**

统治时期显得尤为突出，如盖乌斯（即卡里古拉［Caligula］）就证明了这一点。他那令人费解的犹豫不决很可能损害了罗马的威望，而他的继任者、温和的克劳狄乌斯（Claudius）所采取的扩张政策，对于彻底粉碎边境外的敌人对罗马帝国真实实力的幻想而言或许很有必要。渴望着军事威望的克劳狄乌斯，先后将毛里塔尼亚和不列颠并入帝国版图。在图拉真的努力下，罗马的统治疆域得以进一步扩大，他吞并了亚美尼亚，并短暂地占领过很大一部分的帕提亚领土。然而，罗马始终未能迫使帕提亚彻底屈服。

武装叛乱

除了边境战争，1世纪时的罗马军队也曾多次奉命镇压地方叛乱。我们所能得到的相关信息往往极为稀少，但这类叛乱似乎有着各种各样的动机。要将这些动机中涉及的地方居民的不满和民族诉求区分开来，并不总是一件轻而易举的事。

新近制伏的省份（如不列颠等）或许会很自然地被认为是叛乱的发生地。可能臣属于曾与恺撒交战过的卡西维劳努斯的卡图维勒尼部落，如今已将统治范围拓展到了不列颠东南部。一名流亡的不列颠贵族请求罗马人帮他对付他的父亲库诺贝利纽斯（Cunobelinus，即辛白林［Cymbeline］），这给了皇帝盖乌斯一个入侵的借口，但盖乌斯只满足于自己在高卢的海峡（即英吉利海峡）沿岸举行的一次示威性的军事游行，并将其宣传为一次征服行动。当类似的机会自己送到继任皇帝克劳狄乌斯面前时，得到了他的认真对待。罗马人如今不得不与不列颠贵族卡拉塔库斯（Caratacus，亦写作"Caractacus"，但并不被广泛接受）作战，后者被击败了。卡拉塔库斯避难于与罗马有着盟友关系的不列颠北部的女王卡蒂曼杜阿（Cartimandua）处，但她背叛了他，卡拉塔库斯及其家人一道作为战俘被送往罗马。克劳狄乌斯大度地饶恕了他的性命。

于公元60年揭竿而起的博阿迪西亚（布狄卡）并不是卡西维劳努斯统治家族的成员，但在她丈夫去世后，她成了爱西尼人的女王。

▲ 图拉真得到了后人的敬仰，但他对帕提亚人取得的胜利耗资巨大，也并不具有决定性意义。

罗马官员苛刻且带有侮辱性的对待迫使她起来反抗。此前一直在未开化的威尔士西北部作战的不列颠总督盖乌斯·苏维托尼乌斯·保利努斯（他曾在近20年前征服毛里塔尼亚的行动中扮演过举足轻重的角色）火速赶回，博阿迪西亚战败自杀。然而与此同时，卡姆洛杜努姆（科尔切斯特）、伦敦和维鲁拉米恩（圣奥尔本斯）已惨遭洗劫，许多罗马人和他们的不列颠追随者死于非命。

即使考虑到叙述历史的塔西佗是他的女婿，格奈乌斯·尤里乌斯·阿格里可拉也无疑是一位富有才干且精力充沛的官员。他在不列颠时从属于保利努斯，也还曾在帝国其他地区任职，他后来于公元78年被任命为总督。他的军事行动在很大程度上维护了罗马在不列颠的统治。倘若塔西佗能将更多的注意力放在地理学上，他本可成为一位更优秀的军事史学家。对于格劳庇乌山战役的爆发地点或塔淖斯河的位置，他可能并没有明确的认识，任由我们猜测前者位于苏格兰某地，而将塔淖斯河定位于泰恩、特威德、泰乃至索尔威。幸运的是，考古发现助了我们一臂之力，使我们得以追寻阿格里可拉的活动轨迹。无论如何，他将自己的胜利征程延伸进了苏格兰高地。为了展示自己的实力，他绕着整个不列颠岛航行了一周。在沙场上屡建功勋的同时，他在为政方面也多有亮点。

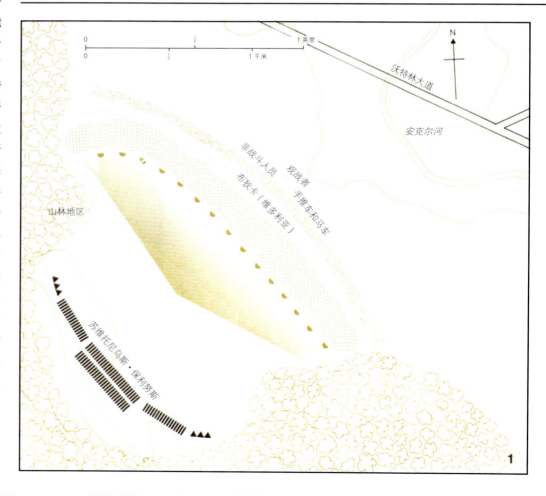

公元175年
阿维狄乌斯·卡西乌斯造反，被拥立为叙利亚及埃及的皇帝，但旋即遭到谋杀

公元177年
马尔库斯·奥勒留以其子康茂德为帝国的共治皇帝

公元180年
马尔库斯·奥勒留去世

公元192年
康茂德被暗杀

公元193年
赛普蒂米乌斯·塞维鲁在多瑙河的卡奴图姆称帝

194　古典世界的战争

布狄卡战争的发生或许在某种程度上是因为罗马人横征暴敛的行径，在共和国时期，类似的事件令地中海东部世界的情感天平倒向了米特拉达梯。罗马人的贪欲频频为他们招来灾祸，并于公元21年引发了著名的由尤里乌斯·萨克罗维尔（Julius Sacrovir）领导的高卢人起义。萨克罗维尔是一名罗马化的高卢贵族，来自尤里乌斯·恺撒的老盟友爱杜伊部落。他最终被上莱茵行省（上日耳曼尼亚）总督击败，自杀身亡。然而，类似的恶政继续在各地点燃着革命的烈火。像阿格里可拉这样的管理者并非俯拾皆是，而是凤毛麟角。公元89年，上莱茵总督卢修斯·安东尼乌斯·撒图尔尼努斯（Lucius Antonius Saturninus）起兵造反，导致皇帝图密善在忧心之下发动了一次北方远征。然而，下莱茵行省的总督依旧忠于皇帝，撒图尔尼努斯因而战败被杀。与其结盟的东日耳曼部落在渡过冰封的河流时受阻，显然是河流突然解冻的缘故。这次叛乱的具体原因无法确定，但人们又一次认为，财税方面的问题是核心因素。

在一系列大规模的暴动中，属于1世纪帝国史组成部分的是约瑟夫曾参与其中的犹太战争。这场战争的起因中不仅有经济因素，还包括宗教情感遭到侮辱的事实。罗马人在宗教方面往往采取宽容政策，但并不懂得如何同不容异说的宗教（犹太教和基督教均属此类）打交道。当触目惊心的攻城战结束，耶路撒冷落入未来的帝国皇帝提图斯之手（公元70年）后，暴行并未就此终结。伴随着骇人听闻的大屠杀，这座城市被彻底夷为平地，导致其他行省的犹太人发动了一连串的起义。起义达到高潮时（公元115—116年），暴动的烈火燃遍了叙利亚、塞浦路斯、埃及和昔兰尼加。由此造成的伤亡据称达数十万之多。这些事件最终转而在巴勒斯坦地区引发反响，激起了巴尔·科赫巴（Bar Kokhba）的起义。我们于近年来在死海山洞发现的文献中，得到了关于这次起义的某些信息。

公元69年的事件

1世纪时帝国政府治下发生的叛乱表明，行省地区的不满情绪往往足以为某些野心家提供作乱的机会。他们也证明了，自己的才干足以为那些含冤受屈的族群提供出色的军事领导。由于罗马元素和地方元素在军队中实现了融合，这样的情况便愈发不可避免。萨克罗维尔、撒图尔尼努斯乃至歼灭瓦卢斯军团的阿米尼乌斯，都是或曾经是罗马军队的军官。行省的叛乱者尚没有能力将目标定位为颠覆帝位，并将皇帝的权力转交到叛乱者选定的对象手中，但这一幕的发生不过是个时间问题罢了。

如果我们对公元69年的事件进行更为准确的定义，可将其描述为一场内战而非叛乱，但这些事件是由之前发生的军事及政治事件引发的必然结果。在邻近的上莱茵行省军队的打击下，起兵造反的罗马化的高卢人总督尤里乌斯·文德克斯（Julius Vindex）兵败身亡。然而，他所支持的苏尔皮基乌斯·加尔巴（Sulpicius Galba，他虚伪地宣称要恢复共和政体）控制着西班牙的军团。当罗马的禁卫军拥立加尔巴为帝时，奥古斯都王朝的最后一任皇帝尼禄含泪自杀了。不久，加尔巴即在罗马被扶上帝位，但他提名的帝位继承人令追随他的将领马尔库斯·萨尔维乌斯·奥托（Marcus Salvius Otho）感到失望，后者当即与禁卫军勾结在一起。奥托成功地谋害了加尔巴，但这颗胜利果实他没能享用多久，原因正如塔西伦所评论的那样，加尔巴的短暂成功已揭示了一个秘密：皇帝可以在罗马以外的地方被拥立。因此，连对禁卫军进行鼓动都不再是必要条件了。

奥托遭到了驻莱茵军团的指挥官奥卢斯·维特里乌斯（Aulus Vitellius）的挑战。驻东部和多瑙河边境的军团旗帜鲜明地支持奥托。但即使东部军团的支持是发自真心的，他们也是鞭长莫及，而多瑙河军团的进军速度又太慢了。维特里乌斯的部将在克雷莫纳附近为他拿下了一场关键的胜利，而维特里乌斯本人则在奥托自尽后，找了个方便的时候前往罗马。然而，东部军团此时向维特里乌斯摊牌，宣布拥立60岁的将领韦斯巴

布狄卡起义（公元60年）

	罗马	布狄卡
步兵	军团士兵 5,000/6,000 辅军部队 4,000	部落军 40,000/60,000
骑兵	2 支骑兵翼部队 1,000	数量未知的战车兵

战役概况

布狄卡揭竿而起，同罗马占领军交战。在洗劫了卡姆洛杜努姆、维鲁拉米恩和伦迪纽姆之后，她的军队沿着沃特林大道朝西北方向行进。

1 总督苏维托尼乌斯·保利努斯将一支匆匆集结起来的军队安置在一条易守难攻的隘路上，其两侧和后方均被林木繁茂的山地保护着。不列颠人认为自己即将取得一场唾手可得的胜利，让没有战斗力的己方家眷驻在一个巨大的半圆形车阵内观战。他们自己则向那条狭窄的隘道猛扑过去，但迎接他们的是雨点般的派勒姆和罗马军队的冲锋。军团士兵排成一个个楔形编队。

2 罗马人的楔形编队紧紧压迫着不列颠人，以至于后者无法使用自己的兵器。他们被推挤得连连后退，又被观战队伍堵住了去路，一场大屠杀旋即上演。罗马人毫无怜悯之心，可能有50,000多名男女和儿童被杀，而罗马人只损失了400~500人。战败的布狄卡沦为阶下囚。

右图图例：
重装部队
部落军
重骑兵
战车兵
观战者

芗（即提图斯·弗拉维乌斯·韦斯巴西安）为帝。韦斯巴芗有能力切断亚历山大港的谷物运输线，而且除此之外，多瑙河军团也支持他。意大利遭到入侵，会战再次在克雷莫纳爆发。维特里乌斯想和身在罗马的韦斯巴芗的哥哥达成协议，但为自己的支持者所阻止。在随之而来的战役中，韦斯巴芗的哥哥被杀。然而，在克雷莫纳会战中获胜的一方很快就来到了罗马。维特里乌斯被抓住后惨遭活活拖死。

维特里乌斯之前将禁卫军遣散，以自己的莱茵兰军团取而代之。因此，他的部下自然是支持他的，但他们无力抵挡入侵而来的行省军团的怒火。一个行省的军团与其他行省的军团互不相容的情况，或许就是从这一时期起变得司空见惯的。显然，在共和国时代的最后一个世纪中普遍发生的一幕，如今再次上演了。直到尼禄身亡，王朝的威望仍能够保证罗马国祚的延续，但必须有一位拥有非凡能力的领袖站出来，建立一个新的王朝。幸运的是，韦斯巴芗就是这样一位领袖。他当了10年皇帝，于70岁时去世。他的儿子提图斯（即提图斯·弗拉维乌斯·韦斯巴西安）和图密善（即提图斯·弗拉维乌斯·图密善）先后继位为帝。

高卢局势的复杂化，是韦斯巴芗登基时期的标志性事件。巴达维亚辅军部队（其兵员募自莱茵河三角洲地区）的指挥官尤里乌斯·西非利斯（Julius Civilis）曾应意大利的韦斯巴芗部将的要求，采取过一次意在转移维特里乌斯注意力的敌对行动。这给了西非利斯自行发动叛乱的机会。他与高卢民族主义运动联手，后者意在建立一个高卢帝国，以取代表面上已摇摇欲坠的罗马权威。高卢民族主义运动很快就失败了，但罗马人从中吸取了一个军事教训：由异族组成、由异族领袖统率的罗马部队，很容易就会成为罗马人的麻烦。罗马人未来的政策倾向于将异族军队部署在远离其本土的地方，并尽可能地实现辅助作战单位的多民族化。至于西非利斯，我们并不知道他的命运究竟如何。原始资料的相关记载在此戛然而止，我们只能看着他的身影被永远定格在与一位富有说服力的罗马指挥官谈判的那一刻。

▲ 哈德良的青铜像。可能是为了纪念他于公元122年造访伦敦而铸造的。

边境的稳定

公元96年，图密善被弑，家庭纠纷是他死于非命的致因。然而，这件事令公众拍手称快。除了其他败笔，这位暴君在继承人的安排上也无法令人满意。元老院指定了一位新的"第一公民"——马尔库斯·科西乌斯·涅尔瓦（Marcus Cocceius Nerva）。塔西佗很高兴地从这一遵从宪政的行为中看到了共和情结的复苏。当涅尔瓦登上帝位时，他已是一位老者。他同样膝下无子，执政一年后，他指定一位忠实而能干的将领马尔库斯·乌尔皮乌斯·图拉真努斯（Marcus Ulpius Traianus，即图拉真）为共同执政和继任者。这一任命颇为及时，因为涅尔瓦在第二年年初就去世了。在图拉真执政时期，帝国的扩张行动又开始了，作为罗马最伟大的军人皇帝之一，他以足够精明的眼光任命了一位同样伟大的继任者。正规的提名和批准流程，往往能够确保帝位继承人在令人满意的程度上远胜于普通世袭制度产生的帝位继承人。这一制度通常保证继任者将会成为一名军事指挥官，因为除了涅尔瓦等少数例外，只有军人出身的继任者才有希望幸存。帝国赖以为生的防御与政治体系都是以军队为后盾的。至于帝位继承人的批准流程，罗

马人对法制的敬仰为其披上了一层血脉亲情的神圣外衣。我们或许可以将其与保护人和被保护人之间的关系——我们已有理由对这种关系加以注意——进行类比。

哈德良（即普布利乌斯·埃利乌斯·哈德良努斯［Publius Aelius Hadrianus］）凭借姻亲关系成了图拉真的被保护人，并在后者死后登上帝位。他在很多方面采用了与其前任相反的政策。但这并不能证明他与图拉真之间孰是孰非。时代正在改变。亚欧民族的不断西迁，意味着罗马边境线的压力在持续增加。在图拉真时期，帝国的疆域达到了空前辽阔的程度。哈德良认为，必须收缩防线并加以巩固，这一政策以在易遭入侵地区修建固定工事、烽火台和壕堑为标志性事件。一排以栅栏相连的堡垒群，保护着位于莱茵河和多瑙河上游之间的地区。值得注意的是，

公元217年
卡拉卡拉被刺杀

公元218年
叙利亚的少年祭司埃拉伽巴路斯继位，此人据说是卡拉卡拉的儿子

公元220年
在中国，汉王朝最终灭亡

公元222年
埃拉伽巴路斯遭禁卫军刺杀 塞维鲁·亚历山大成为皇帝

▲ 哈德良长城上的一座要塞，位于诺森伯兰的切斯特附近。图中展示的是要塞中浴室部分的坚固废墟。

◀ 哈德良长城。它其实是由一连串要塞和里堡（mile-castle）组成的，并以一道城墙相连。它沿着不列颠的土地，从泰恩河一直延伸到索尔威河，构成了一道抵御北方蛮族的防线。

哈德良的名字与从泰恩河延伸至索尔威河，横跨不列颠北部的罗马边境工事联系在一起。这排以壁垒相连的堡垒和基地兵营，取代了之前那一连串略微向南延伸的堡垒链。"哈德良长城"是这位皇帝于公元122年访问不列颠的产物；哈德良将其统治生涯中的大量时间花费在巡访这些边远行省上。这些存在于帝国多个地段的城墙，是罗马在边境地区采取防御政策的例证。将这条要塞链连接在一起的，是一条用途明确的大道，军队可以沿着这条大道顺利而迅速地行军。

在哈德良的继任者、尽职尽责的安东尼·庇护（Antoninus Pius，公元138—161年在位）的治理下，帝国的地中海核心地区度过了一段相对和平而富足的时光。但这种社会幸福安定的局面，是以边境地区长期处于居安思危、厉兵秣马的状态为代价换来的。

在不列颠，安东尼试图将边境线向前推——就像他在日耳曼做的那样。他建起一道位于鹅卵石地基之上并铺有草皮的土堤，从而在更远的北方形成了另一道从福斯河直至克莱德河的城墙。但该地无法再戍守的时刻到来了，仅过了23年，罗马方面就决定将边境线再一次向南收缩。这样一来，罗马的不列颠行省就只能靠哈德良的石制城墙来保护了。

尤旦乌斯·恺撒曾依靠机械的力量，来解决人力所不能及的问题。在与蛮族作战时，罗马人在数量上始终处于下风，因此力求以技术的助力来弥补人力方面的不足。对于奥古斯都先前的勃勃野心而言，28个军团的兵力未免显得不足，当他在瓦卢斯之败中失去了3个军团后，他立刻意识到自己必须减少在军事方面的投入，并缩短帝国边境线的长度。

部署在边境地区的戍守部队的民族成分并不单一（我们在前文已讨论过这项政策出现的原因）。但他们与当地妇女发生了关系，其结果往往是移民社区一个接一个地出现，从而使他们习惯了定居生活，缺乏移动的欲望，这对他们很不利。然而，在罗马统治不列颠的数百年间，驻于此地的各个军团为应对来自帝国其他地区的压力，在不同时期先后撤出了那里。尽管此时这些军团已并非清一色的一线部队，但他们的撤离还是不可避免地为来自北方和海上的入侵者打开了进入不列颠的大门。

马尔库斯·奥勒留的使命

在安东尼·庇护于公元161年去世后，马尔库斯·奥勒留·安东尼（Marcus Aurelius Antoninus）接替了元首一职。他也具有哲学家式的安静性情，但与前任不同的是，他面临着不可避免的长期战争的威胁。事实上，他能够以旺盛的精力和坚定的决心，完成这一富有挑战性的军事使命，这表明他在某种程度上取得了对自己天性的情感层面上的胜利，这也使他成为一个实践的哲学家，而不是一个纯粹的学院哲学家。

对帕提亚的战争（公元162—163年）只是蛮族入侵多瑙河前线（公元166年）的前奏。这件事已令人清晰地认识到，帝国国防方面的责任已经超出了单个皇帝的能力范围。皇帝指定的继任者——他如今往往会得到"恺撒"的头衔，也是皇帝的共同执政者。对马尔库斯·奥勒留来说不幸的是，他的共同执政者是卢修斯·维鲁斯（Lucius Verus），后者的任命源自哈德良的决定。马尔库斯打算将帝国的统治权与之共享，这件事或许表明，他很不擅长判断他人的品质。这样一来，维鲁斯就在共同议事的基础上获得了与皇帝平起平坐的地位。维鲁斯担负起指挥对帕提亚战争的职责，能干的部将阿维狄乌斯·卡西乌斯（Avidius Cassius）为他赢得了胜利。

帕提亚的主要城市接连陷落，但这次胜利与图拉真的那次胜利无异，尽管西面的领土被吞并了，却无法将帕提亚变成罗马的永久领土。罗马人和帕提亚人以各具民族特色的兵器对决的日子已经一去不复返了，战争不再是训练有素的军团士兵和一群群不计其数的骑射手之间日复一日的厮杀。记载过哈德良时代的军事战术的阿里安，证实了这一时期罗马军队在武器盔甲和作战方式方面的多样化。图拉真纪念柱与其他纪念碑为我们讲述着类似的故事。罗马人在己方队列中部署了身披帕提亚式锁子甲的重骑兵，也不缺乏能与帕提亚人针锋相对的弓箭手。如果他们始终无法将帕提亚帝国并入本国疆域的话，那可能是因为他们没有足够的部队去镇守已征服的领土。无论如何，广阔的沙漠地区都是难以统治的。

兵力的不足也表明，罗马的多瑙河防线担负着沉重的压力，并且需要强调的是，此时罗马在这一地区面临的防御任务十分严峻。形形色色的蛮族部落在压力下被迫向西、向南迁徙，他们翻过阿尔卑斯山，来到亚得里亚海最北端的阿奎莱亚。意大利遭受着自辛布里战争时期以来从未有过的威胁，但蛮族并未攻占阿奎莱亚，因为他们缺乏用于攻取要塞化城镇的器械。尽管马尔库斯·奥勒留的共同执政者的能力较差，他的将军们却在多瑙河前线表现良好。无论如何，当卢修斯·维鲁斯于公元169年在战争中死去时，指挥作战的责任就落到了马尔库斯一个人身上。

多瑙河上游地区的日耳曼部落，之前似乎与更东边的萨尔马提亚人有很好的合作。罗马军队只能依靠他们的机动性和速度，疲于奔命地应付着一个又一个威胁。经过一连串的苦战，入侵者被击败了，他们被迫退回

多瑙河对岸，蛰伏不出。但这样的战争也把整个边境防线模式带向终结，于是在接下来的日子里，罗马的战略家们不得不越来越多地考虑以区域要塞化来取代线性防御体系。

不幸的是，人力不足的问题在马尔库斯·奥勒留时代变得格外致命，原因在于军队从东方战场上带回了毁灭性的瘟疫。人力方面的极度匮乏，迫使马尔库斯组建了一支日耳曼民兵部队，并将他们安置在帝国边境地区，用于抵御外来的日耳曼人的威胁。作为服兵役的报酬，这些迁居者占得一块土地。随着边境线逐渐模糊化，罗马人的民族成分也越来越复杂了。马尔库斯·奥勒留和他的将领们的军事行动保证了多瑙河一线的安全，但蛮族部落在多瑙河以北的庞大边境行省达契亚（之前被图拉真吞并）获得了通行权，得以与东面的同胞保持联系。从某种意义上说，帝国如今创造了几片隔离地带，但需要强调的是，这种隔离地带有可能演变为外来势力的半自治区。

马尔库斯·奥勒留可能本来可以令多瑙河以外的地区变得更为安定，但在公元175年，他不得不应对自己在东部的副手阿维狄乌斯·卡西乌斯掀起的叛乱。卡西乌斯似乎误信了马尔库斯已死的假情报，几乎还没来得及为自己的反叛行动积蓄力量，就被手下的一名百夫长杀死。无论从哪方面来看，相较于皇帝那无能的儿子康茂德（Commodus），阿维狄乌斯·卡西乌斯都是一个更好的选择。康茂德最终成了帝国的共同执政与皇位继承人。

赛普蒂米乌斯·塞维鲁与他的军队

康茂德的统治持续了12年，这么长的时间足以保证政权的平稳过渡，但康茂德并没有让这个问题成为自己的困扰。他最终在自己的禁卫军指挥官的阴谋策划下被杀，后者一度与其他心腹共享实权，并最终认为，现任皇帝已经没必要存在了。在第二年内有两位皇帝得立，旋即又被谋害，与此同时，禁卫军试图自行决定皇帝的人选。最终，他们拥立执掌多瑙河军团的赛普蒂米乌斯·塞维鲁（Septimius Severus）为帝。事实上，比起

▲ 图拉真纪念柱上的浮雕。图拉真的骨灰曾被埋在纪念柱的下面，以纪念这位皇帝的功绩。浮雕展现的是图拉真的部下正在修建一座军营。

反复无常的禁卫军，多瑙河军团才是塞维鲁更为坚实的后盾。

为了帝位，塞维鲁不得不与其他同样得到行省军队支持的竞争者大打出手。他在随之而来的战役中笑到了最后，部分原因在于他掌握的兵力比对手更多，也因为他离当时仍是关键之钥的罗马更近。他与北方的竞争对手不列颠总督克洛狄乌斯·阿尔比努斯（Clodius Albinus）暂时和解，承认对方为共同执政。令人惊讶的是，阿尔比努斯轻易地上当了。争取到时间的塞维鲁挥师东进，经过在小亚细亚和叙利亚的连续作战，他打败了另一个竞争对手佩森尼乌斯·尼日尔（Pescennius Niger）。其后，他向阿尔比努斯重新开战，后者已经挺进到高卢地区，并使帝国的西部行省集体倒向自己一方。或许，阿尔比努斯先前许以和解也是为了争取时间。据称，在卢格杜努姆（今里昂）附近爆发的决战中，双方参战兵力大体相当，局势在很长一段时间内悬而未决。但最终获得全胜者是塞维鲁，他将骑兵部队抽出来独立使用，成为决定战役胜负的关键。

赛普蒂米乌斯·塞维鲁的军事才华与他那精明的政治眼光是相辅相成的。在被拥立为帝后，他迅速占领了罗马，并解散了禁卫军。随后，他按照自己的意愿重建了禁卫军。在过去，禁卫军大队成员往往招募自意大利，但塞维鲁则将禁卫军大队的大门向所有军团士兵敞开。事实上，这意味着这支禁

▲ 佩尔格城（位于今土耳其西南部）的外城门，其年代可追溯到塞维鲁当政时期（公元193—211年）。有很多说法把佩尔格与特洛伊战争联系在一起，但在希腊－罗马时代，它仍是一座重要的城市。

卫军改由从拥戴塞维鲁的伊利里亚军团中挑选的人员组成。在东方战役期间，他们继续以帝国精锐部队的身份，向塞维鲁交出了一份优异的答卷。

在消灭了其他帝位觊觎者后，塞维鲁向之前曾支持过自己的东部敌人尼日尔的帕提亚人发动了一次战果颇丰的惩罚性远征。他也不得不立刻对不列颠采取行动，因为这个行省的军队被阿尔比努斯调去参加在欧洲大陆的远征，所以它如今赤裸裸地暴露在从北方而来的喀里多尼亚入侵者面前。但塞维鲁

在不列颠的作战并未获得彻底胜利，当他于公元211年在伊布拉坎（今约克）去世时，正着手发动一轮新战役。

赛普蒂米乌斯·塞维鲁对军人们赞不绝口，且信赖有加，特别是那些在罗马军队中服役的军人。对他而言，这些人的福祉是最值得考虑的事，这让人不禁觉得他的决断很是英明——尽管其中蕴含着很深的经济方面的考虑。罗马文明已经到了完全依赖于军队对边疆的守御能力而存在的地步，当公民们享受着本土和平安逸的生活时，至少可以期望他们通过纳税来支援国防建设。事实上，塞维鲁确保了这一局面的实现。

在其他有利于军人的改革中，塞维鲁通过立法规定，士兵们可以在服役期间合法地结婚。这一通融性法规之前是不存在的，但对于士兵们与驻地妇女之间存在的关系，以及他们的子女之间的亲缘关系，以往的皇帝也会予以某种形式的认可。官方在这方面的态度似乎始终前后不一。一方面，它对现役军人与当地人建立关系的做法加以劝阻，因为这样一来，这名士兵的第一效忠对象便不再是罗马。另一方面，它又希望士兵能够在军队中找到家的感觉。新法纠正了这种乱象。无论如何，塞维鲁的儿子（也是他的共同执政者和继任者）马尔库斯·奥勒留·安东尼（他以"卡拉卡拉"的外号闻名于世）在随后的日子里承认所有罗马行省自由民都享有公民权。未被打动的后人并不认为这一政策是慷慨之举，而是将其视为广开税路的手段。但公民权的普及意味着可用于国防预算的捐税大大增加了。如果换作是塞维鲁，定会对这类政策点头称许。

混乱与恢复

在3世纪中叶的数十年间，罗马帝国似乎行将崩溃。来自外部的蛮族入侵与内部的地方性冲突交织在一起，而抵御入侵所需的军队在持续不断的、为争夺继承权而起的纷争中消耗殆尽。公元238年至253年间，皇帝废立的频率已接近一年一次。过去的执政官至少不用为了自己的一年任期，而与其他侯选人打得你死我活。这一时期具备"黑暗时代"——将于5个世纪后降临帝国西部世界——的许多特征。由于相关记录寥寥无几，年表往往难以制作。

在东方，局势变得格外危急。除了其他蛮族，已迁居今乌克兰地区的哥特人经陆路和海路，向帝国内部发起一波又一波强有力的袭击：不仅小亚细亚北部的城市被洗劫和摧毁，连爱琴海沿岸地区乃至远至南方的以弗所均遭荼毒。这些侵略者已意识到，罗马帝国核心地区的防务软弱无力。边境地区固然是由军队和要塞把守着的，但一旦周边防线的外围被突破，侵略者的面前便再无任何阻碍。一个由未设防的城市与手无寸铁的人群构成的世界，已完全处于其支配之下。

在幼发拉底河以外的地区，情况变得意

味深长起来。居于波斯湾东北部故土的波斯人在塞琉古王朝终结后，便沦为帕提亚人的附庸民族。但在萨珊王朝（其名称源自这个王朝统治者的一位祖先）时期，波斯人夺取了帕提亚人的政权，并于3世纪初成为帕提亚帝国的新主人。不久之后，他们便向幼发拉底河以东的罗马边境地区发动了进攻。很快，他们就夺取了一批军事要地，攻占了两国激烈交锋时期罗马人从帕提亚人那里赢取的领土。

公元242年，罗马财政主管萨比努斯·阿奎拉·提密斯特乌斯（Sabinus Aquila Timesitheus）成为年轻的皇帝戈尔迪安三世（Gordian III）的岳父，并被任命为禁卫军统领。这样一来，他就成了罗马帝国的实际统治者。他将组织协调方面的才能应用到军事层面，并很快结出了丰硕的果实，特别是令东部前线重新焕发了生机——罗马人从波斯人手中收复了卡莱，并在叙利亚重新扶植了一名傀儡统治者。但提密斯特乌斯的死为这一切画上了句号，波斯人恢复了攻势。第一任萨珊国王阿尔达希尔（Ardashir，即阿塔塞克西斯［Artaxerxes］）之子沙普尔（Shapur，即撒珀尔［Sapor］）攻占了亚美尼亚，并侵入叙利亚。罗马皇帝瓦勒良（Valerian，即普布利乌斯·李锡尼·瓦勒里安努斯［Publius Licinius Valerianus］）于公元260年发动了一场意在救援叙利亚城市埃德萨的战役，结果以惨败告终。皇帝本人落入波斯人之手，自他被俘后便再无关于他的记录出现。基督教作家认为他的命运遭受了不幸，这一观点显然受到了瓦勒良曾是众多迫害基督徒的皇帝中的一员这一事实的影响。然而，基督徒同样遭到了沙普尔的迫害。因为波斯琐罗亚斯德教的新教义与阿契美尼德时期随和的旧教义并不相同，这一四处传播的宗教将此类信仰那不宽容的本性展现得淋漓尽致。

与此同时，在西方，法兰克人和其他蛮族侵占了高卢，并进入西班牙地区，摧毁了塔拉克（今塔拉戈纳）。这些入侵者与东部的哥特人一样，发现一旦突破罗马边境线，便有望长驱直入了。公元259年，马尔库斯·卡西乌斯·拉蒂努斯·波斯图穆斯（Marcus Cassianus Latinius Postumus）重建了"高卢帝国"，这一名义上的政权曾于西非利斯时代为求生存而短暂奋战过。他觊觎着帝国的最高权力，因而与瓦勒良之子加里恩努斯（Gallienus）正式开战。当然，这里毫无那种韦钦及托列克斯时代的凯尔特民族主义。这个独立政权只是宣称，在高卢地区，他们对罗马文明的保卫比罗马人做得更出色。（值得注意的是，这是帝国西部世界出现分裂，中央政权开始衰落的早期征兆。）无论是加里恩努斯还是他的继任者克劳狄乌斯，都没有继续干预波斯图穆斯那无疑是为了罗马而奋斗的事业。不管波斯图穆斯正在篡夺他们的权威的事实如何，他击退了蛮族，从而充分展现了自己的实力。

由于这个与自己争担责任的人令高卢方面的局势得以缓解，克劳狄乌斯可以集中精力对付哥特敌人了，后者如今在向西推进，威胁着巴尔干半岛和意大利。皇帝的胜利将地中海地区从入侵者的手中解救了出来，他逼得这些人退回多瑙河的另一端，其结果是他得到了"克劳狄乌斯·哥特库斯"的称号，并以此名垂青史。但哥特人此时遭到瘟疫的侵袭，许多罗马人被传染，而克劳狄乌斯就是其中之一。他于公元270年去世，其骑兵

晚期罗马骑兵

彩图中展示的是具甲骑兵的最终发展形态，这种骑兵被称为"clibanarii"。全身甲骑兵自公元69年起在罗马军队中出现，当时韦斯巴芗已开始雇用萨尔马提亚骑兵。他们的规模在2世纪时有所增长。奥勒良在镇压帕尔米拉具甲骑兵部队之乱失利后，于约公元275年对这支部队加以扩充。公元350年前后，君士坦提乌斯二世又进行了扩编。复原图描绘的是一名公元275年前后的具甲骑兵，根据发现于杜拉欧罗普斯的马甲及阿米亚努斯和尤利安皇帝的记载绘成。尤利安记录道，骑手的身体完全为铠甲所覆盖，"头和脸被一张金属面具包裹着，使得穿戴者看起来如同一尊闪闪发亮的雕像"。他在进一步的描述中提到，使用者的双手和关节处的护甲以质地极好的甲片制成，四肢则由一片片铁制环甲保护着。在4世纪时，头盔的造型与著名的"萨顿胡"头盔极为相似，这表明此时的头盔其实是一种带有蛮族装饰风格的罗马式头盔。

其他士兵类型

上方的黑白图展示的是2世纪时萨尔马提亚骑兵的标准形象，根据图拉真纪念柱底座周围的浮雕、墓碑和塔西佗作品中的描述绘成。首长和贵族骑乘的战马可能拥有半身或全身马甲，其铠甲一般是铁制、青铜制、角制或硬皮制的鳞甲。他的主要兵器是康托斯长矛，这种长矛的使用方法如彩图所示。下方的黑白图描绘的是一名4世纪的罗马骑兵。从他的装备上可以清晰地看到萨尔马提亚风格的影响。他的铠甲可能是锁子甲或札甲。

公元276年	公元282年	公元284年	公元286年	公元293年
普罗布斯成为皇帝	普罗布斯为变兵所杀	戴克里先称帝	共治皇帝戴克里先和马克西米安分别加上"奥古斯都"头衔	两位"奥古斯都"任命了两位"恺撒"，以协助自己工作

指挥官奥勒良（即卢修斯·多米提乌斯·奥勒利安努斯［Lucius Domitius Aurelianus］）被军队拥立为帝。

奥勒良尽管击败了多瑙河流域的众多敌人，却不得不将这一地区的边境线向内收缩——加里恩努斯和波斯图穆斯也一直在收缩莱茵河流域的边界。辽阔的边界地带已是防不胜防。在奥勒良命丧地方势力策划的阴谋之前，他的统治持续了5年。在他掌权时期，帝国得到了喘息之机。与之前几年登上帝位的将领一样，他也已意识到，只有摒弃之前固守边境的想法，才能将蛮族击退。日

耳曼部落（原为迁居于罗马境内的同盟部落）正在蹂躏意大利。奥勒良将一支具有很强机动力的军队投入战场，从而极大地改变了战局，而后歼灭了这批日耳曼人。他依靠的是加里恩努斯曾改良过的骑兵部队。与此同时，为了防止罗马遭到突袭，这位皇帝为这座城市修建了一道坚固的新城墙。

帕尔米拉战争

高卢的波斯图穆斯（他令西班牙和不列颠行省效忠自己）表面上是在犯上作乱，实

际上却是在与罗马合作对抗蛮族。与之形成鲜明对比的是，在东方，帕尔米拉国王奥德奈图斯（Odenatus）尽管忠心耿耿地为帝国抵御着波斯人，实际上却在谋求独立。

长期以来，叙利亚沙漠城市帕尔米拉（即罗马人口中的"塔德莫"）一直担负着通往东方的商贸之路上的巡逻和警戒工作——它就是靠着这条贸易路线繁荣起来的。因此对它而言，整军备战是一件很自然的事。从另一方面来看，具有闪族血统、已半希腊化的帕尔米拉王国，也完全有资格扮演罗马的东方侍从的角色。波斯军队在很大程度上依赖以鳞甲和板甲护体的重骑兵。作为应对手段，帕尔米拉人组建了一支由轻、重骑兵和弓箭手组成的混合部队，他们携有不可或缺的、结构精巧的攻城器械。此外，帕尔米拉人已经吸收了罗马人的行政管理手段，而波斯人却仍和之前的帕提亚人一样，以地方封建势力为立国基础，并未建立任何中央集权制度，而这类制度本可为他们带来更多的永久性胜利成果。

奥德奈图斯，一位阿拉伯血统的贵族，是由赛普蒂米乌斯·塞维鲁扶上统治者宝座的。他曾大败过波斯人，当时他们正满载着从瓦勒良那里抢来的战利品。随后，他制伏了野心勃勃的瓦勒良军残部，担负起这一地区残存的罗马军队的指挥权，并向美索不达米亚发起反攻，俘虏了波斯国王的女眷。凭借这些功劳，他从加里恩努斯那里得到了应得的荣誉。

公元267年，奥德奈图斯那美丽而能干的孀妇芝诺比娅（Zenobia）继承了夫君的权力，并以其幼子的名义统治帕尔米拉——国王与他另一个妻子所生的长子被刺杀，这场谋杀案的情节并未被完全弄清。芝诺比娅在加里恩努斯时期设法独立，尽管奥勒良起初与她达成了和解，但其后他觉得有必要维护自己在东方的权威。甚至在奥勒良向小亚细亚（当地人很不情愿地忍受着帕尔米拉人的统治）进军之前，他的部将就从帕尔米拉人手中收复了亚历山大港。芝诺比娅的将军宰达（Zabdas）很聪明地没有尝试在不适合骑兵战术施展的山区作战，而是在叙利亚等候着罗马军团的到来。他未能守住安条克，但

公元305年	公元307年	公元312年		公元316年
戴克里先和马克西米安引退，以君士坦提乌斯和伽列里乌斯为接班人	君士坦提乌斯死于约克	君士坦提乌斯之子君士坦丁入侵意大利，并夺取了马克西米安之子马克森提乌斯的权力	米尔维安桥战役爆发	戴克里先去世

第13章 帝国时代的罗马军务 201

他在伊梅萨（今霍姆斯）组织了第二轮抵抗。在那里，身穿锁子甲、手持长矛的帕尔米拉枪骑兵将奥勒良军骑兵从战场上驱离，但奥勒良在没有帕尔米拉骑兵的地区赢得了胜利，并在帕尔米拉骑兵乱纷纷地返回时，以恰当的手段料理了他们。

芝诺比娅逃到了帕尔米拉，保卫那里的只剩沙漠、贝都因人和太阳了。毫不令人意外的是，她向波斯人求援。但奥勒良收买了贝都因人，击退了波斯人，同时，他的军队继续英勇地围攻着帕尔米拉城。芝诺比娅骑着一头迅捷的单峰骆驼，试图乘夜逃过幼发拉底河，但她被追及，并以一名俘虏的身份被带回奥勒良处。据我们所知，此后她被人用金链子锁着，成了奥勒良凯旋式上的装饰品。后来，她嫁给了一位元老，并在罗马平静地度过了自己的余生。

帕尔米拉陷落后，奥勒良处决了芝诺比娅的顾问们——她总是将责任推到他们头上，但他宽恕了其他市民。然而，在他返回多瑙河之后，东方的罗马驻军遭到叛乱者的攻击。奥勒良在第二次到访帕尔米拉时，将这座城市彻底夷平。他在动手时无疑带着几分不情愿，因为这座城市有可能成为抵御波斯侵袭的缓冲国，这一作用是十分重要的。但随着帕尔米拉的毁灭，奥勒良如今得以腾出手来，迫使高卢臣服在自己脚下。在波斯图穆斯死后，在这一地区恢复罗马权威的时机已然成熟。

军事与民事方面的整顿

帝位再次开始如走马灯般更迭，是奥勒良死后10年间的特色事件。然而，公元284年，戴克里先（Diocletian，即盖乌斯·奥勒良·瓦卢斯·戴克里先努斯［Gaius Aurelius Valerius Diocletianus］）在小亚细亚被士兵们拥立为罗马皇帝。戴克里先战胜了其他帝位竞争者，并任命马克西米安（Maximian，即马尔库斯·奥勒良·瓦卢斯·马克西米安努斯［Marcus Aurelius Valerius Maximianus］）为共同执政。

公元286年，戴克里先允许马克西米安加上"奥古斯都"的头衔，这意味着后者获得

了帝国的最高统治权。从这时起，他们共同统治着罗马。公元293年，两位"奥古斯都"各自为自己指定了一名共同执政，后者拥有"恺撒"的头衔。这样一来，帝国就产生了4个统治中心以及4批幕僚。这一制度在过去是一种权宜之计，戴克里先将其常规化，实际上承认了共治原则的必然性。帝国太过庞大，一个人是管不过来的。军队可以在2个月内从不列颠被调往多瑙河，如果充分利用莱茵河的运输能力的话，或许还能更快一些。但幼发拉底河边境地区就是另外一回事了。东部和西部成了同一文明框架内的两个帝国，戴克里先的愿望是确保这两个帝国始终处于共治而非互斗的状态。从某种程度上说，两个帝国相互独立是他不得不承认的既成事实。

在重建以帝国继承法为基础的委任统治制度的过程中，戴克里先借助了另一项传统的临时制度的力量。完全依赖血缘关系的世袭统治——尤其是赛普蒂米乌斯·塞维鲁家族的世袭统治，已经产生了某些怪诞的后果。同样，禁卫军干政所引发的只有叛乱和谋杀，无论是禁卫军自身主导的，还是由行省军团主导的。由于皇帝必须是军人出身，因而人们很容易就认为他不需要具备任何其他方面的才能。如同1世纪时那样，这种将两种制度结合在一起的做法如今被认为产生了最佳效果。委任统治模式因附带了家族的亲缘关系而变得更加稳定。戴克里先的女儿及马克西米安的继女与两位被指定的"恺

▲ 戴克里先重新规划了帝国的权力体系，使帝国由两位皇帝共同统治，每位皇帝有一位法定继承人从旁协助。他于公元305年退位，回归自己的私人生活。

撒"——伽列里乌斯（Galerius）和君士坦提乌斯（Constantius）结为夫妇。

另外，根据规定，两位"奥古斯都"应在20年后退休，让位给自己的"恺撒"，后者获得至尊头衔后，须任命两位新的"恺撒"作为副手。戴克里先是在自己位于萨罗内（今克罗地亚斯普利特附近）的皇宫中退位的。宫殿的选址本身就具有重要意义。这个庄严的帝国中心位于巴尔干半岛和欧洲东南部。戴克里先与前几任皇帝一样，均来自巴尔干半岛。罗马正在变成帝国的仪式性的首都。事实上，它已仅仅是一个行省的省会而已。而元老院则被戴克里先视如一个市镇议会。在其统治时期的前20年中，他从未踏入罗马的大门。

由于戴克里先那严厉的目光只专注于实干，而对表面文章不屑一顾，他将共和国时代高级官员所使用的旧头衔贬为纯粹的民事性质，而给越来越多的军事职务安上各式各样的新头衔。与塞普蒂米乌斯·塞维鲁一样，他也意识到罗马最大的问题在于征兵，而他似乎通过提高薪饷的办法，使罗马的总兵力增加了几乎一倍。为了实现这一点，就必须同与罗马货币贬值长期相关的通货膨胀问题做斗争。戴克里先强征实物税，从而抓住了问题的核心，并将收益充当军费。

最重要的是，戴克里先是一个管理者和组织者，但因此将他视为"扶手椅式"的空想战略家无疑是错误的。他的改革措施是在行动的过程中实行的，而且，与大多数挨过了执政期第一个月的罗马皇帝一样，他也曾被迫为了自己的皇位而战：镇压一次次叛乱，遏制一批批蛮族的进犯。同为"奥古斯都"的马克西米安是个野心勃勃的人，但他知道最好不要在战场上挑战戴克里先。

事实上，身为西部帝国皇帝的马克西米安在军事层面也有自己的烦恼。在这些问题中，最让他头疼的是反叛的英吉利海峡舰队的总指挥卡劳修斯（Carausius）。难以制伏的卡劳修斯控制着不列颠和高卢北部，俨然如同帝国的另一名共治者，而两位"奥古斯都"一度对此采取容忍态度。最终，马克西米安的"恺撒"君士坦提乌斯将卡劳修斯从波洛格内逐走。卡劳修斯被部下谋害和夺权

公元325年
君士坦丁大帝在尼西亚召开宗教会议

公元330年
拜占庭被重新命名为君士坦丁堡

公元337年
君士坦丁去世

公元359年
波斯的沙普尔二世入侵美索不达米亚

202　古典世界的战争

▲ 君士坦丁凯旋门，建于公元312年。它将早先的纪念碑上的浮雕整合在一起，其中包括一座图拉真拱门上的浮雕。

后，"恺撒"继续与后者交战，使不列颠重新归顺罗马。

君士坦丁与君士坦丁堡

在成功地击败了自哈德良长城以北而来的蛮族皮克特人后，君士坦提乌斯于公元306年在约克去世，他的儿子君士坦丁（Constantine）被不列颠军团拥立为"奥古斯都"。但在君士坦丁（他以"大帝"的称号名留青史）获得戴克里先（尽管他创立了四帝共治制度）实际拥有过的最高权力之前，他必须经历一系列错综复杂的战争、谈判、权力之争和王室联姻。事实上，四帝共治与戴克里先设立的其他制度一样，存在的时间并不长，并且在戴克里先于公元316年去世之前，就已遭到旧式弊端的侵蚀，令戴克里先悲伤不已。

君士坦丁对罗马军队的发展沿袭了戴克里先之前的思路，这一思路甚至早在奥勒良时代就体现得十分明显了。驻守在固定地区的边境部队（边防军）或据守于周边区域的要塞之中，或被部署在江河天堑沿线。然而，精锐部队则被保留起来，作为机动打击部队（野战军）来使用，这样在紧急情况下，便可直接动用这支力量。这支突击部队的步兵单位仍被称为"军团"，但它们的兵力被削减到大约只有马略时代的三分之一。事实上，原先的军团部队有时会被打散，并分派到边境驻军部队和皇帝的机动野战部队中。当然，机动部队对强力骑兵部队的需求更为迫切，但长期以来，罗马习惯于依靠迁居到边境地区的蛮族提供的骑兵，而这些部队一直被归入非公民部队之列。为了自身安全起见，罗马人自然倾向于将这些蛮族留在边境地区，让他们远离帝国腹心。但若从机动部队应被部署于中央地带的原则来看，这种做法是无法被无限期地认可的。

君士坦丁进行了一项改革：他解散了禁

卫军。这与其说解决了问题，不如说反映了问题。禁卫军大队如今已完全是多余之物了，他们所能起到的正面或负面作用都已被其他部队取代。在君士坦丁的安排下，"禁卫军统领"成了纯粹的文官头衔。

君士坦丁最为不朽的成就，自然是兴建了"新罗马城"，即帝国的第二首都——君士坦丁堡。古希腊城市拜占庭被选中担当这一角色。我们只要朝地图上扫上一眼，就会立刻明白这一经过精心挑选的城址所具备的经济及战略意义。它既位于欧亚大陆之间的陆上交通线的中央，也坐落在地中海与黑海之间的海上交通线的中央。最重要的是，君士坦丁堡为至关重要的多瑙河前线的军事行动提供了一个完美的总指挥部。

塞普蒂米乌斯·塞维鲁在拜占庭倒向自己的东部对手佩森尼乌斯·尼日尔之后，曾将这座城市夷为平地——相较于他一贯的高瞻远瞩而言，这一做法显得有些短视。这导致当地未剩下一座可用于抵御哥特人的基地或要塞。过了一代人的时间，哥特人从黑海的希腊城市那里征募了舰队，以海盗式的突袭行动横扫了爱琴海地区。君士坦丁在为自己的新首都修建城墙的过程中，在重申他对防御工事总体上的信心，以及在这一特定地点修建要塞的重要性。君士坦丁修建的防御工事并不是那些留存至今的工事，但他选择的地点是极度易守难攻的。蛮族入侵者从未在攻击那些要塞城市的战斗中取得过巨大的战果，而君士坦丁堡的城墙则在他们的攻势下傲然挺立了许多个世纪。

君士坦丁是历史上首位基督徒皇帝，这或许是他最为人所记住的事。事实上，他是在临终时才成为一名基督徒的，但在此之前，他就和这一代的其他王位觊觎者一样，对基督教采取支持和鼓励的态度。对基督教战旗的采用，是这一态度在军事层面上最为直接和明确的体现。这种战旗的图由基督的希腊文名字的前两个字母（XP）组合而成。君士坦丁还将该图案绘在士兵的盾牌上。这种图案第一次出现在战场上是在公元312年，当时他为了夺取戴克里先的前共同执政马克西米安之子马克森提乌斯（Maxentius）手中的权力，入侵了意大利。

第14章 蛮族到来

其实，到了 5 世纪，西罗马帝国已经处于自生自灭的状态了，甚至连蛮族都没有兴趣去征服它。尽管东罗马帝国间或会沦落到仅剩君士坦丁堡未失的境地，但君士坦丁堡本身却屹立了上千年。

原始资料来源

我们对晚期罗马帝国的了解，在相当程度上依赖于基督教作家的作品。他们当中的一些人身处的位置让他们拥有写作这些事的权威。我们在前文提到过的恺撒利亚主教尤西比乌斯，与君士坦丁交情非浅。基督教作家的记录努力将异教作家的历史记载与《圣经》中的年表和宗教体系相调和，有时会显得冗长而费解，但基督的诞生日恰巧与奥古斯都治下的"黄金时代"及罗马帝国的建立时间一致，这提供了一种神意的解释，如果基督教作者这么解释也无可厚非。无论如何，我们千万不可将那些古代基督教历史学家与那些记载古代事件的中世纪编年史家混为一谈。4世纪末5世纪初的哲罗姆（Jerome）和奥罗修斯对异教的文化和学问了如指掌，他们批评这些文化与学问，同时又将其用作自己的目的。他们生活的那个年代大体上仍是异教盛行的时代，因而他们绝没有完全与异教思维习惯相隔绝。

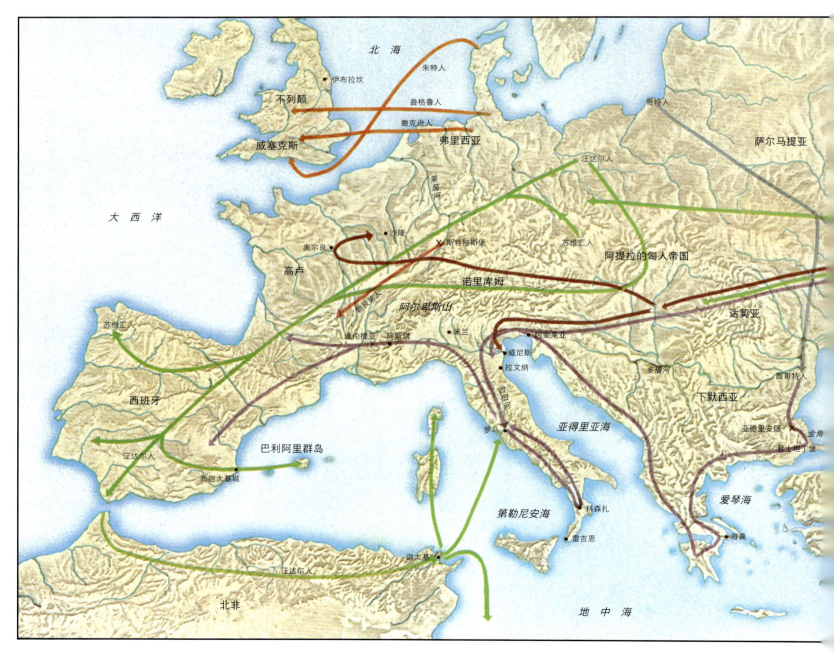

公元 388 年	公元 394 年	公元 395 年
狄奥多西俘获并处决马格努斯·马西穆斯	狄奥多西将其子阿卡狄乌斯和霍诺留分别立为帝国东部与西部的皇帝	斯提里科重组不列颠防线

204 古典世界的战争

异教信仰自然并未随着君士坦丁的改宗而突兀地终结。君士坦丁去世后，过了一代人的时间，另一位信仰异教的皇帝弗拉维乌斯·克劳狄乌斯·尤利安努斯（Flavius Claudius Julianus，即"叛教者"尤利安）成了罗马世界的统治者。他那试图复兴异教信仰的行为，只可被视为一种开历史倒车的徒劳之举，但他的观点和态度在同一时期异教作家的作品中得到了体现，特别是阿米亚努斯·马塞林努斯（Ammianus Marcellinus）的《历史》。阿米亚努斯在高卢战争和公元363年的波斯战役（皇帝尤利安命丧此役）中追随尤利安。他是安条克的希腊人，但最终定居于罗马，并用拉丁文书写自己的《罗马

▲ 君士坦丁大帝时代的一枚钱币。他支持基督教，并在拜占庭建造了一座新的帝国都城——君士坦丁堡。

史》，以飨罗马读者。如果这部历史作品能完整地保存至今的话，它本该以公元96年，也就是塔西佗作品终结的年份的历史事件为开头。事实上，残本是以正值君士坦丁大帝第三子君士坦提乌斯二世统治时期的公元353年为开头的。该作品对尤利安发动的波斯战役的记载极为详细，但并不完全是根据个人经历写成的。阿米亚努斯与佐西莫斯至少共用过一份重要的史料，后者对这一战役的记叙同样异常详尽。

除了历史作品，我们还应提及维盖提乌斯·雷纳图斯（Vegetius Renatus）的著作，此人是4世纪时的一名文职人员，撰写过一篇关于罗马军事技术的论文。然而，维盖提乌斯的作品尽管是一份重要的军事资料，但在年代顺序上却并不严谨。同样极具价值的还有现存的《百官志》（Notitia Dignitatum）抄本，是一份记录了4世纪末帝国东、西部分的民事与军事职位的清单。

至于之后罗马城和西罗马帝国因蛮族的涌入而变得面目全非的那段时期，以及特别是关于雄才大略的拜占庭皇帝查士丁尼（Justinian）的统治时期（公元527—565年），我们的主要史料来源是希腊历史学家普罗柯比厄斯（Procopius）。普罗柯比厄斯凭借其在后勤方面的才干，效力于查士丁尼朝的无敌将军贝利撒留（Belisarius）麾下，他撰写的《战史》（History of the Wars of Justinian）记录的是查士丁尼时代的事，此书至今尚

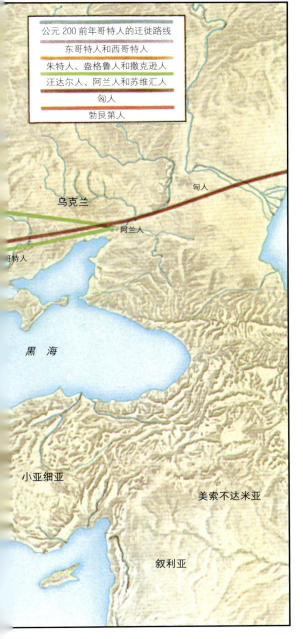

公元 200 前年哥特人的迁徙路线
东哥特人和西哥特人
朱特人、盎格鲁人和撒克逊人
汪达尔人、阿兰人和苏维汇人
匈人
勃艮第人

乌克兰

阿兰人

哥特人

黑海

小亚细亚

美索不达米亚

叙利亚

◀ 欧亚民族掀起的持续不断的西迁浪潮，令罗马帝国边境承受的压力日益增加。这幅地图展现了 2 至 5 世纪时局势的发展。

存。在这部作品中，他既使用了与自己有来往的目击者的证言，也采用了先前的历史记录。

于是便产生了一个问题，这个问题与我们进行历史调查时所受到的时序限制有关。普罗柯比厄斯的《战史》是由诗人阿加提阿斯（Agathias）续写的，但阿加提阿斯在得以继续深入开展这项工作之前就去世了。因此对于之后的历史，我们只能依赖日后的希腊裔拜占庭史学家如格内修斯（Genesius）和赛奥法尼斯（Theophanes），以及一些佚名历史学家的记录。在著作原本已佚但姓名尚存的作者中，奥林匹奥多罗斯（Olympiodorus）和普利斯库斯（Priscus）无疑值得关注，他们曾担任过外交官，因而能够与匈人近距离接触。

在西罗马帝国，学者兼官员弗拉维乌斯·马格努斯·奥勒良·卡西奥多鲁斯（Flavius Magnus Aurelius Cassiodorus，公元490—583年）留给我们一部用拉丁文写成的罗马史纲要。他的《哥特史》（History of the Goths）尽管已散佚，但在至今仍存的约达尼斯（Jordanes）的历史记录中留有概述。约达尼斯可能是一个罗马化的哥特人，生活在公元550年前后。他的这部作品也收录了许多卡西奥多鲁斯从普利斯库斯著作中摘录的与匈人相关的信息。

罗马帝国的终结

通常被认为乳臭未干的罗慕路斯·奥古斯都（Romulus Augustulus）是西罗马帝国的末代皇帝。他于公元476年被一位名叫奥多亚塞（Odoacer）的日耳曼军官废黜并取代，后者曾效力于多名罗马军事长官麾下。奥多亚塞满足于以国王身份统治意大利的现状，承认了君士坦丁堡的东部皇帝的宗主权，也没有为自己争取传统的帝王头衔和荣誉。无论如何，被夺权的罗慕路斯当初是依靠自己父亲的政变登上帝位的，也算是篡位者，因而得不到东部皇帝的承认。然而，放弃皇帝头衔这件事具有一种象征意义，也令古罗马的历史学家们有理由终止自己的记录。

罗马的历史并无明确的终结日期，所有

公元 397 年
斯提里科与哥特王阿拉里克达成协议

公元 400 年
阿拉里克重新开始敌对行动

公元 403 年
阿拉里克在意大利北部被击败

第 14 章　蛮族到来　205

得到认可的终结性事件其实都只是象征性的，因为希腊–罗马文明并未崩溃或被推翻，只是在历史潮流的推动下变得面目全非了。许多与之相关的制度、假想和观点仍与我们同在，并在几个世纪的进程中以经过伪装和公开的形式得到了存续和复兴。然而，随着时间的推移，任何一部历史想要成为世界史的难度都变得越来越大，而我们的形式感要求每个故事都应该有开头、中段和结尾。除了罗慕路斯·奥古斯都，在罗马历史学家的作品中，还有各种可能的时间点来作为这个古文明的终点。

公元395年，伟大但有些固执的基督教帝王狄奥多西（Theodosius）去世，将罗马世界留给了他的两个无能的儿子阿卡狄乌斯（Arcadius）和霍诺留（Honorius），前者得到了帝国东部的统治权，而后者则执掌帝国西部，这令帝国的两个部分之间长期处于不和状态。长期以来帝国的东部希腊地区和西部拉丁地区就存在文化和语言上的差异，如今的安排只是将这种差异以政治形式表达出来，这在戴克里先的分治制度中就已有征兆。这种差异在教会的历史记录中有所体现。因此，我们或许可以将帝国的统一局面就此终止的时间点（即狄奥多西大帝去世之日），定义为"罗马帝国终结"的那一刻。

另一方面，罗马的尊严和权力令人惊讶地因天命所归的东部皇帝查士丁尼发起的征服行动而得到了恢复。这位名叫弗拉维乌斯·伯多禄·塞巴提乌斯·查士丁努斯（Flavius Petrus Sabbatius Justinianus）的帝王，在公元527年的加冕典礼上得到了"奥古斯都"的头衔。查士丁尼将自己的权威扩展到了非洲、意大利和西班牙，他的军队在这些地区战胜了汪达尔和哥特入侵者。他还在东部边境与波斯人维持着或战或和的关系。查士丁尼同样对和平时期的文化艺术有着杰出的贡献，许多建筑精品和民事工程都是在他的主持下完成的。这方面最伟大的成就，自然是位于君士坦丁堡的圣索菲亚大教堂（意为"神圣智慧教堂"）。查士丁尼在法律方面也做出了不朽的贡献。他下令编纂的罗马法与圣索菲亚大教堂一样，都是伟大的杰作。不幸的是，与很多拜占庭皇帝一样，神学争论成了其统治时期的麻烦事，这种纷争

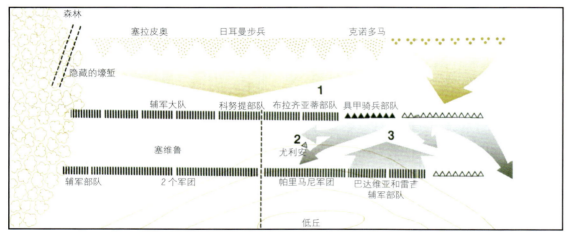

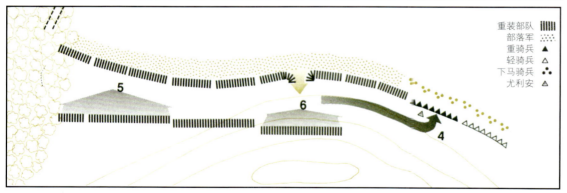

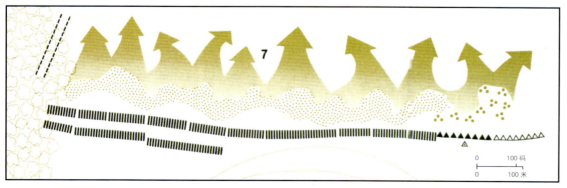

图例：
重装部队
部落军
重骑兵
轻骑兵
下马骑兵
尤利安

0　100 码
0　100 米

斯特拉斯堡战役（公元 357 年）

	罗马人	日耳曼人
步兵	帕拉丁部队： 1个军团 约1,500 4个辅军大队 约2,500 其他部队： 2个军团 约3,000 6个辅军大队 约3,000	部落军 32,000
骑兵	具甲骑兵 600 骑射手 600 轻骑兵 900/1,500	2,000/3,000

* 某些作战单位的规模及序列信息可能并不完整，因而给出的是估计数字。

战役概况

尤利安同日耳曼国王克诺多马率领的部落军交锋。他在8月里的一天，顶着炎炎烈日，于正午之前行进了约21英里（34千米）。尤利安引领着全军，左翼部队翻过一座山丘，朝着日耳曼人推进。由于怀疑森林中设有伏兵，他们停下了脚步，排开阵形，并展开前哨战。在步兵部队的坚持下，日耳曼骑兵下马作战，因为前者害怕被抛弃。

日耳曼人发动冲锋（图中1处），导致罗马骑兵惊慌后撤，具甲骑兵部队指挥官当场被斩杀（图中2处）。罗马军左翼坚守。巴达维亚和雷吉辅军部队发动冲锋，支援科努提部队和布拉齐亚蒂部队（图中3处）。后撤的具甲骑兵部队遭到军团士兵的堵截。经尤利安的重新整编后，他们回到了战场（图中4处）。罗马军左翼向前推进（图中5处）。日耳曼军队在一队贵族的率领下突破了罗马军的中央阵线（图中6处）。他们遭到帕里马尼军团的阻击，最终被击退。罗马人继续将日耳曼人逼得节节后退，并最终崩溃（图中7处）。屠杀随即上演，许多人溺死在莱茵河里。克诺多马被俘，他损失了6,000人。罗马人的损失为247人战死，1,000人（一说2,000人）负伤。

公元407年
企图篡位的将领（"僭主"君士坦丁）自不列颠入侵高卢

公元408年
斯提里科被霍诺留处死

公元410年
阿拉里克洗劫罗马 阿拉里克去世

不仅困扰着僧侣，也影响着广大民众。如同历史上经常出现的那样，宗教分歧成了政治层面的野心和欲望加以利用的把柄。在君士坦丁堡，宗教观点成了战斗的口号和忠诚的象征。如果你在竞技场上支持绿党赛车手的话，你就会对某些与圣父和圣子关系有关的事深信不疑，同时在情感上偏向皇室家族的某个分支而非另一个分支。按照常理判断，忠诚之心往往是一种"一揽子买卖"，但君士坦丁堡之事却成了人类那无可救药的党同伐异之心极为荒谬的实例。

在查士丁尼于公元565年去世后，他的庞大帝国立刻崩溃了，并且君士坦丁堡政府一度只想固守首都的城墙。但是又一次，如希拉克略（Heraclius，公元610—641年在位）和伊苏利亚的利奥三世（Leo III，公元717—740年在位）这般雄才大略的帝王，拯救了文明。西部行省的剩余部分以拉文纳"总督辖区"的形式得以继续存在。该辖区最终落入伦巴第人（朗格巴德人）之手，这个日耳曼民族长期占据着意大利北部，那里当时仍以他们的族名来命名。或许，拉文纳沦陷的公元751年，可以被视为罗马历史另一个恰当的终结点。当然，这一终结的发生时间或许要早得多，也正因如此，罗马城于公元410年遭哥特人洗劫一事同样带有历史终结点的性质。但这件事只能被视为又一起纯粹的象征性事件，因为当时的罗马甚至算不上一个辖区或一个管区（diocese，辖区的次级单位，在戴克里先和君士坦丁时代被定义为一个民事部门）的首府。毫无疑问，它并不具备任何军事意义，只不过是一座享有尊荣的旅游中心，就像古雅典城在多年以前的结局那样，我们几乎可以将它看作某种类型的博物馆。

东部前线

查士丁尼是众多乐意与波斯人保持和平共处关系的皇帝之一，尽管他不得不为此付给对方一些好处。但波斯人并不这么想。他们很清楚，自己的老对手在人力方面正捉襟见肘。当东、西帝国的其他边境地带也遭受着众多蛮族的攻击时，萨珊王朝的统治者认为，此时正是发动战争的大好时机。

自瓦勒良兵败后奥德奈图斯以罗马之名为其复仇以来，幼发拉底河边境的战争潮流已逐渐退去，并呈周期性变动之势。起初，戴克里先手下忠心耿耿的"恺撒"伽列里乌斯在波斯国王纳尔西斯（Narses）手下吃到一次败仗（又是在卡莱附近）。然而，他后来痛痛快快地报了仇，第二年（公元298年），罗马的东部边境继续向东推移，越过美索不达米亚平原，直抵底格里斯河。

公元359斥，沙普尔二世（Shapur II）决心恢复波斯的疆域，他率军进入美索不达米亚，攻占了罗马的几座边境要塞。对于东部的紧急态势，君士坦提乌斯二世的反应是被迫将军队从高卢召回，这支愤愤不平的军队在西部前线推选"恺撒"尤利安为"奥古斯

▲ 4世纪时的宝石浮雕，展现的是波斯国王沙普尔正在俘虏罗马皇帝瓦勒良的场景。

都"。但他们正面临着来自边境地区的压力，当他们得以腾出手来为争夺帝位而战时，君士坦提乌斯死了，维护罗马东部权威的责任落到了尤利安一个人的肩上。他率军沿着

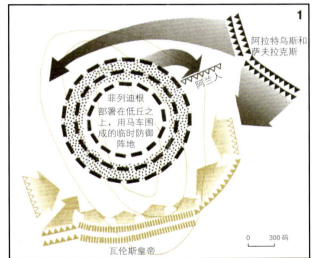

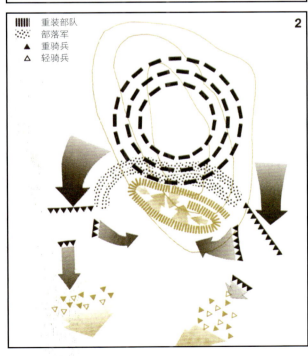

图例说明：
- ▦ 重装部队
- ⠿ 部落军
- ▲ 重骑兵
- △ 轻骑兵

标注：
- 阿拉特乌斯和萨夫拉克斯
- 阿兰人
- 菲列迪根部署在低丘之上，用马车围成的临时防御阵地
- 瓦伦斯皇帝
- 0 300 码

亚德里安堡战役（公元378年）

	东罗马帝国军	哥特人
参战军队	40,000（可能包括10,000名骑兵）	200,000（作战人员可能只有50,000人，其中骑兵可能为20,000人）

*参战兵力为估算数字。

战役概况

皇帝瓦伦斯打算在西罗马帝国的军队赶来分享胜利果实之前，在色雷斯彻底击败蛮族人。当地的哥特军由阿拉特乌斯和萨夫拉克斯统率的西哥特人和一些阿兰人组成。瓦伦斯从亚德里安堡出发，向前推进8英里（13千米），发现了哥特人布置在一座低丘之上、用马车连成的临时防御阵地。瓦伦斯在由右翼骑兵队构成的屏障的后方列阵。东哥特骑兵此时已离开军营，前去搜寻粮秣。菲列迪根点燃了平原上的草丛，并向罗马人派遣使者，以争取时间。然而，罗马人甫一部署完毕即发动了攻击。

1 东哥特人赶回，攻击罗马军右翼，迫使罗马骑兵撤离战场。整个战场均被遮天蔽日的尘埃笼罩。罗马军左翼尚未觉察到己方右翼已败退，逼近哥特人的临时防御阵地。

2 哥特人随即从军营内蜂拥而出，在己方骑兵（已在军营后方列为环形阵）的支援下击退了罗马军左翼。罗马人遭到迂回攻击，终于崩溃。瓦伦斯试图挽回颓势，他同帕拉丁军团的长矛兵部队和钉锤兵部队一道支撑着己方的后军，但徒劳无功。当夜幕降临时，罗马人已完全撤离。瓦伦斯阵亡，尸体一直未被寻回。"恺撒"德西姆斯、众多高级将领与大批人员也命丧黄泉。这是罗马自坎尼之战以来遭受的最为惨重的失利。

公元429年
盖塞里克率领汪达尔人进入非洲

公元430年
希波的圣奥古斯丁去世　白匈奴侵入印度西北部

霍诺留建议不列颠人为自守做准备

第14章　蛮族到来　207

幼发拉底河行进，并用河上的运输工具来加快自己的行程。在距巴比伦约50英里（80千米）处，他利用一条古代运河，将自己的船队送至底格里斯河。然而到了那里之后，他并没有将精力用于攻取波斯首都泰西封，而是在敌人的引诱下继续向东行进。由于交通线的拉长，他的军队陷入了补给不继的可怕境地。就连富庶的当地乡村也已遭到敌人的破坏。波斯人以先前帕提亚人袭扰罗马军队的方式不断袭扰他。尤利安于此役中受伤身亡，然后波斯人很快从某个无能的罗马军官（他被失去了皇帝的军队推选为帝位候选人）手中收复了美索不达米亚。在这场漫长的边境战争中，最终的决定权可能操持在罗马人（或者至少是以罗马名义出战的东部帝国）手中。因为皇帝希拉克略经过一连串漫长的战争，击败了波斯人与黑海北部蛮族阿瓦尔人组成的强大联军（公元626年），最终在尼尼微附近爆发的一场战役中打垮了波斯国王库思老（Khusru，即科斯洛二世）的军队。

此时的波斯帝国不仅已彻底被削弱，还遇到了罗马以外的敌人。公元454年，波斯人不得不迎击白匈奴（即嚈哒）发动的入侵，他们是中亚游牧民族的一支，已威胁到欧亚大陆的大片地区。我们或许可以这样假设，倘若萨珊人没有为了极为有限的收益，而将他们的精力浪费在毫无裨益的对罗马战争中，他们本可更好地抵挡阿拉伯人的进攻。公元7世纪初，阿拉伯人因先知的训示而热血沸腾，以远胜波斯人的狂热劲头与信奉琐罗亚斯德教的萨珊人对抗。

尽管罗马与波斯的战争的结果可能仅仅是使双方都耗得精疲力尽，但这些战争同样为双方提供了练兵的机会，也是大量军事经验的来源。罗马人在他们的东部边境地区构筑了极为精密的防御体系，幼发拉底河边境的小股要塞驻军也多次展现了他们的英勇气概。罗马人也从波斯人的作战手段中学到了许多东西。当《百官志》编撰完成时，身着锁子甲和板甲的骑兵成了罗马军队的常规作战单位，这项改革自图拉真时代已然开始。他们甚至可能已在尝试将轻装的骑射手和手持长矛的重骑兵的优势结合在一起，从而发展出一种新的兵种。因此，我们得知了具甲

弓骑兵（equites sagittarii clbanarii）的存在。然而，这一兵种并无被成功地应用于实战之中的记录。

哥特敌人与哥特朋友

在所有于帝国历史的最后几个世纪进入罗马境内的蛮族中，哥特人给人留下的印象是最深刻的。他们是来自斯堪的纳维亚半岛的日耳曼民族，于公元元年前后开始向南迁徙。在被"哥特库斯"克劳狄乌斯于3世纪逐走后，他们在4世纪卷土重来，再度向罗马帝国施加压力。奥勒良准许西哥特人定居在多瑙河以北的前达契亚行省地区。东哥特人则另起一军，占领了乌克兰地区。

4世纪末，哥特人在东欧和亚洲各民族掀起的迁徙浪潮中遭受到沉重压力，因而试图获得定居罗马境内的权利。此时罗马皇帝瓦伦斯（Valens）正忙于对波斯的战争，他向巴尔干前线指挥官下令，必须尽力确保哥特人在解除武装之后方可以移民身份进入罗马，但他没能强制执行这一预防措施。来自东方的无情压力，迫使蛮族部落一拨接一拨地渡过多瑙河和莱茵河，瓦伦斯最后被迫从东方返回，以亲自主持大局。在亚德里安堡附近爆发的一场激战（公元378年）中，他

▼ 罗马军对阵蛮族军。在帝国晚期，随着移民群体日益融入罗马社会之中，两个族群之间的区别逐渐演变为各自享受的法律权利间的差异，而非种族间的差异。

被迁徙者击败并阵亡。他的尸体始终没有被找到。帝国的威望遭到极为沉重的打击。瓦伦斯的骑兵逃之夭夭，步兵则被歼灭殆尽。

然而，即使在令罗马人吃到一次大败仗后，哥特人也没有蹂躏帝国的国土。首先，他们既不懂得如何攻坚，也缺乏必不可少的攻坚器械，因而无力攻克设有防御工事的罗马据点。其次，就像过去经常发生的那样，在情势看起来令人绝望的时候，一位伟大的罗马将军将军队集结起来，从而挽救了罗马人。这一次的救世主是天赋异禀的军官狄奥多西。唯一健在的"奥古斯都"弗拉维乌斯·格拉提安努斯（Flavius Gratianus，即格拉提安）为了应付危局，将狄奥多西扶上了皇位。狄奥多西征召早已迁居帝国境内并与罗马交好且信奉基督教的哥特人入伍，从而解决了兵力不足的问题。他最终与迁徙者和解，按照和议的规定，迁徙部落获准以罗马盟友的身份定居于多瑙河下游以南地区，他们由本部落首领管理，但在战时则归罗马将领指挥。这一协议在很大程度上满足了哥特人最初的要求。

狄奥多西对无力驱逐的蛮族部落采取吸纳政策，这一做法有着大量的先例。这种吸收外部人口的做法，是罗马人政治天赋的精髓所在，共和国成立之初的情况和其后对附庸国的承认，都可被引作相关实例。面对蛮族拥有的越来越大的数量优势（不仅是由于迁徙的压力，也是由蛮族人口增长所致），这

公元443年
不列颠人徒劳地向埃提乌斯请求军事援助

公元445年
阿提拉成为匈人唯一的领袖

公元447年
君士坦丁堡城墙在地震后得到重建

公元451年
阿提拉在沙隆战役中被击败

208 古典世界的战争

罗马军队（约公元350年）

在君士坦丁时代，罗马军队发生了翻天覆地的变化。旧式的军团和辅军部队如今变成了次等的边境部队，编制大大缩减。一支精锐的野战部队于这一时期成立，它包括被称为"帕拉丁精锐骑兵"的骑兵部队、5支被称为"帕拉丁军团"的步兵部队（每支部队的规模为1,000~1,500人）以及"帕拉丁辅兵队"（共有10个作战单位，每个单位500人）。彩图中的战士隶属于募自不列颠的部队，这支部队为上述辅军部队之一。从其盾牌上的图案可以辨认出他的身份，这种图案在《百官志》的军队清单中有记载。他的腰带与现代的武装带非常相似，上面镶有用于悬挂工具的连接点。他携有一柄斯帕达和一支兰西亚。我们无法确定他的铠甲到底覆盖到什么地步——阿米亚努斯经常提到这种"灿烂夺目、闪闪发光的铠甲"。这幅复原图根据君士坦丁凯旋门上雕刻的人像绘成。

其他军队类型

轻骑兵（右下角图）在这一时期的罗马军队中扮演着越来越重要的角色。图中人隶属于名为"Mauri feroces"（意为"摩尔猛士"）的作战单位。其他轻骑兵则像步兵一样，装备巨大的椭圆盾，他们被称为"盾骑兵"（scutarii）。昔日的军团侦察队如今变成了独立的、更先进的轻骑兵队。他们戴着头盔，携带小型盾牌。所有部队均以标枪和斯帕达作为主要兵器，但骑射手部队也同样存在。左下角的插图描绘的是一名来自高卢和比利时弓箭部队的士兵。他携有一把战斧和一面小圆盾，作为他的次要装备。

位罗马皇帝几乎没有更好的选择。事实上，这是一个富有创意的解决方案。然而更准确地说，当罗马人将一批又一批蛮族纳入本国时，他们自己在蛮族之中变得稀释了。

如同波斯战争一样，蛮族的相继迁入令越来越多的异族兵器和甲胄为帝国军队所采用。在狄奥多西时代，军团士兵特有的带羽饰的头盔和胸甲依旧为清晰可辨的罗马风格。但就在同一时期，军团士兵开始使用异国兵器，如"斯帕达"（spatha）——一种长长的阔剑。在塔西佗时代，罗马军队中只有外国辅军才使用这种兵器。一些步兵单位不再配备派勒姆，而代之以"兰西亚"（lancea）。这是一种轻型标枪，可以用连在上面的投掷用挂索来获得更高的精度和动能。而"spiculum"和"vericulum"这两个词，也被用于指代新出现的投掷型兵器。投矛正在朝轻型化的趋势发展。

哥特人的叛乱

公元388年，在一位日耳曼将领的协助下，狄奥多西镇压了马格努斯·马西穆斯（Magnus Maximus）发动的叛乱。后者是一名觊觎帝位的军人，以不列颠为基地，将自己的势力范围扩展到了高卢和西班牙，最终侵入帝国的中部行省。狄奥多西的日耳曼将军随后背叛了他，并支持罗马的另一位帝位觊觎者，但皇帝陛下立刻从君士坦丁堡出发前往意大利，将罗马的对手与其日耳曼支持者一并消灭。这些事件之所以以这种方式结束，是因为狄奥多西是一位强悍的皇帝，有着独立作战的能力。在虚弱无力或怯懦无能的皇帝统治时期，帝国实权是操持在总司令手中的，而他们往往出身于日耳曼蛮族。

被狄奥多西安置在多瑙河南部的哥特人，在他在世时始终保持忠心。但他们的首领阿拉里克（Alaric，曾在意大利战争期间担任过一支哥特部队的指挥官）向往更高的地位，于是在狄奥多西死后，他率领自己的人民起来造反。在阿拉里克的率领下，哥特人从多瑙河聚居地（下默西亚）出发，在对君士坦丁堡城墙构成短暂威胁后，向南进军穿过色雷斯，蹂躏了马其顿和希腊北部。然而，他们遭到了极为能干的西罗马帝国司令官斯提里科（Stilicho）的阻挡。他是唯一有能力对付阿拉里克的人。在一场政治阴谋后，君士坦丁堡的皇帝阿卡狄乌斯勒令斯提里科离开

帝国东部领土。斯提里科照办了，阿拉里克旋即得以自由自在地继续南进。雅典用一笔钱将哥特人打发走，但后者侵入了伯罗奔尼撒半岛。阿卡狄乌斯在重新考虑一番后，请斯提里科回来——斯提里科照办了。他率军经海路抵达科林斯，在伯罗奔尼撒半岛上击战胜了哥特人，迫使阿拉里克求和。双方签订的新协议规定：哥特人得到亚得里亚海以东的土地，阿拉里克则被承认为伊利里亚国王。双方并没有指望这个解决方案能维持多久，因而它也确实没能维持多久。

从某种程度上看，阿拉里克的态度似乎并不明确。他起初一直野心勃勃地想在罗马军队中谋求一个更高的职位，但在希望落空后，他便热切地支持起哥特的民族独立事业来，这种民族主义思想在其统治的巴尔干西哥特人中拥有很大的市场。他与斯提里科达成的协议，似乎在短时间内同时满足了他的这两个愿望，因为他在被哥特人拥立为王的同时，也得到了伊利里亚"最高统帅"的头衔，这是罗马军队中的一个顶级职位。

在狄奥多西时代，"最高统帅"就已成为一个重要头衔。在君士坦丁大帝时代，骑兵统帅和步兵统帅这两个职务是分开的，但

罗马的敌人们

东哥特酋长（公元350年）

东哥特人拥有的骑兵比西哥特人要多。他们大多没有铠甲，但酋长（比如下图中人）除外。

法兰克战士（约公元400年）

图中展现的是一名典型战士的形象，他装备的是重型投矛和法兰克投斧。条纹式的束腰外衣、齐颈短发和髭须是这个民族的典型特征。

西哥特战士（约公元400年）

西哥特军队多为步兵。长袖束腰外衣和奇形怪状的盾牌是这个民族的特征，但他们也使用椭圆形的盾牌。他们经常装备缴获的罗马兵器。

萨珊贵族（约公元450年）

萨珊王朝是帕提亚王朝的取代者。这幅复原图根据国王科斯洛二世的雕像绘成。"Clibanarii"是身披重型铠甲的骑兵（与201页的罗马骑兵相似）。

公元476年	公元477年	公元489年
罗慕路斯·奥古斯都被废黜	盖塞里克去世	东哥特的狄奥多里克在皇帝芝诺的鼓动下入侵意大利

狄奥多西将它们合二为一。担任这一职务的军官可能隶属于皇帝的幕僚队伍，或被授予治理某些特定地区的权力，就像阿拉里克在伊利里库姆获得的那样。在西罗马帝国，这种将骑兵统帅和步兵统帅一分为二的现象依然存在，直至更晚的时期。但在手中毫无兵权的皇帝（如狄奥多西之子霍诺留）统治时期，指挥权的合并已是势在必行，而且总司令在获得这一职位的同时，也自动获得了贵族身份，并很有意思地获得了"Patrician"的称号。旧有的"patricius"一词原指共和国初期的贵族阶层成员，君士坦丁将其重新拾起，作为一个荣誉头衔。但在5世纪时，它往往为立有战功的出身蛮族的将领所享用，意指这一头衔的主人拥有最高统帅权。

汪达尔人

与阿拉里克一样，斯提里科也是出身蛮族的军官。他并不是哥特人，而是汪达尔人。5世纪时的汪达尔人是日耳曼人中非常活跃的一支，但与其他蛮族相比，他们的部众并不算多。在最早的相关记录中，汪达尔人的故土是斯堪的纳维亚半岛南部，但他们于2世纪末南迁至多瑙河北部的哥特人定居点以西，成了后者永不安分的邻居。由于受到来自匈人的压力，汪达尔人再度举族迁徙，公元406年，他们渡过莱茵河，洗劫了高卢地区，而后取道进入西班牙。在四处游荡的过程中，来自俄罗斯南部的阿兰人与他们同行，但西班牙的西哥特人在罗马人的影响下向他们发动猛烈的进攻，几乎全歼其一部。

公元429年，在其最著名的国王盖塞里克（Gaiseric）的领导下，汪达尔人及其盟友阿兰人一道渡海进入非洲。据称，当时他们的全部人口仅有80,000人，其中胜兵者不超过30,000人。与阿米亚努斯·马塞林努斯举出的某个日耳曼部落在60年时间内从6,000人增长到59,000人的例子相比，这个数字实在很小。盖塞里克很快就完全控制了北非。与其他日耳曼民族一样，汪达尔人在进入罗马帝国境内之前就已经接触过基督教。而且他们和许多日耳曼人一样，也皈依了基督教的一个异端教派（阿里乌派）。盖塞里克是一

▲ 伟大的汪达尔出身的将领斯提里科。他保卫了西罗马帝国，使其免遭阿拉里克麾下哥特人的侵害。阿拉里克自己就是一名高级"罗马"军官。

名虔诚的阿里乌教徒，在狂热的宗教情绪的驱使下，他大肆迫害北非的公教徒。

汪达尔人是著名的海上民族。可能是迁居非洲的经历，令他们看到了进一步在海运手段上做文章的可能性。盖塞里克将自己拥有的一支舰队用于四处劫掠，他的劫掠对象是在5世纪末完全未受保护的地中海西部地区。一个拥有漫长的陆上迁徙史的民族竟然走上了海盗之路，这似乎是一件令人惊讶的事。但哥特人于3世纪抵达地中海时走的同样是陆路，不过他们很快就适应了沿海地区的环境，并朝黑海方向发动了多次海上侵袭，且进一步南侵至爱琴海地区。

毫无疑问，甚至早在汪达尔人占领非洲之前，航海可能就成了他们的固有习惯。4世

纪末，斯提里科用自己同胞的老办法，将所率人马经海路运往科林斯。在公元397年与阿拉里克缔结和约后，他用舰队将另一支军队运往非洲，去镇压当地行省爆发的叛乱。很显然，罗马著名的汪达尔籍总司令是地中海中部和西部海域无可争议的控制者。历史告诉我们，斯提里科和盖塞里克的海洋战略手段都是从本族人那里学来的。

当然，人丁稀少是汪达尔人的劣势，在这一点上，他们与其他众多蛮族形成了鲜明的对比，后者可以依靠数量上的优势来弥补自己在军事技能及精密装备方面的不足。正因如此，拜占庭名将贝利撒留才能在6世纪时以皇帝查士丁尼的名义率领一支舰队进入非洲，彻底灭亡了汪达尔王国。汪达尔人再也未能复国。就这一时期而言，我们还应当注意到，拥有希腊式航海传统的东部帝国依靠君士坦丁堡方面的全力支持，在西罗马帝国的海洋和海岸绝望地暴露在有组织海盗团伙兵锋之下的几个世纪中，仍能成为一道横亘在这些海盗面前的坚固屏障。

入侵意大利

由于在希腊与阿拉里克缔结了和议，斯提里科如今已能够腾出手来对付其他敌人（特别是北非的叛匪）了。而对于阿拉里克而言，和议则让他得到了进攻意大利的绝佳跳板。此外，伊利里库姆地区的矿山和武器库也能让他的军队获益匪浅。公元400年，经过精心计划并事先与居住在阿尔卑斯山北部的东哥特人协商后，阿拉里克发动了进攻。当阿拉里克沿着亚得里亚海沿岸进发时，他的盟友则从山区发动攻击。但斯提里科成功地令这一钳形攻势掉转了方向（这波攻势的发动时机可能并不恰当），他迅速行动，迫使北面之敌在自己与阿拉里克相遇之前就退了回去。

与其他蛮族一样，哥特人也难以攻破防御工事。即便如此，皇帝霍诺留却对阿斯塔（今阿斯蒂）要塞没有多少信心，他放弃了米兰地区，定居于拉文纳，那里的沼泽地带可以为他提供更多的保护。在经过频繁调动与波伦提亚的恶战后，斯提里科于公元403年在

◀ 在今天的伊斯坦布尔，我们仍可看到君士坦丁堡的城墙。这并非君士坦丁修筑的原始城墙，而是日后在狄奥多西二世统治时期修建的。

"洗劫"。当盖塞里克的汪达尔侵略军于公元455年渡海而来，攻占了这座城市时，城中无疑留下了足够的战利品来犒劳他们。盖塞里克将提图斯在4个世纪前夺得的犹太神庙的财富席卷而去。正如汪达尔人充分了解的那样，用舰船来运输这些动产是极为方便的。汪达尔国王还俘虏了皇帝瓦伦提尼安三世（Valentinian III）的两个女儿，他将其中一人许配给自己的儿子，另一个则被送了回去（显然是无条件的）。

关于罗马的蛮族入侵者的虚构绘画作品，轻易地给我们留下了这样的印象：蛮族凭借一波又一波的骑兵冲锋，以不可阻挡之势横扫了整个帝国。然而，当我们考虑到前文提到过的种种事实时，就会得出一个截然相反的结论。斯提里科和阿拉里克的作战风格都是极为审慎的，他们往往更倾向于用计策和和谈来取代激烈的战斗和血腥的胜利。阿拉里克与斯提里科一样，是狄奥多西麾下的一员旧将，他是以一名职业军人的角度来看待战争的。此外，尽管他的部下曾入侵意大利，但之前那些罗马叛将麾下的军团也经常这样做，因而对于帝国而言，阿拉里克的部属并不算是侵略者。他们只是一群对帝国不满的移民，要求获得那些他们认为作为罗马世界成员应有的权利。

罗马不列颠行省的命运

在本章所讨论的那些年份里，当帝国中心陷入混乱时，我们或许会很自然地对地处帝国外围的不列颠地区的命运感到好奇。公元410年，不列颠的罗马社群请求霍诺留派遣援军来帮助他们抵御蛮族入侵者，霍诺留的答复是建议他们自行组织防务。与帝国的其他部分一样，不列颠也遭到了入侵，而且入侵者不再只有皮克特人（即"被彩绘者"）。他们是来自弗里西亚和莱茵河河口的日耳曼部族。"撒克逊"一词起初是特指某一部落的，其后，这个词几乎成了居住在莱茵河河口和北海沿岸周边地区的日耳曼人的统称。

维罗纳附近最终击败了阿拉里克。这样一来，哥特司令官和他的部下只得返回伊利里库姆。第二年，东哥特人再度自北方袭来，这一次，斯提里科毫不犹豫地击溃了他们，将许多幸存者卖为奴隶，其他人则征召入伍。

公元407年，不列颠又出现了一位觊觎帝位的军人，当时斯提里科正将注意力放在汪达尔人和高卢其他蛮族的活动上。阿拉里克意识到自己的机会来了。在来自多瑙河流域的新盟友的支持下，他率领自己的人马绕路来到阿尔卑斯山北部的诺里库姆（今奥地利）。罗马皇帝不仅割地，还付给他一大笔以黄金兑现的现款，作为让他在这一艰难时期不出来活动的代价。皇帝通过联姻，与斯提里科建立了亲密的关系，后者在这些年中实际上控制了西罗马帝国。但这位伟大的将领突然从权力的巅峰跌落，霍诺留愚蠢地将他处死。

如今，西罗马帝国再也没有能够限制阿拉里克的司令官了。阿拉里克立刻向帝国索取更多的黄金和土地。在这些要求被拒绝时，他侵入意大利，并向罗马进军。皇帝妥协后，阿拉里克从罗马撤围，但谈判破裂后，他又重新包围了罗马。就这样，他迫使罗马人将一个由他亲自挑选的人扶上帝位，但他很快就对自己的人选失望了，不耐烦地废掉了这个傀儡。在与身处拉文纳的霍诺留的进一步交涉无果而终后，阿拉里克第三次包围了罗马。这一次，城内的一些哥特奴隶偷偷将阿拉里克的军队放了进来。哥特大军一连洗劫了三天三夜，但相对并未对这座城造成多少损害。由于斯提里科已不在人世，大海向阿拉里克敞开了，于是他将目标对准了北非。但这一事业遭遇了不幸：他在雷吉恩集结的舰队被一场风暴摧毁了，他本人也于不久之后死去（公元410年）。为了确保他的最后安息地不被打扰，他被埋葬在一段河床内。

哥特人对罗马的占领几乎算不上一次

公元 526 年
狄奥多里克去世

公元 527 年
查士丁尼加冕为"奥古斯都"

公元 534 年
查士丁尼的将军贝利撒留颠覆了非洲的汪达尔政权

212　古典世界的战争

匈人

　　匈人是属于蒙古人种的游牧民族，生活在中亚的干草原地区。他们于公元370年前后踏上迁徙之路，并向哥特人发动了一连串的凶猛攻势，后者一拨接一拨地渡过多瑙河，进入色雷斯。匈人主要依靠自己的畜群生活，畜群为他们提供食物、衣服及其他必需品。他们的生活方式在很多方面与后来生活在美洲平原上的印第安人类似，后者的生活来源由野牛提供。他们是一流的骑手，佐西莫斯和阿米亚努斯等罗马作家说，他们吃饭、睡觉甚至排泄都在马背上进行。图中展示的是相当典型的匈人战士形象。他穿着羊毛制的束腰外衣和裤子，而他的短上衣、绑腿和帽子则由山羊皮制成。他的兵器是一张弓、镶有骨制箭头的箭、一面盾牌和一柄缴获的长矛，以及一条套索。匈人相貌丑陋，看起来十分可怖，部分原因在于他们有着在举行仪式时划伤自己面部的习惯。他的坐骑是至今仍然存在的耐力很强的干草原马。这种马矮小而壮实，鬃毛蓬乱，能在别的马种无法存活的环境中生存。

公元535年
贝利撒留向意大利的东哥特人开战

公元554年
查士丁尼的将领纳尔西斯将东哥特人逐出意大利

公元565年
查士丁尼去世　贝利撒留去世

第14章　蛮族到来　213

3世纪末，君士坦丁大帝之父君士坦提乌斯在消灭了卡劳修斯及其继任者后，对卡劳修斯和其他军事长官之前修建的用于戍守"撒克逊海岸"（即不列颠东部和南部海岸及英吉利海峡的高卢海岸地区）的要塞链加以改进。构建这一防御体系的想法，实际上可能源于卡劳修斯。撒克逊海岸的要塞比罗马人先前在不列颠修建的要塞大得多，它们依赖的是高大的石制建筑，而非带有砌石护面的土木工事。这些雄伟要塞的废墟如今依旧清晰可见。《百官志》中记载了9座位于不列颠的要塞。阿米亚努斯·马塞林努斯曾提到，这些要塞处于"撒克逊海岸伯爵"（Comes litoris Saxonici）的控制下，同时，北方的城墙则由指挥部设在约克的不列颠"公爵"（dux）负责管理。在戴克里先及君士坦丁时代，"公爵"这一通常用于指代领导者或管理者的称呼，成了负责镇守边境防线的将领的特有头衔。后来，这一头衔用于指代那些因部族规模太小，以至于没有资格被称为"国王"的蛮族部落酋长。同样，"伯爵"（comes，字面意义为"伙伴"）用于指代皇帝的幕僚队伍的成员。在君士坦丁统治时期，高级军官和行政官员可享有这一头衔。

公元367年，撒克逊人与苏格兰人（原本来自爱尔兰）、皮克特人相勾结，蹂躏了不列颠地区。与其他蛮族一样，他们没能攻占拥有坚固防御工事的城镇，但之前繁荣富饶的乡村地区遭到了严重损害，不列颠公爵和撒克逊海岸伯爵也双双被杀。在英勇的罗马将军狄奥多西（狄奥多西大帝之父）的努力下，局势得以恢复。他击退了蛮族，重建了防御体系，并在约克郡海岸修建了一排具有重要作用的信号站，这样在来自海上的袭击者抵达之前，陆地上的人们就能得到警告。

马格努斯·马西穆斯（公元385年）和自命不凡的弗拉维乌斯·克劳狄乌斯·君士坦提乌斯（公元407年）这两位帝位觊觎者将岛上的军队调走，以支持其南下的冒险行动，于是不列颠再度处于事实上的不设防状态。尽管在此期间（公元395年），斯提里科曾为重组不列颠戍守部队而做了一些努力。在霍诺留于公元410年回绝不列颠罗马人的求援之后，除了考古证据，我们几乎再也找不到与

▲ 梅登堡是多尔切斯特附近著名的山中要塞。它是石器时代的重要定居点，后成为不列颠人的抵抗中心，被韦斯巴芗军团攻占。

罗马对不列颠的军事管理相关的资料了。

这一模糊不清的历史时期，无疑被认为是传说中的亚瑟王（King Arthur）的英雄事迹的背景时代，但我们迄今为止都没有找到与这些事迹相关的真实历史依据。一位名叫阿托利斯（Artorius）的罗马–不列颠时代的酋长，可能抵御过撒克逊入侵者。凯尔特僧侣吉尔达斯（Gildas）在写于6世纪的拉丁文著作中，记录了不列颠人于公元500年前后在威塞克斯地区获得的一场重大胜利。9世纪的编年史家内尼厄斯（Nennius）将这场大捷与亚瑟的名字联系在一起。在他的笔下，亚瑟的身份是一位凯旋的将军，而不是一位国王。

匈人的失败

公元446年，不列颠的罗马人请求皇帝派弗拉维乌斯·埃提乌斯（Flavius Aetius）来帮助他们（这是他们最后一次有记录的求援），后者是狄奥多西大帝之孙瓦伦提尼安三世的总司令。但埃提乌斯已经与其他蛮族部落展开激战，而匈人很快就会加入这批蛮族的行列。既然是匈人的西进引发了其他民族的迁徙浪潮，他们自然早晚会出现在迁徙者的队伍中。匈人的名声无人不知。他们往往对自己毫无恨意的对象施以暴行，而当他

们心怀恨意时，就只有天知道他们会干出什么可怕的事来了。即便如此，当他们刚刚开始与罗马世界接触时，有时会以士兵的身份为皇帝效力，而斯提里科就曾经拥有过一支极为忠诚的匈人卫队。

阿提拉（Attila）于公元445年成为匈人的唯一领袖。充满自负的威胁口吻让他看起来有些像小丑，但实际情况远非如此，他无疑是一位极为精明的军事指挥。在阿提拉的统治下，匈人控制并威胁着欧洲和亚洲的大片地区，但在他死后，匈人政权就崩溃了。除了阿提拉的领导能力，与其他蛮族一样，匈人的力量主要来自其庞大的人口，他们的规模因众多臣属民族的加入而进一步膨胀。他们属于蒙古人种，是来自中亚干草原的狩猎游牧民族。如同人们所猜想的那样，无论是在战争还是在和平时期，他们都广泛使用马匹和弓箭。但他们的马饰为金制，剑柄上镶有黄金和宝石。事实上，他们对黄金有着无穷无尽的欲望，倘若敌人能够提供足够的黄金，他们往往很乐意中止敌对行动。阿提拉从他父亲那里继承了一座王都，这座"都城"位于潘诺尼亚（今匈牙利）。它以木头搭建，其中矗立着一座石制的浴室。以这一基地为跳板，阿提拉就能够威胁到博斯普鲁斯海峡。帝国皇帝向阿提拉献金割土。但尽管匈人已给东罗马帝国带来了深重的劫难，他们还是在任何情况下都无力攻克固若金汤的君士坦丁堡城墙。

公元596年
坎特伯雷的圣奥古斯丁来到肯特郡

公元610年
希拉克略二世为皇帝

公元622年
穆罕默德自麦加前往麦地那，伊斯兰教纪元开始

▲ 位于英国汉普郡海岸波尔切斯特的罗马要塞。在罗马人用于抵御撒克逊人的海岸防御设施中,这是一个保存完好的实例。诺曼城堡在图中也清晰可见。

与此同时,西罗马帝国皇帝的姐姐霍诺莉娅(Honoria)因先前曾违犯教规,而被其虔诚的亲戚罚去做一名永久的贞女,但她并不愿意,因而将自己秘密地奉献给了阿提拉。阿提拉无疑很乐意将她收作自己的姬妾,以获得作为嫁妆的西罗马帝国的半壁江山。但这些条件遭到了拒绝,阿提拉因而向高卢和西欧地区发起进攻。

此时,埃提乌斯以总司令的身份与高卢地区的老对头西哥特人联起手来,在奥尔良挡住了阿提拉前进的势头。帝国与高卢联军随即在沙隆附近的卡塔洛尼平原让匈人遭遇了一场惨败。这场战役被归入世界历史上最具决定意义的战役之列,但与它造成的破坏相比,它所起到的决定性作用是微乎其微的。败敌并未遭到追击。阿提拉撤至潘诺尼亚的木制都城,并于次年大举进攻意大利。他征用了一批攻城器械和操作人员,经过3个月的围攻,最终摧毁了阿奎莱亚。一些难民逃往亚得里亚潟湖,他们在那里建立的难民定居点最终发展成为威尼斯城。

此时,阿提拉正在加尔达湖附近与教皇利奥一世(Leo I,即大利奥)会面,后者劝说他不要南下攻打罗马。匈人尽管并非基督徒,但他们对任何一种宗教往往都怀有敬畏之情,而利奥的人格魅力也起到了重要作用——3年后,在盖塞里克麾下的汪达尔人进入罗马时,他的威慑力再度成功地发挥了作用。阿提拉要求西罗马帝国将霍诺莉娅和一笔财物(作为其嫁妆的可动用部分)交给他。如果遭到拒绝,他将恢复敌对行动。然而,在这一条件完全兑现之前,阿提拉突然死去(公元453年)——在与自己新纳的姬妾度过洞房之夜时,他的一根血管爆裂了。失去了领袖的匈人,也就不再是个可怕的威胁了。不久之后,在哥特人和其他反对匈人的日耳曼蛮族的联手打击下,匈人要么被消灭,要么四散奔逃,要么遭到驱逐。

在高卢击败阿提拉的埃提乌斯,是一位非洲伯爵的儿子。他年轻时曾在匈人那里做过人质,在此期间,埃提乌斯学会了很多匈人的风俗习惯,并与一些匈人建立了友谊。事实上,埃提乌斯曾在匈人辅军的帮助下迫使瓦文纳屈服。而他在高卢大获全胜之后不愿追击匈人,或许可以解释为他可能会再次需要他们的支援。

埃提乌斯是个个性鲜明的人。历史学家认为,他在霍诺留死后随之而来的内战期间,曾以一对一决斗的方式杀死了军中的一名竞争对手。最终,他被自己的主上瓦伦提尼安出于猜忌而杀死,这不禁令人回想起霍诺留对斯提里科的猜忌。

君士坦丁堡的防御工事

尽管哥特人和匈人都能向东罗马帝国索取越来越多的黄金赔款,作为使帝国领土免遭侵害的代价,但阿拉里克和阿提拉都意识到,他们几乎不可能攻克君士坦丁堡,他们也都没有将自己的时间和精力浪费在这一企图上。我们已经注意到了这座城市无与伦比的战略位置。我们从君士坦丁堡的平面图可以看出,它所处的位置是一处略呈三角形的海角,外形像一只秃鹫的喙,横跨在戒备森严的城墙所在的近陆地基的两端,城墙从南端的马尔马拉海一直延伸到北面的博斯普鲁斯海峡(金角湾)。

君士坦丁堡的原有城墙毁于公元401年的一场地震,尽管阿卡狄乌斯立即进行了修复,但禁卫军统领安特米乌斯(Anthemius)在阿卡狄乌斯之子和继承人狄奥多西二世年幼时,拆毁了旧城墙,建起了新城墙(公元413年)。这些城墙再度被一场地震摧毁,但公元447年,它们在3个月内就被重建了起来。狄奥多西修建的城墙(见212页插图)使城市的面积扩大了1倍,位于君士坦丁勾勒出的城区边线以西1英里(1.6千米)处。旧城墙与新城墙之间的空地是帝国的哥特籍禁卫军的驻地。

防御工事的外围由一条又宽又深的护城河保护着。倘若一名进攻者攻克了这道障碍,他随后就得面对一道与他的个头差不多高的胸墙。在胸墙后方约40英尺(12米)处,矗立着一排作为内部防御工事的塔楼,它们通过一道高26英尺(8米)的护墙相连。位于塔楼后方66英尺(20米)处的主城墙,构成了第四道防御工事。它高43英尺(13米),拥有高大塔楼的火力支持,塔楼上施放的纵向射击的投射火力,可直接打击进攻者的侧翼。其他以坚固石材建成的城墙,守护着这座城市与大海毗连的周界。这些城墙将整个海角围绕其中,末端与陆墙相连。它们与陆墙一样都是双层结构的,由密集排列的塔楼提供火力支持。金角湾海面上横着一条铁链,用于抵御敌方海军发动的攻势。

然而,如果政府没有将海军军力放在首要位置上来考虑,都城的城墙或许并不足以保护它的居民。拜占庭舰队的主力战舰是一种轻型桨帆船(希腊人称之为"德罗蒙"),相当于奥古斯都使用的"利博尼亚"。很显然,由于保存人力的需要变得越来越迫切,东罗马帝国的皇帝已无力发展早期的那种巨型多列桨战舰。拜占庭舰船也广泛应用风

公元628年
希拉克略击败波斯人及其盟友　波斯国王科斯洛斯二世去世

公元632年
穆罕默德去世

公元641年
希拉克略去世

第14章　蛮族到来　215

帆，其特征往往是架有多根桅杆，在作战期间，它们并不会被放下来——这与先前的希腊人与罗马人的做法相反。随着时间的推移，拜占庭人还从他们的阿拉伯敌人那里学会了使用大型三角帆。

希腊-罗马文明的传统是依靠科学和技术来击败敌人的压倒性优势。拜占庭人遵循这一传统，制造出一种秘密武器，这种武器为他们带来的决定性优势持续了许多个世纪。这是一种喷射而出的火焰，能给敌人的舰船造成毁灭性的打击。很多种可燃的混合物在中世纪时期被笼统地称为"希腊火"。拜占庭的这种严格配制的化合物的基本成分我们不得而知，因为这是得到严格保守的秘密，但"希腊火"最早的特点是触水即燃（或者至少不会熄灭）。这表明其成分中含有氧化钙，无疑还会让人想到沉积于巴比伦尼亚地表可供取用的石油——希腊人称之为"naphtha"（波斯人则称之为"naft"）。"希腊火"被认为是卡利尼库斯（Callinicus）的发明，此人是一名来自叙利亚赫利奥波利斯的希腊工程师，生活在君士坦丁·波戈纳图斯（Constantine Pogonatus）统治时期（公元668—685年）。有时，"希腊火"被盛放在容器中，如同手雷一般投掷而出，但它也能通过管筒来发射，这种攻击方式特别适合在拜占庭战舰上使用。

除了君士坦丁堡自身的防御工事，拜占庭人还维持着一支小型舰队，用于巡弋多瑙河流域。在这条边界河流的后方，查士丁尼修建了由近300座碉堡和瞭望台构成的四重防御体系，在这个许多个世纪以来已经被证明是最容易受到攻击的地方守护帝国。应该注意的是，即使是在查士丁尼时代，当君士坦丁堡成为扩张战略的中心时（堪比首任"奥古斯都"及其直接继任者统治时期的情形），某些前线地段的战争仍是防御性的。当从汪达尔人之手夺回非洲，从东哥特人之手夺回意大利，从西哥特人之手夺回西班牙南部时，东罗马帝国频频采取必要的军事行动，令萨珊波斯寸步难进。查士丁尼的死让拜占庭人失去了一个强有力的领导，这让他们不可避免地重新转回防御态势，在接下来的数百年间，他们往往仅能勉强保证这座城

▲ 一幅关于1534年的君士坦丁堡的地图。这座城市同时由大海和陆地保卫着，几乎是无法攻取的，直到1453年土耳其人用大炮摧毁了它的防线。

市不被侵略军攻占。

尽管查士丁尼心中怀有罗马情结，也渴望收复罗马，但查士丁尼时代的军队无论是戍守部队还是作战部队，都与原来的罗马军队差距甚大。军队的主力不再是以军团形式编成的步兵，而是波斯风格的重甲骑兵，他们的主要兵器是长矛和弓箭。即使在步兵部队中，占主导地位的也成了弓箭手和掷枪兵。轻骑兵部队的兵员则由匈人和阿拉伯人提供。当然，以蛮族辅军对抗蛮族敌人的做法并不是"非罗马"的——尤里乌斯·恺撒就曾这样做过。这只不过是一个程度问题罢了。事实上，在装备层面上逐渐产生的许多变化，或许自2世纪起就开始了。

西罗马帝国的境遇

东罗马帝国的历史并不是以"黑暗时代"为结尾的。当土耳其人的大炮最终于1453年轰塌了君士坦丁堡的城墙时，古代世界的传统被中世纪的伊斯兰军队突兀地抹去——但在此前的日子里，它们仍以多种形式继续存在。历史学家会指出，在这一地区，古代和中世纪的黎明之间不存在任何断层。而在帝国西部，情况就截然不同了。意大利的首

任国王奥多亚塞是一位温和而文明的统治者。但在公元489年，东哥特酋长狄奥多里克（Theodoric）在东罗马帝国皇帝芝诺（Zeno）含糊不清的怂恿下，向意大利发动入侵，将拉文纳围困了3年之久。他与奥多亚塞缔结了协议，随后又背信弃义地将其杀害。即便如此，狄奥多里克仍是一位仁慈的君主（尽管没受过教育）。他相信日耳曼民族拥有强大的力量，对他们不能彼此团结感到遗憾。与此同时，他觉得有必要让帝国旧民担负起管理之责。他任命哲学家波伊提乌（Boethius）为最高行政官，但出于毫无根据的猜忌将此人处决，其后又以历史学家卡西奥多罗斯（Cassiodorus）顶替其位置。在狄奥多里克看来，统治者并不需要受教育，这种观点预示了中世纪时的情形：文盲统治者们雇用神职人员（cleric）——正如这个单词表明的那样——担任行政人员（clerk）。

在狄奥多里克死后，意大利的哥特王国再次成了同室操戈的牺牲品。查士丁尼找了个借口介入其中。贝利撒留征服意大利后不久，哥特势力便再度崛起，这一时期持续了约13年，但东哥特人最终被查士丁尼的亚美尼亚将领纳尔西斯驱逐（公元553年）。没有人知道他们去了哪里。意大利如今由查士丁尼手下的一名总督治理，甚至当短暂重现的罗马帝国在查士丁尼死后土崩瓦解时，拉文纳及其周边地区仍处于帝国的控制之下，同时教皇仍担任着帝国的官职，管辖着罗马"公爵领"。于公元568年定居意大利北部的伦巴第人，图谋将整个半岛纳入自己的统治范围，因此，奋起自卫的教皇与君士坦丁堡之间长期保持着密切联系。然而，与世俗和教会势力相关的冲突不可避免地产生了。在一支于732年奉命前去重新征服意大利并逮捕教皇格里高利三世（Gregory III）的拜占庭舰队失事之后，仍在遭受伦巴第人威胁的罗马主教们在法兰克国王中找到了新的保护者。法兰克人是北方的日耳曼蛮族，他们信奉异教的时间要长于那些南边的日耳曼蛮族。然而，后者皈依的是基督教中的异端教派（如阿里乌派）。当法兰克人最终成为基督徒时，他们为公教会所吸纳，由于他们与罗马共融，二者之间的政治纽带变得紧密起来。其结果便

是，当罗马既不希望再受到君士坦丁堡方面的压迫，也不指望再得到后者的保护时，当拉文纳落入伦巴第人之手时，当教皇的权威在罗马遭到极度不合时宜的复古主义运动的质疑时，在公元800年的耶稣诞生日，教皇利奥三世在罗马为自己的保护者法兰克国王卡尔（即查理曼）加冕"神圣罗马帝国皇帝"的金冠，并赐予后者"恺撒·奥古斯都"的头衔。有个著名的观点认为，"神圣罗马帝国"既不神圣，也与罗马完全无关，更算不上一个帝国。事实上，几乎没有哪个世俗政权能令人信服地将"神圣"这个称号戴在自己头上。但在伏尔泰存世的讽刺短诗中，同样有三分之二的内容同样可以应用到霍诺留或瓦伦提尼安三世打着罗马的旗号自封帝国正统时期的拉文纳政权上去。

究竟谁是罗马人？这一定义并不仅仅包括公元前6世纪时站在伊特鲁里亚一方反对自己的拉丁同胞的台伯河小镇的公民，甚至不仅包括公元前1世纪的同盟者战争之后获得罗马公民权的意大利同盟。此外，也很难将因卡拉卡拉制定的法律而获得公民权的广大帝国社群等同为罗马民族，当它们遭到蛮族入侵者和移民的渗透时就更不用说了。

正如我们很难断定谁是罗马人一样，定义罗马军队，或界定罗马军队不复存在的时间，同样是很困难的。在君士坦丁大帝统治时期，或蛮族联盟国王和军阀统治时期，"公爵"和"伯爵"是帝国的官衔，后逐渐流传下来，成为中世纪世袭贵族的头衔。但旧式的思想形态和思维方式的消亡，是一个缓慢的过程。在入侵意大利之前，狄奥多里克就已得到了"Patrician"和执政官的头衔。直到公元754年，教皇仍以事实上的帝国官员的身份，授予法兰克国王丕平（Pepin）以"Patrician"头衔。

一旦我们回顾过往，整个希腊–罗马世界的历史或许会被视为一部文明与野蛮之间的漫长战争史。希腊各城邦间的自相残杀，罗马将领与帝位觊觎者之间的内战，只不过是夹杂在这一进程中的破坏性和削弱性的插曲。希腊人和罗马人有时会将与蛮族之间的战争视为自由之战，然而为了进行战争，他们又必须牺牲自由。事实上，战争捍卫的是文明，而非自由，若不是罗马化的基督教僧侣与蛮族人对宗教普遍怀有敬畏之心，这场战争在帝国西部早已失败。然而，文明与野蛮的冲突旷日持久，直到野蛮和文明一并消融了。这一事实意味着，这场战争取得了某种形式的胜利——无论如何，至少是以平手告终。

▼ 这幅查士丁尼的马赛克像依旧可以在拉文纳的圣维塔莱教堂内见到。拉文纳曾取代罗马成为西罗马帝国的首都，查士丁尼征服意大利后，它成了拜占庭总督的治所。

公元717年
伊苏利亚的利奥在君士坦丁堡登基

公元735年
撒克逊历史学家及教会圣师可敬的比德去世

公元751年
拉文纳落入伦巴第人之手

公元800年
查理曼被教皇利奥三世加冕为神圣罗马帝国皇帝

第14章　蛮族到来　217

术语表

拉丁文单词以大写形式拼出，希腊文单词则以斜体大写形式拼出。

A

ACIES 作战队列。

AERARIUM 金库。特指罗马国库。

AGEMA 战场上的一支军队。在马其顿军队中指的是一支精锐部队。

AGGER 壁垒，土木工事。

ALAE 单数形式为ALA。罗马军队的两翼，通常由骑兵组成，因而可指代骑兵队。

ANABASIS 向内陆地区进军。字面意义为"向上"，在希腊语中人们从海岸"上行"并且"下行"到海岸，无论取道海路还是陆路。

ANTESIGNANI 军旗前队。在军旗前方奋战的罗马军队。

AQUILA 鹰。罗马军队军旗上的徽章。

AQUILIFER "鹰旗手"。掌旗手。

AUXILIA 罗马军队中的辅军部队。兵员募自海外的非公民群体。

B

BALLISTA 巴利斯塔。罗马人的一种投石机。

BENEFICARII 负责执行特殊使命或在高级军官帐下值勤的士兵。

BRACCAE（BRACAE） 裤子，马裤。

C

CAETRATI（CETRATI） 装备一种小型西班牙盾牌（CETRA）的军队。

CALIGA 复数形式为CALIGAE。卡里加。罗马士兵穿的沉重的鞋子。

CATAPHRACTOI 字面意义为"封闭"，既可指代铺有甲板的舰船，又可指代铁甲骑兵。

CATAPULTA 希腊文形式为*KATAPELTES*或*KATAPALTES*。希腊人和罗马人使用的带有弹簧的弹射武器。

CENTURIA

CENTURIA 百人队、连级部队。规模为60~80人。

CENTURIO 百夫长。指挥一支百人队的"准尉"。

CHEIROBALLISTRA 轻型弩炮（见178页插图）。

CINGULUM 腰带。

CLIBANARIUS 复数形式为CLIBANARII。晚期罗马帝国的具甲骑兵，类似于铁甲骑兵（详情见201页插图）。

CLIENS 仆役、侍从、党羽。

COHORS 大队。罗马军队的作战单位。COHORS QUINGENARIA的规模约为480人，COHORS MILLIARIA的规模约为800人。

COHORTES VIGILUM 消防军。罗马的治安部队和救火队。

COMES 意为"同伴"。罗马皇家侍从队伍成员。是晚期帝国的高级职位。中世纪时"伯爵"头衔的来源，例如萨克森海岸伯爵。

COMITATENSES 单数形式为COMITATENSIS。意为"伙伴"。由罗马皇帝直辖的野战军，不同于边境驻军（LIMITANEI）。

CONTUBERNIUM 搭伙吃饭的队伍。一队为8人。

CORAX 意为"乌鸦"。海军战舰上的抓钩。

CORNICULARIUS 原为罗马军队中的小规模作战单位（或侧翼部队）的指挥官，后指军队办事员。

CORVUS 意为"乌鸦"。海军战舰上的抓钩。"*CORAX*"的拉丁文形式。

D

DECURIA 复数形式为DECURIAE。一个由10人组成的罗马骑兵单位。

DECURIO DECURIA的指挥官。

DIADOCHUS 复数形式为*DIADOCHOI*，拉丁文形式为DIADOCHUS-I。继承人，特指亚历山大大帝的继业者。

DIEKPLUS （*DIEKPLOUS*）	希腊海军的突破战术，用于突破敌人的战列线。
DILOCHITES	DILOCHIA部队（下辖2个营）的指挥官。
DOLABRA	鹤嘴镐。罗马士兵使用的一种工具。
DRACO	希腊文形式为DRACON。意为"龙"或"蛇"。指龙形的军旗。
DROMONES	单数形式为*DROMON*。德罗蒙。拜占庭帝国海军的轻型桨帆战舰。
DUOVIRI NAVALES （DUUMVIRI）	在罗马，专门负责装备舰队的2名官员。
DUX	意为"领袖"。晚期罗马帝国边境或行省的高级官员。中世纪时"公爵"头衔的来源。

E

ENOMOTIA	复数形式为*ENOMOTIAI*。斯巴达军队中的作战单位。字面意义为一组"宣誓就职的人员"。
EPHOROI	单数形式为*EPHOROS*。监察官。监督人。斯巴达负责监督国王的高级官员。
EQUITES	罗马骑兵。在后世拥有一定的社会影响力，可与中世纪的骑士相比。但他们属于中层阶级，社会地位要低于那些元老家族。
EQUITES SINGULARES	由外籍士兵组成的罗马皇帝骑兵卫队。
EXARCHIA	总督辖区。拜占庭帝国的省级行政单位，特指以拉文纳为行政中心的意大利行省。
EXARCHOS	拜占庭帝国的行省总督。
EXPLORATORES	罗马军队中的搜索或侦察部队。
EXTRAORDINARII	意为"编外人员"。COHORTES EXTRA-ORDINARIAE为意大利同盟军中的特别大队，隶属于罗马将领的指挥部。

F

FABRI	技术人员。
FALCATA	意为"镰刀状的"，指一种弯刀。
FISCUS	金库。特指罗马皇帝的私人金库，并非国库。
FRAMEA	日耳曼人的长矛或标枪（日耳曼语词汇）。

G

GAESATI	装备GAESUM的士兵。
GAESUM	一种高卢长标枪（凯尔特语词汇）。
GASTRAPHETES	意为"从腹部发射"。指一种在使用时须抵住使用者腹部的希腊弩。
GEROUSIA	斯巴达元老院。
GERRON	柳条编成的盾牌，如波斯人使用的盾牌。
GLADIUS	格雷迪乌斯。砍刺两用的罗马短剑，源于西班牙。
GORYTUS	既可作箭筒又可作弓套，典型的西徐亚式装备。

H

HARPAGO	希腊文形式为HARPAX。哈帕戈。用弩炮发射的战舰抓钩。
HASTA	哈斯特。一种长矛。
HASTATI	字面意义为"持矛者"，罗马式三线作战编队中的首列人员。
HASTATUS POSTERIOR	用于表示罗马资深百夫长的地位和等级的头衔。
HEILOTES（*HEILOS*）	希洛人。奴隶，斯巴达人的农奴。
HELEPOLIS	意为"破城者"。一种装在轮子上的巨型攻城塔，用于攻城战。
HEMILOCHITES	*HEMILOCHIA*部队（其规模相当于半支*LOCHOS*部队）的指挥官。
HETAIROI	意为"伙友"。马其顿精锐骑兵的头衔。
HIPPARCHIA	复数形式为*HIPPARCHIAI*。一个骑兵作战单位。
HIPPARCHOS	复数形式为*HIPPARCHOI*。希腊或马其顿军队中的高级骑兵指挥官。
HIPPEIS	希腊的"骑士"。实际上是指骑兵，或只是骑士阶层的雏形。
HOPLITES	复数形式为*HOPLITAI*。重装步兵。古典时代的希腊重装步兵。
HOPLON	一种兵器，特指重装步兵使用的大型圆盾。
HYPASPISTAI	单数形式为*HYPASPISTES*。原为持盾的卫士或侍从，后成为马其顿军队中的特别步兵单位。

I

ILE	意为"一群人"。希腊、马其顿军队中的一个骑兵作战单位。
IMAGO	复数形式为IMAGINES。意为"图像"或"肖像"。罗马帝国军旗，旗面上可能绘有皇帝和贵族的肖像。
IMMUNIS	复数形式为IMMUNES。因拥有某些特殊技能而得以免服日常劳役的罗马士兵。
IMPEDIMENTA	罗马军队的辎重。
IMPERATOR	罗马军队的总司令，特指得胜而归的将领所获得的头衔，是"皇帝"（emperor）一词的词源。

K

KATAPELTES	见CATAPULTA。
KOPIS	科庇斯。意为"切割者"，一种砍刀。
KONTOS	康托斯。矛柄或矛。
KYKLOS	海军的防御性战术编队。字面意义为"圆圈"或"圆环"。

L

LANCEA	兰西亚。轻型长矛或标枪。
LEGATUS	罗马军队中的中级将领，总司令的副手。
LIBRARII	办事员、秘书。
LIBURNA	复数形式为LIBURNAE。利博尼亚。一种轻便快速的桨帆战舰，其名称源于一个伊利里亚民族。
LIMES	边境地区的小路或路障。特指设有要塞的罗马帝国边境地区。
LIMITANEI	部署在罗马帝国边境地区的军队。
LINOTHORAX	一种亚麻布铠甲。
LITHOBOLOS	发射石块的弩炮（参见发射弩箭的*OXYBELES*）。
LOCHAGOS	*LOCHOS*部队的指挥官。
LOCHOS	规模不一的希腊作战单位。斯巴达人的*LOCHOS*见46页。
LORICATUS	阴性形式为LORICATA。穿着一件胸甲（LORICA）。

M

MACHAIRA	原指大刀，后指弯剑、马刀或弯刀。
MAGISTER EQUITUM	骑兵统帅，罗马独裁官的助手或同僚。晚期罗马帝国设有步兵统帅（MAGISTER PEDITUM）。
MANIPULUS	中队。罗马军队的作战单位，下辖2个百人队（CENTURIAE）。
MILES GREGARIUS	罗马军队中的列兵。
MORA	斯巴达军队中的一个团级作战单位，见46页。

N

NUMERI	原指清单上的数字，因而被用于指代军队的花名册。特指晚期罗马军队中的非公民部队。最初只是一支临时的征召部队，后成为常备部队。

O

ONAGER	希腊文形式为ONAGROS。一种弩炮。字面意义为"野驴"。
OPTIO	协助百夫长的士官，人选原由百夫长指定。
ORBIS	环形阵。罗马军队使用的战术编队，特别是在遇到紧急情况时使用的战术编队。参见希腊人的KYKLOS。
OURAGOS	希腊或马其顿军队中的殿后人员。
OXYBELES	发射弓箭或弩箭的弩炮（参见发射石块的*LITHOBOLOS*）。

P

PARABLEMA	希腊桨帆战舰上的掩蔽物。
PARMA	轻型圆盾。
PATRICIUS	晚期罗马帝国军队的总司令。
PATRONUS	保护者。被保护者（CLIENS）的保护人。
PELTASTAI	单数形式为*PELTASTES*。一种轻装部队，名字来源于他们使用的盾牌（PELTE）。
PELTE（*PELTA*）	一种轻型盾牌。
PENTECONTER	*PENTECOSTYS*部队的指挥官。

PENTECONTEROS（*PENTECONTOROS*）	撞角战舰，一种五十桨战舰。		

PENTECONTEROS（*PENTECONTOROS*）	撞角战舰，一种五十桨战舰。
PENTECOSTYS	斯巴达军队中的小规模作战单位，一般为50人。
PERIPLUS（*PERIPLOUS*）	环绕战术。希腊海军的战术。
PEZETAIROI	伙友步兵。马其顿方阵士兵。
PHALANX	希腊人或马其顿人的作战编队。也指使用这种作战编队的重装步兵。
PHYLARCHOI	雅典骑兵的指挥官。
PILUM	派勒姆。罗马士兵使用的重型标枪。
PILUM MURALE	复数形式为PILA MURALIA。栅栏上使用的木桩、尖桩。
PLUMBATA	复数形式为PLUMBATAE。派勒姆巴塔。以铅加重的标枪。
POLEMARCHOS	斯巴达及其他希腊城邦的高级军官。雅典行政官员所拥有的过时的头衔。
PONTIFEX MAXIMUS	罗马的祭司长。
POSTSIGNANI	军旗后队。在军旗后方作战的罗马军队（与军旗前队相对）。
PRAEFECTI	官员。任一地区的主事官员。PRAEFECTI EQUITUM为骑兵部队的指挥官。
PRAEFECTUS CASTRORUM	罗马军营的军营长。
PRAETOR	罗马的最高长官。执政官或增补的执政官。
PRAETORIUM	罗马军营的指挥部所在地。
PRIMIPILUS（PRIMUS PILUS）	罗马军团中的首席百夫长。
PRINCEPS	"第一公民"。奥古斯都及其继任者使用的头衔。
PRINCIPES	罗马作战编队中的第二列人员。
PRIVATUS	官员以外的个体。
PRODROMOI	搜索队。先头侦察部队。
PROLETARII	罗马社会的最底层，他们对国家的唯一贡献就是增添人丁（PROLES），因为他们没有财产。
PTERUGES	带有饰边的飘带，位于希腊胸甲的腋窝及腹股沟部位。
PUGIO	普基奥。一种匕首。

Q

QUAESTOR	罗马军队中的军需官和司务长。
QUINQUEREMIS	五列桨战舰。两侧各有5列桨手的桨帆战舰。

S

SAGITTARIUS	弓箭手。
SAMBUCA	使用机械操作的云梯（名称来源于一种乐器）。
SARCINA	复数形式为SARCINAE。罗马士兵的背囊。
SARISSA	萨里沙。马其顿军队使用的长矛。
SAUNION	一和标枪。
SCORPIO	复数形式为SCORPIONES。斯格皮奥。一种弩炮（字面意义为"蝎子"）。
SCUTARII（SCUTATI）	装备斯格特姆盾的军队。他们既可能骑马，也可能步行（后者更为常见）。
SCUTUM	斯格特姆。长方形或椭圆形的罗马盾牌。
SIGNIFER	掌旗者。
SIGNUM	军旗。
SOCII	盟军部队。特指在罗马军队中作战的意大利同盟部队。
SOCII NAVALES	为罗马海军效力的同盟部队。
SPATHA	希腊文形式为*SPATHE*。斯帕达。双刃阔剑。
SPICULUM	意为"尖钉"。标枪或箭支。
STIMULI	踢马刺。字面意义为"刺棒"或"针刺"。排列在地面上的尖木桩或木钉，充当抵御敌人袭击的防御工事。
SYNTAGMATARCHES	*SYNTAGMA*部队（团级部队）的指挥官。

T

TAGMATARCHES	*TAGMA*部队（中队级或旅级部队）的指挥官。
TAXIARCHOS	*TAXIS*部队（类似于*TAGMA*部队）的指挥官。
TESSERARIUS	负责分发TESSERA（刻有口令的书写板）的士兵。
TETRARCHES	指挥4支*LOCHOS*部队的军官。
THALAMITES	复数形式为*THALAMITAI*。三列桨战舰上最下层桨座的桨手。
THRANITES	复数形式为*THRANITAI*。三列桨战舰上最上层桨座的桨手。

TIARA	波斯人的头饰。
TRIARII	罗马作战编队中的后列（第三列）士兵。
TRIBUNI MILITUM	军事保民官。罗马军队的长官。
TRIBUNI PLEBIS	民意代表（政治上的）。
TRIBUNUS ANGUSTICLAVIUS	等级较低的军事保民官，身穿绣有窄条纹的服装。
TRIBUNUS LATICLAVIUS	等级较高的军事保民官，身穿绣有宽条纹的服装。
TRIERARCHOS	三列桨战舰的舰长，负有配备一艘三列桨战舰义务的公民。
TRIERES	三列桨战舰。
TRIPLEX ACIES	三列阵。三线式作战编队。
TRIUMVIRI	三头同盟。由三人组成的执政联盟。

U

UMBO	盾心浮雕。

V

VELITES	罗马的轻装部队。

VERICULUM	罗马帝国军队使用的轻型长矛。
VERUTUM	投矛、标枪。
VEXILLARIUS （VEXILLARII）	掌旗手。在拥有自己旗帜的独立分队中服役的军团士兵。
VEXILLUM	复数形式为VEXILLA。布织的军用标志或旗帜。
VIA PRINCIPALIS	罗马军营的主道。
VIA QUINTANA	罗马军营的道路（紧靠第五中队的营区）。
VINEA	复数形式为VINEAE。用于保护位于敌方城墙下的攻城部队的棚屋或护身遮棚。

Z

ZEIRA	阿拉伯人和色雷斯人使用的斗篷。
ZYGITES	复数形式为*ZYGITAI*。三列桨战舰上第二层桨座的桨手。

出版后记

本书是一部关于古代希腊、罗马文明的兵器、战士和战争的插图百科全书，于1980年首次出版，后曾多次再版。本书作者约翰·G.沃利是英国著名学者，主要研究方向为古希腊军事史，著有《亚历山大：波斯帝国征服史》《柏拉图与亚里士多德著作中的美学观念》，合著《亚历山大大帝》《亚历山大大帝的军队与战役》等。

从迈锡尼文明的崛起到拉文纳的陷落和西罗马帝国的灭亡，本书追溯了公元前1600年至公元800年间希腊与罗马世界战争艺术的演进过程。这段令人神往的时空之旅始于特洛伊，荷马史诗中的传奇故事和现代考古发现使我们可以复原真实的历史场景。随后出现的则是希波战争、伯罗奔尼撒战争、布匿战争、蛮族入侵等著名战争，以及亚历山大大帝、汉尼拔、恺撒等军事奇才，一幅波澜壮阔的历史画卷由此呈现在我们面前。

除了详尽而生动的文字，书中还包含大量插图，包括盔甲、装备、兵器、战舰、攻城器械等，并附有详细的解说。此外，书中还配有编年纪、地图以及大量照片和据最新研究成果绘制的战役示意图。

需要指出的是，书中战役示意图的注释往往与早期研究者的结论不同，作者并不总是对古代文献中记录的兵力数字照单全收，因为参战部队的规模和伤亡数字经常由于种种原因而被夸大。书中的战役示意图由古代军事史学者保罗·麦克唐纳–斯塔夫（Paul McDonnell-Staff）制作。他研读了本书提到的每一场战役的所有现存材料，将这些战役置于战场地形学的框架下进行讲述，并提供了各个作战单位可能占据的正面宽度，以确保示意图的严谨程度。书中地图的作用在于阐明每个时期公认的大致历史走向。某些现代地名与鲜为人知的古代地名并列，这些地名的写法与每一章所使用的写法保持一致，以便读者进行对照和查阅。

我们在此要感谢译者孟驰先生的辛勤付出，他精彩的译笔为本书增色不少。由于编辑水平所限，错漏之处在所难免，敬请广大读者批评指正。

后浪出版公司
2017年12月

图书在版编目（CIP）数据

古典世界的战争 /（英）约翰·沃利著；孟驰译.
-- 南昌：江西人民出版社，2018.4（2018.5 重印）

ISBN 978-7-210-09777-8

Ⅰ.①古… Ⅱ.①约… ②孟… Ⅲ.①战争史—欧洲
—古代 Ⅳ.①E509

中国版本图书馆 CIP 数据核字 (2017) 第 236944 号

Volume copyright © Pavilion Books
Illustration copyright © Salamander Books
First published in the United Kingdom in 1980 by Salamander Books, a division of Pavilion Books Company
Limited, 1 Gower Street, London, WC1E 6HD

This simplified Chinese edition is published by 2017 Ginkgo (Beijing) Book Co., Ltd.

本书简体中文版权归属于银杏树下（北京）图书有限责任公司

版权登记号：14-2017-0393

古典世界的战争

作者：［英］约翰·沃利

译者：孟驰　责任编辑：冯雪松

出版发行：江西人民出版社　印刷：北京盛通印刷股份有限公司

645 毫米 ×965 毫米　1/8　28 印张　字数 460 千字

2018 年 4 月第 1 版　2018 年 5 月第 2 次印刷

ISBN 978-7-210-09777-8

定价：138.00 元

赣版权登字 -C1-2017-744